AF568948

MARITTA TKALEC

GESCHICHTE BERLINS IN 60 OBJEKTEN

BeBra Verlag

EINLEITUNG 6

FEUER, EIS UND SUMPF 16

Der Elch vom Hansaplatz 18
Das Schamanen-Geweih von Biesdorf 22
Die Düppeler Kanne 26
Das Gründungsdokument 30
Die Grabplatte des Conrad von Beelitz 34
Der Grabstein des Jona ben Dan in Spandau 38
Der Berliner Roland 42
Die Bank aus der Gerichtslaube 46
Das Sühnekreuz 50

AUFSTIEG ZUR RESIDENZSTADT 54

Das Gewand des Pestarztes 56
Der Totentanz 60
Die Glocke vom Dom 64
Der Neidkopf 68
Die Kuppelfigur vom Französischen Dom 72
Die Fanggabel 76
Die Staatskarosse Nummer 1 80
Schadows Prinzessinnengruppe 84
Der Pferdekopf mit Schuss 88

REFORM, REVOLUTION, RASANZ 92

Das Herz des Fürsten von Hardenberg 94
Humboldts Paranuss 98
Die preußische Hundemarke 102
Die Granitschale im Lustgarten 106
Die Gaslaterne 110
Die Litfaßsäule 114
Die Ewige Lampe aus der Neuen Synagoge 118
Die Beuth von Borsig 122
Der Rote Rathenower 126
Der Kaffenkahn 130
Die Barttasse 134
Das Bioskop 138
Der Berliner Dino 142
Der Schatz des Priamos 146
Die Büchse von der Rohrpostanlage 150

GRÖSSENRAUSCH UND AUFBRUCHSTIMMUNG 154

Der Sauerbruch-Arm 156
Das Ehrengrab von Adolf Wermuth 160
Der Frommser 164
Die Gelddruckplatten für die 10.000er-Banknote 168

DIE HAUPTSTADT DES VERBRECHENS 172

Das Braunhemd 174
Der Judenstern 178
Die Z1 182
Die Haken von Plötzensee 186

AUFERSTEHEN AUS RUINEN 190

Das Schild der Bersarinstraße 95–99 192
Gail Halvorsens Fallschirmchen 196
Die Schuhe der Trümmerfrau 200
Das SED-Parteiabzeichen 204
Der Marmor von der Mohrenstraße 208

HÜBEN UND DRÜBEN 212

Die Mauser 214
Stalins Ohr und Bart 218
Die Goldene Hausnummer 222
Das Amphicar 226
Der Dönerspieß 230
Das SED-Parteibuch des Karl-Heinz Kurras 234
Der Sintenis-Bär 238

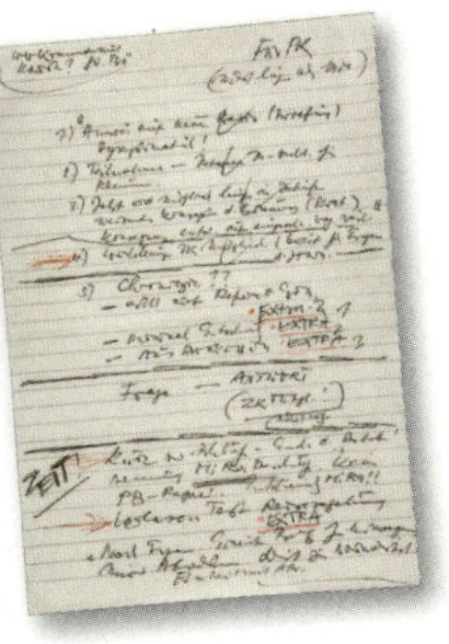

AUFBRUCH INS OFFENE 242

Schabowskis Zettel 244
Die Gläserne Blume 248
Die Amtskette des Oberbürgermeisters 252
Die Tresortür vom „Tresor“ 256
Lenins Kopf und Berlins Erbe 260
Die Nofretete-Büste 264
Das Lastenrad 268

Bildnachweis / Impressum 272

Einleitung

EINE SEHNSÜCHTIGE SUCHE NACH DER SEELE BERLINS

Am Anfang stand die große Erschütterung einer ahnungslosen Berlinerin. Als solche hatte ich, eine Zugezogene, mich nach dreißig Jahren Leben in Friedrichshagen, Biesdorf-Nord, Friedrichshain und Kreuzberg tatsächlich gesehen – zehn Jahre Ost, zwanzig Jahre Ossi. An einem Wintertag im Jahr 2010 besuchte ich im Ephraim-Palais, dem zauberhaften, in den 1980er-Jahren am Rand des Nikolaiviertels wiederhergestellten Rokoko-Bau, die Ausstellung *Berlins vergessene Mitte. Stadtkern 1840–2010.* Mich traf der Schlag. Es ging um Berlins Gründungsort, also jenen Quadratkilometer, von dem aus sich die Stadt über fast 800 Jahre vom Fernhändlerlager in einem Sumpfgelände zur Metropole entwickelt hatte. Andere Städte lieben und bewahren ihr historisches Zentrum, hegen und pflegen es. Dorthin zieht es Menschen aus den Wohnquartieren zum Leute-Treffen, Bummeln, Schauen, Verweilen: in Cafés und Läden, in Galerien mit schönen Dingen, auf gepflegte Plätze mit Grün, Skulpturen und Denkmälern.

Berlin hingegen hat seine bauliche und seelische Mitte in mehreren Vernichtungswellen seinem Aufstieg zur modernen Millionenstadt geopfert. Das hatte ich an jenem Nachmittag im historischen Crashkurs gelernt.

Noch schlimmer wurde es, als ich vor die Tür des Ephraim-Palais trat und das eben noch aus Bildern und Texten Erfahrene mit der Wucht der Wirklichkeit vor mir lag: der Molkenmarkt, der älteste Handelsplatz und einst Herzstück der Stadt mit Menschen, Marktständen, Münzprägestätte und Mühlenhofmeierei, der Zorn'schen Apotheke, dem Jüdenhof, Wirtshäusern und, wie die jüngsten archäologischen Ausgrabungen ergaben, der wahrscheinlich ältesten befestigten Straße Berlins – einem sechs Meter breiten, raffiniert konstruierten Bohlenweg vom Mühlendamm Richtung Stralauer Tor.

Jetzt stand mir das ganze Elend vor Augen: Asphaltwüste, Hunderte Autos, Lärm, ein für Menschen nicht nur ungemütlicher, sondern abweisender, hässli-

Mittelalterlicher Bohlendamm
aus dem 13. Jahrhundert,
freigelegt bei Ausgrabungen
am Molkenmarkt 2022.

cher, gefährlicher Ort. Berlin hatte die Wiege seiner selbst, den Spreeübergang, zur Tabula rasa gemacht, zur Zone materieller und mentaler Verödung. Warum hatte ich das bis dahin nicht wahrgenommen?

So begann ein Eintauchen in die Berliner Geschichte, und die Begeisterung am Entdeckten wuchs. Bald erschien mir jeder Gang durch die Stadt als historischer Parcours: Die schwungvolle Kurve der S-Bahn vom Alexanderplatz zum Hackeschen Markt stand nun nicht mehr nur als Abfolge gemauerter Viaduktbögen da, sondern als Markierung für den Verlauf der nach dem Dreißigjährigen Krieg errichteten Bollwerke und Gräben der Festung Berlin. Namen wie Wallstraße erhielten Sinn und Zusammenhang. In der Hirtenstraße, die heute neben dem Haus des Berliner Verlags verläuft, lebten die Hirten, die vor den Stadtmauern das Vieh der Berliner Bürger hüteten.

Jetzt bewunderte ich beim Blick nach unten die genial angelegten Bürgersteige Berlins: in der Mitte die schweren, großen Platten aus Granit, Schweinebäuche genannt, weil ihre Unterseiten sich wie Hängebäuche ins Sandbett fläzen und stabil an Ort und Stelle bleiben. Drumherum erlauben leicht verlegbare Kalksteine, der Bernburger Rogen, einfachen Zugang zu unterirdisch verlaufenden Versorgungsleitungen. Der Blick nach oben nahm nun die Vielfalt der historischen Straßenbeleuchtung wahr – von der Schinkelleuchte bis zum Bischofsstab. Die Stadt wurde lesbar, Straße um Straße, Platz um Platz. Ein Riesenvergnügen im Alltag.

Gut zu erkennen am Straßenpflaster des Gendarmenmarkts: Schweinebauchplatten und Bernburger Rogen. Rechts ein prächtiger Gaslaternenkandelaber

Das private Interesse bekam 2015 eine berufliche Dimension, als die *Berliner Zeitung* eine wöchentliche Seite Stadtgeschichte einrichtete, mit mir als zuständiger Redakteurin. Bei den Recherchen zu Artikeln (inzwischen etwa 400) über historische Ereignisse tauchten immer wieder Objekte auf, für die in den journalistischen Texten kein Platz blieb. Dabei erzählen diese Gegenstände doch so anschaulich, wie die Berliner ihr Gemeinwesen gestalteten, die Stadt wachsen ließen – und wieder einrissen. Als dann Dirk Palm, Verleger des BeBra Verlages (damals Elsengold), fragte, ob ich nicht Lust hätte, in einem Band solche Objekte zum Reden zu bringen, nahm das Buchprojekt seinen Lauf. Fast fünf Jahre hat die Arbeit gedauert.

Das Ergebnis halten Sie, liebe Leserinnen und Leser, nun in den Händen. 60 Berliner Geschichten, die ihren Ausgangspunkt in jeweils einem Objekt einer bestimmten Epoche finden – von der Eiszeit bis zur Jetztzeit. Die acht Abschnitte lassen sich nur ausnahmsweise mit Jahreszahlen für Beginn und Ende markieren. Den Leitfaden bilden eher Prozesse, Kernereignisse der jeweiligen Epoche und die damit verbundenen Brüche. Die ersten Abschnitte umfassen lange Zeiträume – die Geschichte der Stadt begann ja recht gemächlich. Die nach den Befreiungskriegen gegen die napoleonische Fremdherrschaft 1813 einsetzende Beschleunigung spiegelt sich in der Aufteilung in immer kürzere Zeitabschnitte, vor allem im rasenden 20. Jahrhundert.

Mit 60 Objekten die Geschichte Berlins auch nur annähernd vollständig oder ausgewogen zu erzählen – dieser Anspruch besteht nicht. Aber der auf einzelne Objekte gerichtete Blick lässt Facetten hervortreten, die in einer als strikte Ereignisfolge aufgebauten oder von einer starken These getragenen Stadtgeschichte verschwinden.

Auch wenn die 60 Objekte einer chronologischen Ordnung folgen, so steht doch jeder Text für sich. Man greife nach Lust und Laune heraus. Sie kommen demnächst am Gendarmenmarkt vorbei? Dann wäre der Text über das aus Kriegstrümmern geborgene Gesicht der Kuppelstatue zu empfehlen – und Sie werden garantiert ganz anders zu der goldenen Figur auf dem Französischen Dom aufblicken und dem Glockenspiel lauschen, wenn „Üb' immer Treu' und Redlichkeit …" über den Platz klingt. Oder Sie lesen vor dem nächsten Kinobesuch die Geschichte vom Bioskop, der Erfindung des gewitzten und geschäftstüchtigen Berliners Max Skladanowsky, der die Bilder das Laufen lehrte.

Warum ausgerechnet 60 Objekte? Es ließe sich anführen, dass die Zeit, das Maß für geschichtliche Abläufe, in Sechzigereinheiten gemessen wird: 60 Sekunden in der Minute, 60 Minuten in der Stunde. Etwa 5000 Jahre alt ist das von den Babyloniern perfektionierte, auf der 60 basierende Rechenverfahren, das Sexagesimalsystem. Aber so babylonisch-magisch verhält es sich nicht: 60 Texte ergeben einfach ein üppiges Lesebuch in einem Band, der von Umfang und Gewicht noch gut zu handhaben ist.

Gleichwohl stecken einige Texte voller Magie. Auch das gibt es im eher rationalistisch verfassten Berlin – sei es wegen der Urtümlichkeit mancher Objekte wie im Fall des Schamanen-Geweihs von Biesdorf, des Grabsteins des Rabbiners Jona ben Dan in Spandau oder der Aura der geheimnisvollen Figuren des Berliner Totentanzes im Dialog mit dem Tod, die sich in der Kirche St. Marien auf wundersame Weise erhalten haben. Manchmal ergänzen Legenden die Fakten. Auch Legenden enthalten Spuren realer Geschehnisse, wenn auch in fantasievoll ausgeschmückter Form – wie in der Geschichte vom Neidkopf aus dem in den 1960er-Jahren fast vollständig abgerissenen Heiliggeistviertel, eines von ehemals vier Vierteln Alt-Berlins.

Noch eine Prise Mythos gefällig? Kann es Zufall gewesen sein, dass die 500 Jahre alte Glocke vom Berliner Dom, die einst den Pilgern der Wunderblutkirche zu Wilsnack erklang, ausgerechnet beim Totengeläut für die letzte deutsche Kaiserin, Auguste Viktoria, im Juni 1921 zersprang? Diese Fügung entzieht sich jeder Beweisführung. Anderes ist leichter zu greifen: Schon auf den zweiten Blick erweist sich das Klischee von der sittenstrengen, von Untertanengeist und Militarismus getragenen wilhelminischen Kaiserzeit als absurd eindimensional. Etwa 900 Etablissements „mit allgemeiner Tanzerlaubnis" lockten vor dem Ersten Weltkrieg zu Vergnügungen. Das wissenschaftliche, kulturelle und Geistesleben blühte, der – kolonial verzerrte – Blick in die Welt und auf deren Bewohner weitete sich, und die Leute sandten per Rohrpost einander Nachrichten im Blitztempo. Wie das funktionierte, lesen Sie im Text über die Rohrpostbüchse von 1900.

Heute erlebt man Berlin als dysfunktional. Viele als städtischer Standard erwartbare Leistungen werden mangelhaft erbracht. So viel allgegenwärtigen Schmutz haben sich bürgerliche Zeitalter nicht zugemutet. Wie lässt sich die Verwahrlosung erklären? Lieben die Berliner ihre Stadt nicht?

Mancher Grund für die emotionale Entfremdung der Bewohner von ihrem Gemeinwesen findet sich in der jüngeren Geschichte. Nach dem Sturz der Monarchie 1918 und erst recht nach den vom nationalsozialistischen Berlin ausgegangenen Menschheitsverbrechen wandte sich die Gesellschaft verstockt von der eigenen Vergangenheit ab. Sie akzeptierte die Beseitigung historischer Gebäude und Stadtgrundrisse und richtete alle Sinne, gelegentlich obsessiv, auf die helle Zukunft: die autogerechte Stadt, den massenhaften, ästhetisch auf Minimalniveau gedimmten sozialen Wohnungsbau.

Seit Jahrzehnten toben Kämpfe um die Neugestaltung der Brachen in der Alten Mitte zwischen Rotem Rathaus und Marienkirche, auf dem Gelände des Heiliggeistviertels (heute Marx-Engels-Forum) und des Molkenmarkts. Sie schließen an alte Auseinandersetzungen an, die ihren Ausgang beim Straßendurchbruch für die ab 1885 angelegte Kaiser-Wilhelm-Straße (heute Karl-Liebknecht-Straße) nahmen und sich 1935 mit dem Abriss des mittelalterlichen Quartiers am Krögel fortsetzten. Zur selben Zeit reiften die Pläne für die Welthauptstadt Germania, doch es gab keine diskussionsfähige Zivilgesellschaft mehr. In der von alliierten Bomben

Das kriegszerstörte Heiliggeistviertel 1959

und sowjetischer Artillerie geformten Trümmerlandschaft von 1945 fanden Städteplaner ideale Voraussetzungen für die auf der Tabula rasa basierenden Utopie von der Neuen Stadt. Der Kollektivplan von Stadtbaurat Hans Scharoun sah 1946 genau eine solche vor. Wer die Entwürfe anschaut, den erfasst das Grauen.

So brutal kam es nicht, im Schrumpfformat lassen sich die gebauten Ideen im Hansaviertel besichtigen. Der Sprengung des Schlosses und dem Abriss der Bauakademie folgte die Entstuckung reich verzierter Gründerzeitfassaden. Nach 1990 entlud sich der politisch getriebene Wunsch nach Tilgung ikonischer Bauten der untergegangenen DDR im Abriss des Palasts der Republik oder des Ahornblatts, um zwei der Wichtigsten zu nennen.

Jeder Wechsel der Herrschaftsform war seit 1918 mit einem Bilder- und Denkmal-Kehraus verbunden: So verschwanden die alten Fürsten, Feldherren und Gottesmänner aus der Puppenallee im Tiergarten und im nächsten Schub der monumentale Lenin vom Leninplatz. Dessen Kopf und seinen fürstlichen Nachbarn in der derzeitigen Altvorderen-Ablage in der Spandauer Zitadelle widmet sich einer der Texte.

All das betraf das gebaute, das steinerne Berlin; aber darin spiegeln sich die teils krassen Brüche, die die Einwohner der Stadt zu ertragen und zu bewältigen hatten. Das begann im 15. Jahrhundert mit dem Einzug der Hohenzollern, als Kurfürst Friedrich II. (genannt Eisenzahn) die Macht der selbstständigen, reichen Berliner Patrizier brach, die Hanse-Mitgliedschaft der Stadt beendete und den Sprachwandel vom ursprünglich Niederdeutschen zum Neu-Berlinischen vollzog. Bald hatten die aus dem Fränkischen und Sächsischen zugezogenen Höflinge das Sagen – auch im buchstäblich-sprachlichen Sinn. Mit den Preußischen Reformen Anfang des 19. Jahrhunderts gingen Feudalherrschaft und Leibeigenschaft zu Ende und das Zeitalter des Bürgertums und der Proletarier zog herauf. Die Gründung des Deutschen Kaiserreichs 1871 machte Berlin zur Reichshauptstadt. Die Novemberrevolution 1918/19, die Gründung von Groß-Berlin 1920, die Hyperinflation von 1923 stülpten abermals die Verhältnisse um – bis 1933 der verheerendste Bruch

Beim Abriss des Ahornblatts auf der Fischerinsel im Jahr 2000 stieß man auf historische Hausfundamente.

folgte, dessen Konsequenzen, Krieg, Kalter Krieg, Spaltung, noch immer nicht überwunden sind, auch wenn die Wiedervereinigung die schlimmsten Wunden geschlossen hat.

Gravierende Änderungen lassen sich auch an der Bevölkerungsentwicklung ablesen: Den menschlichen Verlusten im Dreißigjährigen Krieg folgte ein rasanter Zuwachs: die Ansiedlung der Hugenotten, die Rückkehr der Juden, der Massenzuzug der Landbevölkerung. Wer war da ein „echter Berliner“? So ist es bis heute; nur die Hälfte der Stadtbewohner ist hier geboren. Migration bereichert die Stadt ohne Zweifel, aber eine Bürgerschaft mit ausgeprägtem Sinn für die Stadtgeschichte entstand so nicht.

Gleichwohl rauschte mit politischen Konjunkturen immer mal der Rückgriff aufs Historische nach oben. Als die deutsche Nation in der zweiten Hälfte des 19. Jahrhunderts nach konstituierenden Elementen und die neue Reichshauptstadt nach innerem Halt strebten, blühte für ein paar Jahrzehnte das Geschichtsbewusstsein. Auch die Berliner Bürger suchten nach gemeinsamem historischem Grund – und schufen das Märkische Museum. Dort findet sich nicht zufällig ein großer Teil der hier betrachteten Objekte.

Zugleich begann die junge Nation umgehend mit der Abgrenzung im Inneren: Schon die national-revolutionären Demokraten von 1812 und 1848 pflegten ihren neuen Antisemitismus. Und der gewann in den folgenden Jahrzehnten an Stärke. Mit dem im Holocaust kulminierenden Judenhass beraubte sich Berlin eines zentralen Teils seiner künstlerischen, wissenschaftlichen und wirtschaftlichen Elite. Bis heute leidet die Stadt, in der einst ein Drittel aller deutschen Juden lebte, unter dem Verlust.

Mit schweren Einbußen ging es nach dem Zweiten Weltkrieg weiter, als ein erheblicher Teil des Bürgertums mitsamt seiner Finanz- und Innovationskraft gen Westen zog. Aus dem Ostteil flohen diejenigen, die nicht im Sozialismus leben wollten; den Westteil verließen vor allem die Wirtschafts- und Technikeliten. Einstige Industrie-Weltriesen wie Siemens oder die AEG verlegten ihre Zentralen nach Westdeutschland. Kaum waren die einen weg, füllte sich West-Berlin mit Wehrdienstflüchtigen und anderen Menschen mit weniger ausgeprägtem Arbeitsethos auf der Suche nach einem Platz zur Selbstverwirklichung. Im Osten versammelten sich derweil treue Diener von Staat und Partei aus den Bezirken der Republik, darunter auffällig viele Sachsen.

Einen Schwall von Geschichtsfolklore bekamen beide Stadthälften 1987 ab, als Ost wie West das 750. Stadtjubiläum zelebrierten. Die Feiern bezogen sich auf die erste urkundliche Erwähnung Cöllns von 1237. Die Siedlung Cölln lag Berlin gegenüber am anderen Spreeufer, beide schlossen sich später zusammen. Diesem Dokument steht ein Ehrenplatz in der Reihe der Objekte zu. Das Datum hatten schon die Nationalsozialisten 1937 für ihre Propaganda entdeckt und bei dieser Gelegenheit im vermeintlich Germanischen gegründelt. Fünfzig Jahre später nutzte man im Osten die Kraft der Geschichte als Identitätsstifterin für die sozialistische Hauptstadt der DDR. Der historische Festzug fuhr viel Volkskultur auf. Auch die Wappen kamen wieder zu Ehren, und für den Oberbürgermeister gab es eine opulente Amtskette. Deren Geschichte von der Herstellung zum Verschwinden und Wiederauftauchen können Sie jetzt nachlesen.

Andere Objekte aus den Jahrzehnten der Spaltung berichten, wie die Menschen in Ost und West mit den Zumutungen des Kalten Krieges, der Berlin-Blockade (West) oder der Stalinisierung (Ost) zurechtkamen – bis schließlich die Mauer fiel und die viel besungene Zeit der Anarchie beginnen konnte. Über die Rolle eines bekritzelten Notizzettels in der Hand des SED-Politbüro-Mitglieds Günter Schabowski kursieren viele Anekdoten, die sich teils recht weit vom realen Geschehen entfernen. In diesem Buch erfahren Sie aus authentischen Quellen, was es mit Schabowskis Aussetzer wirklich auf sich hatte.

An die Lust des Anfangs erinnert die tonnenschwere Tür vom Club Tresor. Für die inzwischen nach Millionen zählenden nicht „urdeutschen“ Berlinerinnen und Berliner steht die dreieinhalbtausend Jahre alte Nofretete – unbestreitbar die Schönste von allen. Wird sie auf der Museumsinsel bleiben? Wer weiß das schon.

Neuberliner kommen täglich an, viele werden Langzeitnutzer der Stadt. Mehr als 200 000 Menschen mit türkischen Wurzeln leben in Berlin, etwa ebenso viele Russischsprechende und geschätzt hunderttausend vor dem russischen Krieg aus der Ukraine Geflohene. Slawische Sprachen, Arabisch, Englisch, Spanisch und so fort bilden das Konzert der Fahrgäste im öffentlichen Verkehr. Seit die Westalliierten abgezogen sind, ist Berlin deutlich osteuropäischer und südlicher geworden.

Wie werden die Neuberliner vom Entstehen der Stadt erfahren? Mit Blick auf sie wurden viele Objekte für dieses Buch ausgewählt. Das jeweilige Objekt wird hin- und hergewendet, beschrieben, eingeordnet. Das Vor- und Nachleben mancher Objekte entfaltet sich über Jahrhunderte – man betrachte nur die lange Bank aus der Gerichtslaube. Ein mehr als 750 Jahre altes Stück – das älteste Sitzmöbel Deutschlands! –, auf dem Berliner Ratsherren des Mittelalters saßen, ebenso wie Delinquenten und Hochzeitsgesellschaften, bis es zur Glücksbank in einem Berliner Kleingarten wurde. Diese Bank hat die gesamte Berliner Geschichte ausgehalten! Es gibt auch Stücke mit ungewissem Schicksal. Wie lange wird die populäre Gläserne Blume, geschaffen 1975/76 für den Palast der Republik, noch in einem Depot des Deutschen Historischen Museums vor sich hin rotten?

Im besten Fall macht das Buch Lust auf mehr Berlin-Geschichte. Es gibt so viele kluge Bücher und gute Museen. Die Stadt verzichtet leider seit etwa sieben Jahren darauf, die eigene Geschichte wissenschaftlich wenigstens mit einem akademischen Lehrstuhl zu bedenken. Immerhin haben herausragende Archäologen in den vergangenen dreißig Jahren beeindruckende Objekte zutage gefördert, man denke nur an die Ausgrabungen rund um die ehemalige Petri-Kirche und das neue Wissen über die ersten Cöllner und Berliner, die Gründer der Stadt.

Dass sich Berlin seine Geschichte sparen könne, war immer ein Irrtum. Natürlich. Vielleicht ein lokaler Reflex auf den nach 1990 modischen Trugschluss vom Ende der Geschichte. Aber Geschichte wird weiterhin gemacht. Auch in Berlin. Deshalb symbolisiert das Berliner Lastenrad als Objekt eine vom Klimawandel bestimmte Zukunft. Die Stadt steht vor gewaltigen Veränderungen. Wieder einmal. Wie wird der Umbau zur hitze- und dürreresistenten Metropole mit vier Millionen, nicht ganz einfachen Einwohnern aussehen? Wird es gelingen, unter diesen Umständen die historische Mitte neu und angemessen zu gestalten? Geschichtsbewusst, menschlich und bitte auch ein bisschen schön. Damit wir unsere Stadt lieben können.

Menschen aus beiden Teilen Berlins
nach der Öffnung auf der Berliner Mauer

FEUER, EIS UND SUMPF

Als der Elch am Hansaplatz den letzten Atemzug tat, hatte sein Revier die wildesten Zeiten hinter sich. Der Kraterkessel des Berliner Vulkans, der vor 295 Millionen Jahren Feuer spie, ruht heute 4000 Meter tief unter Pankow. Die teils mehrere Hundert Meter mächtigen Eiszeitgletscher waren geschmolzen. Das ist 11 600 Jahre her. Bald siedelten auf trockenen Stellen der sumpfigen Gegend Menschen. Um das Jahr 700 begann die slawische Einwanderung. Vor mehr als 800 Jahren bauten schließlich die ersten Fernhändler ihre Siedlungen. Berlin und Cölln wuchsen zur selben Zeit rechts und links der Spree. Magdeburg und Halle standen schon 400 Jahre. Aber die Berliner machten das Beste aus den Steuer- und Handelsprivilegien, die ihnen die askanischen Markgrafen gewährt hatten. Früh vertrauten sie ihr Seelenheil Franziskanermönchen an. Sie rodeten Wald, verkauften Holz und Getreide. Eine Patrizier- und Hansestadt entstand.

Ein sehr alter Bekannter

DER ELCH VOM HANSAPLATZ

Spitzes Maul, imponierender Kopfschmuck, starker Hals. Lange Beine über geradezu zierlichen Hufen tragen einen schlanken Körper. Als überaus elegantes Wesen tritt der Breitstirnelch dem modernen Menschen gegenüber. Ein Supermodel aus der ausgehenden Eiszeit. Seine menschlichen Zeitgenossen streiften als Jäger und Sammler im Berliner Raum umher.

Von jenen altsteinzeitlichen Menschen existiert kein auch nur annähernd so eindrucksvoller Fund wie der des vollständig erhaltenen Skeletts des riesigen Elches. Seine Entdeckung am 16. Mai 1956 begeistert die Forscher bis heute: Beim Bau der U-Bahn zwischen Turmstraße und Hansaplatz stießen Arbeiter in sieben Metern Tiefe auf Tierknochen. Die herbeigerufenen Archäologen legten Stück für Stück das komplette Prachtexemplar frei und bargen es. Ein Zoologe und ein Tierpräparator setzten es zusammen. Da zeigten sich die wahren Maße dieses Breitstirnelchs, lateinisch Alces latifrons: Das kapitale Schaufelgeweih misst 1,50 Meter Spannweite und wiegt etwa 20 Kilo. Allein der Körper dieses Exemplars weist 2,70 Meter Länge auf, die Risthöhe beträgt 1,90 Meter. Die Körpermasse der Tiere dieser ausgestorbenen Art übertraf die der mächtigsten modernen Elche, die heute in Alaska vorkommen.

Dieser eindrucksvolle Typ darf gewissermaßen als erster leibhaftig präsenter Bewohner unserer Region mit amtlicher Adresse gelten: der Elch vom Hansaplatz. Von dort zog er mehrfach um – erst ins Museum für Vor- und Frühgeschichte in Charlottenburg, dann nahm er Residenz im Heimatmuseum Tiergarten und wohnt heute hochnobel im Steinzeitsaal des Museums für Vor- und Frühgeschichte mit Anschrift Neues Museum, Bodestraße 1–3.

Für die Besucher gehört er zu den Stars der Ausstellung, gibt er doch Kunde davon, wie es sich vor etwa 13 000 Jahren in der Berliner Gegend lebte. Eine

Radiokohlenstoffdatierung nach der C14-Methode im Leibniz-Labor der Kieler Universität ergab, dass das Tier um 10 300 vor unserer Zeitrechnung umherzog. Es verendete offensichtlich auf natürliche Weise – im damals sehr wasserreichen Berlin-Warschauer Urstromtal, das die abschmelzenden Gletscher der Weichseleiszeit hinterlassen hatten. Versank er im Morast der weiten Spree-Aue? Hatten eiszeitliche Jäger den unerfahrenen Jungbullen in eine missliche Lage gebracht? Oder ein Höhlenlöwe wie jener, der zwischen 10 000 und 12 000 vor unserer Zeit lebte und dessen Schädel man, ebenfalls beim U-Bahnbau, in den 1930er-Jahren auf dem Alexanderplatz fand? Oder ein Bär? Knochen von Vorfahren des späteren Berliner Wappentieres entdeckte man in einer Rixdorfer Kiesgrube. Jedenfalls starb der Elch ohne nachweisbare Verletzung.

In der Umgebung der Elchknochen fanden sich auch solche von Pferden, Rothirschen und Rentieren, die offenbar ebenfalls an dieser Stelle Futter gesucht hatten. Für den weichen Untergrund, der etwa 12 000 Jahre später namensstiftend für Berlin werden sollte – slawisch „brlo“ bedeutet trockene Stelle im Sumpf –, war der Breitstirnelch gut ausgestattet: Mit breit aufsetzenden, stark gespreizten Zehenknochen konnte der Paarhufer über feuchten Boden – Sümpfe und Moore –, aber auch durch tiefen Schnee laufen, ohne einzusinken. Ansonsten bewegte er sich in den lichten Wäldern, die sich um 12 000 vor unserer Zeit in der weiten offenen nacheiszeitlichen Tundralandschaft ausgebreitet hatten – ein für die Riesenelche idealer Lebensraum.

Der Elch vom Hansaplatz war ganz eindeutig Vegetarier, seine Paläodiät enthielt neben jungen Baumtrieben, Knospen und natriumreichen Wasserpflanzen viel frisches Laub, was weit mehr Proteine und Mineralien enthält als Gras. Die damals vordringende Birke wird wohl ein beliebter Futterlieferant gewesen sein; Birkenblätter mögen auch heutige Elche sehr gerne.

Unser früher Tiergartenbewohner lebte in einer klimatisch unruhigen Zeit: Eigentlich waren die Temperaturen seit dem Rückzug der Gletscher einige Jahrtausende lang gestiegen, doch in den knapp tausend Jahren zwischen 10 730 und 9700 vor unserer Zeit ereignete sich ein folgenreicher Rückschlag durch rasche und erhebliche Abkühlung. Als Zeugin dieses Klimawandels fand sich ganz in der Nähe des Elchskelettes auch der Panzer einer Sumpfschildkröte. Eine erstaunliche Nachbarin, denn sie mag es eigentlich feuchtwarm. Einen solchen Lebensraum muss es am Fundort also in unmittelbarer zeitlicher Nähe gegeben haben.

Tatsächlich haben Untersuchungen von Eisbohrkernen in Grönland markante Klimaveränderungen um 11 700 vor unserer Zeit ergeben. Binnen kurzer Zeit waren demnach die Temperaturen geradezu nach oben geschossen. Die für die Tundra typischen Pflanzen – Flechten, Kräuter, Gräser und Büsche – verschwanden und damit die Nahrungsgrundlage für das Rentier. Diese Population schrumpfte in der besonders gründlich untersuchten Region in Südschweden dramatisch. Dafür breitete sich die Sumpfschildkröte ausgehend von ihren Eiszeit-Refugien in der Balkan-Region aus. Bis der neuerliche Temperatursturz ihr das nördliche Leben verleidete. Dieses Schicksal erlitten auch die Berliner Vertreter ihrer Art. Heute liegt die einstige Nachbarin vom Hansaplatz dem Elch wieder ganz nah im Museum.

Für die umherstreifenden Menschen jener Zeit muss der Elch, ähnlich wie Pferd, Hirsch und Rentier, eine großartige Beute gewesen sein. Mit seiner schweren Last auf dem Kopf, für die er extrastarke Muskelansätze an den Halswirbeln ausgebildete hatte, war er sicherlich nicht der flinkste Läufer, also für die mittlerweile mit Pfeil samt Steinspitze und Bogen ausgerüsteten Männer und sicherlich auch Frauen durchaus jagdbar. Sie durften mit einem Beutegewicht von mindestens tausend Kilogramm rechnen: bestes Fleisch, gut verwertbares Leder und Fell für die Herstellung strapazierfähiger Kleidung, für den Lager- und Zeltbau. Dazu jede Menge feste und doch einfach zu bearbeitende Knochen sowie Geweihmaterial als Grundlage für Werkzeuge, Waffen, Kunst oder rituelle Gegenstände.

Wie die Forschung ergab, waren es Jäger und Sammler der Ahrensburger Kultur, die das heutige Berliner Stadtgebiet als ihr Terrain nutzten. Zur Lebenszeit unseres Riesenelches hatten sie Formen der stärkere Kooperation verlangenden Treibjagd entwickelt, statt reine, dem Tier folgende Pirschjagd zu betreiben. Die nun benutzte Waffe Pfeil und Bogen ermöglichte Jagderfolge aus bis zu 50 Metern Distanz, 20 Meter mehr als mit der zuvor perfektionierten Technik der Speerschleuder. Der urzeitliche Wurfspeer flog maximal 15 Meter.

Solche Waffen nutzten Menschen bereits sehr früh. Die bisher ältesten vollständig erhaltenen Jagdwaffen der Welt aus der Zeit des Homo heidelbergensis entdeckten Archäologen zwischen 1994 und 1998 in einem Braunkohletagebau bei Schöningen in Niedersachsen, also für mobile Menschen, die gut zu Fuß sind, von Berlin aus erreichbar. Datierungsverfahren ergaben ein Alter von etwa 300 000 Jahren. In der Nähe der Jagdwaffen lagen Knochen von Pferden, die Schnitt- und Zerlegungsspuren aufweisen – Zeugnisse eines deftigen Mahles.

Der Breitstirnelch starb aus, so wie lange, lange vor ihm der Homo heidelbergensis und das Eiszeittier schlechthin – das Mammut. Klimaveränderungen spielten eine Rolle. Doch der jagende Homo sapiens trat seit seinem Auftauchen in der Geschichte als Haupttäter auf. Schon in der Frühphase seiner Ausbreitung über die Erde rottete er viele Arten aus, zuerst die Großsäuger, solche wie Alces latifrons. Die Kolonisierung jungfräulicher Gebiete durch den modernen Menschen sei der beherrschende Faktor des Aussterbens gewesen, bilanzierten 2014 dänische Forscher eine Kontinente und Jahrtausende übergreifende Großstudie.

Die Betrachtung des Breitstirnelches vom Hansaplatz führt in eine Zeit, da aufeinanderfolgende Klimawandel ganz ohne Zutun des Menschen immer wieder neue, teils dramatische Veränderungen der Lebensumstände bewirkten. Man sieht: Der Wandel kann schneller, heftiger und unberechenbarer kommen als der Schmalstirnmensch im selbst erzeugten Treibhaus des Anthropozäns erwartet.

DAS SCHAMANEN-GEWEIH VON BIESDORF

Spuren ältester Spiritualität

Eine ältere Spur von einem spirituell tätigen Menschen im Berliner Raum gibt es nicht als das zur Kopfmaske hergerichtete Geweih eines drei bis vier Jahre alten Rothirsches. Vor etwa 11 000 Jahren wurde der Aufsatz von geschickten Händen nach einem wohl bedachten Plan bearbeitet. Kein Zweifel besteht, dass das sorgsam gefertigte Artefakt nicht als schlichter Alltagsgegenstand zum Einsatz kam, sondern höheren Zwecken diente. Gefunden wurde das Geweih zufällig im Jahr 1953 bei Schachtarbeiten in der Biesdorfer Heesestraße in 5,50 Metern Tiefe im kalkhaltigen Faulschlamm einer ehemaligen Seesenke nahe dem heutigen Wuhlelauf.

Ein Ur-Biesdorfer, Mann oder Frau, hat die ausgewachsenen Geweihstangen der Länge nach aufgespalten und die obere Schicht abgetrennt, sodass das poröse, schwammartig aussehende Innere, Spongium genannt, zutage trat. So reduzierte er oder sie das ursprüngliche Gewicht der Knochensubstanz von 1700 Gramm auf 1090 Gramm – ein klarer Vorteil, wenn man solch ein ausladendes Objekt erhobenen Hauptes balancieren will. Hirn- und Gesichtsschädel wurden abgebrochen. Perforationen im Schädeldach des Tieres könnten zur Befestigung auf dem Kopf und/oder auf einem Gestell gedient haben. Gut vorstellbar ist, dass angeknüpfte Felle den optischen Effekt verstärkten: Die Person wandelte sich zum Mischwesen aus Mensch und Tier.

Um den frühen Menschen näherzukommen, tauchten ein Archäotechniker vom Berliner Museumsdorf Düppel und Studenten der Freien Universität ein in deren Zeit, bauten steinzeitliche Werkzeuge nach und vollzogen an einem gleichartigen Rothirschgeweih nach, was die Hersteller des Originals getan hatten: Mit Feuerstein ritzten sie die Geweihstangen entlang der gewünschten Linie so lange an, bis ein Keil in die Ritze getrieben und Teile des harten Geweihmaterials abgetrennt werden konnten. So spalteten sie etwa 15 Zentimeter lange Stücke ab, nutzbar zum Beispiel als Harpunenspitzen oder Angelhaken.

Sollte also in der Mittleren Steinzeit ein Schamane oder eine Schamanin im Biesdorfer Raum gelebt haben? Gut möglich. Vergleichbare Funde von bearbeiteten Imponier- und Kampfwaffen der Hirsche fanden sich an der Ostküste Englands, am Schweriner und Plauer See oder im brandenburgischen Friesack. Sie entstammen alle derselben Epoche und weisen ähnliche Bearbeitungsspuren und Perforationen auf. Durch diese Löcher gezogene und am Kopf des Trägers befestigte Schnüre können den Kopfaufsatz bei rituellen Handlungen halten oder wenn sich der Jäger beim Anpirschen tarnen wollte. In die Reihe passt auch die „Schamanin von Dürrenberg“, die Menschen vor fast 9000 Jahren nahe Leipzig bestatteten. Zu den reichen Grabbeigaben gehörte ein Rehgeweih.

Die früheste Darstellung eines tanzenden Schamanen mit Hirschgeweih wurde 1914 in der Höhle Trois-Frères in Südfrankreich entdeckt. Man nennt ihn den Zauberer von Ariège oder den gehörnten Gott. Diese Steinzeitmalerei stammt aus der Zeit vor etwa 15 000 Jahren.

Solche Objekte und Darstellungen faszinieren, weil sie von einem prähistorischen Schamanismus erzählen. Wie könnten wir sonst erfahren, dass sich die Jäger und Sammler der Nacheiszeit Vorstellungen von einer anderen als der sichtbaren, von Geistern bewohnten Welt machten, mit denen man sich arrangieren musste und die es zum eigenen Vorteil zu beschwören galt. Jägerkulturen wie jene im Berliner Raum verstanden Tiere als ihre Verwandten. Priester versuchten, oft mit Tierattributen wie Fellen und Geweih bekleidet, Kontakt mit deren Kosmos aufzunehmen. Nomadische Gesellschaften, wie sie heute zum Beispiel noch im Norden Sibiriens oder in der Mongolei zu finden sind, halten seit Jahrtausenden an solchen Riten fest. Aus deren Praxis leiten Forscher Parallelen zu früheren Zeiten ab. In der Regel geht es um Vergebung sowie Abwendung von Strafe und Unheil, wenn ein Jäger die traditionellen Beschwichtigungs- und Binderituale für das Töten eines Tieres missachtet hat. Die benutzten Utensilien weisen verblüffende Ähnlichkeiten auf.

Forscher halten solche Geweihmaskenfunde zudem für zentral, um die sozialen Strukturen am Übergang vom Pleistozän zum nacheiszeitlichen Holozän vor 11 000 bis 12 000 Jahren besser zu verstehen. Es war die Zeit, als die Natur in unserem Raum begann, die uns heute bekannten Charakteristika zu entwickeln.

Entlang des Flüsschens Wuhle, das von der Grundmoränenhochfläche des Barnim sanft in Richtung Berliner Urstromtal bergab fließt, breiteten sich in jener Zeit lichte Tundra und erste Wälder aus, durch die Hirsche, Rehe und Auerochsen streiften. In einer feuchten Niederung hatten sich stellenweise Seen gebildet. Die nomadischen Jäger folgten den Tieren. Ihre Lagerplätze richteten sie dort ein, wo sie günstig Beute erhoffen konnten. Archäologen fanden Spuren von Feuerstellen und ein Steinbeil. Über das terrassenförmig abfallende Gelände gelangten Wildtiere leicht zur Tränke an der Wuhle.

Im Zusammenhang mit Berlin über Steinzeitmenschen zu sprechen, mag seltsam erscheinen, doch selbst im Bezirk Mitte der mit 800 Jahren geradezu teenagerhaft jungen Stadt, fand man Zeichen steinzeitlicher Lagerplätze – Archäologen ergruben zum Beispiel an der Stralauer Straße unter anderem Glockenbecherkeramik und Pfahlbauten aus der Jungsteinzeit.

In Biesdorf treten die Spuren nicht vereinzelt auf, sondern in großer Zahl: Aus der Stein-, Bronze- und Eisenzeit, dem Mittelalter und natürlich auch aus der Gegenwart fanden sich hier Besiedlungszeugnisse, mit nur wenigen Unterbrechungen. An keinem anderen Ort Berlins ist eine derartig kontinuierliche Besiedlung sicher belegt. Vergleichbare Funde wie die am Tegeler Fließ bestätigen die Vorliebe unserer Vorfahren für kleine Flüsse.

Die größte wissenschaftliche Grabung, die je im Berliner Raum zwischen 1999 und 2014 auf 22 Hektar in Biesdorf im Bezirk Hellersdorf-Marzahn stattfinden konnte, erbrachte ein einzigartig umfassendes Bild. Diese Geschichte beginnt 9500 Jahre vor unserer Zeit, als sich Flora und Fauna im Zuge von Klimaumschwüngen wandelten. Die große Tendenz ging Richtung Erwärmung, doch beeinträchtigte eine um 10 730 vor unserer Zeit abrupt eingetretene, etwa tausend Jahre währende Abkühlung die Entwicklung. Der Mensch hatte sich um den Preis des Überlebens diesen Veränderungen zu stellen. Er musste findiger werden. Womöglich half ihm das Kultobjekt Hirschgeweih, Strategien zu entwickeln – die Gemeinschaft stärkende Riten oder bessere praktische Jagdmethoden.

Vom Wandel der Lebensweise zeugen Pollenanalysen der Biesdorfer Funde. Sie belegen, dass frühe Bauern Wald rodeten und kleinteilige Äcker anlegten, auf denen sie Getreide wie Emmer und Einkorn sowie Hülsenfrüchte wie Erbsen anbauten. Siedlungen mit Häusern finden sich in Habichtshorst beginnend mit der Bronzezeit im zweiten Jahrtausend vor unserer Zeitrechnung. Die wichtigsten Kriterien für Siedler stimmten: Der Boden war fruchtbar, und schon in zwei bis drei Metern Tiefe lag sauberes Grundwasser. Bei den Ausgrabungen fand man die erstaunliche Anzahl von mehr als 100 Brunnen verschiedener Bauformen aus der Bronzezeit bis ins Mittelalter. Andererseits bedrohte das Wasser die Dörfer nie. Nichts spricht für Hochwasser an der Wuhle. Die in die römische Kaiserzeit (etwa 600 bis 400 vor unserer Zeit) zu datierende Germanensiedlung lag nur wenige Meter vom Wuhleufer entfernt. Zwischen Lang- und Grubenhäusern fanden sich die Reste eines Backofens, Koch- und Feuerstellen sowie ein auf Stelzen errichteter Speicher. Ein Kastenbrunnen gehörte zum Dorf, ein Kalkbrennofen und, am anderen Wuhleufer, ein Eisenschmelzofen. Knochenfunde zeigen, dass diese Alt-Biesdorfer domestizierte Rinder, Schweine, Hunde, Ziegen, Schafe und Pferde hielten. Von Hühnern keine Spur.

Durch die Zeitalter bildete sich ein regelrechtes Siedlungsband entlang der Wuhle. Alle Siedler werden im Fließ Fische gefangen haben. Dass Wels verspeist wurde, belegen Grätenfunde.

In den Wirren nach dem Zusammenbruch des Römischen Reiches wurde die germanische Siedlung aufgegeben, etwa 300 Jahre lang wohnte niemand an der Wuhle. Um das Jahr 750 ist eine frühslawische Siedlung nachgewiesen.

Und sie blieb bei Weitem nicht die einzige im Großraum: Etwa seit dem 7. Jahrhundert belebten die slawischen Heveller das Havelland. Als bedeutendste Gründung mit Burgwall entstand das heutige Spandau. 1157 geriet der befestigte Ort im Zuge der Deutschen Ostsiedlung in den Besitz Albrechts des Bären, des Gründers der Mark Brandenburg aus dem Hause Askanien. 30 Kilometer östlich, wo die Dahme in die Spree mündet, existierte bereits seit der Bronzezeit Copnic (Inselort) – Köpenick. Mitte des 12. Jahrhunderts unterhielten dort die slawischen Sprewanen ihre Hauptburg und -siedlung.

Die ur- und frühgeschichtliche Nutzung des Wuhletals endete im 8. Jahrhundert. Für das Mittelalter wurde ein Bauernhof nachgewiesen. Und aus der DDR-Zeit fanden die Archäologen eine FDJ-Ehrenspange. Auch sie ein Zeichen aus untergegangener Zeit.

DIE DÜPPELER KANNE

Geschichten aus der Berliner Mittelalterküche

Eine Frau geht zum Brunnen, um Wasser zu schöpfen. Ihre Kanne hält sie am seitlich angebrachten Henkel. Am kugelrunden Boden hat ein gewitzter Töpfer drei winzige, kaum sichtbare Füßchen angebracht. Sie kann das Gefäß also auch abstellen, ohne dass es umfällt. Der Henkel ist durch runde Eindrücke und der Hals der Kanne durch Riefen verziert. Ob die Frau wohl am Brunnen Nachbarinnen traf, plauderte, unaufmerksam wurde, ihr die Kanne aus den Händen glitt? Oder stellte sie das Gefäß auf der Holzeinfassung des kastenförmig aus Bohlen errichteten Brunnens ab, ließ einen Eimer am Seil in die Tiefe und stieß die Kanne dabei aus Versehen hinab?

So könnte es gewesen sein. Ob sich die kleine, für ein mittelalterliches Dorf typische Alltagsszene so abgespielt hat, lässt sich natürlich nicht beweisen. Allerdings lagen die Scherben des zerbrochenen Gefäßes ganz real in einem der sechs Brunnen, die bei Ausgrabungen in den Jahren nach 1967 am Krummen Fenn im heutigen Museumsdorf Düppel gefunden wurden. Archäologen haben die Keramikbruchstücke zusammengepuzzelt, und so steht sie heute vor uns, die Düppeler Kanne. Einfacher Hausrat, typische Irdenware, wie sie an vielen Orten in der Mark Brandenburg häufig zum Einsatz kam.

Ihre Kugelform unterscheidet sie deutlich von den Standbodengefäßen mit plattem Boden, wie sie die im Berliner Raum seit dem 6. Jahrhundert ansässigen slawischen Gruppen nutzten. Der Kugel- oder Bombentopf ist ein jüngerer Technologieimport. Er kam mit den deutschen und niederländischen Siedlern, die nach der Eroberung von Germania Slavica durch Albrecht den Bären und der Gründung der Mark Brandenburg durch den askanischen Fürsten am 11. Juni 1157 zuzogen.

Aus der Zeit um 1170 stammen in Düppel die ersten Besiedlungsspuren. Gefunden wurden Reste einer Palisade, die von einer Raststation für Reisende künden – gelegen genau auf der Hälfte der Strecke zwischen Saarmund und Spandau, jeweils eine Tagesreise im Ochsengespann von den beiden Orten entfernt. Über die folgenden Jahrzehnte wuchs die gesicherte Stätte zu einem kleinen, hufeisenförmig um einen weiten Platz liegenden Dorf, das um 1230 etwa acht Höfe zählte. Funde wie die Düppeler Kanne sprechen dafür, dass hier in der ersten Hälfte des 13. Jahrhunderts seit langer Zeit ansässige heimische Slawen und deutsche Neusiedler offenbar friedlich beieinander wohnten, Kulturtechniken voneinander übernahmen und nach einigen Generationen miteinander verschmolzen.

Die bauchigen Gefäße mit dem runden Boden waren in den Herkunftsgebieten der Zuwanderer weit verbreitet und boten zwei entscheidende Vorteile: Sie standen auf der offenen Feuerstelle sicherer in Glut oder Asche und sie ermöglichten eine gleichmäßigere Erwärmung der Speisen als der Standbodentopf. Der brauchte über dem offenem Holzfeuer ein extra Gestell oder musste aufgehängt werden. Der Kugeltopf überzeugte. Die neue Keramikform verdrängte die ältere. Das blieb über Jahrhunderte so.

Selbst im bürgerlichen Knoblauchhaus im Nikolaiviertel, in dem ab 1761 die Familie des gut situierten Kaufmanns Johann Christian Knoblauch und seine Nachfahren lebten, kochte man zwar auf einem hochgemauerten Herd, aber doch auf offenem Feuer. Wohlhabende Haushalte konnten sich teure Metallkessel leisten, die anderen blieben lange beim Tongeschirr, das aus heimischem Ton im Umland überall preiswert hergestellt wurde.

Mitte des 18. Jahrhunderts baute man erste Herde mit Einsatzringen für das Kochgeschirr in der Herdplatte. Ab dem Ende des 18. Jahrhunderts verbesserten Kochherde mit vollständig geschlossenem Feuerraum sowie eisernen oder kupfernen Herdplatten Komfort, Brennstoffverbrauch und Sicherheit deutlich. Die offenen Feuer, vor allem der Funkenflug, hatten immer wieder verheerende Brände ausgelöst.

Zur gleichen Zeit wie das Dörfchen Düppel wuchsen knapp 15 Kilometer entfernt an der Spree einander gegenüberliegend die beiden Siedlungen Cölln und Berlin zu überregional bedeutsamen Handelsplätzen heran. Die frühesten Spuren sprechen für eine Gründungszeit um 1180. Allerdings lassen sich aus diesen Spuren nicht so klare Vorstellungen vom Aussehen der Siedlungen ableiten wie in Düppel. Dort konnten zwei Haustypen nachgewiesen werden: Ständerbauten, deren eingegrabene Pfosten runde Erdverfärbungen hinterließen, und Blockhäuser, lokalisierbar durch den Fußboden aus gestampftem Lehm. Dazu kommen Teeröfen, Brunnen und so fort. Als deutschlandweit einzigartiges Projekt bauten ab 1975 engagierte Bürger an Ort und Stelle große Teile des mittelalterlichen Dorfes Düppel nach Stand der Forschung wieder auf und erweitern durch Ausprobieren und experimentelle Archäologie im weitesten Sinne das Wissen. Sie spinnen, weben, gärtnern, töpfern, probieren Lehmbau- und Dachdeckmethoden aus. Die heutigen Düppeler Häuser sind Nachbauten der Gebäude, die hier im Mittelalter tatsächlich gestanden haben. Nirgendwo lässt sich besser erahnen, wie die Menschen in der Gründungszeit Berlins lebten.

Über das Kochexperiment berichtete die Gruppe „Living History". Auf einer offenen Feuerstelle galt es, bäuerliche Speisen wie Hirsebrei und Gemüsesuppe zu kochen. Zunächst war die Glut mit dem Eisenhaken so zu ordnen, dass die Töpfe gut darin standen. Hirse, Hülsenfrüchte und Getreidebrei quollen gut in einer nicht gar zu heißen Randzone. Der Topf mit dem Fleisch und der Knochenbrühe war im mittleren Bereich ideal platziert. So weit, so einfach, doch die Mühsal lauerte überall: Ständig stieg beißender Rauch auf, man arbeitete im Dustern, kniend, hockend oder sitzend. Die Töpfe vertrugen keine großen Temperaturunterschiede und zerbrachen, wenn Kaltes eingegossen wurde. Immer wieder brannten Speisen an oder kochten über, wenn die Töpfe zu voll waren oder zu wenig umgerührt wurde.

Was die frühen Stadtmenschen anrichteten, überliefert die Forschung recht genau. Die Zeiten waren nicht schlecht. Um 1330 erlebte Mitteleuropa eine kleine Warmzeit, die Ernten fielen gut aus; Berlin und Cölln waren auf 2500 Einwohner gewachsen, der Handel blühte. Die Fachwerkhäuser standen proper da, und man schickte sich an, dem Hansebund beizutreten. Arme Leute lebten überwiegend von grobem Getreidebrei – Roggen, Hirse oder Hafer aus eigener Produktion, selten mit Beilage. Alles recht fade, kaum gewürzt. Der Zahnabrieb war hoch.

Die wohlhabenden Bürger genossen die guten Zeiten derart exzessiv, dass der Magistrat Anlass sah, gegen die Völlerei vorzugehen. 1335 dekretierte er, dass es bei Hochzeiten nicht mehr als fünf Gänge und höchstens 40 Schüsseln geben dürfe. Wobei ein „Gang" nicht ein Gericht bedeutete, sondern eben einen Gang des Personals zur Küche, durch den meist zwei, manchmal bis zu zehn verschiedene Gerichte gleichzeitig aufgetragen wurden. So entspricht ein mittelalterlicher Gang heute einem ganzen Menü ohne Dessert.

Untersuchungen an mittelalterlichen Skeletten zeigen, dass die Städter dank Regional- und Fernhandel vielfältigere Nahrung, vor allem mehr Fleisch und damit mehr Protein, verzehrten. Auch wer innerhalb der Stadtmauern wohnte, konnte seine Versorgung aufbessern. Als Paris schon dicht bebaut war, dehnten sich hierzulande um die Stadt Äcker und Beete, hüteten Hirten Tiere.

Der Fleischverbrauch stieg im Spätmittelalter auf die enorme Menge von 100 Kilogramm pro Kopf und Jahr. Mit dem Dreißigjährigen Krieg kam der Einbruch; bis zur Mitte des 18. Jahrhunderts sank der Wert auf etwa 20 Kilogramm pro Kopf; im 19. Jahrhundert erreichte er bei 14 Kilogramm den historischen Tiefpunkt. Fleisch war bis in das 16. Jahrhundert das bedeutendste Nahrungsmittel, zumal es konservierbar war für den Winter. Zum einen ließen sich die Tiere – Schweine, Schafe, Ziegen, Rinder, Hühner – lebend halten, solange das Futter reichte. Zum anderen ließ sich Fleisch pökeln, dörren oder räuchern. Das hielt bis Ostern. Nichts blieb ungenutzt: Das niedere Volk hatte sich meist mit Innereien und Kleinteilen wie Füßen, Maul und Kehle zu begnügen – und zwar in gekochter Form. Braten gönnten sich eher die Wohlhabenden. Das einfach zu haltende Schwein lieferte die Hauptmenge.

Jagd und Fischerei blieben weitgehend Adel und Klerus vorbehalten. Froschschenkel, Schildkröten, Eichhörnchen und Schnecken landeten aber durchaus auch in den Schüsseln der kleinen Leute. Kein Vogel blieb verschont. Adler wie Zaunkönig wanderten in den Kochtopf, selbst der Spatz. „Besonders im Spätherbst, da ist er am fettesten", berichtete ein Zeitzeuge. Es sei ein törichter Aberglaube, dass Sperlingsgehirn, häufig genossen, dumm mache: „Der Kopf schmeckt sehr gut und bekommt auch sehr gut."

Bier und Biersuppe mit wenig Alkohol nahm man weit häufiger zu sich als gegenwärtig; beides galt auch als Kindernahrung. Das weithin verseuchte Wasser machte krank. Wein, Bier und Molke schonten die Därme. Von Keimen wusste man nichts, spürte nur die Folgen im Magen-Darm-Trakt. Cholera und Typhus plagten die Leute. Vitaminmangel und Unwissenheit machten sie vor allem im Winter krank. Die Kindersterblichkeit erreichte 45 Prozent.

DAS GRÜNDUNGS-DOKUMENT

Im Jahr 1237 wurde ein Streit urkundlich beigelegt. Die Niederschrift begründet die Feier des Stadtjubiläums

Mit keinem Wort taucht Berlin auf in jener Urkunde vom 28. Oktober 1237, die zum Gründungsdokument der Stadt erhoben wurde. Immerhin tritt eine Person aus Berlins Schwesterstadt als Zeuge eines maßgeblichen Rechtsaktes auf: Pfarrer Symeon zu Cölln. Hatte Cölln einen Pfarrer, gab es dort auch eine Kirche, also eine Gemeinde, also eine Stadt. Für Berlin darf man gleiches annehmen. An diese Schlüsse muss man sich halten, wenn keine deutlichere Geburtsurkunde aufzutreiben ist. Sicherlich hat es einmal eine gegeben, womöglich gewährten darin die brandenburgischen Landesherren dem aufstrebenden Marktplatz am Spreeübergang Privilegien zur Förderung von Handel und Wohlstand. Schließlich strebten die Markgrafen aus dem Hause Askanien zu jener Zeit danach, ihre Ansprüche auf Barnim und Teltow gegen die rivalisierenden Wettiner durchzusetzen, zu festigen und langfristig die Siedlungsgebiete wie den Zugang zur Oder (und damit zur Ostsee) zu sichern. Wahrscheinlich ist auch diese Urkunde mit vielen anderen aus der Frühzeit Berlins bei einem der Stadtbrände vernichtet worden, die 1348, 1376, 1380, 1484 und 1581 die dicht stehenden Fachwerkhäuser mit Reet- oder Holzschindeldächern in Schutt und Asche legten.

Unsere Urkunde überlebte in Brandenburg an der Havel, die seinerzeit weitaus bedeutendere Stadt. Dort bewahrt sie bis heute das Domstiftsarchiv auf. Ein Faksimile gehört zur Grundausstattung des Berliner Stadtmuseums. In winziger Schrift ist in dem respektheischenden, achtfach besiegelten Dokument Folgendes niedergelegt: „Johann und Otto, Markgrafen zu Brandenburg, haben sowohl mündlich als auch durch ihre Urkunden öffentlich vor der Geistlichkeit und dem Volke erklärt und anerkannt, dass das Recht und der Besitz der Zehnten von ihren in der brandenburgischen Diözese gelegenen Gütern, sowohl in den neuen als in den alten Landen, zum Rechte und zum Eigentum der brandenburgischen gehöre. … Geschehen zu Brandenburg, im großen Krankenhause, am Tag der heiligen Apostel Simons und Judä, d.i. den 28. Oktober im Jahr der Menschwerdung des Herrn 1237, in Gegenwart der nachbenannten getreuen und biederen Männer:

Johannes, Dekan zu Halberstadt, Ulrich, Kanonikus zu St. Paul in Halberstadt, Johann, Pfarrer zu Gardelegen, Reinhard, Kanonikus zu St. Sebastian in Magdeburg, Meister Guntram, Heinrich von Nauen, Kanonikus zu Stendal, Symeon, Pfarrer zu Cöln, Heinrich, Pfarrer zu Plaue und die Ritter …" Die Herkunft der Zeugen verweist auf das regionale Geflecht der Städte und die sachsen-anhaltische Herkunft der Askanier. Symeon taucht als einer von 18 Genannten auf, ist damit der erste namentlich bekannte Berliner – offenbar ein angesehener Mann.

Das Dokument von 1237 regelt einen jahrzehntelang ausgetragenen Konflikt, der aus der Verquickung kirchlicher und weltlicher Interessen in der Mark Brandenburg erwachsen war: Bischof Gernand von Brandenburg und die askanischen Markgrafen einigen sich in der existenziellen Frage der Finanzen. Die geistlichen Einkünfte (der Zehnte) sollten den Markgrafen gehören. Diese sicherten sich zudem Einfluss auf die Besetzung kirchlicher Ämter in den sogenannten Neuen Landen, zu denen Berlin und Cölln gehörten. Sieben Jahre später, am 26. Januar 1244, bezeugt Symeon in dem Dorf Markee bei Nauen den Verzicht der Markgrafen auf den Nachlass verstorbener Kleriker. Deren Erbe sollte fortan an Bischof Gernand von Brandenburg gehen. Die Urkunde nennt Symeon als Geistlichen zu Berlin und zu Cölln bei Berlin – hier ist erstmals schriftlich bestätigt, dass Berlin existiert.

Schließlich tritt Symeon am 9. Januar 1245 ein letztes Mal als Zeuge in einer Urkunde auf, diesmal ausgestellt in Liebenwalde. Nun trägt er die Bezeichnung Probst und wird gemeinsam mit „Marsilius scultetus de Berlin" genannt. Ein Probst, von praepositus, bedeutet Vorsteher oder Vorgesetzter. Solche Ämter zeichneten eine Stadt mit Kirchengemeinde aus. Symeon diente ihr mit Predigten, Seelsorge, Taufen, Trauungen und Beerdigungen. Über sein Leben ist nichts bekannt. Von Marsilius weiß man immerhin, dass er ein aus dem Rheinland stammender Fernhändler war.

Archäologische Ausgrabungen zeigen, dass Berlin und Cölln zu jener Zeit tatsächlich über alle Merkmale mittelalterlicher Städte verfügten: eine wehrhafte Stadtmauer, Marktplätze, Kirchen und Klöster. Darüber hinaus machte der Mühlendamm ab Anfang des 13. Jahrhunderts den Ort zur weit und breit günstigsten Spreepassage und damit zur idealen Handelsniederlassung. Wahrscheinlich haben deren Förderer, die Markgrafen Johann und Otto, die Stadtrechte vor der Mitte des 13. Jahrhunderts verliehen, dazu Zollfreiheit und wahrscheinlich auch Hufenland.

Ab 1225 waren die Markgrafen zur selbstständigen Beurkundung ermächtigt. 1237 als Gründungsjahr scheint also nicht gänzlich abwegig, obwohl die archäologischen Funde die Besiedlung schon Jahrzehnte früher belegen. Ein Widerspruch ist das nicht. Die ausgegrabenen ältesten Fundamente der St. Nikolai- und St. Petrikirchen lassen eine Bauzeit um 1230 sehr wahrscheinlich erscheinen. Der Fund von Friedhöfen aus der Zeit 1220 bis 1230 unter den ältesten Fundamenten von St. Nikolai und St. Petri spricht dafür, dass dort vorstädtische Siedlungen existierten. Diese Entdeckungen bei Grabungen in den 1960er-Jahren belegten, dass auch

Berlin und Cölln eine stufenweise Entwicklung durchlaufen haben. Die These, Berlin sei unmittelbar, quasi auf einen Schlag, als Stadt gegründet worden, war damit widerlegt. Das frühe Stadtrecht hatte seine Wurzeln im Gewohnheitsrecht der Kaufleute, in den vom Grundherrn verliehenen Privilegien und in von der jeweiligen Gemeinschaft selbst beschlossenen Regeln („Willkür"). Bürgern der jeweiligen Stadt garantierte das Statut persönliche Freiheit, das Eigentumsrecht, die Unversehrtheit von Leib und Leben und die geregelte wirtschaftliche Tätigkeit. Das Berliner Stadtrecht wurde von der Stadt Brandenburg in der Form des Magdeburger Rechts an Berlin verliehen. 1253 wurde Berlin seinerseits selbst hinsichtlich der Neugründung von Frankfurt/Oder Rechtsmutterstadt. Das Magdeburger Stadtrecht galt bald in zahlreichen Städten Osteuropas, bis hin nach Minsk und Kiew.

Die askanischen Fürsten ließen den Berliner und Cöllner Bürgern offenbar viel Spielraum; und diese nutzten ihre Privilegien geschickt. Besonders das Niederlagsrecht erwies sich als erfreuliche Einnahmequelle: Jeder durchreisende Händler hatte seine Waren für ein paar Tage auf den Märkten beiderseits des Mühlendammes anzubieten. Meist kamen die Geschäftsleute per Schiff und mussten am Damm ohnehin umladen, denn der versperrte den Spreelauf.

Im Umland taten Berliner Bürger mit landesherrlicher Erlaubnis tüchtig dabei mit, Dörfer zu gründen, Wälder zu roden, Ackerflächen zu erschließen. Holz, vor allem Eiche, und Roggen entwickelten sich zu den wichtigsten Exportartikeln der Region. Diese begehrten Güter waren in den nordischen Handelsstädten gut gegen flandrische Tuche zu tauschen. Die Berliner Familien kamen zu Wohlstand und Selbstbewusstsein, regelten ihre Angelegenheiten. Patrizier bildeten Stadträte, organisierten das Gemeinwesen, entwickelten ihre Rechtsprechung, handelten eigenständig. Die Markgrafen regierten von Brandenburg an der Havel aus, die Sicherung des Friedens in der Region hielt sie beschäftigt. Wenn sie gelegentlich in Berlin vorbeikamen, residierten sie im Hohen Haus in unmittelbarer Nähe zum Franziskanerkloster. Der Erste, der sich seriös mit den Urkunden aus der Gründungszeit befasste, war der Heimatforscher und Begründer des Berliner Stadtarchivs Ernst Fidicin (1802–1883). Er veröffentlichte 1840 das Buch *Die Gründung Berlins*. Ab 1837 hatte er die Urkundensammlung *Historisch-diplomatische Beiträge zur Geschichte der Stadt Berlin* herausgegeben. Doch es vergingen nochmals Jahrzehnte, bis jemand in der dann zur Metropole mit rund vier Millionen Einwohnern gewachsenen Stadt die Initiative zur Ausrichtung einer Jubiläumsfeier ergriff: Ernst Kaeber (1882–1961), Berliner Stadtarchivar, wandte sich 1930 an den damaligen Oberbürgermeister. In Kaebers *Erinnerungen* heißt es dazu: „Im Jahre 1930 … trug ich meinem Chef vor, dass in sieben Jahren die Stadt daran denken müsse, eine 700-Jahr-Feier auszurichten, für die ich gern die Festschrift verfassen wolle. Er stimmte bereitwillig zu." Aus der 700-Jahr-Feier wurde dann 1937 ein NS-Volkstumsspektakel. Kaeber war daran nicht beteiligt. Er hatte sich geweigert, sich von seiner jüdischen Frau loszusagen.

DER TÜCHTIGE HERR CONRAD VON BEELITZ

Der Fernhändler und Ratsherr ist der älteste von Angesicht bekannte Berliner

Ein gut gelaunter Mann in mönchisch-schlichtem Gewand blickt von einer Grabplatte recht lebendig in die diesseitige Welt. Wir sehen keinen Entrückten, sondern einen offenbar dem schönsten Dasein Entrissenen. Frisur und Barttracht könnte man gerade eben auch in der S-Bahn so gesehen haben. Sehr hip. Die lateinische Inschrift teilt uns mit: „Am 15. Mai im Jahre des Herrn 1308 ist Conrad von Beelitz gestorben, dessen Seele in Frieden ruht. Amen."

Weil seine Nachfahren die Figur lebensgroß von einem Steinmetz in eine Sandsteinplatte ritzen ließen, kennen wir den vor 715 Jahren Verstorbenen von Angesicht: den ältesten bildlich bekannten Berliner. Über Jahrhunderte befand sich die Grabplatte in der Kirche des Franziskanerklosters, heute bewahrt das Märkische Museum das wunderschöne Stück auf.

Wann und wo der Herr geboren wurde, liegt im Dunkel, es muss zwischen 1250 und 1260 gewesen sein. Kein überlieferter Beleg bezeugt, dass er im märkischen Beelitz zur Welt kam. Doch über sein Leben weiß man einiges. Beschäftigt man sich mit den überkommenen Urkunden, schaut man den Siedlungen Berlin und Cölln quasi beim Entstehen zu.

Eine dieser Urkunden, verfertigt am 10. April 1288, überliefert, dass Nicolaus de Lyzen, Johannes de Blankenfelde, Conradus quondum prefectus in Baruth, Conradus de Belitz, consules civitatis, dem Berliner Schneidergewerk einen Innungsbrief erteilen. Es wird verfügt, dass die hier ansässigen Schneider die gleichen Gerechtigkeiten (heute würde man Rechte sagen) besitzen sollen wie jene der Stadt Brandenburg.

Das Dokument führt Conrad von Beelitz als Mitglied des Rates von Berlin (consules civitatis) auf. Diesem honorigen Gremium, das den Lauf der städtischen Dinge regelte, gehörten grundsätzlich die bedeutendsten Kaufleute an. So einer war der Herr von Beelitz.

Noch deutlicher wird dessen Stellung beim Blick in das Hamburgische Schuldbuch. In dieser ab 1288 geführten Handschrift registrierten die Fernhändler laufende Geschäfte: Ein Schuldner erkannte per Eintrag gegenüber seinem Partner noch ausstehende Zahlungen oder Warenlieferungen an und versprach, alle Zusagen termingerecht zu erfüllen. Hier wird Kredit gegeben, also Glauben geschenkt, Vertrauen erwiesen, im ursprünglichen Sinn des Wortes. Es zeigt sich, dass die Geschäftspraxis weit über frühe Formen wie Direkttausch oder Barzahlung hinausgekommen war. Solche Geschäfte verzeichnet das Buch nicht.

Aus ihm geht hervor, dass in der Expansionszeit der Hanse im 13. Jahrhundert märkische Kaufleute eine prominente Rolle spielten. Sie erwarben feine flandrische Tuche, Metalle, Salz, Gewürze, Heringe und andere Produkte der Seefischerei. Auf den hanseatischen Märkten verkauften sie Holz, grobe Leinwand und Agrarprodukte.

Brandenburg belieferte ab dem 13. Jahrhundert die damaligen Getreidemangelgebiete im Westen und Norden. Den Studien des Berliner Mittelalterforschers Eckhard Müller-Mertens zufolge sind Berliner und Cöllner Kaufleute zusammen mit Gentern, Utrechtern, Lüneburgern, Bremern und Lübeckern am stärksten im Schuldbuch vertreten. Auf die hiesigen Kaufleute entfallen 7,3 Prozent aller Eintragungen.

In der ersten Reihe stehen diese Namen: Conrad Beliz, Heinrich Wipert, Albert Kreyenfus sowie Heinrich Lange und Johannes de Rode. Diese über ihre Ehefrauen auch familiär verbundene Fernhändlergruppe ließ allein 1295 bis 1297 in mindestens vier Geschäften Schulden von „1242 Mark Silber, 20 marca sterlingorum, 40 marca Flandrensis, 4 Hamburgische Pfund Pfennige“ und eine Kleinsumme eintragen. Diese erheblichen Beträge ergaben sich aus Geschäften mit den Genter Kaufleuten Simon Bake, Simon Dives und drei anderen sowie drei Hamburgischen Ratsherren. Vom Genter Gerulf Pot hatten sie laut Schuldbuch 52 Tuche für 343 1/2 Mark Silber gekauft und dafür die Lieferung von Holzplanken für Wagen sowie zu Brettern versägtem Eichenholz versprochen. Conrad von Beelitz war 1295 nachweislich an vier über Hamburg abgewickelten Geschäften beteiligt.

Der Holzhandel der Berliner und Cöllner Ratsherren fiel so umfangreich aus, weil das märkische Umland in jener Zeit allmählich besiedelt wurde. Das erforderte weitflächige Rodungen, also viel Holzeinschlag.

Zum zweiten regionalen Exportschlager avancierte der Berliner Roggen – „siligo que dicitur de Berlyn“ wurde in Hamburg als besondere Sorte gehandelt. Der Transport der voluminösen Waren lief per Kahn über Spree, Havel und Elbe nach Hamburg und darüber hinaus. Dass die aus dem Umland über kleine Wasserläufe sicherlich herangeflößten Eichenstämme sogleich in der Sägemühle am Mühlendamm zu Brettern veredelt wurden, ist zwar nicht belegt, aber wahrscheinlich. Die Getreide-, Loh-, Walk- und Sägemühlen am Spreeübergang werden erstmals 1285 erwähnt. Das passt ins Bild.

Kein Zweifel: Berlin war am Ende des 13. Jahrhunderts intensiv in den hanseatischen Handel eingebunden. Und Conrad von Beelitz mittendrin. Der Eintrag über das Tuchgeschäft mit dem Genter Gerulf Pot ist übrigens im Schuldbuch ausgestrichen. Das heißt: Schulden getilgt, Geschäft regelgerecht abgeschlossen.

Unbelegt, doch naheliegend ist, dass die Väter der mit ihren Hamburg-Geschäften zu Reichtum und Einfluss gekommenen „mercatores Berlinenses“, also Beelitz, Blankenfelde und so fort, zu den Stadtgründern gehörten. Sicher ist, dass Gründer und Erbauer keine slawische Vorläufersiedlung vorfanden. Sie errichteten auf trockenen Erhebungen im Spreesumpf die Häuser, Kirchen, den Damm und die Mühlen. Und sie ordneten ihr Gemeinwesen, selbstständig und von den askanischen Landesherren wohlwollend gefördert. Die Grundlage für das Erstarken des städtischen Charakters bildete das Niederlagsrecht, das durchreisenden Händlern auferlegte, ihre Waren in der Stadt anzubieten. Die Kaufmannsgilde der Gewandschneider, zu der auch von Beelitz gehört haben muss, beherrschte den Niederlagshandel. Sie schneiderten keine Kleider, sondern verkauften Tuchballen oder von diesen abgeschnittene Stücke. Ballen gingen an Zwischenhändler, Stücke an Näher oder Endverbraucher. Tuchmachern verweigerte man das „Schnittrecht". Die zünftige Trennung war streng: Tuchmacher durften keine Tuchschneider sein und umgekehrt.

Gewandschneider handelten mit Gütern aller Art, vorausgesetzt, sie waren berechtigt, das Kramhaus zu benutzen (ein Kaufhaus im Obereigentum der Stadt). Gewandschneider beherrschten den Rat, dieser entschied auch, wer eine frei werdende Kaufkammer erhielt. Auf diese Weise wahrten Zünfte und Gilden ihre Rechte und ihren Stand.

Privilegien mussten immer wieder neu verbrieft werden. So bestätigten am 18. Juni 1272 die Ratmannen die Privilegien der Bäckerinnung – das älteste Dokument des hiesigen Zunftwesens. Am 29. Mai 1289 erteilten die Ratsherren den Berliner Tuchmachern und Wollwebern einen Innungsbrief.

Doch es ging nicht nur um Wirtschaft, man kümmerte sich auch um Recht und Ordnung. Am 3. März 1308, nur wenige Tage vor dem Tod Conrad von Beelitzens, erklärten die seit einem Jahr in einem gemeinsamen Rat vereinten Consules von Berlin und Cölln, wie auch die ebenfalls in Berlin anwesenden Ratsmannen aus Frankfurt an der Oder in separaten Urkunden am selben Tag, dass sie jeweils mit allen Städten des Markgrafen Johann (V.) ein Bündnis geschlossen hatten: Sie wollten „bei jeder auftretenden Gewalttat und jedem Unrecht jede der genannten Städte nach ihren Möglichkeiten mit Rat und Hilfe gleichermaßen unterstützen". Ein regionaler Beistandspakt.

Im Jahr darauf, am 4. Mai 1309, vereinbarten die Räte von Berlin, Cölln und Salzwedel, wie mit Übeltätern umzugehen sei: Die Stadt, die einen solchen ergreife, trage auch die Kosten jeweils allein, heißt es. Geschehe aber „eine Gewalttat gegen Ordnung und Recht, würden Einwohner ihrer Städte vor das markgräfliche Landgericht gezogen" und falls „ein Mächtiger gegen eine der verbundenen Städte eine Gewalttat" ausübe, so sollen „alle Kosten von den Städten gemeinschaftlich getragen werden".

Für Conrad von Beelitz persönlich sollte eine Urkunde von 1272 relevant werden. Der zufolge schenkten Markgraf Otto IV. von Brandenburg und sein Mitregent Albrecht III. den Franziskanermönchen in Berlin ein Grundstück zur Errichtung einer Klosterkirche. Der bald darauf entstandene Backsteinbau steht heute als Ruine im Berliner Klosterviertel. Die Urkunde nennt Conrad von Beelitz zwar nicht, womöglich war er gerade auf Handelsreise. Doch sollte er einer der Ersten sein, die in der kaum fertiggestellten Kirche 1308 ein würdevolles Grab bekamen.

Da wird er wohl für den Bau fleißig gespendet haben – augenscheinlich heiteren Herzens.

DER GRABSTEIN DES JONA BEN DAN IN SPANDAU

Jahrhunderte jüdischen Lebens in der Mark Brandenburg und Berlin zwischen Bürgerrecht und Scheiterhaufen

In der märkischen Streusandbüchse ist nichts Dauerhafteres aufzutreiben als Findlinge, von der Eiszeit in unsere Region aus Mittelschweden eingeschleppte Steine. Die ersten Juden, die sich hier ansiedelten, wählten für ihre Gräber das beständigste verfügbare Material: große, schwere Findlinge. Juden legen ihre Friedhöfe für die Ewigkeit an. Bis die Ankunft des Messias die Toten wiederauferstehen lässt, soll der Grabstein halten.

Mehr als 70 solche urtümlich-roh wirkenden Stücke fand man im Lauf des 20. Jahrhunderts bei Grabungen in den Gemäuern der Zitadelle Spandau. Sie waren vom Friedhof abgeräumt und als Bausteine verwendet worden. Einige sind im Archäologischen Fenster der Zitadelle zu besichtigen, zwei befinden sich im Jüdischen Museum, weitere in anderen Museen. Die eingravierten hebräischen Inschriften stammen aus den Jahren 1244 bis 1474.

Das älteste all dieser Grabmonumente, gefertigt aus hellgrauem Gneis, fast quadratisch mit 85 mal 80 Zentimetern Höhe beziehungsweise Breite und 30 Zentimeter dick, erinnert an den 1244 verstorbenen Jona ben Dan. Die Inschrift lautet: „Dieses Zeichen wurde errichtet zu Häupten der Grabstätte des Herrn Jona Sohn des Dan, der hinging in seine Welt im Monat Marcheschvan 5 der Zählung." Das war zwischen dem 5. Oktober und 2. November 1244.

Der steinerne Zeuge von 1244 belegt die Existenz eines jüdischen Friedhofs und folglich einer jüdischen Gemeinde schon am Beginn der von deutsch-christlichen Eroberern betriebenen Stadtentwicklung in Spandau – dort, wo über Jahrhunderte die Burg Spandowe als Zentrum eines slawischen Kulturgebiets gestanden hatte. Zu Jona ben Dans Zeiten fand Spandau im Jahr 1232 in einer Urkunde als bereits bestehende Stadt Erwähnung, und 17 Kilometer östlich wuchsen die beiden neuen

Fernhändlersiedlungen Cölln und Berlin, die bald dem älteren Spandau den Rang ablaufen und eine eigene jüdische Gemeinde haben sollten. Etwa 15-mal taucht auf den Steinen der Ehrentitel „nadiw", der Edle, auf, mehrfach „chawer", der Torakundige.

Der jüngste Stein trägt den Namen von Kallemann, Sohn des Moshe, und kann als Einziger einer dokumentierten Person zugeordnet werden. Ein Levit namens Kallemann erwarb 1444 das Bürgerrecht der Stadt Spandau und 1471 auch das weit teurere der Stadt Berlin. Der jüdische Herr zog also in die aussichtsreichere Neugründung um. Die Ansiedlung von Juden gehörte offensichtlich zum markgräflichen Förderprogramm für die Städte ihres eroberten Gebiets, „deren Aufbau ohne jüdische Beteiligung kaum denkbar war", wie der Historiker Joachim Pohl schreibt.

Ab 965 lebten in Magdeburg nachweislich jüdische Kaufleute, die mutmaßlich aus Trier und Worms den dort einsetzenden Judenverfolgungen gewichen waren. Pohl vermutet, der Magdeburger Erzbischof Wichmann habe Ende des 12. Jahrhunderts Juden in Spandau angesiedelt. Jüdische Händler zogen allerdings schon mindestens 200 Jahre vorher durch das „Heidenland" zwischen Elbe und Oder entlang der Handelsstraße von Magdeburg in die seinerzeit bedeutende polnische Stadt Lebus, ein Bistumssitz östlich der Oder.

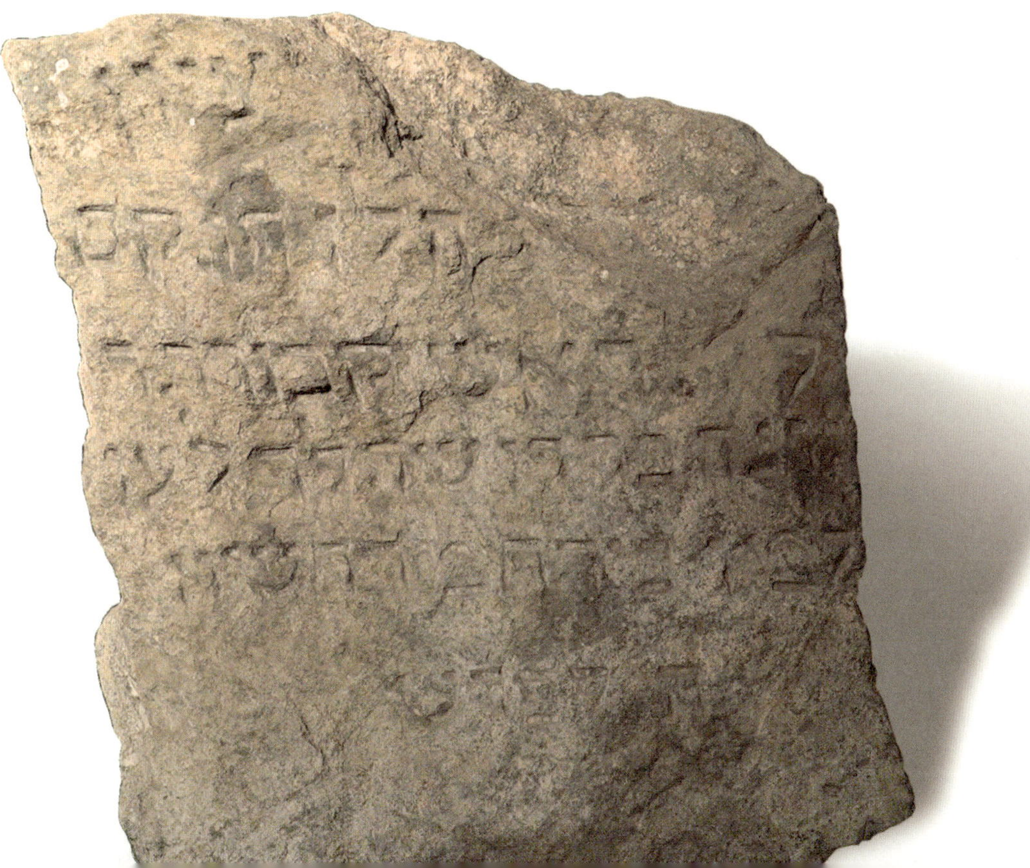

Fragen zur Herkunft der jüdischen Einwanderer in der Mark werfen die Namen auf den Spandauer Steinen auf. Jona wie auch Dan kennt man aus der Bibel. Doch Frauennamen wie Zdobna, Mladuscha, Drashna und Mlada machen stutzig: Den Judaisten Yakov Guggenheim inspirierten sie zu der These, die Spandauer Jüdinnen und Juden stammten aus dem Osten Europas.

Die Begräbnisstätte der Spandauer Gemeinde, der „Judenkiewer" (von hebräisch kejwer, Grab), konnte noch nicht nachgewiesen werden. Immerhin weiß man aus Urkunden, dass sie außerhalb der heute noch stehenden Stadtmauer lag. Für die Nutzung hatten die Juden eine jährliche Abgabe zu entrichten, für die Verstorbenen war ein Durchfahrtszoll zu zahlen.

Die Gemeinde unterhielt auch die 1342 erstmals erwähnte Synagoge an der Jüdenstraße und ein Ritualbad, die Mikwe. Die Stadt zog die Bewohner mosaischen Glaubens zu kommunalen Diensten heran; so hatten sie einen Wehrturm der Stadtmauer zu unterhalten. Zu jener Zeit lebten in Spandau sieben bis neun jüdische Familien. Belegt ist, dass die Berliner Gemeinde bis ins 15. Jahrhundert einen Spandauer Friedhof benutzte.

In Berlin finden sich Spuren früher jüdischer Einwohner in zwei alten Bezeichnungen: Jüdenstraße und Jüdenhof in unmittelbarer Nachbarschaft des Molkenmarktes, des ältesten Marktes von Berlin. Den direkten Nachweis haben archäologische Grabungen 2019/2023 nicht erbringen können. Aber wahrscheinlich lebten dort, wie auch in Spandau, jüdische Familien nicht in einem Getto. Ihr Dasein war zwar reglementiert, aber nicht auf einen bestimmten Wohnort festgelegt. Ein Getto hat es in Berlin außer in der Zeit des Nationalsozialismus nicht gegeben. Juden hatten die Möglichkeit, so wie Kallemann, umzuziehen. Im 15. Jahrhundert konnten sie das Bürgerrecht erkaufen. 22 Einbürgerungen sind für diese Zeit im Bürgerbuch vermerkt. Das spannungsvolle Auf und Ab im Miteinander endete 1510 in einer Katastrophe. Noch im Jahr zuvor hatte Hohenzollernkurfürst Joachim I. seinen jüdischen Untertanen einen Schutzbrief ausgestellt. Der regelte wichtige Angelegenheiten wie den Fleischhandel, die Wahl und Rechte des Rabbiners, Höhe der Kreditzinsen sowie die Höhe der an die Fürstenschatulle zu zahlenden Steuern – und zwar drei Jahre im Voraus. Dann konnte ein neuer Schutzbrief kommen. Adel, Geistlichkeit und Bürger wurmten die Regelungen, vor allem hinsichtlich der Finanzgeschäfte. Magdeburg und Mecklenburg hatten die Juden bereits verjagt, man wollte auch die Mark Brandenburg judenrein. Zudem opponierten märkische Ritter gegen die Vormacht der Hohenzollernfürsten.

Den Anlass zum Losschlagen lieferte am 6. Februar 1510 der Kesselflicker Paul Frohm aus Bernau. Er stahl aus der Kirche des havelländischen Dorfes Knoblauch eine vergoldete Monstranz und zwei geweihte Hostien. Am 2. Juni verhaftet, sagte er unter schwerster Folter aus, er habe die Hostien an den Juden Salomo in Spandau verkauft. Auch Salomo bekannte unter der Marter detailliert Allerschrecklichstes: Er habe die Hostien, also den Leib Christi, auf einen grob gezimmerten

Tisch geworfen, sie bespien, verspottet, geschlagen und schließlich in drei Stücke gestochen, wobei etliches Blut herausgetropft sei. Ein Rädelsführer war also festgelegt, nun jagten die Edelleute Juden. Was für eine Gelegenheit, sämtliche Gläubiger samt Schulden auf einen Schlag loszuwerden. Man fand auch solche, die christliche Kinder geschlachtet haben sollten. Anfang Juli 1510 standen 51 märkische Juden in Berlin unter Anklage. Es kam zum berüchtigten Berliner Hostienschänderprozess.

Am 11. Juli trat das Gericht vor der Marienkirche zusammen, etwa dort, wo heute der Neptunbrunnen steht. Das Schöffengericht unter Bürgermeister Brackow fällte das Urteil: „Die Juden soll man zu Pulver verbrennen, damit alle anderen Juden ein Beispiel und Exempel von ihnen nehmen möchten."

Am 19. Juli 1510 wurden 38 Juden und der christliche Hostiendieb Paul Frohm zum Ort des Hochgerichts getrieben. Er lag vermutlich am heutigen Strausberger Platz. Berliner Männer hatten voller Eifer einen mächtigen Scheiterhaufen mit drei Rosten errichtet. Dort wurden die Juden angeschmiedet. Frohm bekam einen eigenen Brandpfahl. Tausende Sensationsgierige umstanden die Hinrichtungsstätte. Nie hatte man solches Spektakel gesehen wie das der lodernden Flammen. Zwei Juden, die sich noch hatten taufen lassen, wurden zum Tod durch Enthaupten begnadigt. Einen Tag später ordnete Kurfürst Joachim I. die Vertreibung sämtlicher Juden aus der Mark Brandenburg an. Die Begründung folgte im Volke umgehenden Verschwörungstheorien: Juden legten demnach Geld zusammen, „davon sie Christenkinder kaufen und erwürgen, um ihres Blutes zu einer Heilsalbe teilhaftig zu werden". Die Ausgewiesenen mussten schwören, die Mark nie wieder zu betreten; ihr Eigentum mussten sie zurücklassen.

Den jüdischen Friedhof in Spandau machten die Einwohner platt. Für die mächtigen Grabsteine hatte der Kurfürst Verwendung beim Bau eines Schlosses auf dem Gelände der späteren Zitadelle. Sie steckten, teils aufrecht eingemauert, teils flach liegend, manche mehr als einen Meter tief in den Fundamenten des Palas und des Westbaus. Dort fand man die ersten zwischen 1935 und 1940, weitere im Jahr 1955.

Nach der Vertreibung von 1510 gab es 30 Jahre lang hierzulande keine Juden. Kurfürst Joachim II., der Brandenburg in die Reformation führte, ließ die ersten zurückkehren. 42 000 Reichstaler hatten sie dem hochverschuldeten Landesherrn zu zahlen, 1,5 Millionen Euro. Als Joachim 1571 starb, hängte man seinem Münzmeister und Finanzverwalter, dem Juden Lippold, Unterschlagung an (was widerlegt wurde), dann Zauberei und Mord. Er wurde 1573 vor der Marienkirche geköpft und gevierteilt. Alle anderen Juden wurden beraubt und vertrieben. Hundert Jahre lang blieb Berlin ohne Juden – bis sich jemand, diesmal der Große Kurfürst, wieder einmal ihrer Fähigkeiten entsann. Nach den Verheerungen des Dreißigjährigen Krieges sollten Menschen das Land aufbauen. 1671 kamen wieder Juden an. Das moderne Kapitel begann.

DER BERLINER ROLAND

Steinerner Zeuge
des wiederbelebten
Wunsches nach
stolzer Bürgerlichkeit

Ein steinerner Mann, würdestarr, verwittert und ritterlich ausgestattet mit langem Schwert, kurzer Stichwaffe und leichter Rüstung steht rechts am Eingang zum Märkischen Museum. Die Figur erscheint alt, mittelalterlich. Eine Bronzetafel informiert: „Der Roland von Brandenburg 1474, Kopie 1905, hergestellt für das Märkische Museum." Er kommt also als Vertreter alter Zeiten daher und ist doch keine 120 Jahre alt.

Aber wer ist das, und was verschafft ihm den Ehrenplatz? Im Mittelalter stellten die Bürger vieler Städte Rolandstatuen auf und nannten ihr Gemeinwesen stolz „Rolandstadt". Die Figur postierten sie meist an prominenter Stelle in der Nähe des Rathauses oder Marktplatzes – als Sinnbild ihrer städtischen Freiheit mit Marktrecht und eigener Gerichtsbarkeit. Das bedeutete auch weitgehende Unabhängigkeit vom hochadeligen Landesherrn. In der Regel handelte es sich um wohlhabende, prosperierende, Handel treibende Kommunen mit selbstbewusster Bürgerschaft, geführt von Patriziern aus einigen wenigen Familien.

Die beiden Handelsorte Berlin/Cölln gehörten im 14. und 15. Jahrhundert zu diesem Kreis. Seit 1307 traten beide Gemeinwesen nach außen hin gemeinsam auf, verabredeten eine Bündnis- und Verteidigungspolitik. Nach innen behielten beide Kaufmannssiedlungen ihre jeweils eigenständige Verwaltung und eigene Haushalte (erst 1432 schlossen sie sich zur Doppelstadt zusammen). Mithilfe des Bündnisses stärkten sie ihre Position gegenüber den raub- und fehdelustigen Landadeligen, die die Handelswege in der Mark unsicher machten, aber auch gegenüber den askanischen Landesherren, die 1356 vom Markgrafen- in den Kurfürstenstand erhoben wurden.

Im Rat des Stadtbundes saßen zwölf Ratsmannen aus Berlin und sechs aus Cölln. Für die gemeinsame Verwaltung errichtete man ein kleines drittes Rathaus. Es stand „bei der neuen Brücke zwischen beiden Städten", also entweder direkt auf der Langen Brücke (heute Rathausbrücke) oder auch an deren Berliner Seite. Der erste Nachweis eines Berliner Rathauses fand sich an der Nordwestecke des heutigen Roten Rathauses und führt in das Jahr 1390. Der Molkenmarkt, der größte der Stadt, lag in Sichtweite.

Beide Städte wuchsen und etablierten ihre Einrichtungen. 1360 schlossen sie sich dem größten Handelsverbund des Mittelalters an, der Hanse, und nahmen als Vertreter der mittelmärkischen Städte an den Tagungen in Lübeck teil.

Um 1400 hatten Berlin und Cölln rund 8500 Einwohner, die in 1100 Häusern lebten. Das Gemeinwesen besaß neben den drei Rathäusern auch drei Hospitäler, drei Kirchen sowie zwei Klöster mit Wohnstätten für die Geistlichkeit und mit dem Hohen Haus eine Residenz der askanischen Kurfürsten.

In jener Zeit tauchten auch in der Mark die ersten Rolande auf. 1402 erwähnte die Stadtchronik von Brandenburg an der Havel einen hölzernen, der im Jahre 1474 durch den heute noch existierenden steinernen Roland ersetzt wurde. Berlin/Cölln hatte die Art des Stadtrechts von Brandenburg übernommen. Dass man als Hansestadt einen Roland hatte, liegt nahe. Die Historikerin Martina Weinland vermutet, dass es zumindest einen hölzernen gab. Wie er aussah, welche Rolle er spielte, das weiß man nicht – wieder ist der Mangel an schriftlichen Quellen aus der Frühgeschichte der Stadt zu beklagen. Waren die Stadtschreiber faul? Hatten die Gründergenerationen Wichtigeres zu tun? Jedenfalls gab es etliche Brände. Man kann nur mutmaßen.

Immerhin hat man Kunde von den Patriziern aus dominanten Großkaufleute- und Fernhändlerfamilien. Ihnen, den Pionieren der Stadtgründung, war zunächst die Mitgliedschaft im Rat vorbehalten. Kleinere Kaufleute, Ackerbürger und Handwerksmeister, vor allem die wichtigen Viergewerke (Bäcker, Tuchschneider, Fleischhauer und Schuhmacher) bildeten die Mittelschicht. Wer welche soziale Position einnehmen durfte, legte der Rat fest. So wissen wir – in diesem Fall aus einer im Jahr 1253 ausgefertigten Urkunde –, dass Handwerker Zünfte nur mit Genehmigung des Rates bilden durften. Das älteste Dokument des Berliner Zunftwesens datiert aus dem Jahr 1272 und bestätigt die Existenz der Bäckergilde. Wer innerhalb der Stadtmauern selbstständig arbeiten wollte, musste das Bürgerrecht erworben haben und einer Zunft angehören. Mitspracherechte in der Stadtregierung hatten diese mittleren Stände nicht. Das musste über kurz oder lang zu Konflikten führen. Am unteren Rand der Gesellschaft rangierten Gesellen, Lehrlinge, Knechte und Tagelöhner, Handlanger und das Dienstpersonal.

Das gemeinsame Rathaus war vermutlich als Fachwerkbau errichtet. Der Berliner Roland hat wahrscheinlich dort gestanden. Oder er hatte einen Platz am Molkenmarkt.

Die Sage vom Helden Roland rührt aus der Zeit Karls des Großen und ist von europäischer Dimension. Der Frankenkönig hatte sich 778 mit seinem Heer über die Pyrenäen hinweg auf die maurisch-islamisch beherrschte Iberische Halbinsel begeben, bis vor die Mauern der Stadt Saragossa. Deren maurischer Herrscher hatte gehofft, ihn als Bündnisgenossen gegen seine Glaubensbrüder im Süden zu gewinnen. Karl sah eine Chance, sich auf der Halbinsel festzusetzen. Das misslang. Auf dem Heimweg zerstörte sein Heer Pamplona, damit diese befestigte Stadt sich nicht gegen ihn erheben konnte. Doch erzürnte Karls Frevel die bereits christianisierten Basken dermaßen, dass sie am 15. August 778 seine Haufen in einer engen Pyrenäenpassage überfielen und in der Schlacht bei Roncesvalles die fränkische Nachhut vernichteten. Unter den Toten war deren Befehlshaber, Karls Statthalter in der bretonischen Mark, Graf Roland (Hruotland). Um 1100 entstand das Rolandslied als Versepos, das ihn zum Christen-Heros verklärte und Karls Kriegszüge gegen die Ungläubigen geschichtsfern verherrlichte.

Als Mann aus der Provinz taugte der Held Roland auch zum Sinnbild freier Städte gegenüber fernen Fürsten. Bekanntes frühes Beispiel ist der Bremer Roland, 1404 errichtet, die größte frei stehende Statue des deutschen Mittelalters, heute Unesco-Weltkulturerbe.

Diesen Status kann der Berliner Roland nicht erreichen. Als die Muschelkalk-Kopie des alten Brandenburgers 1905 gemeißelt wurde, legte wahrscheinlich nicht einmal ein Meister Hand an. Die Figur könnte das Werk eines einfachen Steinmetzen sein, der am Brandenburger Modell Maß nahm und es übertrug. Dass der jüngere Berliner stärker verwittert ist als der alte Brandenburger, liegt wahrscheinlich an den aggressiven Bestandteilen der Berliner Luft des Industrialisierungszeitalters. In Auftrag gegeben wurde die Figur im Zusammenhang mit dem Bau des Märkischen Museums. Dieses öffnete 1908 unter dem Namen Provinzialmuseum. Seither steht der steife Kerl dort; den Zweiten Weltkrieg überlebte er ungerührt, obwohl um ihn herum Bomben fielen.

Von einem historischen Vorgänger in Stein gibt es keinerlei Funde. Eine Geschichte erzählt, dieser sei Opfer des Machtkampfes zwischen den Berliner und Cöllner Bürgern und ihrem Landesherrn Friedrich II. geworden. Kurfürst Eisenzahn hatte es ab 1440 darauf angelegt, seine Macht in Berlin zu festigen und eine Residenz zu errichten. Die Bürger sträubten sich, doch der Machtkampf zwischen den alten Patriziergeschlechtern und den erstarkten, nach Mitsprache drängenden Zunftmeistern schwächte ihre Position. Der Hohenzoller setzte sich durch, baute das erste Berliner Schloss und verlegte 1451 seinen Hauptsitz von Tangermünde an die Spree. Die Bürgerschaft der Schwesterstädte verlor weitgehend ihre Autonomie und viele ihrer Handelsprivilegien. So weit die Realität. Der Legende nach ließ Eisenzahn den Roland von der Langen Brücke in die Spree stürzen – der symbolische Vollzug der faktischen Bürgerentmachtung.

Die Legende passt zu den Ereignissen. Zweimal hat man nach steinernen Rolandresten gesucht. Zum ersten Mal 1887, als die Spree auf Veranlassung des Stadtarztes Rudolf Virchow ausgebaggert wurde – die Bürger hatten so viel Unrat in ihrem Fluss entsorgt, dass sein Wasser die Volksgesundheit massiv gefährdete. Im Schlick lag vieles: alte Keramik, Gegenstände aus früheren Jahrhunderten, aber kein Stück Roland. So ging es auch 1937 beim Umbau der Mühlendamm-Schleuse im Rahmen der Großplanungen des NS-Architekten Albert Speer aus. Kein Stadtheld nirgends. Auch bei den Grabungen am Molkenmarkt, die 2019 begannen – kein Roland.

Bis auf Weiteres muss das Original als verloren gelten – so es je existiert hat. Präsent bleibt die Symbolik: Roland, Hüter der Freiheit, hält in der rechten Hand das erhobene Schwert, nicht drohend, aber wehrhaft, bereit, die Rechte der Stadt zu verteidigen. Die kurze Waffe liegt in der gesenkten Linken, Loyalität mit dem Landesherrn bezeugend. Was der Betrachter nicht sieht, ist die Mulde oben im Haupt. Dort am Scheitel ist der Platz für die Magie, dort pflanzten die Altvorderen Donnerkraut ein, auch als Hauswurz bekannt. Der lateinische Name deutet auf die Funktion: sempervivum tectorum, „immerlebend auf dem Dach“, als Schutz vor Blitz und sonstigem Unheil. Was bäuerlichen Hausdächern guttut, kann auch dem Städter nicht schaden.

DIE BANK AUS DER GERICHTSLAUBE

Stabil durch 700 Jahre Berliner Rechtsgeschichte

Man sieht ihr das Alter nicht an, doch diese Bank steht seit mehr als 750 Jahren auf ihren robusten Säulenfüßen. Nur wenige Gegenstände haben fast die gesamte Berliner Stadtgeschichte durchgestanden, umso erstaunlicher ist dieses Objekt: Sie ist nicht nur das älteste Sitzmöbel der Stadt, sondern ganz Deutschlands.

Was die lange Bank unter Fernhändlern, Patriziern, askanischen und hohenzollerschen Kurfürsten, preußischen Königen und Kaisern erlebt hat, gibt sie erstaunlich detailreich preis, wenn man sie genauer betrachtet – und die Orte, an denen sie Menschen Sitzplatz bot.

Schon ihre Dimension weist darauf hin, dass wir kein gewöhnliches Möbelstück vor uns haben. Mit 2,94 Metern Länge passte diese Bank nicht in eine normale mittelalterliche Stube. Die kräftigen runden Eckpfosten, hinten 103,50 Zentimeter hoch, vorn etwas niedriger, jeweils mit abgeflachten Kugeln obenauf, verweisen auf romanische Formen. Zur Zier erhielten sie gedrechselte Rillen, ebenso wie die Rundhölzer, die die Pfosten horizontal verbinden, und die Querstäbe der Rückengitter. Als Ergebnis geschickter Drechslerarbeit entstanden auch die senkrechten balusterförmigen Stabelemente, die der Rückenlehne die Anmutung eines Geländers verleihen.

Lange glaubte man, die Bank sei aus Eichenholz gefertigt, noch 1991/92 nutzten Restauratoren Eiche: Tatsächlich besteht das Gestell samt Vorder- und Hinterzarge, Seitenbrettern und Rückenlehne aus Eschenholz. Die in 44,50 Zentimeter Höhe eingelegte Sitzplatte ist aus Kiefer gefertigt. Diese Platte lieferte auch erstmals die wichtigste valide Information über das Alter des Stücks. Eine 1998 durchgeführte dendrochronologische Untersuchung ergab ein Fälldatum von 1263 oder kurz danach. Zu jener Zeit warteten die Tischler üblicherweise eine Trocknungszeit von sechs bis sieben Jahren ab, bis das Holz gut zu verarbeiten war. So darf man, auch wenn schriftliche Beweise fehlen, mit einiger Sicherheit feststellen: Diese Bank wurde im Jahr 1270 oder einige Zeit danach gebaut. Aber von wem? Und zu welchem Zweck? Mannigfaltige Funde belegen, dass in jenem Jahrhundert die Siedlungen Berlin und Cölln zu voll ausgestatteten Städten wurden. Lebten im Jahr 1220 jeweils 1200 Menschen rechts und links der Spree, so bevölkerten im Jahr 1300 bereits 2600 Berliner und 1400 Cöllner die zunächst einfachen Fachwerkhäuschen. Ab 1250 ersetzte eine Feldsteinmauer die Holzpalisade als Stadtbefestigung; seit jenem Jahr betrieben die Franziskaner-Bettelmönche ihren Klosterbau. 1261 wird erstmalig ein markgräfliches Wohnhaus erwähnt. Um 1270, dem mutmaßlichen Entstehungsjahr der Bank, begann der Bau der Marienkirche, neben St. Nikolai und St. Petri schon das dritte Gotteshaus.

Für das Verständnis unserer Bank viel wichtiger ist jedoch: Auch die Gerichtslaube wurde in jenem Jahr errichtet – und zwar genau auf halbem Wege zwischen dem bis dahin wichtigsten

Markt an der Spreefurt (heute Molkenmarkt) und dem vor der Marienkirche florierenden Neuen Markt. Am alten hatte auch das erste Berliner Rathaus gestanden, das nächste platzierte man im selben Jahr neben die Gerichtslaube. So ist das mehr als 700 Jahre geblieben. An dieser Stelle regelten die Vertreter der Bürgerschaft ihre Angelegenheiten – von 1869 an dann im Roten Rathaus.

Der würdige Platz für die Rechtsprechung, die Gerichtslaube, entstand als gotischer Backsteinbau mit Mittelsäule, Gewölben und nach drei Seiten hin offenen Spitzbögen. So konnten die versammelten Bürger verfolgen, was die sieben Ratsmannen, zugleich als Schöffen für die Regelung von Streitigkeiten zuständig, verhandelten und verkündeten. 5,30 Meter im Quadrat maß die Laube. Dort, so die naheliegende Vermutung, stand die Bank. Vieles spricht dafür, dass sie noch länger war als heute – schließlich wollten alle sieben Schöffen nebeneinander bequem Platz finden. Tatsächlich haben Experten Brandspuren und Dübellöcher an der Bank gefunden, die nahelegen, dass sie, womöglich nach einem Brand, verkürzt wurde. Gut möglich, dass die Rückenlehne ursprünglich aus sieben Balusterfeldern bestand, eines für jeden Ratsmann. Dann hätte ihr Ursprungsmaß 4,70 Meter betragen. Genau passend für die Gerichtslaube.

Das einzige erhaltene ähnliche, etwa 50 Jahre jüngere Möbelstück aus dem Kloster Alpirsbach im Schwarzwald bietet wahrhaft stolze sieben Meter Länge auf. Noch längere Bänke für Richter oder Ratsherren zeigen alte Stiche, etwa vom 1495 neu gegründeten Reichskammergericht in Wetzlar, wo für das gesamte Deutsche Reich Recht gesprochen wurde. Die Anordnung erinnert stark an die langen Bänke für die Abgeordneten im britischen Unterhaus. Polster hatte die Berliner Bank übrigens auch: Löcher für deren Befestigung in der Sitzplatte künden davon.

Den ersten namentlich bekannten Bürgermeister und Richter Berlins benennt eine Urkunde von 1253 als Marsilius de Berlin, ein aus dem Rheinland stammender Fernhandelskaufmann. Dieser vom Markgrafen mit der Gerichtsgewalt belehnte Vogt bezeugt darin die Verleihung des Stadtrechtes an Frankfurt (Oder). Gut möglich, dass er als einer der Ersten auf der neuen Bank in der Gerichtslaube Platz nahm. Sehr wahrscheinlich ist, dass Conrad von Beelitz als Ratsherr und Schöffe zu den Banknutzern gehörte – wenn er nicht auf einer seiner vielen Kauffahrten weilte.

Wer aber besaß die Fähigkeiten, ein solches Repräsentationsmöbel herzustellen? Neben den bestimmenden, Fernhandel betreibenden Patrizierfamilien arbeiteten in Berlin und Cölln die vier anerkannten Gewerke Bäcker, Schuhmacher, Tuchmacher und Knochenhauer. Die Zimmerleute gehörten nicht zu den Privilegierten, in einer Zunft Vereinten. Gleichwohl muss es sie gegeben haben, denn die Wohnhäuser waren ja aus Holz errichtet – was allerdings keine besondere Kunstfertigkeit erforderte. Allerdings besaßen die Franziskanerbrüder im Klosterbau erworbene verfeinerte handwerkliche Fähigkeiten. Aus ihren Reihen könnte der Schreiner/Drechsler gestammt haben, dem das Werk für die Gerichtslaube gelang.

Nicht zu belegen, aber doch angesichts all der Indizien eine plausible Annahme. Ein weiteres Indiz, das für die ursprüngliche Bestimmung der Bank in der Gerichtslaube spricht: Die Vorfahren der Stadtgründer kannten den uralten Brauch, alle wichtige Dinge (things) des Gemeinwesens auf Plätzen zu besprechen, die ein mächtiger Baum krönte – in der Regel eine Esche, oft auch eine Eiche. Man brachte mit der Bank aus Eschenholz gleichsam den Geist und die Kraft der Thing-Tradition ins neue Gemäuer.

Die erste unzweifelhafte Kunde von Standort und Nutzungsweise der Bank gibt eine Akte über das alte Rathaus: „1718 auf dem Rathausflur 1. lange Banke vor der alten Gerichts-Stube". 1772 bis 1791 vermerken Kämmereieinträge jeweils dieselbe Position. Die Rechtsprechung war längst aus der Gerichtslaube ins Rathaus umgezogen, in dieser agierte nun die Städtekasse. Spätestens ab 1468 arbeitete das Hof-Kammergericht, ab 1698 im alten Collegienhaus in der Brüderstraße. Im neuen Kollegienhaus in der Lindenstraße (heute Jüdisches Museum) sprach ab 1735 nunmehr ein vom König formal unabhängiges Gericht Recht.

Die lange Bank hieß nun Armesünderbank, womöglich hatten in den ersten Jahren des Umzugs aus der Gerichtslaube vor der Gerichtsstube die mutmaßlichen Übeltäter auf ihr Urteil zu warten. Doch das ist Spekulation.

Der nächste bekannte Name zeugt von einer weiteren Funktion: Im Festsaal des Rathauses feierten die bedeutenden Familien auch Hochzeiten, die Festteilnehmer, womöglich auch die Brautleute, nahmen auf dem repräsentativen Möbel Platz – der „Glücksbank".

Bevor 1865 das alte, mehrfach umgebaute Rathaus abgerissen wurde, versteigerte man das olle Zeug aus dem Bestand. In der Auktion erwarb der Pächter des Ratskellers, ein der Heimatforschung zugetaner Herr Frieske, 1861 das Stück mit der Glücksaura und stellte es in seinem Garten in Treptow auf – Wind und Wetter ausgesetzt, 23 Jahre lang. Trotzdem eine vergleichsweise glückliche Position. Die Bank hätte wohl auch gutes Feuerholz ergeben.

Doch zu jener Zeit hatte der erste Direktor des Märkischen Museums, Ernst Friedel, erkannt, dass es sich um ein bewahrenswertes Stück aus alter Zeit handelte. Aber Frau Frieske, inzwischen Witwe, hing an ihrer Glücksbank. 1880, als das Museum bat, die Bank, wie vom Herrn Frieske versprochen, abzutreten, zögerte sie. Schließlich aber registriert das Inventarverzeichnis unter dem Datum 10. Oktober 1884 den Eingang der „Arme Sünder Bank, aus dem alten Rathause". Noch mit der Altersschätzung 17. Jahrhundert.

Von nun an stand sie in wechselnden Zusammenhängen im Museum, wurde mehrfach mehr oder weniger kunstfertig restauriert, mehrere Farbschichten wurden analysiert und entfernt. Nun endlich, nach mehr als 700 Jahren, ist sie richtig als herausragendes Objekt der Berliner Geschichte erkannt. Die Dauerausstellung des Hauses gesteht ihr eine zentrale Stelle zu – als alte Zeugin für das Entstehen eines Systems von Recht und Ordnung.

DAS SÜHNEKREUZ

Berliner Bürger erschlugen den Probst Nikolaus von Bernau. Die Rache des Papstes war fürchterlich

Ein steinernes Kreuz neben einem Kirchenportal überrascht keinen – doch über diesem verwitterten Zeichen aus hellem Sandstein am Turmeingang der Marienkirche liegt eine besondere Aura. Es steht da, weil es von einer grausamen Tat kündet. Begangen von Berlinern an einem Nachbarn, der anderer Meinung war als sie selbst.

Schriftstücke aus der Päpstlichen Kanzlei beim Heiligen Stuhl geben unmittelbares Zeugnis von dem Mord im Jahr 1324: Eine von Patriziern aufgehetzte Meute habe den Bernauer Probst Nikolaus von Bernau aus dem Haus seines Berliner Amtsbruders Eberhard gezerrt, schwer misshandelt und verbrannt. Selbst die von mitleidigen Händen gesammelten Gebeine hätten die außer Rand und Band Geratenen in das wieder neu entfachte Feuer geworfen. Ein unerhörter Exzess. Mehr noch: Im Mittelalter einen Geistlichen zu erschlagen, ohne ihm die Möglichkeit zur Beichte zu geben, das war die Sünde schlechthin. Das steigerte das Ausmaß des Verbrechens ins Unerdenkliche – beruhte der gesellschaftliche Zusammenhalt doch auf der Hoffnung, ins Paradies eingehen zu können. Unmöglich ohne Beichte und Absolution von den Sünden.

Was hat die Leute zu solchem Lynchmord getrieben? Als Motiv führen die Schriftstücke an, Nikolaus von Bernau habe Rat und Bürgerschaft davon abhalten wollen, den neuen Markgrafen anzuerkennen und ihm zu huldigen. Es ging also um die Frage, wer über die Mark Brandenburg herrschen und über das Schicksal von Berlin und Cölln bestimmen sollte. Mit dem Tod von Heinrich II., genannt „das Kind", war 1320 die Askanierlinie, die Brandenburg rund 150 Jahre zuvor für das Heilige Römische Reich erobert hatte, erloschen. Der letzte ernst zu nehmende Markgraf, Waldemar, hatte es versäumt, die Nachfolge klar zu regeln.

So geriet das Land in das Brandenburger Interregnum – drei Jahre, in denen Herzog Rudolf von Sachsen, askanischer Vormund des verstorbenen „Kindes", die Herrschaft beanspruchte, doch an den Expansionsplänen der Wittelsbacher scheiterte. Aus diesem alten Hochadelsgeschlecht stammte der römisch-deutsche König Ludwig IV. aus dem Herzogtum Bayern, von 1328 an auch Kaiser des Heiligen Römischen Reiches. Der bedachte 1323 seinen minderjährigen Sohn Ludwig mit dem Lehen Brandenburg. Probst Bernau gehörte zu den Rudolf-Anhängern. Die Berliner Bürger erhofften sich mehr Vorteile von einem Wittelsbacher.

Zusätzlich verschärfte ein europaweiter Großkonflikt die regionalen Spannungen. Es handelt sich um einen Klassiker der Machtkämpfe: König gegen Papst. Johannes XXII., der erste Papst, der ausschließlich im französischen Avignon residierte, bekämpfte die Wittelsbacher, sprach Ludwig IV. die Königswürde ab, exkommunizierte ihn sogar. Probst Nikolaus war auf der Seite der Papsttreuen zu finden. Die Verfasser der in der Päpstlichen Kanzlei eingegangenen Berichte über den Berliner Lynchmord waren Verwandte des Probstes, also ganz klar Partei. Ihre Schreiben richteten sie auf die Spannungen zwischen Kurie und Wittelsbachern. So verschwimmen die wahren Ursachen hinter großpolitischer Umwölkung. Womöglich war es zunächst um persönlichen oder familiären Besitz gegangen?

Der Experte für das mittelalterliche Berlin, Eckhard Müller-Mertens (1923–2015), sieht zudem eine städtebürgerliche Bewegung am Werk, die ihren Mittelpunkt in Berlin/Cölln hatte, aber weit darüber hinaus wirkte. Gemeinsam kämpften die Kommunen in der Zeit des Machtvakuums für die Sicherheit und die territoriale Einheit des Landes. An der Spree beschlossen die Städte der Mittelmark und Niederlausitz 1321 und 1323, nur gemeinsam einen Landesherrn anzuerkennen; zusammen wollten sie gegen marodierendes Gesindel vorgehen. Berlin sah den vom König eingesetzten neuen Landesherrn als Partei auf der Seite des „besseren Rechts", des Reichsrechts. Nikolaus von Bernau hingegen verkündete 1324 in Berlin die päpstlichen Befehle und die Androhung des Kirchenbanns gegen Ludwig-Anhänger.

Die Papstkirche belegte Berlin und Cölln zur Strafe für den Mord (und die Unbotsamkeit) mit jahrelangem Bann. Die vollständige Exkommunikation bedeutete praktisch, dass die Bürger keinerlei kirchliche Dienstleistungen mehr zu erwarten hatten: keine Gottesdienste, keine Trauung, keine Taufe, keine Sakramente, keinerlei Begleitung für Verstorbene. Die Glocken blieben still, Altäre waren verhängt, Prozessionen oder Wallfahrten fielen aus. Das kirchliche Leben in der Mark kam weitgehend zum Erliegen. Der Handel brach zusammen; mit derart Geächteten wollte keiner Geschäfte machen. Für die tiefgläubigen Menschen des Mittelalters, allezeit umgetrieben von der Sorge um ihr Seelenheil, muss es eine Zeit größter Verunsicherung gewesen sein. Sie krochen schließlich zu Kreuze.

Gegen hohe Strafen und ausgiebige Sühnebekenntnisse wurde der Bann aufgehoben: Die enorme Summe von 750 Mark brandenburgischen Silbers hatte die Stadt an den Bischof von Brandenburg zu entrichten, sie hatte einen Sühnealtar in der Marienkirche zu stiften und an der Stelle, wo Probst Nikolaus erschlagen worden war, hatten sie ein zwei Faden (das wären etwa 3,60 Meter) hohes steinernes Kreuz mit einer Ewigen Lampe zu errichten. Altar und Kreuz mussten gemäß dem Sühnevertrag von Jahr 1335 zwischen beiden Städten und dem Brandenburger Bischof „am Tag nach unserer Frauen Tag Gewürzmesse" fertig sein, weil dann in ganz Berlin und Cölln des Ermordeten mit Vigilien und Seelenmessen gedacht werden sollte. Dieser Tag fiel auf den 16. August, und so liegt es nahe, die grausame Tat der Berliner auf den 16. August 1324 zu datieren. Ein päpstliches Schreiben vom 21. Oktober 1325 erlaubt eine nähere Eingrenzung. Darin heißt es, die Tat sei nun mehr als ein Jahr her. Formell war der leidvolle Zustand erst am 8. August 1347 beendet, als sämtliche Ratsmannen und Bürgermeister von Berlin in vollem Staat in der Probstei von Bernau erschienen und versprachen, mit jährlich neun Talern eine Gedächtnisfeier für den Ermordeten zu ermöglichen.

Das Sühnekreuz stand anfangs wohl auf dem Neuen Markt, dann an der Spandauer Straße, seit 1727 ruht es vor dem Turmeingang der Marienkirche. Dieses

Kreuz unterschreitet deutlich die ursprünglich auferlegte Höhe. Es ragt einen Meter über einen knapp 60 Zentimeter hohen Sockel, breitet seine Arme auf 52 Zentimeter aus. In den fünf wie auf einem Würfel angeordneten Vertiefungen waren wahrscheinlich die Halterungen für eine Ewige Lampe angebracht. In der Mark Brandenburg sind solche Sühnekreuze zahlreich zu finden.

Die Wittelsbacher Herrschaft über die Mark endete 1373, zur Ruhe kam der Landstrich in diesen vier Jahrzehnten nicht. Die Pestwellen des 14. Jahrhunderts trafen auch die Mark. Und zu allem Unheil tauchte 1348 ein Mann auf, der sich als der askanische Markgraf Waldemar ausgab, der 29 Jahre zuvor gar nicht gestorben, sondern auf eine lange Pilgerreise gegangen sei. Er fand interessierte Anhänger, auch unter den Nachbarfürsten. Auf einem Huldigungszug durch Brandenburg überzeugte er viele. Karl IV., böhmischer König aus dem Hause Luxemburg und ab 1355 Kaiser, überließ dem Manne Brandenburg zum Lehen. Tatsächlich handelte es sich um einen Blender, angeblich Jakob Rehbock, Müller aus Dessau.

Der falsche Waldemar, ein wahrhaft kühner Hochstapler, flog 1350 auf. Karl IV. hatte sich zudem mit den Wittelsbachern geeinigt, das Lehen ging wieder an den jungen Ludwig. 1373 unterstellte er die Markgrafschaft seiner direkten Herrschaft. Es folgten die böhmischen Luxemburger. Land und Kirche profitierten vom Kontakt zum prosperierenden Böhmen; Tangermünde wurde prachtvoll zur kaiserlichen Nebenresidenz ausgebaut.

In Berlin/Cölln regierte in all den wirren Jahren ein alternierender, aristokratischer Rat, der seine Entscheidungen selbstständig und ohne Eingriffe des Landesherrn traf. Aber die innerstädtische Dynamik erzeugte neue Konflikte: 1346 erhoben sich in Berlin und Cölln Zunfthandwerker gegen die Patrizierherrschaft. Die Forderungen: Handwerker in den Stadtrat, Selbstverwaltung der Zünfte, Mitbestimmung über Finanz- und Steuerpolitik des Rates.

Allseits zerrüttet taumelte Brandenburg ins 15. Jahrhundert. Der Landadel nutzte die Schwäche der Städte und übte sich in Wegelagerei. Unter den Raubrittern tat sich die Familie von Quitzow hervor, eines der mächtigsten Adelsgeschlechter der Mark Brandenburg, die zum Schrecken der Berliner wurde. Die Quitzow gelten als Inbegriff des Raubrittertums.

Das Jahr 1411 leitete dann die neue Zeit für die Mark Brandenburg ein: In jenem Jahr wurde der Nürnberger Burggraf Friedrich VI. mit der Regierung der Mark beauftragt – als Friedrich I. von Brandenburg der erste Hohenzoller. Das Haus sollte bis 1918 die Geschicke des Landes bestimmen. Zunächst zogen sie gegen die Raubritter, und die Städter konnten zufrieden sein. Doch als 1443 Friedrich II., genannt Eisenzahn, die Markgräfliche Residenz von Tangermünde nach Berlin verlegte und begann, ein Schloss zu bauen, war bald auch Schluss mit der Herrschaft der Bürger. Die taten alles, um den peinlichen Mordfall Probst Nikolaus ins Vergessen zu senken. Der Sühnealtar verschwand, das Sühnekreuz umwob man mit neckischen Legenden. Aber da steht es eben immer noch.

Chür. Fürstl. Resi St. Berlin: v.
E
I
A
G
H
K
D
S
F

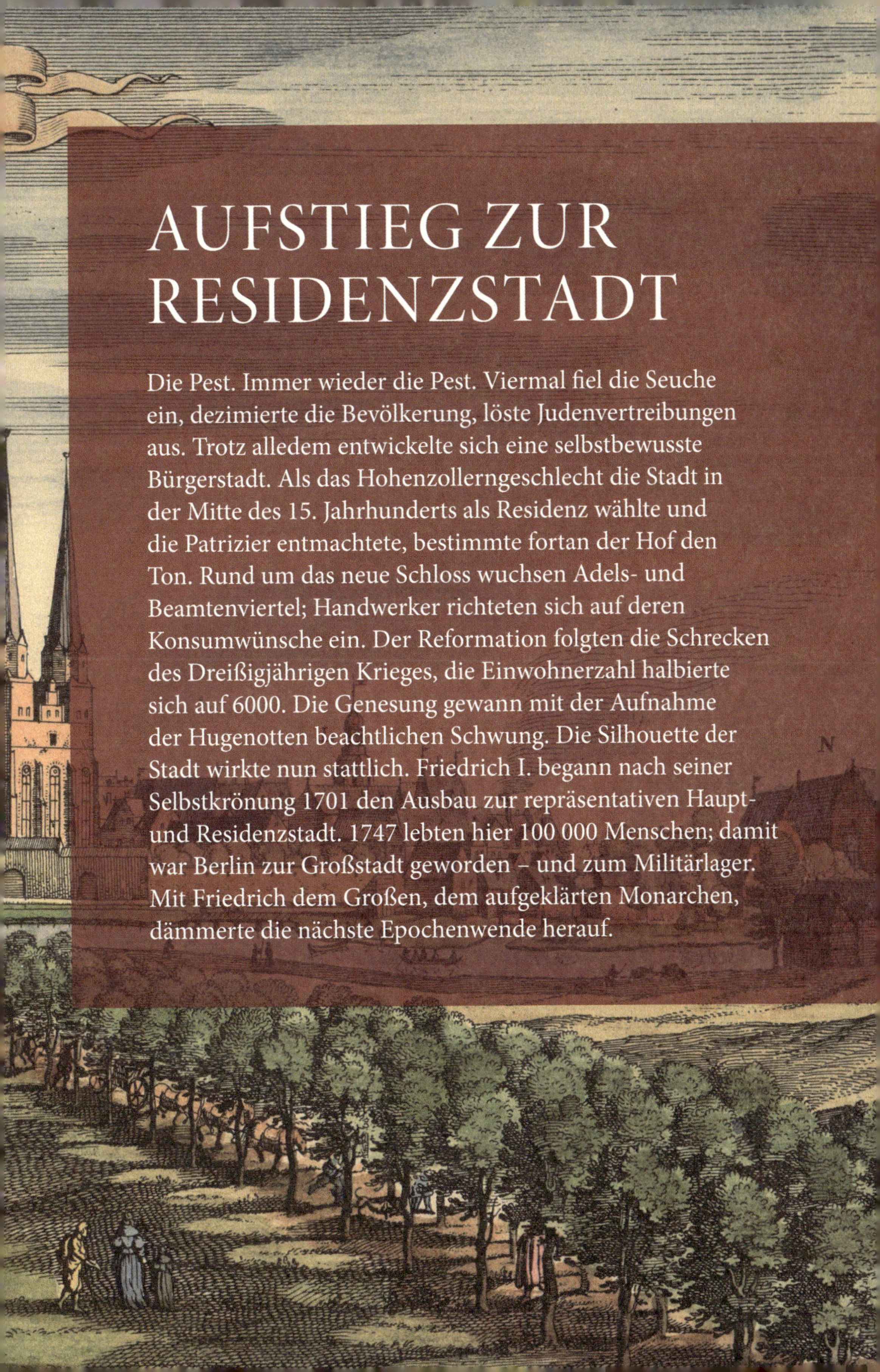

AUFSTIEG ZUR RESIDENZSTADT

Die Pest. Immer wieder die Pest. Viermal fiel die Seuche ein, dezimierte die Bevölkerung, löste Judenvertreibungen aus. Trotz alledem entwickelte sich eine selbstbewusste Bürgerstadt. Als das Hohenzollerngeschlecht die Stadt in der Mitte des 15. Jahrhunderts als Residenz wählte und die Patrizier entmachtete, bestimmte fortan der Hof den Ton. Rund um das neue Schloss wuchsen Adels- und Beamtenviertel; Handwerker richteten sich auf deren Konsumwünsche ein. Der Reformation folgten die Schrecken des Dreißigjährigen Krieges, die Einwohnerzahl halbierte sich auf 6000. Die Genesung gewann mit der Aufnahme der Hugenotten beachtlichen Schwung. Die Silhouette der Stadt wirkte nun stattlich. Friedrich I. begann nach seiner Selbstkrönung 1701 den Ausbau zur repräsentativen Haupt- und Residenzstadt. 1747 lebten hier 100 000 Menschen; damit war Berlin zur Großstadt geworden – und zum Militärlager. Mit Friedrich dem Großen, dem aufgeklärten Monarchen, dämmerte die nächste Epochenwende herauf.

DAS GEWAND DES PESTARZTES

Mittelalter-Berliner zwischen Panik und Leichtsinn im Lockdown

Bedrohlich, furchteinflößend wirkt die Gestalt des mittelalterlichen Pestarztes auch auf uns Heutige. Tauchten diese düsteren Gestalten auf, zog die Seuche durch Stadt und Land. Niemand wusste, woher der Schwarze Tod kam, nicht die Ärzte und schon gar nicht die schicksalhaft betroffene Bevölkerung. Mutmaßungen sprachen von giftigen Dünsten, dem Pesthauch, auch Miasma genannt, oder einem unbekannten übertragbaren Element.

Wer sich in die Nähe von Pestkranken begab, musste sich schützen. Das aus bildlichen Überlieferungen bekannte von Pestärzten genutzte Gewand erscheint durchaus funktional, den aus Corona-Zeiten vertrauten Schutzanzügen verwandt. Das Material sollte möglichst undurchlässig sein. Im Mittelalter verwendete man Leder oder gewachsten Stoff. Besonders elaboriert ist die Haube. Sie bedeckte Kopf und die Schultern vollständig. Der auffällige Schnabel enthielt wohlriechende Kräuter und/oder einen mit Essig getränkten Schwamm. So hoffte man, die ansteckenden Dünste aus der Atemluft zu filtern und die üblen Gerüche in der Nähe von Pestopfern zu mildern. Auch die Blicke der Kranken hielten die Leute für ansteckend, weshalb für die Verglasung der Augenöffnungen vorsichtshalber Marienglas (Selenit) zur Verwendung kam.

Das hier abgebildete Pestarztgewand fasziniert die Besucher des Berliner Stadtmuseums zuverlässig, obwohl es kein Original aus Pestzeiten ist, sondern von einem Spezialisten des Museums nach allen Regeln der Wissenschaft im Jahr 2001 rekonstruiert wurde. Stellt sich noch die Frage, warum der Arzt einen Stab bei sich trug. Wies er damit auf zu behandelnde Körperbereiche des Kranken? Zeigte er auf Orte, wo der Pesthauch auszuräuchern war? Oder hielt der Arzt damit andere Personen auf Abstand? Möglich, aber nichts davon ist bewiesen. Plausibel erscheint, dass die festungsartige Tracht Flöhe vom Körper des Medicus fernhielt.

Die erste Kunde von einer schweren Pestseuche in Berlin datiert aus dem Jahr 1348. Sie verbindet sich mit der Nachricht von Judenpogromen. Immer wieder überfiel die Krankheit in den folgenden Jahrhunderten Berlin und Cölln. Erschütternde Berichte von Zeitgenossen erzählen von den Leiden der Menschen und den Versuchen zur Gegenwehr. Besonders genaue Kenntnis besitzen wir über den Seuchenzug des Jahres 1576, den fünften seit Jahrhundertbeginn. Nur zehn Jahre Erholung waren den Menschen seit der vorangegangenen Katastrophe vergönnt gewesen. Die Leute wussten, welche Schrecken ihnen bevorstanden.

Der griechische Arzt Hippokrates (um 460–um 370 vor unserer Zeit) hatte nur einen Rat: „Fliehe schnell, fliehe weit, mit der Rückkehr lass' dir Zeit." Seit der Antike war das Wissen um den Schwarzen Tod nicht wesentlich vorangekommen. Kurfürst Johann Georg von Brandenburg floh jedenfalls 1576 mitsamt dem Hofe nach Küstrin 90 Kilometer Richtung Osten. Doch erkrankten etliche Mitreisende, woraufhin der Tross 60 Kilometer weiter zog nach Karzig (heute Karsko).

Vom Los der Zurückgebliebenen berichten Augenzeugen. So zeichnete der Cöllner Stadtschreiber auf: „Im Monat Junio hat die pestilenzische Seuche zu Berlin grewlich zu romorn angefangen und vollents auch gen Cölln kommen und fast bis zu Ende des Jars regiert, also das in beiden Stetten beinahe in die 4000 Menschen jung und als plotzlich gestorben und abgangen." Und wenn nicht so viele „ausgezogen und vorgewichen" wären, hätte man viel mehr Tote zählen müssen.

Das Register der Stadtverwaltung Spandau meldete: Ausbruch der Pestilenz im Sommer, erloschen mit einsetzendem Winter. 575 Todesfälle zwischen Juli und Dezember, fast drei Viertel kleine Kinder und junge Leute. Als die Seuche 1566/67 Spandau heimgesucht hatte, waren es 1400 Tote gewesen – bei etwa 3000 Einwohnern. Fast die Hälfte der Bevölkerung.

Für Berlin berichteten 1576 Andreas Angelus, Konrektor des Gymnasiums zum Grauen Kloster, sowie Jacob Schmid, Pfarrer an der Kirche Heiliggeist, von der Seuche, „etliche tausend" seien „darin aufgegangen", also tot. Als „Pestilenziarius" hatte Schmid die Seuche fortzubeten; zugleich fungierte er als Arzt, Apotheker und Totengräber. Für seine treuen Dienste erhielt er Extrazahlungen aus der Kirchenkasse.

Lebensnahe Details verdanken sich einem Fund, den Forscher 1992 in der Universitätsbibliothek Basel machten: ein Plakat mit dem Titel „Regiment", verfasst und vervielfältigt 1576 vom kurfürstlichen Leibarzt Leonhard Thurneysser, der auf dem Gelände des Gymnasiums zum Grauen Kloster, bis zur Reformation das Franziskanerkloster, auch eine Druckerei betrieb. Die Berliner Staatsbibliothek besitzt eine Kopie der auf Frühneuhochdeutsch verfassten Pestschrift, des ersten in Berlin jemals gedruckten Plakats – ein einzigartiges Zeugnis der frühzeitlichen Wissenschafts- und Pharmazieliteratur.

Thurneyssers „Regiment" enthielt Anweisungen an die Bürger für den Umgang mit der Pest. 100 Exemplare ließ er öffentlich anschlagen: an Kirchentüren, in Wirtshäusern, bei Buchhändlern oder Schaustellern, in Schulen, auf Märkten. Zudem waren Straßen mit eisernen Ketten versperrt, Stadtknechte hielten Wache, Bier- und Weinhäuser blieben geschlossen, in Garküchen durfte nicht mehr gespeist werden. Alle öffentlichen Zusammenkünfte wurden verboten. Lebensmittel durften nur noch vor der Stadt gehandelt werden. Apotheker, Krämer, Bäcker und Bierzapfer durften niemanden in ihre Räume einlassen.

Ein im Berliner Stadtarchiv gefundener Bericht des Historikers Ernst Fidicin (1802–1883) enthält die Vermutung, die Seuche habe im Hause eines Cöllner Brauers ihren Ursprung gehabt. Eigentlich war der Zugang gesperrt, weil aber „die Nachbarn dennoch zu besagter Brauerei hineingestiegen" seien, so Fidicin, infizierte sich die ganze Stadt, sodass „damals 1200 in Cölln und 800 in Berlin gestorben sind".

Leibarzt Leonard Thurneysser hatte seinem Fürsten ins Pest-Exil folgen müssen. Er korrespondierte jedoch mit seinem Diener Daniel Aberell. So berichtet der im Grauen Kloster die Geschäfte seines Herrn Verwaltende am 12. Oktober 1576: Am 9. des Monats sei die Magd der Köchin gestorben und er hoffe, „so es des Lieben Gottes Wille ist", man selbst werde bewahrt. Weiter: „Auch Hanns Schnellboltz ist krank und die Drucker und Adam Seidlin. Und Wolff Meyerpeck ist noch nicht heinkhummen", sein Weiblein leide höchste Not.

Am 13. Oktober berichtet er: Sterben allenthalben, es herrsche hohe Nervosität. In der Nikolaikirche habe es ein Pfaffengefecht mit „Schlagen, Schelten, Zanken" gegeben. Selbst mit einem Leuchter sei gehauen worden. Bitter klagt er über das Betragen der Geistlichkeit in den „jetzigen Sterbensläuften". Am 19. Oktober informiert Daniel Aberell über den Groll der Leute, dass man im Kloster noch so fröhlich sei. In beiden Städten stürben täglich Menschen. Hinsichtlich der den Herrn stark interessierenden Geschäfte – neben der Druckerei betrieb dieser eine in Seuchenzeiten besonders profitable Apotheke – beruhigte Aberell, die Gelder seien gut verwaltet und verwahrt.

Am Gymnasium zum Grauen Kloster, der 1574 vom Kurfürsten eingerichteten ersten höheren Schule Berlins, lernten in gesunden Zeiten 600 Schüler. Folgen wir dem Lehrer Julius Heidemann (1834–1901) in seiner Geschichte des Grauen Klosters, waren ganze Familien und viele Lehrer vor der Pest geflüchtet. Im Gymnasium wurde der Unterricht unterbrochen, nur noch acht bis zehn Schüler fanden sich ein. In den Kirchen verstummte der Chorgesang.

Die Juden zu beschuldigen, sie zu massakrieren oder zu vertreiben, kam 1576 in Berlin nicht mehr infrage. Es gab keine Juden weit und breit, man hatte sie nach Pogromen 1573 verjagt – wie schon 1510, wegen angeblicher Hostienschändung, nicht ohne zuvor 38 von ihnen auf einem großen, nahe dem heutigen Alexanderplatz aufgebauten Scheiterhaufen unter dem Johlen des Volkes zu verbrennen und zwei zu enthaupten.

Spuren der Pesthauchlehre finden sich auch 1576 in Thurneyssers Überlegungen und Anweisungen zur Pestbekämpfung: Zunächst entwickelt er Gedanken über die eingefallene göttliche Strafe infolge von Sünde und unbußfertigem Leben. Christus ist der wahre Arzt. Dann folgen praktische, recht realitätsnahe Anweisungen – natürlich beschränkt durch das Unwissen der Zeit. Erst um 1900 wurde entdeckt, dass die Pest kein Höllenhauch war, verursacht weder durch Südwinde, Risse im Erdreich oder Planetenkonstellationen, sondern von Ratten über Flöhe übertragen wurde. Die Bekämpfung der Ratten – mithin Stadthygiene – war also die zentrale Maßnahme zur Vorbeugung. Dem epidemiologisch normalen Ablauf folgend fand auch diese Berliner Pest mit dem anbrechenden Winter und dem Absterben der Flöhe ihr Ende.

Doch die Seuche kehrte zurück – 1584/85, 1588, 1598. Immer wieder reduzierte sie die Einwohnerzahl von Berlin/Cölln dramatisch. Um 1600 verharrte diese bei 12 000. Dann fiel der mörderische Dreißigjährige Krieg ein. Die 1710 wegen des diesmal aus Ostpreußen anrückenden Schwarzen Tods von Friedrich I. als Pestkrankenhaus gegründete Charité kam als solches nicht mehr zum Einsatz. Die Pest erlosch, bevor sie Berlin erreichte. Sie kam nicht wieder.

DER TOTENTANZ

Das älteste Stück Berliner Literatur mit einer Botschaft an die Konsumgesellschaft

Bischof, Bauer, Bürgerfrau – alle sind vertreten beim Berliner Totentanz in der Marienkirche: 28 Personen, darunter zwei Frauen sowie eine Mutter mit Kind. Sie tanzen nicht freiwillig mit, der Tod holte sie in die Reihe. Es tritt nicht ein Tod für alle auf, sondern je ein Tod für eine Person. Immer sieht er etwas anders aus, mal schwingt er das Bein, mal scheint er leichtfüßig zu hüpfen. Die Menschen tragen zum letzten Tanz hienieden die Kleider ihres jeweiligen Standes. Der Tod tritt nackt, nur mit einem leichten Umhang bedeckt, auf; er ist bleich und dünn, der Kopf zum blanken Schädel reduziert. Mal legt der Tod seine Hand leicht auf den Menschenkörper, mal packt er fester zu. Er eröffnet den Dialog.

Sagt der Tod zur Kaiserin, der „hohen Frau von Geburt“: „Ich habe Euch besonders auserwählt: / Ihr müsst zum Tanz des Todes auch mit, / weil Ihr gern all die neuen Kleider tragt. / Macht ein Ende und gebt mir Eure Hand! / Ihr müsst schnell mit mir in ein anderes Land.“ Die Dame im langen Gewand antwortet mit einem mitleidheischenden „O weh mir armer Frau" und versucht mit einer Reuebekundung, noch einmal davonzukommen: „… dass ich ganz unbedacht gelebt habe!" Sie feilscht um einen kleinen Aufschub; gewährt wird er nicht – niemandem im Reigen.

So geht es zu im Berliner Totentanz, einem in Secco-Technik gemalten Wandbild, das in der Turmhalle der Marienkirche 23 Meter entlang der Wand um mächtige Stützpfeiler herum verläuft – ursprünglich bis ins Kirchenschiff hinein. Es handelt sich um eines der bedeutendsten Kunstwerke der Stadt: das größte mittelalterliche Wandbild hierzulande, gemalt um 1470, das größte noch an Ort und Stelle erhaltene Totentanzbild des 15. Jahrhunderts im deutschsprachigen Raum – und nicht zuletzt das älteste Stück Berliner Literatur überhaupt. Das Textband verläuft in Augenhöhe. Durch das Zusammenwirken der in Berlins ursprünglicher Sprache Niederdeutsch gereimten Dialoge und der mit 1,40 Metern Höhe fast lebensgroßen Figuren erlangt der Fries eine enorme Vielschichtigkeit. Wir erfahren von den sozialen und religiösen Zuständen im Berlin des 15. Jahrhunderts, von Macht und Angst.

Einige der Paarszenen sind kaum oder gar nicht mehr erkennbar, 25 haben die Jahrhunderte überstanden. Jedem Tanzpaar sind zwölf Verse zugeordnet, geteilt in je eine Doppelstrophe zu je sechs Versen. Der Rhythmus der niederdeutschen Originalreime lässt sich anhand der Übersetzungen nur an einigen Stellen nachempfinden. Drei Figurenelemente ergänzen den eigentlichen Totentanz: Eingangs predigt ein Franziskaner in brauner Kutte von der Kanzel herab: „Ihr wollt in Wohlstand und ohne große Not leben / und müsst doch den bitteren Tod erleiden …"

Ihm standen die Berlinerinnen und Berliner des Mittelalters gegenüber, wenn sie, aus dem Getümmel des Neuen Markts kommend, durch das Hauptportal unter dem Turm die Kirche betraten. Vor ihm stehen die Besucher wieder, seit die Restaurierung des Totentanzes vollendet ist.

Um zum Gottesdienst zu gelangen, geht der Schritt durch die Turmhalle entlang der Tänzerreihe: Zunächst erscheinen die allesamt männlichen Vertreter der geistlichen Stände

in aufsteigendem Rang: Küster, Kaplan (nicht erhalten), Offizial, Augustinereremit, Dominikaner, Kirchherr, Kartäuser, Arzt, Mönch, Domherr, Abt, Bischof, Kardinal, Papst. Hier erreicht das Fresko mit der Darstellung von Christi Kreuzigung einen Höhepunkt. Es folgen Kaiser, Kaiserin, König, Herzog, Ritter, Bürgermeister, Wucherer, Junker, Kaufmann, Amtmann, Bauer, Wirtin (die Krügersche) und Narr. Alle zum Sterben geführten Figuren schreiten nach rechts, Richtung Kirchenschiff. Trotz des traurigen Anlasses liegt keine Düsternis über der Reihe, keine Drohung mit Jüngstem Gericht und Höllenqual; vielmehr wirkt die Szenerie besinnlich-feierlich.

Was ist das für eine Botschaft? „Eine universelle", sagt Eric Haußmann, langjähriger Pfarrer in St. Marien, „eine vom Werden und Vergehen, von Anfang und Ende und allem, was dazwischen ist". Alle großen Fragen verhandelt der Totentanz, der für ihn weit mehr ist als ein Kunstwerk, sondern eine „Verdichtung von allem, was wir feiern in der Kirche, im Gottesdienst".

Die exzessiv mit der Gegenwart befassten Bewohner der Stadt Berlin beachteten eines ihrer bedeutendsten Kunstwerke jahrzehntelang kaum, obwohl es seit 550 Jahren zu seiner Seele gehört, immer am selben Ort in der Marienkirche, dem ältesten sakral genutzten Bauwerk der Stadt. Als dort um 1470 der Totentanz entstand, hatte Berlin eine Zeitenwende durchlebt. Gerade war die Herrschaft des Hohenzollernfürsten Friedrich II., genannt Eisenzahn, zu Ende gegangen. Er hatte von 1443 an gegen den Willen der Berliner Patrizier das erste Schloss gebaut und nach gewonnenem Machtkampf die Privilegien der Bürger beschnitten. Erstmals war in Berlin ein Hofstaat eingezogen. Überlieferte Urkunden aus jener Zeit berichten von neuen Gewerken.

Die Menschen jener Zeit begleitete die Angst vor Seuchen wie Pest und Cholera. Es liegt nahe, den Totentanz im Zusammenhang mit deren Wiederkehr zu sehen. Historisch ist ein direkter Bezug zu einem Seuchenzug nicht belegt. Aber Pfarrer Eric Haußmann erinnert an das „stete Tanzen mit dem Tod in den Jahren der Corona-Pandemie, vor allem auf den Intensivstationen". Der Tod tanze mit den Sterbenden, aber auch mit den Lebenden.

Statistiken legen nahe, dass Reiche eher vom Corona-Tod verschont wurden als Arme. Sind also doch nicht alle gleich vor dem Tod? „Das wäre ein Trugschluss", wendet Haußmann ein. „Der Totentanz lehrt: Du kaufst vielleicht ein bisschen Zeit. Aber zum Schluss kann keiner dem Tod von der Schippe springen." Da hilft kein Betteln und Feilschen, wie es die Tänzerinnen und Tänzer versuchen. Aber die Berliner Darstellung des Totentanzes nehme mit ihrer leichten Note dem Tod den Schrecken.

Das Berliner Wandgemälde überlebte die Reformation ohne Schaden. Viele andere Totentanz-Darstellungen, die ausgehend von Frankreich in vielen Ländern Europas lange Zeit populär waren, gingen im Bildersturm verloren. Womöglich bot die geradezu demokratisch anmutende und auf Luther schon vorwegweisende

Darstellung Schutz: Die Figurenreihe zeigt ja, wie alle Stände gleichermaßen dem Tode begegnen und in Christus Rettung finden können. 50 Jahre vor dem Beginn der Reformation lag der Gedanke offenbar in der Luft.

Der Berliner Totentanz blieb Teil der Volksfrömmigkeit, bis 1729 gelegentlich einer Renovierung die Figuren mit Kalktünche übermalt wurden. Womöglich fand man sie nicht mehr schön genug in einer mit frischen Farben hergerichteten Kirche der Barockzeit. In der Folge sank das Bildwerk ins Vergessen, sodass seine Wiederentdeckung 1860 ein echtes Ereignis war – leider mit üblen Folgen.

Zwar nahm man den Fund wissenschaftlich genau auf, präzise Zeichnungen dokumentieren den Zustand, auch die Verluste und schwer lesbaren Stellen, doch dann schlug der Zeitgeist zu. 1861 erhielt der Kunstmaler Friedrich Fischbach den Auftrag, die Figuren zu übermalen. Er tauchte die Pinsel tief in die Farbtöpfe, erfand fehlende Figuren dazu, schmückte die Gewänder von Kaiser und König mit bunten Ornamenten und erzeugte eine Art Comic, wie Pfarrer Haußmann sagt. Obendrein erfuhr der umgebende Raum der Turmhalle eine Neugestaltung in frei ausgedachter pseudomittelalterlicher Pracht.

Professor Jan Raue, Spezialist für Konservierung und Restaurierung an der Fachhochschule Potsdam, leitete die jüngste Restaurierung des Kunstwerkes. Mehrere Faktoren haben den Bildern geschadet: die Übertünchung 1729, die Übermalung 1861, die Freilegung nach 1955 und die vielen Restaurierungsversuche der nachfolgenden Jahrzehnte mit experimentell eingesetzten Festigungsmitteln, die sich als ungeeignet erwiesen, wieder entfernt wurden, gefolgt von neuen Rettungsversuchen. Hinzu kam aufsteigende Feuchtigkeit im Gebäude, Versalzung im Backsteingemäuer, ein defektes Fallrohr.

1992 gelang es endlich, die klimatischen Bedingungen für die Secco-Malerei so zu stabilisieren, dass der Verfall gestoppt wurde. Besucher gingen nun durch einen Glasgang in den Kirchenraum. Nach einer Turmsanierung und behutsamer Sicherung des Wandbildes ist es nun wohlklimatisiert, von einer filigranen Glaswand geschützt, wieder zu erleben.

In der Turmhalle wurde eine klare, ruhige Umgebung für den Totentanz geschaffen, die ihm in einen würdigen Rahmen gibt. Das Bildnis solle in seinem „reduzierten Erhaltungszustand" lesbar bleiben, sagt der Restaurator. Die schwachen Konturen und blassen Farben verlangen dem Betrachter allerdings Anstrengung ab. Tatsächlich verfehlen die bunten Fantasieausmalungen des 19. Jahrhunderts, die damals so gut gefielen, auch heute ihre Wirkung nicht. Ein in der Kirche angebotenes, auf der „Comic"-Variante beruhendes Leporello wird gern gekauft, und Eric Haußmann verweist auf die notwendige, dem Publikum verständliche Vermittlung.

Wer jetzt vor den Berliner Totentanz tritt, steht vor den im Angesicht des Todes aufgeworfenen letzten Fragen. Die Rückkehr in die Konsumzone begleitet der Gedanke: „Das letzte Hemd hat keine Taschen."

DIE GLOCKE VOM DOM – FAST 500 JAHRE IN EINEM GUSS

Eine Wanderung von der Wilsnacker Wunderblutkirche ins Märkische Museum

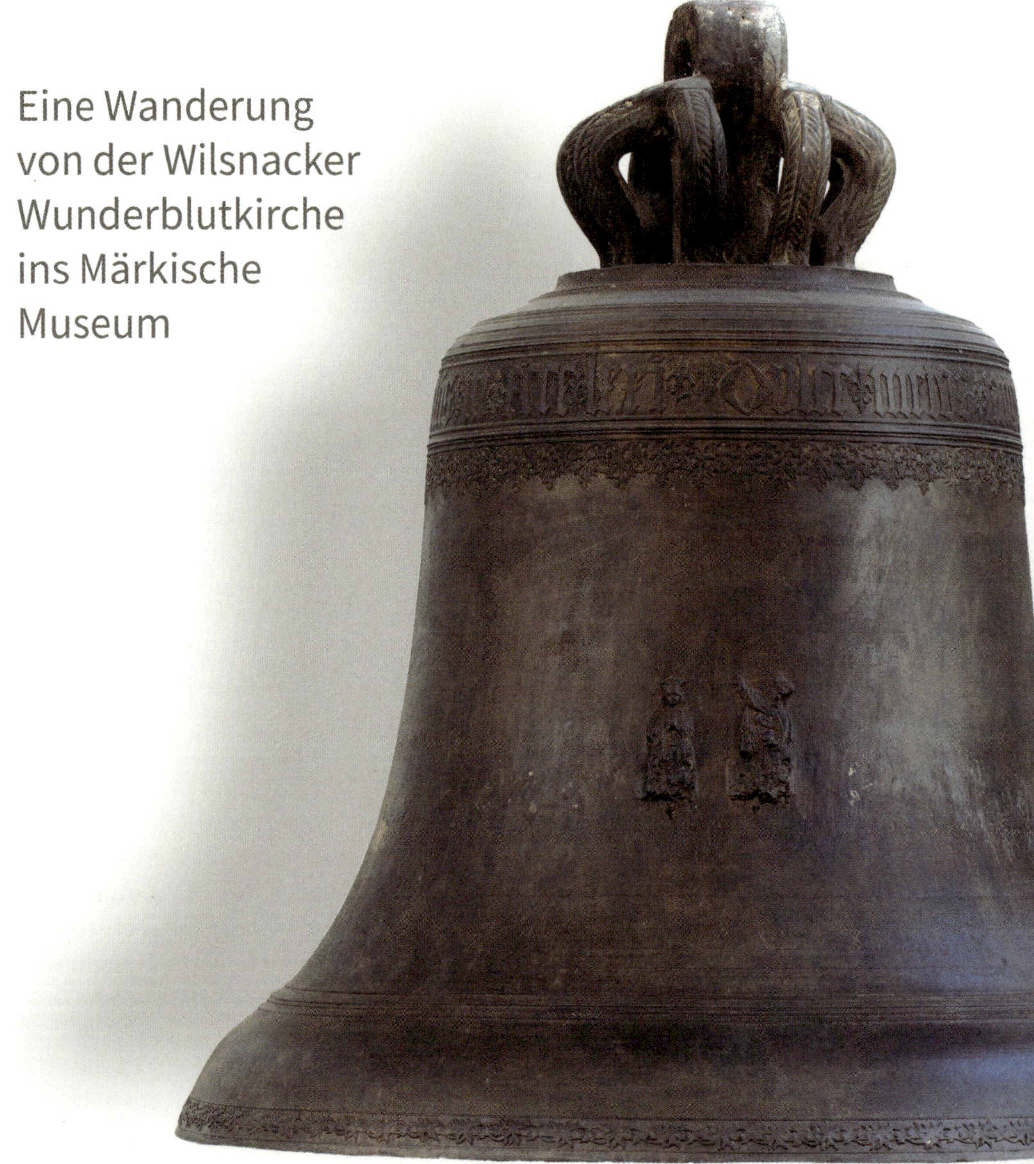

Als ein umherziehender Meister unbekannten Namens im Jahr 1471 die mächtige Glocke für die Wunderblutkirche von Wilsnack goss, regierte mit Albrecht I. der dritte Hohenzoller die Mark Brandenburg. Sein Bruder und Vorgänger Friedrich II., genannt Eisenzahn, hatte das erste Berliner Schloss gebaut und der stolzen Bürgerschaft ihre Privilegien entzogen. Aber er hatte auch das Land befriedet, das jahrzehntelang unter räuberischen Ritterbanden gelitten hatte.

Die Glocke zersprang, als sie anlässlich der Trauerfeier für die am 11. April 1921 verstorbene Kaiserin Auguste Viktoria geschlagen wurde. Da lebte deren Gatte Kaiser Wilhelm II., der letzte Hohenzoller auf dem Thron, seit drei Jahren im Exil. 1918 hatte das Volk die Monarchie gestürzt. Gleichwohl läutete die „Wilsnacker" zu Ehren der verstorbenen letzten Kaiserin und Königin von Preußen. 450 Jahre lang blieb das Schicksal der Glocke mit den Hohenzollern verbunden. Fast 400 Jahre davon gehörte sie zum Geläut der Berliner Hofkirche und dann des Doms.

Ihr erstes Leben verbrachte die Glocke als Katholikin in Wilsnack. In dem kleinen Ort in der Prignitz war am 16. August 1383 Wundersames geschehen: Ritter Heinrich Bülow, der mit dem Havelberger Bischof in Streit lag, hatte elf Dörfer niederbrennen lassen – auch Wilsnack samt Kirchlein, Turm und Bauernkaten. Die drei geweihten Hostien vom Altar lagen unbeschädigt da – doch ein roter Fleck, etwas wie ein Blutstropfen, erschien in der Mitte jeder Hostie. Ein Wunder.

Bald geschahen weitere, und das „Wilsnacklaufen" brach aus. Hunderttausende pilgerten zum Wunderblut, machten Wilsnack zum wichtigsten Wallfahrtsziel Nordeuropas, das dem im spanischen Compostela nicht nachstand. Kurfürst Friedrich II. zog zwischen 1440 und 1451 sechsmal zum Ort der Wunder und übte dort demonstrativ auch Staatsgeschäfte aus. Sein Nachfolger empfing 1472 in der Kirche den König von Dänemark. 1476 befasste sich ein Fürstentag dort mit dem Kampf gegen das Raubrittertum. Das beförderte den Ruf der Stätte und gedieh dem Herrscher zum Vorteil.

Kein Wunder, dass die Wallfahrtskirche großzügige Ausstattung und eine besonders wohltönende Glocke erhielt, 1,90 Meter hoch und 3510 Kilogramm schwer. Mit der Ausführung der Arbeit in Wilsnack wurde ein Glockengießer beauftragt, der vermutlich aus Süddeutschland, Lothringen oder den Niederlanden stammte. Die umlaufende Inschrift preist den Herren: „Dulce melis tango – Sanctorum gaudia pango – Osanna in excelsis", zu Deutsch: „Süß ist die Weise, die ich klinge, der Heiligen Freude ich besinge, Hosianna in der Höh." Flachreliefs verzieren die Oberfläche: Stechpalmenfriese, Maria, Salvator Mundi, Laurentius und eine vierte, nicht mehr erkennbare Figur.

Das Läuten über den Wunderhostien endete nicht sofort mit der Reformation: Zunächst verhinderte der herrschende Kurfürst Joachim I., ein eifriger Parteigänger der Papstkirche, den Wandel. Erst nach dessen Tod 1535 änderte der neue Kurfürst, Joachim II., langsam den Lauf der Dinge. Am 1. November 1539 vollzog er in der Nikolaikirche zu Spandau öffentlich den Übertritt zum Protestantismus und empfing vom Brandenburger Bischof Matthias von Jagow das Abendmahl in beiderlei Gestalt. Das heißt: Anders als im katholischen Ritus, in dem die Gläubigen nur die Hostie („Dies ist mein Fleisch") erhalten und der Priester stellvertretend für die Gemeinde vom Kelch trinkt („Dies ist mein Blut"), erhalten Evangelische Brot und Wein (beiderlei Gestalt) und verstehen die Wandlung des Leibes Christi lediglich symbolisch. Joachims Gattin Hedwig, Tochter des polnischen Königs Sigismund I., blieb zeitlebens katholisch, und der Kurfürst akzeptierte. Schließlich erstrebte er die Nachfolge seines Onkels Albrecht im polnischen Lehen Preußen.

In Berlin hatte Joachim bereits 1536, ein Jahr nach seinem Machtantritt, begonnen, den Schlossbezirk umzubauen. Vor allem wandelte er das direkt an das Schloss grenzende Dominikanerkloster reformatorisch um und verlegte die Hofkirche aus der Erasmuskapelle dorthin. Und er wollte Glocken, prächtige Glocken, das größte und klangschönste Geläut des ganzen Landes. Dafür sammelte er die besten zusammen: aus Osterburg, Brandenburg, Spandau, Bernau und Eberswalde. Die größte Glocke wurde zusätzlich gegossen. Das „Lange Stück" genannt, genoss sie aufgrund ihrer Größe und ihres Wohlklangs den Ruf eines Weltwunders.

Auf die Wunderblut-Glocke aus Wilsnack hatte es Joachim II. besonders abgesehen. Vervollständigt durch diese Pilgerglocke sollte das große Geläut das neue landesherrliche Kirchenregiment repräsentieren: Wer über die Glocken in der Höhe gebietet, beherrscht auch die Kirche.

Doch noch tobte ein Streit um die Hostien, der alte Glaube wollte nicht weichen. 1552 drang schließlich der evangelische Pfarrer von Wilsnack, Joachim Ellefeld, in die Sakristei ein und verbrannte die Blutheiligtümer. Im selben Jahr ließ der Kurfürst die Glocke in seine Hofkirche transportieren.

Um das Geläut installieren zu können, ließ der Fürst einen massiven alten Turm in der Cöllner Stadtmauer zum Glockenturm ausbauen. Bald trug er den Namen „die Glock". Im obersten, mit Rundbogenfenstern versehenen, also in alle Richtungen für die Verbreitung des Schalls offenen Geschoss ließ Joachim seine Lieblinge aufhängen.

Als der alte Glockenturm 1717 abgerissen wurde, umfasste das Geläut vier kleine und drei große Glocken. Drei der großen zogen in einen barocken, von Friedrich II. in Auftrag gegebenen neuen Dom am Lustgarten. Diesen gestaltete der Architekt Karl Friedrich Schinkel Anfang des 19. Jahrhunderts schlicht-klassizistisch um.

Die Wilsnacker Glocke fand schließlich auch einen ruhmvollen Platz im neuen großen Dom, den die Hohenzollern als Haupt- und Staatskirche, als Monument ihres Gottesgnadentums, zwischen 1894 und 1904 errichten ließen.

Dort läutete sie bis zum Schicksalstag im Juni 1921. Kurz nachdem das Trauergeläut für Auguste Viktoria verklungen war, zersprang die 450-Jährige, die älteste im Berliner Domgeläut. Dass sie just infolge der Trauer um die letzte Kaiserin ihren Geist aufgab, inspirierte die Leute zu allerlei Spekulationen. Doch es waren keine höheren Mächte im Spiel, sondern ganz irdische Faktoren: Das ehrwürdige Alter ging sicherlich mit gewisser Materialermüdung einher, gut möglich, dass das für die Kaiserin besonders lang andauernde Läuten mit entsprechenden Beanspruchungen die alte Bronze überforderte. Außerdem wurde das Geläut seit 1895 von einer elektrischen Läutemaschine gesteuert, die womöglich nicht ideal eingestellt war.

Man versuchte, die Glocke an Ort und Stelle, dort, wo sie hing, wieder zusammenzuschweißen. Doch die Reparatur misslang; die Glocke zersprang abermals. Man nahm sie ab und stellte sie zunächst im Lustgarten auf. 1929 fiel der Beschluss, sie einzuschmelzen. Ihr Schicksal schien besiegelt. Schon stand sie bei den Mitteldeutschen Stahlwerken AG Lauchhammer, Werk Riesa. Jetzt intervenierte das Märkische Museum, wo der kulturhistorische Wert des Objektes wohlbekannt war.

Mit einer Sondergenehmigung des Berliner Magistrats wurde sie am 2. Juli 1929 für 3272 Mark erworben, in der Kirchenhalle des Museums aufgestellt und mit ihrer Jahrhundertgeschichte zum Prachtstück der bedeutenden Sammlung von Kirchen- und Rathausglocken. In dieser Halle überstand sie staubbedeckt und von Trümmern umgeben den Bombenkrieg unbeschädigt.

Angesichts dieser Geschichte erscheint der zweite, wieder nur knapp abgewendete Plan zum Einschmelzen geradezu skurril: 1956 entwickelte die Leitung des Märkischen Museum die Idee, im hauseigenen Turm ein Glockenspiel mit 35 Glocken einzubauen. Der damalige Direktor Heinrich Beck schrieb an den Magistrat, Referat Denkmalpflege, man brauche nach Einschätzung der Glockengießerei in Apolda für das neue Geläut 70 Zentner Glockenmetall, „das zufällig in unserem Hause vorhanden ist in Gestalt der weder nutzungs- und ausstellungsfähigen alten Glocke des Berliner Domes“. Damit war die Wilsnacker gemeint. Immerhin wollte man vor dem Zerschneiden im Museum Inschrift und Zierrat abformen und in Aluminium nachgießen lassen.

Die Denkmalpfleger willigten ein; auch die Volkseigene Handelszentrale Schrott genehmigte am 5. September 1957 die Vernichtung. Rettung kam vom guten Geist des Mangels: Für das Glockenspiel hätte die Turmdecke mit sechs einzusetzenden Stahlträgern gesichert werden müssen. Die Träger waren nicht zu beschaffen. Der Plan starb endgültig, als der neue Direktor Dr. Cay-Hugo von Brockdorff das Vorhaben seines Vorgängers zum „administrativen und museologischen Fehler“ erklärte. Ein Einschmelzen komme nicht infrage. So fand die Wilsnacker Glocke als Schwergewicht Eingang in die Große Halle des Märkischen Museums.

Wissenschaftliche Aufklärung gibt es mittlerweile für die wirkmächtigen Wilsnacker Erscheinungen: Das Wunderblut, das auch am Anfang dieser Glockengeschichte stand, war ein roter Schleim, den der Spaltpilz *Micrococcus prodigiosus* auf feuchtem Brot entwickelt.

DER NEIDKOPF, DER IN DER HEILIGGEISTSTRASSE 38 DIE SCHANDMÄULER ABSCHRECKEN SOLLTE

Ein zu extremer Hässlichkeit verzerrtes Gesicht eines alten Weibes: Die Augen liegen tief in den Höhlen und sind wie im Irrsinn nach innen verdreht. Zwischen eingefallenen Wangen steht der weit aufgerissene Mund, aus ihm hängt eine lange Zunge. Am ausgemergelten Hals treten wie im Krampf erstarrte Muskeln hervor. Über der von Hassfalten zerfurchten Stirn liegt ein Gewirr aus Schlangenleibern statt menschlicher Haare; der Natternkopf über der rechten Schulter verspritzt Gift. Schlaffe Brüste baumeln herab.

Abstoßender als im Berliner Neidkopf ist die Fratze eines Menschen selten zu sehen. Neid ist eben eine der hässlichsten menschlichen Eigenschaften. Die Büste stand lange Zeit in einer ovalen Nische an der Fassade des Hauses in der Heiliggeiststraße 38 im alten Berlin.

Folgt man der 1899 im volkskundlichen Monatsblatt *Brandenburgia* erschienenen Schrift „Der Neidkopf" von Robert Mielke, galt dieses „sorgfältig aus Sandstein gearbeitete" Werk eines unbekannten Bildhauers lange Zeit als ein Wahrzeichen Berlins. Dass sich eine Gastwirtschaft in eben jenem Haus „Zum Neidkopf" nannte, zeigt: Der Inhaber fand das werbewirksam.

Tatsächlich fesselt die Ausdruckskraft des 63 Zentimeter hohen Bildnisses den Betrachter. Das entspricht ganz der Absicht: Hier wird Dämonisches gespiegelt, dem Bösen Gleichartiges entgegengesetzt, auf dass es erstarre. Dem Träger oder der Trägerin des bösen Geistes wird das Selbst vor Augen gehalten: Vielen alten Mythen zufolge erträgt das Böse den Anblick seiner selbst nicht – und flieht.

Neid gehört von jeher zum Alltagsbösen der Menschheit. Der erste im Alten Testament beschriebene Mord – Kain erschlug seinen Bruder Abel – geschah aus Neid: Kain ertrug Gottes vermeintliche Bevorzugung seines Bruder nicht und griff zur ultimativen Gewalt, um seine Position zu verbessern. In diesem Beispiel geht es um die zerstörerische Variante des Neides, um den Wunsch, die beneidete Person möge die Güter oder Vorzüge verlieren, verstärkt noch von der Imagination, dem anderen solle Schaden entstehen. Schreitet der von Missgunst Geplagte zur Tat, kann das Schlimmste folgen. In der konstruktiven Ausprägung von Neid strebt der Neider danach, ähnliche Güter, Positionen, Privilegien zu erlangen wie der Beneidete.

Menschen haben die zersetzende Wirkung des Neides auf den sozialen Frieden sehr früh erkannt. Das zehnte Gebot „Du sollst nicht begehren deines Nächsten Gut" haben nicht erst die Christen erfunden. Alle Kulturen mühten sich um Eindämmung der hässlichen Eigenschaft und erfanden Abwehrzauber jeder erdenklichen Art. Magische Hände und Augen gegen den bösen Blick, Schreckensbilder zur Mahnung, magische Rituale.

In die Gruppe der Schreck- und Abwehrbilder gehört auch der Berliner Neidkopf. Solche als Fratzen dargestellten Gesichter von Tieren, Menschen oder grausigen Fabelwesen finden sich in vielen Städten an Mauern, Häusern oder Türen. Sie können aus Holz, Stein oder Ton gefertigt sein. Oft ähneln sie Medusenhäuptern aus der griechischen Mythologie mit herausgestreckter Zunge und bleckenden Zähnen. Wer sie anschaute, erstarrte zu Stein.

Der Begriff Neid leitet sich vom althochdeutschen Nid ab, was nicht allein Neid, sondern auch Zorn und Hass bedeutet.

Die Geschichte des Berliner Exemplars bewegt sich zwischen nachweisbaren Fakten und Legenden. Da die märchenhafte Ausschmückung das Bildnis erst richtig populär gemacht hat, sei sie zuerst erzählt. Die Sage wurde zum ersten Mal 1831 veröffentlicht, hundert Jahre nach dem Entstehen des realen Kopfes, und geht so:

König Friedrich Wilhelm I., Soldatenkönig genannt, ging gern in den Straßen Berlins umher, um das Leben und Treiben der Einwohner seiner Hauptstadt genauer kennenzulernen. Besonders gefiel es ihm, wenn er alle Untertanen recht geschäftig und tätig fand. So betrat er eines Tages in der Heiliggeiststraße das ärmliche Heim eines Goldschmieds, den er schon mehrere Male bis zum späten Abend bei der Arbeit beobachtet hatte.

Im Gespräch mit dem Manne erfuhr der König von einem besonderen Problem der Goldschmiede: Sie mussten für das Gold und Silber in Vorkasse gehen, bis der Käufer das fertige Werk bezahlte. Da gab der Monarch ein goldenes Tafelservice in Auftrag und ließ das Material aus der Schatzkammer liefern. Wenn der König den Meister fortan besuchte, erfreute er sich an dessen Geschicklichkeit und Fleiß. Dabei bemerkte er, dass an einem Fenster des gegenüber gelegenen Hauses zwei Frauen dem am offenen Fenster arbeitenden Goldschmied die abscheulichsten Gesichter zogen – Gattin und Tochter eines reichen Berufskollegen, die ihren Neid über das Glück des Rivalen demonstrierten. Deshalb beschloss der König, die Missgunst zu strafen, indem er dem armen Goldschmied ein neues Haus bauen und an demselben den Neidkopf anbringen ließ. Nun erblickten die Frauen vis-à-vis ihre eigene Fratze.

So weit die Legende. Tatsächlich gehörte das Haus Heiliggeiststraße 38 laut Fundschoßregister des Berliner Magistrats dem Goldschmied Johann Christian Lieberkühn, geboren 1669 in Quedlinburg, 1701 als Taufpate in der Nikolaikirche erwähnt. 14 Kinder hatte er, als er am 28. Januar 1719 das Grundstück im Heiliggeistviertel für 2335 Thaler erwarb und ein Haus baute.

Warum er den Neidkopf anbringen ließ, darüber spekuliert die Forschung. Heute bewahrt ihn das Stadtmuseum auf. Hinweise auf einen im Haus gegenüber arbeitenden Goldschmied gibt es nicht. Dort, Heiliggeiststraße 12, lebte laut Fundschoßregister Hofrätin Bergius als Eigentümerin. Die Nummer 11 befand sich in königlichem Besitz. Aber das bedeutet nicht, dass die Lieberkühnsche Nachbarschaft ohne Neider gewesen wäre.

Lieberkühn war auch kein armer Handwerker, sondern ein wohlhabender Mann und Hoflieferant, der regelmäßig Großaufträge für den König erledigte. 1717, zwei Jahre vor dem Hausbau, wurde er vom König zum Oberältesten der Berliner Goldschmiedezunft ernannt. Seinem Vorgänger im Amt, Daniel Männlich dem Jüngeren, hatten Zunftmitglieder Verfehlungen und schlechte Amtsführung vorgeworfen. In einem Schreiben an den König, datiert auf den 29. April 1717, klagten Zunftmeister, der Männlich führe sich so auf, „dass er viel verdienet, dimittiert zu werden". In 16 Jahren sei er niemals zum Heiligen Abendmahl erschienen, habe seine Erbschaft aufgezehrt, sich scheiden lassen und unentwegt prozessiert. Man sieht, es gab wohl gute Gründe für Männlichs Ablösung durch Friedrich Wilhelm I. Doch dann redeten die Neider – womöglich Rivalen aus der eigenen Zunft – schlecht über den Nachfolger, der Goldschmied Männlich aus dem Amt gedrängt haben sollte. Da läge ein plausibles Motiv Lieberkühns, sich und die Seinen gegen Neider zu schützen.

Eine andere Erklärung könnte nach Überlegungen der Historikerin Hela Zettler in der Nähe zum Heiliggeistspital liegen. Wollte der Schmied Krankheiten und Seuchen abwehren?

Belegt ist, dass Christian Lieberkühn und sein Sohn selben Namens von 1730 bis 1733 zahlreiche Kronleuchter, silberne Rahmen, Tafelgeschirr und anderes Schmuckwerk für den Hof fertigten. Das meiste wurde später eingeschmolzen. Übrig blieb bis heute einzig ein Zuckerstreuer mit silbernem Aufsatz im Besitz des Märkischen Museums.

Nicht zufällig kam die Legende vom guten, volksverbundenen Soldatenkönig, der sich um Handel und Gewerbefleiß mühte, just in der Zeit um 1830 auf, als der Wirtschaftsreformer Christian Peter Beuth im Zuge der preußischen Modernisierungen Gewerbe, Bildung und Produktion voranbrachte. In diesen Kontext passt die positive Wendung der Erinnerung vom als Geizkragen verrufenen Monarchen zum Gewerbeförderer. Seine Vorliebe für Goldgegenstände spricht für eine ge-pflegte Beziehung zu seinem Goldschmied.

Kunde vom Neidkopf gab 1843 Band 2 der *Märkischen Forschungen*, herausgegeben vom Verein für die Geschichte der Mark Brandenburg: Er sei 1841 abgenommen worden, hieß es da. Das hier gedruckte Foto entstand um die Jahrhundertwende und zeigt die Büste noch unversehrt am Haus. Daher taucht sie nicht im 1890 veröffentlichten *Buchholz'schen Verzeichnis der Berlinischen Alterthümer* auf.

Wann er ins Märkische Museum gelangte und wer ihn einlieferte, ist unbekannt, ebenso, wann das Stück beschädigt wurde – es fehlen zum Beispiel eine Brust sowie die Nase; Teile des Schlangenhaars sind zerbrochen. Das Heiliggeistviertel wurde in den späten 1960er-Jahren abgerissen. 1973 fand der Neidkopf Eingang ins Inventarverzeichnis des Märkischen Museums. Bis zum Beginn der laufenden Umbauten im Haus am Märkischen Ufer gehörte er zur Ausstellung, jetzt liegt er im Depot.

Die grässliche Alte ist zwar der auffälligste, aber nicht der einzige Berliner Neidkopf. Der Kaak, ein vogelähnliches Wesen mit Eselsohren, hockte auf dem Pranger an der Gerichtslaube. Ein weiterer Neidkopf schützte das Palais der Alt-Berliner Aristokratenfamilie Blankenfelde. Den einzigen Berliner Neidkopf, den man zur Zeit (in der Nikolaikirche) sehen kann, fand man 1937 im Mauerwerk des Ephraim-Palais. Der Erbauer Veitel Heine Ephraim, „Münzjude" von Friedrich II., hatte gewiss Grund, Neider zu fürchten.

DIE KUPPELFIGUR VOM FRANZÖSISCHEN DOM

Wie die Hugenotten Berlin wirtschaftlich, kulturell und kulinarisch beglückten

Hoch oben auf der Kuppel des Französischen Doms strahlt eine goldene Figur, die den 68 Meter hohen Turm elegant noch um weitere sieben Meter in den Himmel hebt. Die Blicke der Besucher des Gendarmenmarktes richten sich vor allem dann nach oben, wenn vom Turm herab das 60 Glocken zählende Carillon ertönt, tagsüber zu jeder vollen Stunde. Zum Repertoire gehört: „Üb' immer Treu und Redlichkeit, bis an Dein kühles Grab, und weiche keinen Fingerbreit von Gottes Wegen ab." Preußische Tugend in reinster Textform zur Melodie der berühmtesten Papageno-Arie in Mozarts *Zauberflöte*.

Es ist die Statue der Triumphierenden Religion, die über dem schönsten Platz Berlins thront. Ihr gegenüber, auf dem baugleichen Turm des Deutschen Doms, steht auf genau gleicher Höhe und in genau gleicher Größe die Triumphierende Tugend. Ein preußisches Zwillingspaar. Es erzählt die Geschichte der gelungenen Integration von Religionsflüchtlingen, den Hugenotten. Die calvinistischen Protestanten flohen vor den Gewalttaten der katholischen Könige in Frankreich. Die stärkste Welle erreichte Berlin, nachdem Kurfürst Friedrich Wilhelm sie mit dem Edikt von Potsdam vom 8. November 1685 willkommen geheißen hatte.

Begonnen sei die Erzählung mit dem Moment, als die goldene Figur vernichtet wurde und ein von Feuer gezeichnetes Erinnerungsstück entstand: Bei Luftangriffen der Alliierten trafen am 7. Mai 1944 Brandbomben das Schiff der Französischen Friedrichstadtkirche und am 24. Mai 1944 die Turmkuppel. Fotos von jenem Tag zeigen den Turm als riesige Fackel – und das Sinnbild der Religion kopfüber im freien Fall. Mehr als 150 Jahre hatte sie oben gestanden.

Der Dom war bis auf das Grundgerüst heruntergebrannt. Aus dem Schutt vor dem Südportal konnte noch das Gesicht der Statue geborgen werden, etwa 50 Zentimeter hoch wie breit, verbeult, mit schartigen Rändern. Ein Bild des Schmerzes.

Unter dem linken Auge sind letzte Reste der Vergoldung zu erkennen. Mehr blieb nicht von der im Höllenbrand geschmolzenen Figur. Das gerettete Antlitz hängt in der 2021 neu eröffneten Dauerausstellung des Hugenottenmuseums im Französischen Dom, daneben das Bild des lichterloh brennenden Turms.

Die Entscheidung des hugenottischen Kirchenkonsistoriums fiel zur Entstehungszeit wohlweislich für die Triumphierende Religion mit der zweifachen Botschaft: Die Figur steht mit dem Fuß auf einem Totenschädel – die Religion hat den Tod besiegt. Zugleich verkündet sie stolz den Sieg ihres protestantischen Glaubens über den Katholizismus.

Der große Künstler Daniel Chodowiecki, Mitglied der französisch-reformierten Gemeinde, zeichnete die Entwürfe der Kuppelfiguren beider Dome. Heinrich Friedrich Kambly, ein von König Friedrich II. sehr geschätzter Bildhauer aus einer zugewanderten Schweizer Familie, trieb die in ein schlichtes Ordensgewand gekleidete Figur mit Palmzweig und Evangelium aus einer Kupferlegierung und überzog sie mit Gold.

Friedrich II. erhöhte 1780 bis 1785 durch Aufsetzen der beiden funktionslosen Prachttürme auf die Kirchengebäude die Bedeutung des Platzes und verlieh ihm die schöne Symmetrie. Religiöse Bedeutung haben die Türme nicht. „Dom" bezeichnet hier keinen

Bischofssitz. Französisch „dôme“ bedeutet einfach „Kuppel“. Die Bauten ergänzten die bestehenden Kirchen, gehörten aber nicht zu diesen. Die französische Gemeinde erhielt jedoch das Nutzungsrecht für den Turm, da sie für dessen Bau das Gelände ihres Friedhofs aufgeben musste. Heute gehört er dem Bezirk Mitte.

Die Prunk und Bilderschmuck abgeneigte französisch-reformierte Gemeinde hatte ihr Gotteshaus calvinistisch schlicht gehalten; an der Turmgestaltung beteiligte sie sich gleichwohl. Chodowiecki war für die Ausführung der Turmreliefs und der meisten Figuren beziehungsweise Standbilder verantwortlich. Neun Figuren auf den Giebelspitzen repräsentierten Tugenden, die den Hugenotten besonders wichtig waren, wie zum Beispiel die Geduld (mit einem Joch auf der Schulter), das Mitleid (Geld aus einem Beutel und Brot aus einem Topf verteilend), der Glaube (mit dem Kelch des Abendmahls), die Hoffnung (auf einen Anker gestützt) und die Liebe (zwei Kinder liebkosend). Die großen Reliefs in den drei Giebelfeldern des Turms zeigen neutestamentliche Jesus-Szenen.

Die städtebauliche Aufwertung des Gendarmenmarktes setzt das religionspolitische Programm der gleichen Wertschätzung für die lutherisch-deutsche wie die französisch-reformierte Kirche fort, das bereits Friedrich I. in den Jahren 1701 bis 1705 hatte in Stein setzen lassen, kurz nachdem er sich in Königsberg zum König in Preußen gekrönt hatte.

Mit dem Bau der Zwillingskirchen auf dem als Zentralplatz der neu angelegten Friedrichstadt gedachten Gendarmenmarkt signalisierte er seinen nörgelnden Alt-Untertanen unmissverständlich: Die französischen Flüchtlinge, die Réfugiés, sind willkommen, sie gehören dazu, sie bleiben da. Der Große Kurfürst hatte zuvor mit dem Potsdamer Edikt diese Haltung vorgegeben: Er lud die vertriebenen Protestanten ein, sein nach den Verheerungen des Dreißigjährigen Krieges brachliegendes Brandenburg wieder zu bevölkern und wirtschaftlich zu beleben. Sicherlich hegte er auch Gefühle der Solidarität mit den verfolgten Religionsgenossen. Jedenfalls kamen ihm die Leute gerade recht.

Etwa 200 000 Menschen hatten Frankreich verlassen; etwa 20 000 gelangten in die Mark. Der Große Kurfürst hatte den Trecks Delegationen entgegengesandt und gab den Schutzsuchenden mit dem Potsdamer Toleranzedikt einen generösen Rahmen für ihren Neubeginn. Er sagte darin freie und sichere Niederlassung in Brandenburg zu. Um den Start zu erleichtern und zu beschleunigen, gewährte er großzügige Privilegien. Er befreite die Hugenotten, die zunächst ohne Arbeit und Einkommen dastanden, von Steuern und Zöllen, gewährte Subventionen für Wirtschaftsunternehmen und bezahlte aus der fürstlichen Kasse sogar Pfarrer für die neuen Gemeinden.

Die Hugenotten hoben die Einwohnerzahl Berlins um ein Drittel; um 1700 war jeder fünfte Berliner ein Hugenotte. Viele brachten Wissen und Fertigkeiten mit, die Preußen den erhofften Aufschwung verliehen. Unter den Réfugiés waren Wohlhabende, die auf Fuhrwerken Geräte, Saatgut und Pflanzen für den Neustart mitbrachten. Aber es zogen auch viele Arme herbei. Manche von ihnen begannen als Tagelöhner und Feldarbeiter, einigen half das kurfürstliche Privileg, als Sänftenträger arbeiten zu dürfen.

Hugenotten versuchten sich an der Seidenraupenzucht (was wegen des Klimas nur mäßig gut gelang), am Tabakanbau (was besser lief), sie etablierten neue Nahrungsmittel, vor allem Gemüse, und betrieben erfolgreich Handwerk, Handel und Gewerbe. Der Hof erfreute sich an eleganten Waren wie Handschuhe und Perücken. Doch die heutige Forschung warnt vor übertriebenen Erfolgslegenden: „Der Einfluss der wirtschaftlichen Entwicklung kann nicht genau bestimmt werden", informiert eine Tafel im Hugenottenmuseum.

Die Bevölkerung reagierte zunächst mit Abwehr auf die Fremden. Handwerker fürchteten die Konkurrenz. Streit um den Neulingen zugewiesenes Ackerland brach aus. Neid auf die Privilegien schoss hoch. Es hagelte Proteste gegen die Anordnung der Obrigkeit, den Réfugiés Dienste und Hilfen zu leisten. Alteingesessene verhöhnten die Neuen, weil deren Sitten und Gebräuche vom Gewohnten abwichen. Die geringen Unterschiede zwischen lutherischem und reformiertem Ritus reichten aus, um Diffamierungen auszulösen. Die Angegriffen suchten Beistand bei der Obrigkeit – und fanden ihn.

1689 erreichte Friedrich III., Nachfolger des Großen Kurfürsten, eine massive Beschwerde der Hugenotten-Kolonie Halle/Saale (damals zu Brandenburg gehörig) über „Euer Majestät alte Untertanen", die „in boshafter Absicht nach Mitteln sehen, um die Ruhe, die wir in unserem Staate gefunden haben, zu zerstören durch fortwährende Beleidigungen in Wort und Tat". Kinder, Frauen und Dienstboten würden beschimpft, mit Knüppeln geschlagen, auf dem Markt mit verfaulten Früchten beworfen. Als Begründung für ihre Attacken führten die Menschen aus dem deutschen Volke an: Diese Franzosen sprächen kein Deutsch.

Erst hundert Jahre nach ihrer Ankunft kamen auch bikulturelle Ehen zustande, gelangten Hugenotten in höhere Funktionen von Verwaltung und Militär. Auf dem Lande, wo die Handwerker zwangsläufig den Kontakt zur Kundschaft knüpfen mussten, verlief die Annäherung etwas schneller. Die vornehmen hugenottischen Familien der Stadt pflegten hingegen über Generationen sorgsam ihre französische Muttersprache und die heimatliche Tradition.

1809 fielen die Privilegien für die Neu-Preußen weg. Parallel zur neuen Normalität begannen die nunmehr etablierten Eingewanderten sehr bald, ihre Geschichte als Glücksfall darzustellen. Zum 200-jährigen Jubiläum der Einwanderung blühte eine ausgeprägte Erinnerungskultur, und das tut sie bis heute.

Der Gendarmenmarkt blieb nach dem Krieg jahrzehntelang Ruinenlandschaft. 1976 bis 1990 ließ die DDR beide Kirchen am Platz sowie Schinkels Schauspielhaus wiederaufbauen. Als die Kuppel des Französischen Doms rekonstruiert war, schwebte per Kran die originalgetreue Replik der Triumphierenden Religion nach oben.

DIE FANGGABEL

Werkzeug für Berliner Kopfgeldjäger und Symbol des preußischen Militarismus

Was für ein schlicht und zugleich raffiniert konstruiertes Gerät! Auf einer etwa 1,80 Meter langen, drei Zentimeter dicken Holzstange steckt ein tulpenförmig geschmiedetes Eisenband mit Tülle, an den Innenseiten der Enden angenietet je ein federndes Eisenblech: eine Fanggabel für Menschen. Mit diesem 1,5 Kilogramm schweren Gerät ausgestattet gingen die Berliner Kopfgeldjäger im 18. Jahrhundert auf Pirsch. Ihre Beute: Soldaten der Berliner Garnison, meist Söhne brandenburgischer Familien, die dem harten Militärdienst in Preußens Hauptstadt entfliehen wollten. Hatte der Jäger einen Deserteur gesichtet, stieß er das Eisen gegen dessen Hals oder Schenkel, die Federn wichen zurück, schnellten dann wieder zusammen. Der Flüchtige war buchstäblich geschnappt.

Solch ein Fang lohnte sich. Bis zu zwölf Taler (fast der Monatslohn eines Handwerksmeisters) zahlte das Militär für gefangene Deserteure und hängte die armen Teufel an den Galgen auf dem Molkenmarkt. Wer bei einem Diebstahl erwischt wurde, musste zwar Spießruten laufen, kam in der Regel aber mit dem Leben davon. Für Deserteure kannte Preußen keine Gnade. Deren Hinrichtung diente der gesellschaftlichen Disziplinierung. Im Übergang von der frühneuzeitlichen Stände- zur modernen Industriegesellschaft im 19. Jahrhundert setzte der Staat schließlich mithilfe eines neuartigen Bestrafungs- und Gefängnissystems eine neue politische Ordnung durch. Die Fanggabel eines unbekannten Herstellers gelangte ins Märkische Museum.

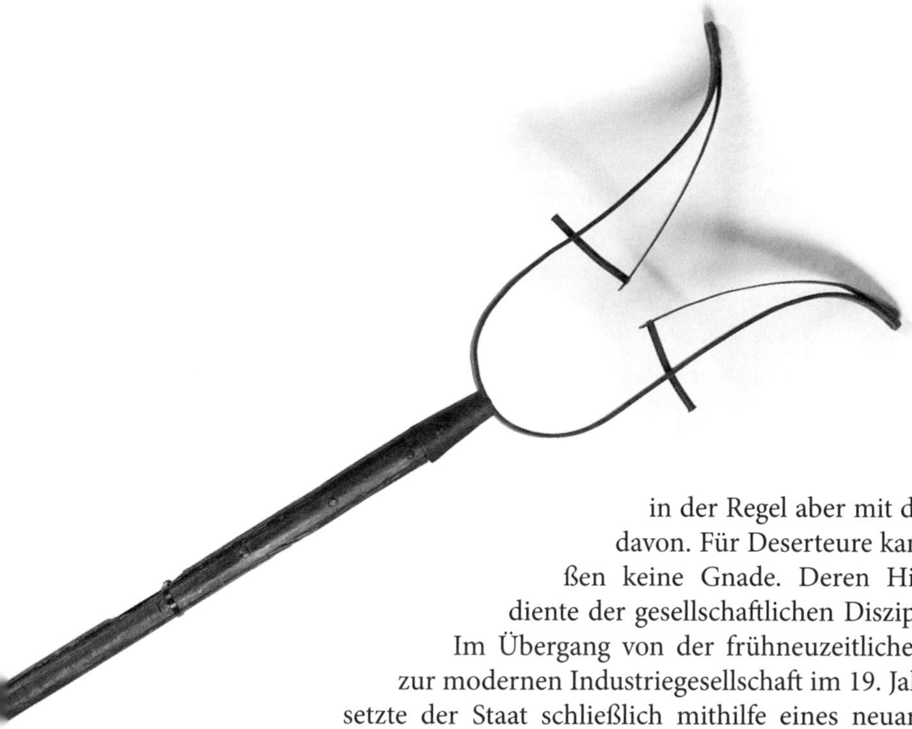

Das Gerät steht symbolisch für die Militarisierung Preußens, die nach dem Dreißigjährigen Krieg begann und im 18. Jahrhundert den Berliner Alltag zunehmend beherrschte: 1712 unterhielt König Friedrich I. eine Armee von etwa 35 000 Soldaten und einen prächtigen Hofstaat. Er hatte ein Statusproblem auszugleichen: Andere Höfe nahmen sein neues Königreich nicht recht ernst, das er nicht auf Kurbrandenburg, sondern auf das zunächst als polnisches Lehen, 1618 dann als Erbe an die Hohenzollern gekommene, weit im Osten und außerhalb des Heiligen Römischen Reichs Deutscher Nation gelegene Herzogtum Preußen baute. Seine Krone musste er sich 1701 selbst aufsetzen, und zwar außerhalb dieser Grenzen, in Königsberg. Und weil er zunächst nur über einen Teil der Region Preußen gebot, lautete sein Titel nicht König „von“ Preußen, sondern König „in“ Preußen. Als er 1713 starb, hatte er immerhin Respekt errungen. Und der prassende Hofstaat hatte die Berliner Wirtschaft beflügelt.

Unter seinem Sohn, Friedrich Wilhelm I., später als Soldatenkönig bekannt, zog die Nüchternheit des Kasernenhofs ein. Er warf zwei Drittel der Dienerschaft hinaus: den Chocolatier, die Kammertürken, die beiden Kastraten, Cellisten, Komponisten und Orgelbauer. Dem Rest kürzte er die Gehälter und Pensionen. Alle verfügbaren Mittel steckte er ins Militär. In Berlin kursierte ein Gedicht: „Wer sich in Sänften tragen ließ, / der kann nun wieder gehen. / Wer auf der faulen Seite lag, / beginnet aufzustehen."

Das Militär wuchs auf 83 000 Mann, es verschlang drei Viertel des Staatshaushaltes. An allen Ecken und Enden wucherten Exerzierplätze, um die erweiterte Stadt wuchs die neue Akzisemauer. Die sollte den Handel kontrollieren, Importzolleinnahmen sichern und Deserteure aufhalten.

Die erste Holzpalisade war schon 1705 entstanden – die „Linie" im Norden. Ihren Verlauf zeichnet heute die Linienstraße nach. Die noch teilweise nachverfolgbare Palisadenstraße im Osten Berlins kam von 1720 an hinzu. 14 Jahre später begann man, den hölzernen Zaun durch eine verputzte Ziegelmauer zu ersetzen. Der südliche Ring war 1736 fertig, 1802 war die ganze Stadt von der drei bis vier Meter hohen, 14,5 Kilometer langen Mauer umschlossen. Verteidigungsfunktion hatte sie nicht. An den 14 Toren wurden alle beim Betreten und Verlassen der Stadt kontrolliert, ebenso die mitgeführten Waren. Besonders interessant für die Zollbeamten: Lebensmittel und Vieh.

Die exzessive Militärwirtschaft eröffnete zugleich neue Felder zum Geldverdienen: Uniformen schneidern und färben, Waffen produzieren. Der König drängte die Reichen zum Bauen; sein Berlin sollte ansehnlicher werden, die Wirtschaft florieren. Neue Vorstädte wie die Friedrichstadt und die Luisenstadt wuchsen.

Was später als preußische Tugenden gepriesen wurde – Sparsamkeit, Disziplin, Fleiß, Pflichtgefühl, Verantwortung, Pünktlichkeit, Bescheidenheit, Aufrichtigkeit, Zuverlässigkeit –, das findet hier seine Wurzeln. Historiker erkennen den Ansatz der calvinistisch-kapitalistischen Idee, die dem nächsten Zeitalter den Boden bereitete. Und bei aller Liebe zum Militärischen: Der Soldatenkönig mied den Krieg. In seinem einzigen Feldzug eroberte er 1715 die schwedische Festung Stralsund. Seinem Sohn hinterließ er die Mahnung: „Betet zu Gott und fanget niemahlen einen ungerechten Krieg an."

Den Thronfolger, ein musisch begabtes, homosexuell veranlagtes, sensibles Wesen, behandelte er mit aller Strenge. Bei seinem Tod 1740 hinterließ er dem neuen König Friedrich II. einen schuldenfreien Haushalt, einen üppigen Staatsschatz und eine weitere Mahnung: „Der liebe Gott hat euch auf den trohn gesetzet nicht zu faullentzen sondern zu arbeiten."

Friedrich II. unterschied sich von seinem Vater in fast allem, auch in den Vorstellungen vom Kriegführen, aber untätig war er nicht. In mancherlei Hinsicht setzte er als absolutistisch herrschender, zugleich der Aufklärung verschriebener Monarch das Modernisierungswerk fort. Die friderizianischen Reformen bescherten ihm Nachruhm als Friedrich der Große, Inkarnation der preußischen Tugenden, „erster Diener seines Staates". Er schaffte die Folter ab, ließ das Allgemeine Landrecht für die Preußischen Staaten als Gesetzeswerk erarbeiten. Es vereinheitlichte das Recht und stärkte die Rechtssicherheit. Spätestens jetzt hatte die Fanggabel ausgedient.

Den Feudalismus abschaffen wollte er nicht, mit der Leibeigenschaft haderte er gleichwohl. Er holte neue Siedler ins Land, förderte Landwirtschaft und Gewerbe. Legendär, wie er dem skeptischen Volk die neue nahrhafte Feldfrucht Kartoffel schmackhaft machte. Stolz kann man bis heute auf seinen Umgang mit anderen Religionen wie dem Islam sein. Er befand, jeder solle „nach seiner Fasson" glücklich werden, und plante für Berlin eine Moschee. Nach zahlreichen Kriegen war Preußen mit nunmehr 180 000 Soldaten die fünfte Großmacht in Europa und Friedrich II. ab 1772 auch König von Preußen. Die Feierlichkeiten zu seinem 300. Geburtstag 2012 in Berlin und Potsdam liefen unter dem Motto „Friederisiko" – dieser König war ein Hasardeur, der kühn immer wieder alles auf eine Karte setzte.

Kinderlos geblieben haderte er mit seinem Nachfolger, seinem Neffen, und überzog ihn mit wüsten Schmähungen: „Linkisch in allem, was er tut, grob, stur, launisch, ein Wüstling, verdorben, ein Dummkopf und unangenehm." Tatsächlich zogen 1786 mit Friedrich Wilhelm II. völlig andere Sitten ein. Der Neue liebte die Frauen, hielt Mätressen, fraß, soff, behelligte adelige Töchter – so jedenfalls beschrieb es der Bildhauer Schadow. Doch politisch kam es nicht zu harten Brüchen. Sorgen, dass seine verelendeten Untertanen ähnlich wie die Franzosen 1789 für Freiheit, Gleichheit, Brüderlichkeit aufstehen würden, blieben unbegründet. 1797, nach elf Herrschaftsjahren, endete nicht nur sein Leben, sondern auch eine Epoche. Sein Nachfolger, Friedrich Wilhelm III., erlebte die napoleonischen Stürme, die Befreiungskriege, den Beginn des bürgerlichen Zeitalters.

Fest steht: Im 18. Jahrhundert, unter vier prägenden Monarchen, formte sich Preußen als kommende Großmacht, dort liegen die Wurzeln des widersprüchlichen Preußenbildes. In diesem Jahrhundert wurde Berlin Hauptstadt eines Königreiches, bildete sich die Stadt als militarisierte, wirtschaftlich leistungsfähige Zentrale mit repräsentativen Bauten heraus. Sie war vorbereitet auf den Aufstieg im 19. Jahrhundert zur Hauptstadt des deutschen Kaiserreiches und den rasanten Marsch in die Moderne mit allen schrecklichen Auswirkungen im 20. Jahrhundert.

1997 schrieb der Publizist Jens Jessen in der *Berliner Zeitung* in einem Text mit dem Titel „Die Wahrheit über Berlin" 14 Thesen auf und stellt das „Preußenklischee" als „Mutter aller Berlin-Klischees" infrage. Da heißt es: „Berlin ist nicht Preußen. Wer immer Preußen liebte, hat Berlin gehaßt." Die Berliner pflegten das Preußen-Klischee, „weil es ihnen erlaubt, sich in den besseren, freiheitlichen Traditionen des Landes zu sehen", die in dem berühmten Ausspruch des preußischen Ministerpräsidenten Otto Braun kulminierten, der erklärte, er wolle das Land zu einem „Bollwerk gegen den Nationalsozialismus machen". Vergeblich: Die Nazis entmachteten 1932 die Landesregierung im sogenannten Preußenschlag, was, so Jessen, „schon Beweis genug wäre für den unrechtmäßigen Anspruch Hitlers auf Preußen". Sein Fazit: „Doch ist in der Erinnerung der Menschen die Propaganda oft noch immer wirksamer als die Fakten, und so überlebte die Formel Berlin gleich Preußen gleich Nationalismus."

DIE STAATSKAROSSE NUMMER 1

Repräsentieren auf Preußisch

Krone, Staatsrobe, goldene Kutsche – die britische Königin Elisabeth II. wusste vorzuführen, was Majestäten an Repräsentationsmitteln einst zu Gebote stand. Ging es zur Thronrede ins Parlament, bestieg sie die Gold State Coach. Als Donald Trump 2019 zum Staatsbesuch anrückte, drängte er auf eine Fahrt in jener goldenen Kutsche zum Buckingham Palace. Der Mann erspürte die Symbolik der Staatskarosse. Dem historischen Stück blieb dieser Passagier erspart – der US-Präsident musste einen Hubschrauber nehmen.

Erscheint eine Staatskarosse, wissen die Leute: Die Macht tritt auf. Das Gefährt muss groß sein, durch reiche Verzierung beeindrucken, Symbole der Stärke vorzeigen. In jüngerer Zeit kamen Sicherheitszwänge hinzu: Der Staatswagen des US-Präsidenten, der Cadillac One, genannt The Beast, wiegt wegen seiner 20 Zentimeter dicken Panzerung rund neun Tonnen. Hoher Sicherheitsaufwand ist auch ein Statussymbol.

Bescheidener erscheint das Papamobil. Seit 1981 ein Attentat auf den damaligen Papst beinahe gelang, sitzt der jeweilige alte Herr umgeben von Sicherheitsglas gut zu besichtigen auf erhöhtem Stuhl. Unvorstellbar ist heute, dass Politikgrößen wie John F. Kennedy im Ford-Cabrio Lincoln Continental X-100 oder Adolf Hitler im offenen Mercedes-Benz 770K in Berlin durch jubelnde Volksmassen rollen.

Die Marke Mercedes blieb im Nachkriegsdeutschland West erste Wahl – von Adenauer bis Kohl bevorzugte man als Nonplusultra der Staatskarossen die S-Klasse. Partei- und Staatsspitzen der DDR stiegen in einen Tschaika aus dem sowjetischen Gorki.

In den Merkel-Jahren nahm hierzulande das Protzen mittels Auto in Politikerkreisen ab. Wer auffallen wollte, müsste sich etwas Besonderes ausdenken – zum Beispiel in den herrlichsten Wagen steigen, den die Hohenzollern-Monarchie hinterließ: Der Galawagen Nr. 1, die preußische Staatskarosse, der Staatswagen schlechthin ist ein Oldtimer wie kein zweiter. Aber nicht benutzbar.

Das Prachtexemplar steht in der Remise des Schlosses Paretz als Glanzstück eines Kutschenmuseums. Trotz opulenter Maße – 3,05 Meter hoch, 5,25 Meter lang, 2,10 Meter breit – wirkt der Wagen zierlich und im Vergleich zum 1740 gebauten, schmucküberladenen Wiener Imperialwagen oder der vollverschnörkelten Windsorkutsche von 1760 schlicht-elegant. Was sich der Preußenkönig Friedrich Wilhelm II. 1788, zwei Jahre nach seiner Thronbesteigung, bestellte und im Jahr der Französischen Revolution 1789 erhielt, war das Modernste und Beste der Wagenbaukunst.

Der neue Herrscher definierte mit dem Ausbau der repräsentativen Königskammern im Schloss, der kostbarsten Raumflucht des Berliner Frühklassizismus, und der Staatskutsche seine neue Formensprache. So setzte er sich gegen seinen Vorgänger und Onkel, Friedrich II., und dessen friderizianischen Rokoko ab. Preußen sollte Modernität beweisen.

Seinen Staatswagen orderte Friedrich Wilhelm II. in der vielgerühmten Firma Ginzrot in Straßburg nach neuester englischer Mode hinsichtlich des klaren Aufbaus, der eleganten Formgebung, der konstruktiven Elemente. Die ovalen Türfenster erinnern an den früheren französischen Stil, Kasten und Bock folgten englischen Entwürfen. Besondere Eleganz verliehen die schmalen, gleichmäßig aufgebogenen Langbäume, seit den 1780er-Jahren gänzlich aus Eisen geschmiedet. Der König bezahlte 6284 Reichstaler.

Mochte Frankreich die Welt in revolutionären Aufruhr versetzen – das preußische Königtum führte vor, wie es sein System in neuen Hüllen zu bewahren dachte. Dass der König genaue Vorstellungen hatte, zeigte sich an durch ihn veranlassten Änderungen am Wagenentwurf: So wünschte er auf dem Wagendach einen Helm als Symbol der Heerführer. Ebenso verlangte er auf den ersten Blick sichtbare Adler unter dem Kutschbock. Das Kutscher-Fußbrett verzieren Trophäen, Waffen und Attribute antiker Götter, die als Symbole von Politik, Handel, Kunst und Staatsgewalt verstanden wurden. Der Siegesstab trägt das königliche Monogramm FWR. Auf den Türen prangt das preußische Staatswappen, von dem „erhabene goldene Strahlen" ausgehen. Die Oberfläche des Gehäuses gestaltete Ginzrot meisterhaft in Streugoldtechnik. Bei diesem Verfahren werden Gold-, Silber- und andere Metallstückchen in einen rot-braunen Lack eingebracht, um eine metallisch schimmernde Oberfläche zu erzeugen. Beschreibungen der Innenausstattung des Wagenkastens erwähnen Samt „von bunt durcheinander gewirkten Farben". Das zugehörige Geschirr für acht Pferde war aus grünem Saffian-Leder, rot eingefasst und bronziert.

Die Kutsche sollte vor allem in der Seitenansicht Wirkung entfalten, also in Richtung des am Straßenrand stehenden Volkes: Überall präsentierten sich staatstragende Zeichen; das gesamte Gefährt kam als eine einzige große Insignie daher, die sogar auf die persönliche Anwesenheit des Herrschers verzichten konnte. Oft fuhr die Karosse leer auf. Der Staatswagen repräsentierte den Staat.

Seinen ersten Auftritt erlebte das Prachtstück noch bevor es in die preußische Hauptstadt gelangte bei der Kaiserkrönung Leopolds II. am 9. Oktober 1790 in Frankfurt am Main. Der sächsische Kurfürst hatte sich ebenfalls einen Ginzrot fertigen lassen, doch der preußische war größer. Wenige Wochen zuvor hatte Friedrich Wilhelm II. mit Leopold ein Abkommen geschlossen, das Preußen als gleichberechtigte Macht anerkannte. Ein enormer Statusgewinn, dem die Staatskarosse entsprach. In Berlin erregte der Straßburger Paradewagen – unter diesem Namen registrierte ihn die Inventarliste des Marstalls – allergrößtes Staunen. Wilhelmine Enke, Mätresse des Königs, schrieb am 9. April 1793, bis dahin habe es in Berlin keinen „an Größe, Kunst und Pracht" vergleichbaren Staatswagen gegeben. Die nächste Gelegenheit zum Einsatz bot in jenem Jahr ein wahrer Staatsakt – die Brauteinholung der Luise von Mecklenburg-Strelitz, künftige Gemahlin des Kronprinzen Friedrich Wilhelm. Nach achttägiger Anreise aus Darmstadt waren die junge, schöne Frau und ihre Schwester Friederike, die den Bruder des Kronprinzen heiraten sollte, am 21. Dezember in Potsdam angekommen. Am nächsten Morgen ging es – nunmehr im Staatswagen, achtspännig – nach Berlin.

Der Polizeipräsident begrüßte die Damen am Potsdamer Tor im Namen der Stadt Berlin. Dann rollte der Brautzug durch die Leipziger Straße, die Wilhelmstraße und Unter den Linden entlang. Die Berliner waren begeistert. Luise heiratete am 24. Dezember, Friederike zwei Tage später. Das Magazin *Mode-Neuigkeiten* schwärmte: „Wie die ewig jungen Göttinnen der Freude saßen sie da (im Wagen), die schönen Schwestern, verneigten sich mit der freundlichsten Grazie von allen Seiten gegen das staunende Volk.“ Beim Ausstieg zeigte der neue Wagen eine besondere Raffinesse: Unter der Tür dezent hinter Schnitzwerk verborgen liegt eine Klappe, aus der sich eine Treppe herausfahren lässt. Auf deren mit Hermelinfell bespannte Stufen setzten die Bräute ihre zarten Füße.

Durch die Jahrzehnte kam der Wagen immer wieder zur Brauteinholung und in Trauerprozessionen zum Einsatz. Als sich Luises Sohn Wilhelm am 18. Oktober 1861 in Königsberg zum König krönen ließ, fuhr seine Gemahlin Augusta im Galawagen Nr. 1 vor. In diesem Status blieb er bis zum Ende der Monarchie. Das Volk konnte ihn im Marstall besichtigen.

Dem Ausverkauf der Kutschen nach dem Sturz des Kaisertums 1918 entkam der Wagen durch Fürsprache des preußischen Finanzministeriums als einziges Exemplar. Von 1927 an stand er im Hohenzollernmuseum im Schloss Monbijou. Den Zweiten Weltkrieg überstand er unbeschadet im Marstall des Babelsberger Schlosses. Erst in den Nachkriegsmonaten, als die Rote Armee in Babelsberg residierte, erlitt der Wagen durch Schabernack sowjetischer Soldaten schwere Schäden. „Nur eine Ruine konnte noch geborgen werden“, beschreibt die Kunsthistorikerin Claudia Meckel, Kustodin des Kutschenmuseums in Paretz, den Zustand der Fragmente. Das Fahrgestell hatte am wenigsten gelitten, dem Kasten fehlte die Vorderwand. Die Überreste verharrten im Neuen Palais in Potsdam bis zum Beginn der von Sponsoren finanzierten Restaurierung 1997.

Langsam, das Vorgehen immer neu bedenkend, gingen die Restauratoren vor. Sie entschlossen sich gegen eine Wiederherstellung des Originalzustandes. Der Insigniencharakter der Staatskarosse sollte ebenso sichtbar sein wie das Schicksal als Kriegsversehrte, sagt Claudia Meckel. Den repräsentativen Dachaufbau mit den Herrschaftssymbolen ließ man nachschnitzen. Auch die fast vollständig verschwundene Textil- und Lederausstattung ist weitgehend wiederhergestellt. Die Stickereien der Bockdecke prangen ebenso wie die des Lakaienkissens, die zarte, rote Samtbespannung ziert die Fensterrahmen. Besucher des Paretzer Museums können bei Führungen auch eine exemplarisch vollständig restaurierte Türinnenseite bewundern.

Es entstand ein Denkmal klassizistischer Formvollendung, das mitsamt seiner Schäden mehr als 200 Jahre Berliner Geschichte versammelt.

SCHADOWS PRINZESSINNEN-GRUPPE

Luise – Lichtgestalt und Superweib

Begeistert betrachteten die meisten Besucher der Berliner Akademie-Ausstellung 1795 die beiden jungen Frauen, die da lässig, selbstbewusst und ungemein weiblich vor ihnen standen – ein Wunderwerk an Zartheit und natürlicher Anmut. So etwas hatte man in Berlin, ja überhaupt noch nicht gesehen. Obendrein kannte die Berliner Gesellschaft die beiden dargestellten himmlischen Wesen auch noch von Angesicht. Kronprinzessin Luise, Gemahlin des künftigen Königs Friedrich Wilhelm III., und ihre Schwester Friederike, die dessen Bruder Ludwig Angetraute. Man sah sie – die eine etwa 18 Jahre jung, die andere 16 – auf Hofbällen ausgelassen tanzen oder im Lustgarten spazieren. Wohlig berührt steht man auch heute vor den Teenagern, die einander schwesterlich umarmen.

Andere Betrachter fanden seinerzeit die leicht bekleideten und lasziv aneinander gelehnten Mädchen schockierend: Ihre Körperformen traten hervor, ihre Beine bildeten sich fast unverhüllt unter dem feinen Stoff ab. Unerhört!

Mit der lebensgroßen Prinzessinnengruppe setzte Johann Gottfried Schadow etwas Neues in die Welt, zunächst in Gips, zwei Jahre später in weißem Carrara-Marmor ausgearbeitet. Als Auftraggeber trat in beiden Fällen König Friedrich Wilhelm II. auf, der Schwiegervater – er hatte die beiden Mädchen aus dem Hause Mecklenburg-Strelitz persönlich für seine Söhne ausgewählt und beobachtete mit Entzücken, wie sie seinen Hof belebten.

Glückliche Umstände fügten sich so, dass ein einzigartiges Kunstwerk entstehen konnte: Da waren die beiden real existierenden, als Schönheiten gerühmten und beliebten Frauen der königlichen Familie auf einen begnadeten Bildhauer getroffen. Dieser bekam zwei außergewöhnliche Modelle, die ihm erlaubten, Individuen mit Porträtähnlichkeit abzubilden und zugleich das ideale, dem neuen aufklärerischen Zeitgeist gemäße Kunstwerk zu schaffen. „Man konnte täglich die Natur mit dem Bilde vergleichen“, schrieb Schadow selbst.

Ebenso glücklich fügte sich die aufblühende Antikenbegeisterung der Zeit mit der Nähe Schadows zu den Dargestellten: Die Natur stand nun im Zentrum des neuen Menschenbildes, die Bewunderung für die griechischen Statuen mit ihren idealen, klassischen Maßen bestimmte den Blick auf die Kunst. Der deutsche Archäologe und Kunstschriftsteller Johann Joachim Winckelmann (1717–1768) hatte mit seinen Werken die klassische Antike ins Jenseits zurückgeholt und die Epoche des Klassizismus eröffnet. Seine Empfehlung lautete: „Der einzige Weg für uns, groß, ja, wenn es möglich ist, unnachahmlich zu werden, ist die Nachahmung der Alten." Was er als Prinzip formulierte – „eine edle Einfalt und eine stille Größe, sowohl in der Stellung als im Ausdrucke" –, führte Schadow mit der Prinzessinnengruppe aus.

Luise von Preußen kannte Winckelmanns Werke, sie gehörten zu ihrer Bibliothek. Sie nahm, wie auch Friederike, die von antiken Kunstwerken inspirierte Art sich zu kleiden mit Begeisterung auf: Um 1795 hatte sich die hauptsächlich von Paris ausgehende Mode à la grecque gegen die voluminösen, steifen Röcke mit Popo-Polster des Ancien Régime durchgesetzt – zumindest im weniger formalen Bereich der Straßen-, Reise- und Hauskleider.

Zur Brautausstattung der beiden Prinzessinnen vor ihrer Hochzeit im Dezember 1793 hatten solche Kleider aus hellem, feinem Musselinstoff mit kurzen Ärmeln, großzügig dekolletiert und unterhalb der Brust gegürtet, noch nicht gehört. Als sie für Schadow Modell saßen, halfen Luise und Friederike mit ihrer Kleider- und Frisurenauswahl, die modische Revolution ins Bild zu setzen.

Luise demonstriert mit lässig gekreuzten Beinen, wie bequem man sich in den weich fallenden Kleidern bewegen konnte. Dass sich die Körperkonturen abzeichneten, entsprach dem klassizistischen Ideal und fand damit Rechtfertigung vor der Moralkritik bei Hofe. Die Rangordnung der beiden Figuren zeichnet Schadow dezent aber deutlich nach. Luise als die Höhergestellte steht rechts, aufrecht, mit in die Ferne gerichtetem Blick und eine Winzigkeit vor ihrer Schwester. Diese blickt wie zufällig nach unten.

Schadow selbst konnte sein Glück kaum fassen. In seinem 1849 erschienenen Buch *Kunst-Werke und Kunst-Ansichten* erinnerte er sich: „In stiller Begeisterung arbeitete der Künstler an seinem Modell; er nahm die Maße nach der Natur; die hohen Damen gaben von ihrer Garderobe das, was er aussuchte, und so hatte die damalige Mode Einfluss auf die Gewandung. Der Kopfputz der Kronprinzessin und die Binde unter dem Kinn sollte eine Schwellung decken, die am Halse entstanden war, aber wieder verschwand. Es wurde von den Damen jener Zeit als Mode nachgeahmt.“ Womit auch die Frage nach Luises Kinnbinde geklärt ist.

Königin Luise trat als neuer Frauentypus in Preußen auf. Sie hatte geleistet, was man traditionell von ihr erwartete: zehn Kinder zur Welt gebracht (von denen sieben überlebten) und damit die Thronfolge ebenso gesichert wie die Aussichten auf eine europaweite dynastische Heiratspolitik. Aber sie wuchs im politischen Felde über diese Rolle hinaus; sie drängte 1805/06 den zögernden König, Napoleons Expansion Widerstand entgegenzusetzen. Als nach schweren militärischen Niederlagen 1807 die Existenz Preußens infrage stand, trat sie dem neuen Weltenherrscher in Tilsit wacker entgegen mit der Bitte um Gnade für ihr Land. Napoleon beschrieb das Treffen voller Respekt für die 30-jährige Königin; sie habe sich stets als die Tonangebende der Unterhaltung erwiesen. Nachgeben kam allerdings für ihn nicht infrage.

Ein Blick auf die Frauen der Hohenzollern vor ihr zeigt, wie deutlich sie hervor- und als Vorbotin einer Zeitenwende auftrat. Keine ihrer Vorgängerinnen erfreute sich wie Luise einer von Liebe erfüllten Ehe. Königin Sophie Charlotte (1668–1705) gab dem Hof ihres Gatten Friedrich I. immerhin ein intellektuelles Gepräge. Die gebildete Frau legte Wert auf Diversität in ihrer Umgebung, pflegte eine Freundschaft zu dem Philosophen Gottfried Wilhelm Leibniz und setzte die Gründung einer wissenschaftlichen Akademie zu Berlin durch.

Die musische Sophie Dorothea von Hannover (1687–1757) blieb ihrem Gatten, dem als Soldatenkönig bekannten König Friedrich Wilhelm I., gleichgültig. In seiner Politik spielte sie keine Rolle. Wohl aber war sie ihrem empfindsamen Sohn eine verständnisvolle Mutter – dieser wurde als Friedrich II. zum bedeutendsten Preußenherrscher. Der heiratete zwar pflichtgemäß, doch ging er eigene Wege. Die Ehe blieb kinderlos. Die Vermutung, der Alte Fritz sei, wie sein Bruder Heinrich, homosexuell gewesen, liegt nahe.

Anders sein Neffe und Nachfolger Friedrich Wilhelm II. (1744–1797): Der konnte gar nicht genug weibliche Wesen in seiner Umgebung haben. Er widersetzte sich zwei dynastisch begründeten Zwangsehen durch Missachtung der Angetrauten und wandte sich dafür zahlreichen Mätressen zu, denen er politischen Einfluss gönnte. Die bedeutendste dieser Damen war zweifellos Wilhelmine Enke, Gräfin von Lichtenau. Von 1769 bis 1782 lebte sie als des Königs Favoritin bei Hofe, hatte mit diesem sechs Kinder und war für die Ausstattung wichtiger Schlösser verantwortlich. Der eheliche Sohn, der spätere Friedrich Wilhelm III., verachtete die Unmoral an Vaters Hof. Er liebte seine Frau, ausschließlich seine, hörte Luises Ansichten und nahm mit dem bürgerlichen Habitus der Ehe die nach 1813 in Angriff genommenen großen preußischen Reformen gleichsam vorweg.

Mit dem erstaunlichen modischen Zwischenspiel der Freizügigkeit war es 1810 vorbei. Wie die restriktive Mode der Restaurationszeit aussah, lässt sich auf Gemälden erkennen, die Luises Schwester Friederike als Königin von Hannover in schweren, aufgeblasenen Roben zeigen. Luise blieb nach ihrem frühen Tod 1810 im Alter von 34 Jahren die sinnlich-elegante Idealgestalt in den weich fließenden Gewändern.

Spätere Generationen bedienten sich der Königin der Herzen je nach politischem Bedarf an ihrer facettenreichen Persönlichkeit. Der *Spiegel* verlieh ihr 2022 den Titel „Erstes deutsches Superweib“. Mal diente sie als nationale Lichtgestalt, mal musste sie als Vorbild der deutschen Hausfrau, als idealisierte Liebend-Leidende, als Inbegriff der Tugend herhalten. Der Historiker Daniel Schönpflug nannte sie „Zentralgestirn des preußischen Nationalmythos“. Als 1871 ihr Sohn als Wilhelm I. deutscher Kaiser wurde, schrieb man Luise die Rolle der liebreizenden Mutter der Hohenzollern im durch Blut und Eisen geschmiedeten Reich zu.

Das Schadowsche Werk blieb über 90 Jahre der Öffentlichkeit entzogen und war fast vergessen: Der königliche Gatte fand es dann doch zu freizügig. Hinzu kam, dass Friederike wegen unzüchtigen Lebenswandels bald aus Berlin entfernt worden war. Die Schwesterngruppe fand einen privaten Platz in einem Gästezimmer des Schlosses. Schadow beklagte das ungünstige Licht. Erst 1886 tauchte sie auf einer Ausstellung der Berliner Kunstakademie wieder auf, wanderte über mehrere Plätze in den sogenannten Schadow-Saal des Schlosses. Den Krieg überstand das Kunstwerk im Kellergewölbe des Berliner Doms. Im Jahr 2022 versammelte eine Schadow-Retrospektive in der Alten Nationalgalerie sämtlich Ausführungen. Die Skulptur in Gips ist nun wieder in der Friedrichswerderschen Kirche zu sehen, die Marmorausführung bildet einen der Höhepunkte jedes Besuchs in der Alten Nationalgalerie.

DER PFERDEKOPF MIT SCHUSS

Das letzte Schadowsche Original der Quadriga überstand mehr als einen Krieg

Dieses Pferd strengt sich an, es bläht seine Nüstern, die Adern treten hervor. Im Vierergespann zieht es einen Wagen. In dem nach antikem Vorbild gestalteten Gefährt rollt die Siegesgöttin Victoria in Berlin ein. Monatelang hatte der Bildhauer Johann Gottfried Schadow Aussehen und Bewegung von Pferden studiert, bevor er das hölzerne Modell für die dreieinhalb Meter hohen Tiere herstellte, die als Quadriga das neue Brandenburger Tor krönen sollten. Natürlich sollte die Darstellung wirken, den antiken Vorbildern nachempfunden sein. So entsprach sie auch dem Bauwerk, das der Architekt Carl Gotthard Langhans 1789 bis 1793 neoklassizistisch ausführte. Und so entsprach sie der Intention des Auftraggebers, König Friedrich Wilhelm II., der das Brandenburger Tor im Andenken an seinen Onkel und Vorgänger, Friedrich den Großen, errichten ließ. Der Alte Fritz hatte viele Kriege geführt und im Alter seinem Land Frieden geben wollen. Seine Hauptstadt stellte er sich architektonisch als Spree-Athen vor. Sein Nachfolger sah sich als Friedensfürst, der Preußen ein goldenes Zeitalter bringen würde. Als Vorbild für das prächtigste der 18 Berliner Stadttore, das im Lauf der Geschichte zum deutschen Nationalsymbol aufsteigen sollte, dienten die Propyläen, das Eingangstor zur Akropolis in Athen.

Die Pferde trieb der Potsdamer Kupferschmied Emanuel Jury nach Schadows Modell in zwei Millimeter dickes Kupferblech. Den Bronzeguss beherrschte um 1790 niemand in Berlin für ein Werk dieser Größe. Die Göttin und den Wagen fertigte der Klempnermeister Koehler.

Doch die Quadriga, die alle Welt als das Symbol Berlins kennt, ist nicht das Original, sondern eine bronzene Replik aus den 1950er-Jahren. Nur ein einziges originales Teil hat die Härten der Geschichte überstanden: eben jener Pferdekopf. Seit 1952 gehört er zum Wertvollsten, was die Stiftung Stadtmuseum verwahrt, ausgestellt wird er seit den 1990er-Jahren, zuletzt in der Dauerausstellung *BerlinZeit*. Dieser Kopf mit den Maßen 125 mal 45 mal 157 Zentimeter hatte rund 150 Jahre auf dem Tor gestanden und auf fast jeden wichtigen Akt preußisch-deutscher Historie herabgesehen.

Als Schadow seine ersten Modelle vorführte, spottete das Publikum über falsche Proportionen. Weil er die Göttin nur mit einem zarten, im antiken Griechenland üblichen Unterkleid darstellte, mokierte sich das „anständige" Berlin. Schadow stattete sie daraufhin mit einem „fliegenden Gewand" aus. Auch die Stange, die sie in der Hand hielt, tauschte er nach Genörgel aus: Statt einem „an einem Speere befestigten Helm, Panzer und zwei Schilde" trug Victoria nun eine Lanze mit Lorbeerkranz und Adler. Sparsam fertigte man nur je zwei Pferdekörper in unterschiedlichen Stellungen, aber vier verschiedene Kopfhaltungen. Das Kopf-Original des Stadtmuseums ist also auch in dieser Hinsicht einzig.

Ansonsten fiel die Hofgesellschaft Friedrich Wilhelms II. weder durch Prüderie noch durch Sparsamkeit auf. Schadow schrieb: „Alles besoff sich in Champagner, fraß die größten Leckereien, frönte allen Lüsten." Dies und der Zweifrontenkrieg –

im Westen gegen das revolutionäre Frankreich und im Osten für Gebietsgewinne in Polen – trieben Preußen an den Rand des Bankrotts. Friedrich II. hatte 51 Millionen Taler hinterlassen; als sein Nachfolger Friedrich Wilhelm II. 1797 starb, beliefen sich die Schulden auf 48 Millionen Taler. Dabei hatte man doch auf die vorgesehene Vergoldung der Quadriga-Pferde verzichtet.

Der Aufstieg Napoleons erübrigte Fragen wie die nach einem goldenen Pferdepopo. Der neue König, Friedrich Wilhelm III., konnte den Zusammenbruch Preußens nicht verhindern und floh nach der Zerschlagung seiner Truppen nach Memel. Gedemütigt musste er erleben, wie im Frieden von Tilsit 1807 Russland und Frankreich halb Preußen neu verteilten.

Am 27. Oktober 1806 war Napoleon im Triumphzug durch das Brandenburger Tor in Berlin eingezogen. Umgehend ließ er die Quadriga abmontieren, in zwölf Kisten verpacken und nach Paris verschiffen, wo sie einen für die Siegesparade vorgesehenen Triumphbogen zieren sollte. Im Hochgefühl seiner Siege erlaubte Napoleon 1809 dem Preußenkönig die Heimkehr nach Berlin. Die Schwächung Preußens gab den Anstoß für die innere Modernisierung: die Stein-Hardenbergschen Reformen.

Die entführte Quadriga lagerte derweil in der Orangerie des Louvre – bis sich die Dinge in Europa wendeten. Am 31. März 1814 marschierte die preußische Armee nach den Befreiungskriegen in Paris ein. Der König befahl die unverzügliche Rückführung der Raubkunst, diesmal in 15 Kisten und auf dem Landweg. Jubel begleitete den Transport. Nach der Restaurierung im Jagdschloss Grunewald langte die Quadriga, begeistert begrüßt, am 27. Juni 1814 am Brandenburger Tor an. Victoria erhielt einen von Schinkel neu gestalteten Stab – Eichen- statt Lorbeerkranz, darinnen das Eiserne Kreuz, darüber der Adler. Am 7. August 1814 zog der König an der Spitze seiner Truppen durchs Brandenburger Tor ein. Die nationale Aufladung der Quadriga kannte kein Halten mehr. Das Friedenstor mutierte zum Siegestor.

Als solches erlebte es, wie preußische Truppen nach den gewonnenen Kriegen 1864 und 1871 einzogen, wie Fackelzüge der nationalsozialistischen Jugend oder Paraden der Wehrmacht durch die Torsäulen zogen. Kein Wunder, dass Tor und Kunstwerk 1945 auch zum Ziel von Freudenfeuer der Roten Armee wurden. Kugeln durchlöcherten den Pferdekopf. Als sowjetische Soldaten ihre Siegesfahnen auf das Brandenburger Tor pflanzten, fanden sie nur noch Reste der zwei linken Pferde vor, ein Fragment des dritten sowie – beschädigt – die Göttin und ihre Wagen.

Fortan stand das Tor auf der Linie, die zwei Weltsysteme trennte. Im Osten verachtete man das Erbe des „preußischen Militarismus", erwog, das beschädigte Tor abzureißen, und wagte es doch nicht. Aber was sollte mit dem Schrott da oben geschehen? Einschmelzen als wertvolles Buntmetall? In einem Magistratsprotokoll vom Mai 1946 wird erwogen, „eine neue Figur oder Gruppe als Symbol des Wiederaufbaus“ auf das Tor zu setzen. Im Gespräch war Picassos Friedenstaube. Dann geschah lange nichts – bis kurz vor dem von der FDJ zu Pfingsten 1950 ausgerichteten Deutschlandtreffen der Jugend Stadtputz angesagt war. Auch der Schrott vom Brandenburger Tor musste weg, angeblich bestand Absturzgefahr. Am 1. Mai 1950 stürzten Mitglieder der Freien Deutschen Jugend Rosse und Victoria über die Dachkante. Ihr Anführer soll Erich Honecker gewesen sein.

Im Inventarbuch des Märkischen Museums wird der Pferdekopf („in sehr beschädigtem, verbeulten Zustand“) am 9. Oktober 1952 als Bergungsgut verzeichnet. Für die Übernahme floss kein Geld. Wer mag der Einlieferer gewesen sein? Möglich, aber unbelegt ist die Geschichte, der Bronzegießer und Restaurator Hans Füssel habe den Kopf 1952 im Keller einer Ruine in der Wallstraße gefunden und das Amt für Denkmalpflege benachrichtigt. Im Märkischen Museum beulte man das Kupfer vorsichtig aus, verschloss behutsam die Schusslöcher, ließ sie aber erkennbar. Nach mehrmaliger Konservierung schimmerte die Oberfläche grün wie einst.

Zum Zeitpunkt der Einlieferung führten Ost und West Gespräche über die Wiederherstellung des Ensembles. Trotz vieler Polit-Scharmützel mündeten sie 1957 in Taten: Der Osten stellte das Tor wieder her, der Westen die Quadriga. Letzteres gelang dank 1942 vorsorglich angefertigter Gipsabformungen. Anfang August 1958 schwebte die kupferne Figurengruppe per Kran über die Sektorengrenze in den Machtbereich des Ost-Berliner Magistrats. Der ließ einen Sack über Adler und Eisernes Kreuz stülpen und die verhassten Symbole bald darauf entfernen. Bei der Einweihung der neuen Quadriga am 30. November 1958 blieb die Stange leer. Erst seit der Wiedervereinigung ist wieder alles komplett.

Das ideologische Feuer war aber mit der Einweihung nicht eingestellt. Im März 1979 verbreitete der *Spiegel* allen Ernstes: „Dreimal hat Schadow auf dem Brandenburger Tor die Fahrtrichtung gewechselt.“ Erst seien die Rösser nach Osten getrabt, nach ihrer Rückkehr aus Paris habe man sie Richtung Westen aufgestellt. „Als der Stadtteil West-Berlin dem Stadtteil Ost-Berlin einen Neuguss zum Geschenk machte, wurde sie, entgegen aller Abmachungen, wieder mit Blick nach Osten aufgestellt.“ Fake News! Nie fuhr der Wagen Richtung Westen. Dass aber die Pferde ihren Hintern dorthin reckten, kränkte wohl sehr.

Da wirkte es erlösend, als ab Herbst 2020 sämtliche noch vorhandenen Gipsabgüsse der Quadriga im Mauer-Mahnmal des Bundestages in einer auf zwei Jahre angelegten offenen Schau-Werkstatt zusammengeführt, restauriert und zusammengesetzt wurden. Es entstand die Quadriga in Originalgröße in Gips, in ihrer Form viel näher an Schadows Original als die Gruppe auf dem Tor.

Die blickt derweil ungerührt auf das Treiben zu ihren Füßen. Der Ort, wo die Mauer verlief, wo US-Präsident Ronald Reagan die Sowjetunion aufforderte, die Mauer niederzureißen, wo 1989 die stärksten Bilder vom Mauerfall entstanden, wo die Einheitsfeier stieg, ist heute der Deutschen liebster Kampf- und Feierplatz.

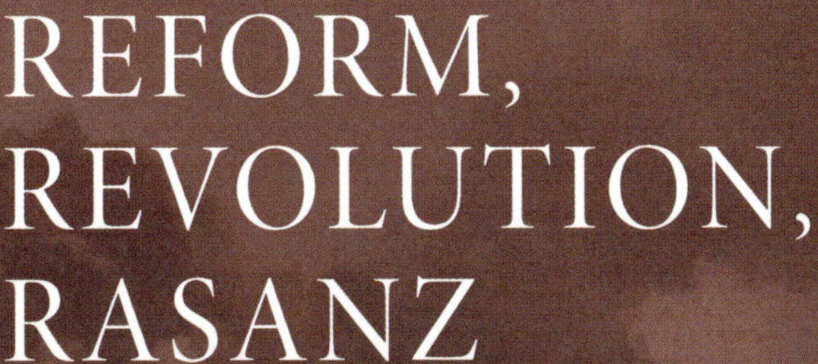

REFORM, REVOLUTION, RASANZ

Judenemanzipation, Gewerbefreiheit, städtische Selbstverwaltung, Universität, erblühende Wissenschaft mit offenem Geist, mit Macht erwachendes Nationalbewusstsein, siegreicher Befreiungskrieg gegen Napoleon, Dampfmaschine, Fabriken wie das „Feuerland" von Borsig, Eisenbahn – und das alles innerhalb weniger Jahrzehnte. Die Umbrüche zu Beginn des 19. Jahrhunderts erfassten die Gesellschaft so schnell und gewaltig, dass es bis heute erstaunt. Die Reformen kamen von oben. Die Kehrseiten des industriellen und rechtlichen Fortschritts zeigten sich in bestürzendem Massenelend und Aufruhr. Das junge Bürgertum trat immer selbstbewusster, innovativer auf, buchstäblich unternehmungslustig. Noch reichte die Kraft der Nationalrevolutionäre von 1848 nicht für ein parlamentarisch bestimmtes System. Die preußisch dominierte Vereinigung Deutschlands bewerkstelligte nicht das Volk; das taten Fürsten und Militärführer – abermals von oben. Mit der Krönung eines Preußenkönigs zum deutschen Kaiser wurde Berlin 1871 Reichshauptstadt.

DAS HERZ DES FÜRSTEN VON HARDENBERG

Der Staatskanzler machte Preußen zum modernen Staat

Groß wie eine kräftige Männerfaust und blassbeige liegt das Herz des Fürsten Karl August von Hardenberg (1750–1822) in einer gemauerten Nische hinter dem Altar der Schinkel-Kirche in Neuhardenberg. Ein erstaunlicher Anblick, denn man befindet sich ja weder in einer katholischen Kirche mit Reliquienschrein noch in einem Anatomiemuseum.

Normalerweise bleibt das Herz pietätvoll den Blicken der Besucher hinter einem Türchen verborgen. Nur zu bestimmten Zeiten öffnet es ein Mitglied der evangelischen Kirchgemeinde in Neuhardenberg. Man will aus dem sterblichen Überrest keine Touristenattraktion machen. Auf rotem Kissen unter einer Glasglocke ruhend wirkt es zunächst wie ein Stein. Die Spuren der Entnahme und Konservierung sind erkennbar: Mit Hanfschnüren hat der obduzierende Arzt nach dem Tod Hardenbergs am 26. November 1822 in Genua Aorta, Venen und Arterien abgebunden.

Eine das Türchen bedeckende Tafel trägt die Inschrift: „Des Fürsten Herz, das liebend treu geschlagen / für seinen König und für's Vaterland, /– das in blut'gen Kampfestagen, Wo vielen auch die letzte Hoffnung schwand – Durch Muth und Weisheit stark, in kühnem Wagen / Des Vaterlandes Ruhm und Rettung fand …" Dankesworte für das besonnene und zugleich mutig-weitsichtige Handeln eines der bedeutendsten Politiker in Preußen. Von 1810 bis 1820 regierte er in dem für ihn geschaffenen und mit großer Machtfülle ausgestatteten Amt des Staatskanzlers neben Friedrich Wilhelm III.

Hardenberg und seinem Vorgänger, dem Staatsminister Freiherr vom Stein, ist das größte Reformprojekt der deutschen Geschichte zu verdanken. Es begann, als der Staat Preußen am Abgrund stand: Napoleon hatte dessen Armee quasi vernichtet, zwei Jahre lang mit seinen Truppen Berlin besetzt, den Königshof ins Exil gedrängt. Das friderizianische Preußen lag darnieder; die Ideen der Französischen Revolution von Freiheit, Gleichheit, Brüderlichkeit fegten nun durch Europa – unklar, was sie in Preußen bewirken würden.

Hardenbergs Herz strahlt eine merkwürdige Faszination aus. Kühl betrachtet handelt es sich um einen etwa 300 Gramm leichten Hohlmuskel. Die Blutpumpe, ohne die der Mensch nicht leben kann. Doch wird dem Herzen von alters her weit mehr Bedeutung zugemessen.

Im Herzen haben Liebe und Trauer ihren Platz. Das Herz lacht, bebt, jubelt, zerbricht; es ist warm und weich oder kalt und hart, eng oder weit. Menschen können barmherzig oder herzlos sein. Wir fassen uns ein Herz, wir nehmen das Herz in beide Hände, wir tun etwas aus ganzem Herzen. Das Herz ist Sinnbild und Metapher des Menschseins.

Was sagt es über einen Politiker, der immer wieder von „Dingen, die mein Herz ergriffen", spricht; der Wichtiges mit seinem Monarchen „in der Sprache des Herzens" verhandelt? Fürst Karl August von Hardenberg lag sein Land und dessen Zukunft am Herzen. Seine Reformen sollten „eine Revolution im guten Sinne" sein, wie er selbst schrieb. Die Staatsgeschäfte betrieb er auch als Herzensangelegenheit – so lassen sich seine Schriften verstehen.

Hardenbergs Wunsch, sein Herz solle „sichtbar" ausgestellt werden, liegt also in der Logik seines Selbstverständnisses – da wollte einer, dass sein Leben und Wirken „aus dem Herzen" präsent bleiben. Die Überlieferung sagt, er habe den

Wunsch, sein Herz zu bewahren, im Sterbebett in Genua geäußert, und so haben es Arzt, Familie und Gefolgschaft gehalten.

Womöglich erinnerte man sich des alten Brauchs der gesonderten Herzbestattung. Diese war üblich, wenn ein Adliger in der Ferne, etwa auf einem Kreuzzug, fiel. Konnte der Leichnam nicht überführt werden, sollte wenigstens das Herz heimkehren.

Hardenbergs Herz erreichte 1823 die Ruhestätte auf seinem Besitz in Ost-Brandenburg. Der einbalsamierte Leichnam trat später im Bleisarg seine letzte Reise per Schiff von Genua nach Hamburg an, dann ging es über Elbe und Havel nach Berlin und schließlich Neuhardenberg, wo er 1824 in einem bescheidenen Mausoleum an der Rückseite der Schinkel-Kirche zur Ruhe kam.

Theodor Fontane besuchte den Ort und macht sich in seinen *Wanderungen durch die Mark Brandenburg* 1863 seine Gedanken: Hardenberg sei ein auserwählter Mann gewesen, dem die Aufgabe zufiel, „die Rettung unseres Vaterlandes glücklich durchzuführen. Selbst seine Schwächen leisteten dieser Aufgabe Vorschub." Der Mann lebte verschwenderisch. Frauen umschwärmten ihn und er sie. Es gab drei Ehen, zwei Scheidungen, viele Affären. Fontane urteilte voll Menschenkenntnis: Die „Mischung von Edlem und minder Edlem, von Schlauheit und Offenheit, von Nachgiebigkeit und Festigkeit, war genau das, was die Situation erheischte. Eigensinn und Prinzipienreiterei hätten uns verdorben. Sein Leben, Vorbild oder nicht, hat uns gerettet."

Seine große Zeit kam, nachdem Russland und Frankreich am 7. Juli 1807 Europa im Frieden von Tilsit in eine französische und eine russische Interessensphäre geteilt hatten. Zwei Tage später schrumpfte der Vertrag mit Preußen das Land hinsichtlich seiner Größe wie seiner Bedeutung. Frankreich erlegte dem quasi bankrotten Rumpfstaat gigantische Kontributionen und Besatzungskosten auf. Wie sollte sich Preußen zwischen den Großmächten behaupten?

Jetzt war die Lage dramatisch genug. König Friedrich Wilhelm III. stimmte umfassenden Reformen zu. Das Drehbuch für den Umbruch lieferte zwei Monate nach der „Schmach von Tilsit" Karl August von Hardenberg, damals 57 Jahre alt. Seine noch im Exil verfasste *Rigaer Denkschrift* formuliert ein umfassendes Reformprogramm – von der Religion (Der Staat übe Toleranz.) bis zur Geopolitik (Wie vermeiden wir gänzliche Abhängigkeit?). Hardenberg drängte auf „demokratische Grundsätze in einer monarchischen Regierung". Jedoch: „Die reine Demokratie müssen wir noch dem Jahre 2440 überlassen, wenn sie anders je für den Menschen gemacht ist."

Ein stabilisierendes Königtum plus Verfassung, so wie er es in England kennengelernt hatte, das schien ihm geeignet. Er strebte nach der „Herstellung des möglichst freien Gebrauchs der Kräfte der Staatsbürger aller Klassen". Den König rief er auf, die Radikalkur nicht zu scheuen und „mit starker Hand die nötigen Maßregeln – ja keine halben –" zu ergreifen.

Zunächst unterstützte Hardenberg trotz persönlicher Animositäten Karl Freiherr vom Stein. Der schroffe Herr („Er ist zu sehr Stein", wie Königin Luise urteilte) beargwöhnte Hardenberg und nannte ihn „halb Fuchs, halb Bock".

Stein dekretierte 1807 das Ende von Leibeigenschaft und Erbuntertänigkeit. Bauern und Gesinde erhielten das Recht zu leben, wo sie wollten, und zu heiraten, wen sie wollten. Im November 1808 trat mit der neuen Städteordnung die kommunale Selbstverwaltung in Kraft. Eine Verwaltungsreform machte den Staat schlanker und effizienter.

Am 4. Juli 1810 wurde Hardenberg Staatskanzler. Allein ihm traute Napoleon zu, die Kontributionen aufzubringen. Der König wiederum baute auf Hardenbergs Schläue, von Napoleon unbemerkt Preußen wieder stark zu machen.

Hardenberg weitete Steins Reformen aus. Das Finanzedikt vom 27. Oktober 1810 verpflichtete den Adel zum Steuerzahlen. Das Regulierungsedikt von 1811 befreite die Bauern von Fron und Abgaben. Das Gewerbesteuergesetz ermöglichte freies Unternehmertum. Binnenzölle wurden abgeschafft.

1812 folgte das Meisterstück: das „Edikt betreffend die bürgerlichen Verhältnisse der Juden". Es machte die Ausgegrenzten zu vollgültigen Staatsbürgern, gab ihnen Gemeindebürgerrecht, Gewerbe- und Niederlassungsfreiheit und erlaubte ihnen akademische Berufe. Vom gehobenen Staatsdienst blieben sie ausgeschlossen.

Einer Verfassung stimmte Friedrich Wilhelm III. nicht zu. Doch mit stillem Einverständnis des Monarchen finanzierte sein Staatskanzler den von französischen Spionen beargwöhnten Aufbau eines Volksheeres durch preußische Militärs wie Scharnhorst und Gneisenau. Kaum war Napoleons Russland-Feldzug krachend gescheitert, stand die reformierte Armee Preußens 1813 bereit und ging siegreich aus den Befreiungskriegen hervor. Für seine Verdienste belehnte ihn der König mit dem Gut Quilitz im Oderland, bald Neuhardenberg genannt.

Die alten Aristokraten beschimpften Hardenberg als Radikalen. Sein Einfluss schwand. Als der Fürst am 26. November 1822 in Genua verstarb, nahm man das in Berlin kühl zur Kenntnis. Die Restauration bremste die Reformen in Preußen – bis sich 1848 die nationalstaatlich-demokratische Revolte Bahn brach.

Deren Protagonisten verachteten Hardenberg als Kompromissler und Judenfreund. Die deutschen Demokraten redeten antisemitisch, dass es einen graust. Selbstredend verachteten später die Nationalsozialisten Hardenberg. Der DDR war er zu adelig, Neuhardenberg wurde in Marxwalde umbenannt. Sein 1907 auf dem Berliner Dönhoffplatz aufgestelltes Denkmal ging im Zweiten Weltkrieg verloren. Erst Walter Momper ließ 2005 eine Kopie herstellen. Sie steht vor dem Berliner Abgeordnetenhaus.

Mit seiner Prognose, die „reine Demokratie" komme erst 2440, könnte Hardenberg recht behalten. Also: Kein Ende der Geschichte, sondern mehr als 400 Jahre Arbeit.

DIE PARANUSS DER WELT KNACKEN

Alexander von Humboldt brachte Kostbarkeiten nach Berlin

Zwei Wochen waren Alexander von Humboldt und sein wissenschaftlicher Begleiter und Freund Aimé Bonpland im Jahr 1800 auf dem Orinoco nach Süden gepaddelt, um in den Rio Negro zu gelangen, und weitere Wochen, um tiefer in das Amazonasbecken vorzudringen. Eine unfassbar wagemutige Reise. Humboldt staunte selbst, wie er aus dem kleinen Berliner Kosmos in die überwältigende Dschungelwelt gelangt war: „Wenn ich in meiner Phantasie die Rehberge und die Panke mit den Katarakten von Atures … vereinigte – so kommt mir das alles oft wie ein Traum vor!" Dies schrieb er in einem Brief vom 4. März 1801 an seinen Freund und Lehrer, den Botaniker Carl Ludwig Willdenow in Berlin.

Inmitten all der grün wuchernden Vegetation am Flussufer plagte die Europäer Lebensmittelmangel. „Wir ernährten uns hier von schlechter Schokolade, (wahrscheinlich eine Kakaopulver-Wasser-Brühe) und in Wasser gekochtem Reis ohne Butter oder Salz."

Dass diese Klage Eingang in den ersten Band des 1807 erschienenen Großwerks *Géographie des plantes équinoxiales* fand, hatte einen triftigen Grund. Am südlichsten Punkt ihrer Expedition waren Humboldt und Bonpland auf eine Pflanze gestoßen, die köstliche, nahrhafte Speise und wissenschaftlichen Gewinn zugleich lieferte: Paranuss-Bäume. Juvia, wie die Einheimischen sagten.

Die beiden Forscher wussten sofort, worum es sich handelte, denn die Nusskerne handelte man unter verschiedenen Namen bereits bis nach Europa. „Wie auch immer die Nuss heißt – die Pflanze, welche sie hervorbringt, war den Botanikern noch nicht bekannt, und wir beglückwünschen uns, die Ersten zu sein, die eine Beschreibung von einer so kostbaren Pflanze geben können. Obwohl wir keine Blüte gesehen haben, so haben wir genug Früchte, um uns sicher zu sein: Das ist eine neue Art. Herr von Humboldt und ich sind sehr geehrt, diese Nuss auf unserer Orinoco-Reise gefunden zu haben", so schrieb Bonpland stolz in ihrem Werk.

Er preist den exquisiten Geschmack und die Erlösung aus der Nahrungsmittelnot: „So haben wir große Mengen *Bertholletia* gesammelt." Diesen wissenschaftlichen Namen hatte er dem Baum gegeben, nach dem französischen Chemiker Claude-Louis Berthollet, mit dem Zusatz *excelsa*, kostbar.

Natürlich nahmen sie Belege in ihre Sammlung auf; das Blatt, das heute im Botanischen Garten aufbewahrt wird, hoben sie am oberen Orinoco auf, ebenso wie jenes, das im Muséum national d'histoire naturelle in Paris lagert. In der Beschreibung heißt es: „Sehr großer Baum, 33 Meter, gerader, zylindrischer Stamm, Blatt ca. 60 Zentimeter, länglich, fast ledrig, Farbe oben schön grün, unten blasser, oben gröber geädert als unten, Stiel kurz, fleischig, innen hohl." In der Mitte durchgeschnitten zeigt der eine Teil des Herbarbelegs die Blattoberseite, der andere die Unterseite. Längs der Mittelrippe sind wahrscheinlich beim Transport entstandene Knickspuren zu sehen.

Für dieses Blatt und 3200 andere gepresste und getrocknete, auf der legendären Südamerikareise 1799 bis 1803 gesammelte Pflanzen errichtete das Botanische Museum in Berlin-Dahlem 1987 einen Bunker: unterirdisch, mit extra dicken Mauern und Metalltüren. In einem Raum mit besonders sicheren Archivschränken und Spezialklima, im Allerheiligsten, lagern die unersetzlichen Kostbarkeiten, einige der größten Schätze Berlins: konstant bei 20 Grad Celsius und 50 Prozent Luftfeuchtigkeit. Sollte ein Brand ausbrechen, wird ein gasartiges Löschmittel eingeleitet. Wasser würde alles zerstören. K2 steht in weißen Lettern auf der grauen Sicherheitstür. Forscher, die heute noch mit Humboldts Material arbeiten, dürfen hinein.

Dass die Entdecker im Orinoco-Dschungel keine Blüte erlangen konnten, sie nicht einmal zu sehen bekamen, wurmte sie enorm. Eine Unze Gold (ca. 31 Gramm) soll Alexander von Humboldt den Einheimischen für die Beschaffung einer Blüte geboten haben. Vergebens. Immerhin gab es Nusskapseln und Kerne, die neben dem Blatt die Erstbeschreibung ergänzten.

Das wirtschaftliche Potenzial erkannten die Forscher sofort: „Die *Bertholletia* ist eine Pflanze der neuen Welt, die von großem Interesse ist. Sie ist im heißen Klima in America kultivierbar, so wie wir Nüsse und Mandeln anbauen. Herr Humboldt und ich sind uns sehr sicher, dass die in Spanisch-America gefundene Art entlang des Orinoco Wälder bildet“, schrieb Bonpland. Es folgen Ratschläge (junge Bäume schütze man mit Palmblättern vor der heißen Sonne). Die Nüsse seien leicht zu transportieren und man könne ausgezeichnetes Öl daraus pressen. Kurzum: „Wir sind von der extremen Nützlichkeit der Pflanze überzeugt.“

Hier zeigt sich im Detail, was Alexander von Humboldt im Großen zum Universalisten von Weltrang machte: Ihn interessierte buchstäblich alles. So wie er sich mit Ernst, Leidenschaft und Akribie der Botanik widmete, so trieb er viele andere Wissenschaften. Er war Physiker, Chemiker, Geologe, Mineraloge, Botaniker, Zoologe, Klimatologe, Ozeanograf, Astronom, Wirtschaftsgeograf, Ethnologe und Demograf.

Er schleppte mehr als 50 Messinstrumente durch widrigste Umstände in die Höhen des Chimborazo. Von Schwindel in dünner Luft, Zahnfleischbluten und Eiseskälte geplagt, griff er mit tauben Händen nach Barometer, Thermometer, maß Luftfeuchtigkeit und den Siedepunkt des Wassers, notierte die Daten, kämpfte sich mit an scharfen Felsen zerrissenen Schuhen weiter, sammelte Gesteinsproben. Er experimentierte am Chimborazo wie auch bei anderen Gelegenheiten mit seinem eigenen Körper.

Die Reisen verschlangen ein Drittel des von der Mutter ererbten Vermögens; mit der Herausgabe seiner Schriften ruinierte er sich vollends. Er stattete diese Werke mit allem aus, was Augen und Verstand begeisterte: Karten, kolorierte Stiche, Darstellungen von Landschaften, Gemälde … Er unterstützte junge Forscher. Er mischte sich hartnäckig in die Weltenläufe ein, geißelte den spanischen Kolonialismus und die Sklaverei in den USA.

Was Berlin betrifft, so erging es Alexander ähnlich wie seinem Bruder Wilhelm: Sie mochten die Stadt nicht sonderlich – die Kälte, die provinzielle Langeweile und Kleingeisterei. Sie mieden den Aufenthalt, bis finanzielle Zwänge sie in die preußische Residenz, in die Dienste der Monarchie trieben.

Wilhelm von Humboldt, Philosoph, Gelehrter, Schriftsteller und Staatsmann, charakterlich sehr wohl von Alexander verschieden, disziplinierter, reisefreudig auch, aber weniger nach extremen Erfahrungen drängend, lebte gerne mit seiner munteren Frau Caroline in Thüringen, Paris und als preußischer Gesandter beim Heiligen Stuhl in Rom. Dort fanden die Brüder 1805 einander kurz wieder, als Alexander, nun als zweiter Kolumbus gefeiert, aus Amerika zurückgekehrt war.

Beide waren durch ihre jeweils sehr unterschiedlichen, enorm reichen Erfahrungen zu herausragenden Persönlichkeiten in einer an großen Persönlichkeiten ohnehin reichen Zeit gewachsen, als sie schließlich nach Berlin heimkehrten. 1806 erlebte Alexander, wie dort Napoleons Truppen einrückten und das elterliche Tegel plünderten. Die Besatzer wurden als bedrückend empfunden, doch setzten der Geist der Französischen Revolution und der Reform- und Modernisierungsdrang Napoleons Entwicklungen in Gang, die die Fesseln des preußischen Militärstaates sprengten.

Wilhelm kam 1808 zurück, konnte in kurzer Zeit und ohne große Widerstände die Berliner Universität gründen. Die Zeit war reif. Was ihm mit der Hochschule gelang, nämlich sein humanistisches Bildungsideal durchzusetzen, blieb für die elementaren Bildungsstufen allerdings noch für lange Zeit undurchsetzbar.

Alexander war 1807 wieder nach Paris gewechselt, um seine Reisen auszuwerten und die Ergebnisse zu publizieren. Erst 1827 rückte er, nunmehr 57 Jahre alt, nach Berlin ein – Friedrich Wilhelm III. hatte den von ihm bezahlten Kammerherrn zurückbeordert. Er wollte endlich an dessen strahlendem Geistesleben teilhaben.

Tatsächlich muss Alexander von Humboldt wie ein Blitz in die Berliner Welt gefahren sein. Um ihn sammelten sich intellektuell Begierige, die nichts weniger als die Erklärung der von ihm vermessenen Welt erwarteten. Er enttäuschte sie nicht. Seine öffentlichen, kostenlosen Kosmos-Vorlesungen in der tausend Menschen fassenden Singakademie hörte vom König bis zum Handwerker die ganze Stadtgesellschaft. Frauen nutzen begeistert die Möglichkeit, ihren Horizont zu erweitern – und sie schwärmten von dem schönen, geistvollen, zumal unverheirateten Mann. Humboldt wird als glänzender, witziger Redner beschrieben, sprühend vor Freude an der Wissensvermittlung.

War die Erkundung der Natur sein größtes Verdienst an der Welt, so kann für Berlin gesagt werden: Er hat die Provinzialität aus der Stadt getrieben. Nicht vollständig, aber was wäre die Stadt ohne ihn geworden!

Wilhelm starb 1835. Alexander machte sich noch auf nach Indien, schaffte es aber nur bis in die Tiefen Russlands. Er starb 1859 neunzigjährig in seiner Wohnung in der Oranienburger Straße 67. Im Familiengrab im Schlosspark Tegel, an der Stätte ihrer Kindheit, liegen die Brüder Humboldt Seite an Seite.

DIE PREUSSISCHE HUNDEMARKE

Wer Luxus will, soll zahlen

Hunde sind Luxus. Sie fressen, schmutzen, beanspruchen Platz. Wer sich solchen Luxus leisten kann, der ist auch in der Lage, eine Steuer zu zahlen. Dieser sozialen Logik folgte das „Edikt über die neuen Consumptions- und Luxus-Steuern", das der preußische König Friedrich Wilhelm III. am 28. Oktober 1810 erließ.

Hunde zum Vergnügen zu halten, sich der engen emotionalen Bindung zu freuen, gehörte zur Hohenzollern-Tradition: König Friedrich II. liebte seine italienischen Windspiele; Favorithündinnen wie Biche oder Alcmène durften in seinem Bett schlafen. Unter der obersten Weinbergterrasse in Sanssouci ließ der Tierfreund für sich und seine Hunde eine Gruft anlegen. Seit 1991 liegt auch sein Sarkophag tatsächlich dort. Auf Marmorplatten stehen die Namen seiner Hunde. Seine Mutter Sophie Dorothea wie auch Großmutter Sophie Charlotte umgaben sich in ihrem Refugium Schloss Monbijou mit allerlei Hündchen: Erstere mochte Möpse. Ihre Schwiegermutter hatte den ersten 1680 aus China eingetroffenen Mops noch „garstig" gefunden.

Friedrich Wilhelm III. zeigte sich lieber mit seinen Kindern und seiner schönen Frau Luise. Er fand, wer sich Luxushunde gönnte, sollte auch etwas für die Allgemeinheit abgeben können. Es war schließlich viel zu finanzieren im Staate Preußen des Jahres 1810. Zum Beispiel Soldaten und Waffen, um Napoleon aus dem Lande zu treiben. Zunächst wurde die Hundeabgabe als Staatssteuer eingerichtet. Wie in anderen Ländern floss sie auch in Gemeinschaftsaufgaben: die Straßen reinlicher halten, die Armenkasse füllen, Staatsschulden tilgen.

Dass im preußischen Edikt tatsächlich ein Gerechtigkeitsgedanke steckte, dafür sprechen weitere besteuerte Luxuswesen: Katzen, Ziervögel, Pferde und Diener. Anders als die „unnützen" blieben arbeitende Hunde steuerfrei. Und davon gab es nicht wenige in der Stadt: Sie zogen die Karren von Händlern und Lieferanten, die sich kein Pferd leisten konnten. Sie gingen im Göpel von Mahlwerken. Sie dienten Hirten, Schäfern und Feldhütern oder bewachten Häuser.

Wer seine Hundesteuer bezahlt hatte, bekam eine kleine, gelochte Plakette ausgehändigt, die das Tier an einem Lederband um den Hals zu tragen hatte. Die älteste in Berlin und Brandenburg erhaltene Preußische Hundemarke verwahrt das Märkische Museum. Sie wurde im Jahr 1817 in Eisenblech geprägt und geschwärzt, misst beachtliche 7,10 mal 5,10 Zentimeter und zeigt in einem Mittelkreis einen kräftigen, hochbeinigen, stehenden Hütehund. Es handelt sich also um eine Freimarke für einen Arbeitshund, was auch die Inschrift auf der Marke „1817, Zum Viehtriebe" belegt.

Wenn es eine Absicht war, den Armen mit der Steuer das Hundehalten zu vergällen und die Zahl der Tiere in der Stadt zu senken, so scheiterte sie: 1827 erregte sich die Öffentlichkeit über die Zunahme der „Hundswuth": 28 Erkrankte durch den Biss „toller Hunde" wurden registriert. Im Jahr darauf schrieb der *Berliner Courier* am 11. Juli: „Es grenzt ans Unglaubliche, welche Masse Hunde in Zimmern und Straßen herumlaufen und die Leute anfallen." Ein Biss eines tollen

Hundes sei Motiv genug, „alle Hunde der Welt todt zu schlagen". Es gebe Herren, die „ihre Menschen wie die Hunde, und die Hunde wie die Menschen behandeln". Die sollten „jeder wenigstens 20 Taler jährliche Taxe bezahlen, dafür, daß er auf die Gefahr seiner Mitmenschen Hunde hält". Und „die Damen, die ihre Stubenmädchen maltraitieren und ihre Hündchen in Seide legen, sollten jährlich dafür 100 Taler bezahlen".

Andererseits klagten Arme, sie müssten ihre Hunde ersäufen, weil sie die Steuer nicht zahlen könnten. Vom 29. April 1829 an berechtigte eine Kabinettsorder die Städte, also auch Berlin, eine kommunale Hundesteuer zu erheben – zum ersten Mal in Deutschland: drei Taler pro Hund und Jahr.

Von lokalen Aufwallungen abgesehen – es waren ohnehin unruhige Zeiten – löste die neue Belastung keinen Aufruhr aus. Vorerst. 1815 endete mit der Schlacht bei Waterloo endgültig die Ära des Imperators Napoleon, der Europa, auch Preußen, zu lange verschleppten Modernisierungen gezwungen hatte. Preußen hatte 1807 endlich begonnen, mit den beherzten Stein-Hardenbergschen Reformen den absolutistischen Stände- und Agrarstaat zu überwinden und die Basis für einen aufgeklärten Nationalstaat zu legen. Die Revolution von oben stärkte frühkapitalistische Kräfte und erzeugte neue soziale Spannungen.

Ab 1815 wehrten sich die Kräfte des Alten mit repressiven Maßnahmen, um wenigstens das politische Korsett zu wahren. Das Scheitern der Restauration deutete sich an, als 1830 in Berlin der Schneideraufstand losbrach. Der Gardeoffizier Carl von Bülow hinterließ mit seinem Tagebuch Kunde von den Ereignissen.

Am ersten Tag, Freitag, dem 16. September, vermerkte er, Handwerker hätten in der Breiten Straße versucht, einen der ihren aus der Haft zu befreien. Gendarmerie habe die Menge zerstreut. Tags darauf beobachtete er eine „größere Anzahl schlechten Gesindels" und schreibt, die „Berliner wären unzufrieden mit der Hunde- und Mahlsteuer, was ich sehr geneigt bin zu glauben". Die 1820 eingeführte Mahlsteuer fiel auf zur Mühle gebrachtes Getreide an. Andere Quellen berichten, die Rebellen hätten auch das Ende des Rauchverbots im Tiergarten verlangt.

Tiefer wurzelte der Groll auf neuartige Maschinen wie mechanische Webstühle, die die alte Arbeitswelt revolutionierten und ganze Berufsgruppen infrage stellten. Die traditionell selbstständigen Schneider sahen sich plötzlich als abhängige Anhängsel neu entstehender Kleiderläden, für die sie 14 Stunden am Tag zu arbeiten hatten.

Von Bülow berichtete von „Zusammenrottirungen der Männer des Voigtlandes". Das auch Neu-Voigtland (später Rosenthaler Vorstadt) genannte Viertel war 1752 angelegt worden war, um Saisonarbeitern aus Sachsen und dem Voigtland Wohnung zu verschaffen. Aller Aufruhr wurde gewaltsam niedergeschlagen, und am Sonntag, dem 20. September 1830, war alles schon wieder vorbei. Bülow notiert: „Gegen Abend sammelte sich eine Menge Volk auf dem Schlossplatz, alles wollte hier das Vergnügen einer Rebellion ein Stündchen genießen." Der „Pöbel" warf mit Kastanien, einige gruben vor der Weinhandlung J.P. Nizze (Schlossplatz, Ecke Breite Straße) das Steinpflaster aus, Schlossfenster gingen zu Bruch. Am nächsten Tag spielten die Offiziere wieder Whist und Schach.

Den Offizier interessierten die sozialen Ursachen nicht. Von diesen berichtet ein mit „Brutus" unterzeichneter Handzettel, den die Polizei beschlagnahmte: „Auf, auf, ihr Teutsche! Schüttelt das Joch ab, welches seit 15 Jahren immer drückenden geworden ist." Die Forderung lautete: „Fort mit der absoluten Gewalt! Nieder mit den Händen der Tyrannei, den Gendarmen. Es lebe die Nation, es lebe eine repräsentative Verfassung. Es lebe der konstitutionelle König." Der Aufruhr, so begrenzt er blieb, war doch ein bis dahin nicht gekanntes Zeichen, dass es gärte. Der Schneiderrevolte folgte 1835 die Feuerwerks- und die Kartoffelrevolution (1847). Erst die Märzrevolution 1848 erreichte die große Dimension.

In jenen Jahren wandelte Berlin seinen Charakter: Geistesgrößen wie die Brüder Humboldt wirkten, die Universität wurde gegründet, Adelige und Bürger begegneten einander in literarischen Zirkeln, Schinkel baute die innovative Bauakademie, Beuth modernisierte das Gewerbe. Bloß auf den Straßen und Plätzen versanken die Füße der Leute in Schmutz und Kot.

1825 ließ die am Gendarmenmarkt ansässige Weinstube Lutter & Wegner den Platz vor der Türe zum Komfort der ein- und austretenden Kundschaft mit Granitplatten befestigen. Die Idee begeisterte Friedrich Wilhelm III. 1828 wurden die Hauseigentümer der am stärksten frequentierten Straßen verpflichtet, Gehwegplatten zu verlegen. Weil das teuer war, zahlte die Stadt ihren Hausbesitzern Zuschüsse: Ab 1829 flossen zwei Drittel der Hundesteuer zweckgebunden in die Befestigung der Trottoirs.

Mit der Hundezahl stiegen die Einnahmen. Gab es bei Einführung der kommunalen Steuer etwa 6000 Hunde, waren es 1850 fast doppelt so viele. Sie brachten der Stadtkasse 20 273 Reichstaler ein. Bis 1910 stiegen diese Einnahmen auf 830 231 Reichsmark. Ähnlich wie schon in Zeiten der Schneiderrevolution protestierten in den elenden Zwanzigern Stadtarme vor dem Tierheim in Mitte. Die Hundesteuer war so teuer geworden, dass sie sich von ihren Tieren trennen mussten.

Heute leben rund 126 000 Hunde mit Marke bei etwa 105 000 Herrchen und Frauchen in Berlin. Während der Pandemie stiegen die Zahlen. Für den ersten Hund sind 120 Euro an den städtischen Fiskus zu zahlen, für jeden weiteren 180 Euro, etwa 8500 Menschen wurden aus sozialen Gründen von der Steuer befreit. Knapp 13 Millionen Euro nahm das Land Berlin im Jahr 2022 aus der Hundesteuer ein.

Ob Kaiser Wilhelm I. die Hundemarke vor Augen hatte, als er zu Beginn des Krieges 1870/71 erstmals in Deutschland Erkennungsmarken für Soldaten einführte? Jedenfalls hießen sie im Soldatenjargon bald „Hundemarke". Zur Pflicht wurde das Tragen im Ersten Weltkrieg. Auf den ovalen „Hundemarken" der Bundeswehr sind neben Namen und Geburtsdatum eine Vielzahl lebenswichtiger Informationen eingeprägt: Blutgruppe, Tetanusimpfung, Rhesusfaktor.

DIE GRANITSCHALE IM LUSTGARTEN

Ganz Preußen in glänzendem Urgestein

Die Befreiungskriege gegen Napoleon waren überstanden, die Preußischen Reformen zeigten Wirkung. Der Geist des Humboldtschen Bildungsideals wehte durch die aufblühende Residenzstadt Berlin. Karl Friedrich Schinkel, Lieblingsarchitekt des Königs Friedrich Wilhelm III., begann 1825 im Lustgarten mit dem Bau eines Gebäudes, das die neuen, vom aufstrebenden Bürgertum vertretenen Ideale mustergültig darstellen sollte: ein Museum, in seiner Form an die Akropolis erinnernd, das der Allgemeinheit Zugang zu den Schätzen der Kunst verschaffen sollte. Einen Höhepunkt erleben die Besucher nun schon seit 200 Jahren bereits vor dem Betreten des Hauses: An der Treppe steht im Lustgarten die Große Granitschale, die größte aus einem einzigen Stein gearbeitete Schale der Welt. Ein Berliner Solitär.

Als sie geschaffen wurde, sah man sie nicht nur als Meisterwerk der Steinmetzkunst, sondern als Beleg, dass der Mensch mit seiner Technik die rohe Natur in eine edle Form zu bringen vermag. Granit begeisterte die Zeitgenossen als

Ewigkeitsgestein, als vaterländisches Symbol. Jenseits solcher Symbolik erlebten die Berliner die Abspaltung des Rohlings von einem Riesenfindling, den Transport über Land und Fluss, die maschinelle Bearbeitung mit einer Dampfmaschine und die Aufstellung an einem öffentlichen Ort der Erbauung für alle Schichten als unvergleichliches Spektakel. Und die Elite des Landes bekam ein Objekt für vielfältige intellektuelle Beschäftigung.

Die Geschichte beginnt mit einer prestigeorientierten Reaktion eines prinzipiell vernünftigen Königs. Friedrich Wilhelm III. war zu Ohren gekommen, dass der englische Gesandte William Cavendish, Herzog von Devonshire, eine antikisierende Schale aus Granit bestellt hatte, so wie er sie auf der Berliner Akademie-Ausstellung 1826 gesehen hatte. Die Ausstellungsstücke stammten von Bau-Inspector und Steinmetz Christian Gottlieb Cantian (1794–1866). Bei diesem orderte der Herzog eine größere Schale. Umgehend bestellte der König eine, die jedenfalls die für England bestimmte übertreffen sollte: „Das größte Produkt dieser Art soll im Lande bleiben", ordnete er an. Cantian versprach eine Schale von 17 Fuß Durchmesser (5,20 Meter), herrlicher als die „herrliche Porphyrschale aus Neros Goldenem Haus in der Sala rotonda des Vatikans".

Die Maßstäbe waren gesetzt.

Schinkel erkannte sofort das einer solchen Schale innewohnende Potenzial. In der Eingangsrotunde des Museums aufgestellt, sollte sie „für den Genuss und die Erkenntnis" der Sammlung empfänglich machen. Weil die Schale nicht durch die nur 15 ½ Fuß hohen Türen passen würde, schlug der Baumeister vor, bis zur Einbringung zwei Kellergeschosse offen zu lassen.

Ort und Sinn waren definiert. Es fehlte das Material. Cantian bereiste das Land auf der Suche nach einem passenden Findling. Er fand ihn in den Rauenschen Bergen bei Fürs-

tenwalde in Gestalt des Großen Markgrafensteins. Dieser größte je in der Mark gefundene Granitbrocken, den Eiszeitgletscher aus Schweden herbeigebracht hatten, ragte hoch wie ein zweistöckiges Haus aus dem Boden, sein Gewicht wurde auf 14 000 bis 15 000 Tonnen geschätzt. Cantians Messungen ergaben, dass die Schale größer gefasst werden könnte – statt 5,20 Meter Durchmesser seien sieben Meter möglich. Es wäre außerordentlich bedauerlich, auf die zunächst gedachte Größe zu reduzieren, so schrieb er dem Auftraggeber und bat: Der König möge befehlen. Er entschied zugunsten der Größe. Das stürzte Schinkel in Probleme. Eine Schale dieser Dimension würde die ästhetischen Maße der Rotunde „in seiner architektonischen Wirkung zugrunde richten", schrieb er, legte zur Veranschaulichung eine Skizze bei und unterbreitete einen Vorschlag: „Die große Schale vor der Treppe des Museum aufgestellt, würde so wie die Treppe selbst von den Hausleuten des Museums in Aufsicht genommen, wenn es nöthig erscheint gereinigt." Prachtschalen im Freien seien zu allen Zeiten üblich gewesen. Polierter Granit eigne sich für die Außenaufstellung, zum Abfluss des Regenwassers im Sommer könne sie eine kleine Öffnung im Mittelpunkte haben, im Winter sei eine Abdeckung hilfreich. Nach einigem abwägenden Hin und Her genehmigte Friedrich Wilhelm III. die von Schinkel angeregte Außenaufstellung und teilte per Kabinettsorder am 21. Februar 1829 mit, er wünsche ein eisernes Gitter („von welchem Sie mir eine Zeichnung einreichen werden") sowie eine Baumreihe und Vorrichtungen, dass die Schale „durch Regen und Schnee nicht leide".

Am Großen Markgrafenstein arbeiteten von Mai 1827 bis Ende 1828 täglich zwanzig Steinmetze beim Abspalten des Schalenstücks und Herausmeißeln des Rohlings. Als dieser, 160 Tonnen schwer, zum ersten Mal gewendet werden musste, legten hundert Mann Hand an. Nahe dem Findling war eigens eine Schmiede zum Schärfen der Meißel eingerichtet. Vor dem Transport zum Spreekanal schlug man eine Trasse durch den Wald und ebnete das Gelände ein, in Sandhügel grub man Passagen. 54 Mann bewegten mithilfe von Winden und Flaschenzügen die Last über splitternde Rollen aus Fichtenstämmen wenige Meter pro Tag, bis der Rohling glücklich auf einem speziell hergerichteten Lastkahn platziert werden konnte.

Der Berliner Journalist Samuel Heinrich Spiker berichtete als Augenzeuge, wie die Schale am 6. November 1829 anlangte „mit sämmtlichem Personal der Steinhauer, den Verfertigern der Schale, Herrn Bau-Inspector Cantian, an der Spitze derselben". Weil sich die Grünstraßenbrücke als zu schmal erwies, war „von den Pfosten ein Bedeutendes abzustemmen". Am Lustgarten nahm ein eigens errichtetes Gebäude den Rohling auf. Eine Dampfmaschine von zehn Pferdestärken arbeitete zweieinhalb Jahre am Schleifen und Polieren. Cantian entdeckte dabei mit Schrecken „drei Klüfte" und meldete die Sprünge im Stein am 12. Dezember 1828 tief besorgt an den Hof. Besondere Maßnahmen zum Schutz würden unumgänglich sein. Für die Sockelgestaltung schlugen Schinkel und Cantian Löwen und Adler vor, doch der König bevorzugte die schlichte Eleganz. Ein dreiteiliger Granitsockel entstand. Beobachter Spiker gefiel das Arrangement im Lustgarten ausnehmend gut: „Besonders grandios nimmt sich die ungeheure Tazza von dem oberen Ruheplatze der Treppe des Museums (da wo man zur Galerie der Rotunde eingeht) aus, wo man die ganze gewaltige Steinmasse auf einmal übersieht, und wo sie zu dem, sie umgebenden, großartigen Raume des Lustgartens auf einmal in ihr gehöriges Verhältnis tritt."

Am 10. November 1834 fand die Übergabe an das Königliche Museum in Anwesenheit aller denkbaren Prominenz statt – stolz, die größte aus einem Stein geschlagene Schale der Welt zu besitzen mit 6,91 Metern Durchmesser, 21,7 Metern Umfang und 75 Tonnen Gewicht. Das Volk scherzte: „Wer hat den stärksten Glauben? Cantian, denn der kann Berge versetzen."

Das war mehr als ein Biedermeierwunder, wie die Berliner Kunsthistorikerin Sibylle Einholz erkannte. Zur Zeit der Aufstellung im 19. Jahrhundert ergriff das immer selbstbewusstere Bürgertum jede Möglichkeit, um an die edle Kultur der „Alten", also der griechischen und römischen Antike, anzuknüpfen. Granit stilisierte man wegen seiner Festigkeit zum vaterländischen Material, in dem die Standhaftigkeit des Reformators Luther versinnbildlicht sei. Große Findlinge aus heimatlicher Erde stiegen zu Nationalsymbolen auf, ähnlich erging es den Hünengräbern der „Germanen". Granit avancierte in Gestalt polierter Tischplatten und Buchstützen zum Modematerial im gehobenen Haushalt. Johann Wolfgang von Goethe beschrieb Granit als „die Grundfeste unserer Erde", als „Träger einer Ur-Information über die Gestaltungsregel der Erde". Einholz sieht das Museum als neues Heiligtum, als Pilgerziel. Davor das Ur-Gestein der Welt, die Schale nicht als Beiwerk, sondern als Monument der Grundidee.

Bis 1934 blieb die Schale am Ursprungsort. Teilnehmer der vielen Großdemonstrationen der Zwanzigerjahre kletterten in die Schale hinein, um sie als Aussichtspunkt oder Tribüne zu benutzen, und beschädigten den Boden. Schließlich ließ NS-Propagandaminister Joseph Goebbels den Lustgarten zum Platz für Massenaufmärsche herrichten und die störende Schale beiseite rücken. Am Eingang zur Fürstengruft im Dom stand sie auch während des Zweiten Weltkrieges. In den Endkämpfen um Berlin trug sie einige Blessuren, vor allem von Artilleriegranaten, davon. Im Lauf der Jahrzehnte verblasste der Glanz des polierten Granits. 1981 kehrte sie zurück an ihren Ort. Als sie im Oktober 2020 von Jugendlichen mit obszönen und vulgären Sprüchen in deutscher und türkischer Sprache beschmiert wurde, empörte sich die kulturell und historisch engagierte Elite Berlins.

Der Präsident der Stiftung Preußischer Kulturbesitz holte groß aus: „Kultur wird angegriffen. Die markante und weltberühmte Granitschale vor dem Alten Museum ist auf fürchterliche Weise beschmiert worden", sagte er und forderte Schutz für „unsere Schätze" und eine gesellschaftliche Debatte, wie kulturelle Werte zu verteidigen seien.

DIE GASLATERNE

Wie Licht in das Berliner Dunkel kam

Das gibt es nirgendwo mehr auf der Welt außer in Berlin: derart viele mit Gas und Glühstrumpftechnik aus dem 19. Jahrhundert betriebene Straßenlaternen. 44 000 Exemplare davon tauchten noch im Jahr 2010 vor allem in West-Berlin ganze Straßenzüge in mildes, warm-weißes Licht. Das wirkte wunderbar romantisch, beruhigte erregte Großstadtgemüter, hielt die Lichtverschmutzung in Grenzen und schonte die Insekten. Kein Wunder, dass sich Widerstand einstellte, als der Senat beschloss, die Berliner Straßenbeleuchtung auf energiesparende und wartungsfreundliche Leuchtdioden (LED) umzurüsten. Die große Idee der Gaslichtfreunde war, die Berliner Besonderheit als Flächendenkmal im Status eines Unesco-Weltkulturerbes zu erhalten.

Nur 3300 historische Gaslaternen erlangten in den Senatsplänen offiziellen Schutzstatus. Sie bleiben erhalten und setzen auf Dauer vor allem Denkmalbereiche in das passende, historische Licht. Nach Auskunft der zuständigen Senatsverwaltung für Verkehr und Umweltschutz wurden Mitte 2022 noch 23 400 Berliner Straßenleuchten mit Gas betrieben. Von den 44 000 Gasleuchten sind mehr als 20 000 auf LED umgestellt.

Die allermeisten historischen Masten bleiben erhalten, wenn die Lichttechnik erneuert wird. Dem ungeübten Auge fällt die Modernisierung also gar nicht auf, zumal auch die neuen LEDs warm-weiß leuchten. Gleichwohl verschwindet eine Technik, die mehr als 150 Jahre Licht ins Berliner Dunkel brachte. So hat es eine Gaslaterne allemal verdient, ihre Berliner Geschichte zu erzählen.

Aber welcher von den vielen soll die Ehre zuteilwerden, stellvertretend für die mannigfaltigen Formen, Größen, Zwecke und Entwicklungsstufen? Soll es eine der klassischen Modellleuchten sein, die auch Schinkelleuchte genannt wird, und am traditionellsten wirkt, weil ihr Aufsatz altertümlichen Handlaternen nachgebildet ist? Sie ist sechseckig mit palmettenverziertem Dachrand, sieht wie dem Märchenland entlehnt aus und wurde 1892/93 von den Berliner Städtischen Gaswerken entwickelt. Eine starke Kandidatin. Zumal die Modellleuchte an besonderen Plätzen zu prächtigen zwei-, drei-, oder fünfarmigen Kandelabern vereint zu finden ist.

Am weitesten verbreitet ist die schlichte Aufsatzleuchte, die in den 1920er-Jahren aufkam. Die bis heute verwendete Form Bamag U7 wird seit den 1950ern ein-

gesetzt. Zu erkennen ist sie an dem runden Hut, der auf zwei leicht gebogenen Trägerstangen sitzt, dazwischen stecken unter Glas meist vier Glühstrümpfe beziehungsweise LEDs, manchmal auch sechs.

Schlicht und praktisch ist die Reihenleuchte, eine Berliner Neuentwicklung aus den 1950er-Jahren, die auf einem hohen Mast angebracht vor allem zur stärkeren Beleuchtung von Hauptverkehrsstraßen diente. Der Name rührt von den bis zu neun in Reihe angeordneten Glühkörpern.

Ebenso von höherer Position herab erhellt die Hängeleuchte eine größere Fläche und steht meist an verkehrsreichen Straßen. Sie hat vier bis neun Leuchtstrümpfe (oder LEDs) und fand vor allem in den 1920er- bis 1950er-Jahren Verbreitung.

Dass noch in den 1950er-Jahren die alte Gastechnik zu neuem Einsatz kam, lag am Kalten Krieg und der Teilung Berlins: 80 Prozent der Berliner Straßenbeleuchtung waren 1945 zerstört. Der Osten baute, wie auch die meisten westdeutschen Städte, die alte Gasbeleuchtung zügig und mit wenigen Ausnahmen ab und elektrifizierte. Anders West-Berlin: Hier wurde das Gassystem beibehalten und modernisiert – auch weil lokal durch Kohlevergasung herstellbares Stadtgas Unabhängigkeit im Falle eventueller Stromblockaden durch die sowjetische Besatzungsmacht im Osten bot. Als 1995 die Stadtgas-Ära endete und damit auch der suizidale Missbrauch, wurden alle West-Berliner Gasleuchten zunächst auf Erdgas umgestellt.

Zur Favoritin im Wettbewerb der Gaslaternen wird hiermit eine untypische erklärt: ein gusseiserner Jugendstilkandelaber mit schmiedeeisernem Aufsatz und Gusszierelementen. Das Exemplar hat bereits Museumswürde erlangt und ist also auffindbar: 1995 übernahm das Deutsche Technikmuseum Berlin die vierflammige Hängeleuchte. Hergestellt wurde sie um 1910 nach der neuesten, vom wilhelminischen Prunk abweichenden Mode von der 1872 gegründeten Firma Berlin-Anhaltische Maschinenbau Aktiengesellschaft (Bamag). Die Laterne steht auf dem Gelände des kleinen Parkplatzes am Museum in Berlin-Kreuzberg. Zuvor tat sie in Köpenick ihren Dienst, gehörte also zu den wenigen Hundert Gaslaternen, die im Osten der Stadt stehen geblieben waren.

Der Berliner Gasleuchtenproduzent FA Ehrich & Graetz hatte laut Inventarliste des Technikmuseums den Vertrieb übernommen. Die Geschichte dieser Firma ist typisch für Aufstieg und Verschwinden eines Berliner Unternehmens: Am 2. Januar 1866 errichteten Albert Graetz und Emil Ehrich die Ehrich & Graetz OHG. In den folgenden Erfolgsjahrzehnten erfanden deren Mitarbeiter Petroleumlampen, produzierten Elektro-, Rundfunk- und Heizgeräte. Seit 1922 arbeitete die Firma als Aktiengesellschaft, von 1942 an unter dem Firmennamen „Graetz AG". Am 4. Februar 1950 entstand nach der Überführung in Volkseigentum der VEB Fernmeldewerk Treptow.

Wer in der Stadt flaniert und den Blick auf die teils mehr als hundert Jahre alten Laternenmasten wirft, kann Entdeckungen machen. Da gibt es den „Bischofsstab", in dessen runder Krümme eine Hängeleuchte angebracht ist, oder den „Großen Galgen", tatsächlich ein Mast mit mehr oder weniger verziertem galgenförmigem Ausleger, an dem eine Hängeleuchte baumelt.

Die ersten Gaslaternen in Berlin stellte 1826 die britische Gesellschaft Imperial Continental Gas Association auf. Das Londoner Unternehmen hatte mit den Berliner Behörden einen Vertrag über die Gasbeleuchtung von Straßen abgeschlossen. In kurzer Zeit errichteten die Engländer auf dem Gelände des heutigen Sommerbads Kreuzberg ein Gaswerk. Am 21. September 1826 flackerten dann Unter den Linden die ersten Laternen auf. Ihr Licht kam von einer handtellergroßen, offenen Gasflamme aus einem sogenannten Schnittbrenner. Es leuchtete recht schwach, doch Berlin war begeistert.

Mehr Leuchtkraft brachte die Erfindung des Wiener Chemikers Carl Freiherr Auer von Welsbach, der 1885 den Glasglühkörper patentieren ließ. Auer entdeckte, dass molekularfeine seltene Erden hoch erhitzt starkes Licht ausstrahlen. In seinem Auer-Glühstrumpf brennt also keine Gasflamme, vielmehr bringt das Gas ein in schwach radioaktives Thorium-Nitrat und Cer-Nitrat getränktes Baumwoll- oder Seiden-Gazegewebe zum Leuchten. 1898 waren sämtliche damals betriebenen 27 000 Gaslaternen Berlins auf Auerbachbrenner umgestellt. Von 1892 an produzierte die Firma Auer-Gesellschaft mbH in Berlin Gasglühkörper, im Jahr 2000 waren es noch etwa zwei Millionen. 2004 wurde die Fertigung, die letzte in Deutschland, an einen Hersteller in Indien verkauft.

Es hat sich also viel getan, seit 1648 der Große Kurfürst die Bürger angewiesen hatte, an jedem dritten Haus nachts ein Licht auszuhängen. Üblich waren Öllämpchen. Bald folgte die Anordnung, feste Laternen aufzustellen. Laut Brennordnung von 1682 sollte der Betrieb kostensparend auf mondscheinarme Winternächte beschränkt sein. Laternenwächter gingen mit langen Stangen umher, zündeten an, löschten aus, füllten Öl nach.

So ging das 200 Jahre; auch die neuen, mit Glühstrümpfen ausgestatteten Gaslaternen brauchten persönliche Betreuung; Laternenanzünder gehörten zu den prominenten Stadtfiguren, bis eine Druckwellentechnik ihre Aufgabe übernahm. Am 29. April 1925 absolvierte Berlins letzter Laternenanzünder in Friedrichshain seinen letzten Diensttag.

Bei aller Liebe zum Gaslicht: Seine Tage als wichtige Beleuchtungsart sind gezählt, das Ende der Gaslieferungen aus Russland im Jahr 2022 bestätigt die Notwendigkeit. Die wirtschaftlichen, politischen und klimapolitischen Vorteile überwiegen andere Erwägungen. Jede vierflammige Gasleuchte gibt etwa eine Tonne CO_2 jährlich ab. Durch die Umrüstung von 20 000 Gaslaternen konnten demnach Jahr für Jahr mindestens 20 000 Tonnen eingespart werden.

Ähnlich beschrieb der Senat 2021 die finanzielle Bilanz: Die Kosten für den Energieverbrauch der Gasleuchten beliefen sich 2012 noch auf 12,2 Millionen Euro, im Jahr 2020 waren es nur 6,3 Millionen Euro. Seit 2016 kommen bei der Umrüstung nur noch LED zum Einsatz, doch schon die Umstellung auf konventionelle Elektrobeleuchtung in den Jahren davor senkte den jährlichen Aufwand für Wartung, Instandhaltung und Energie auf weniger als ein Zehntel – von 460 Euro Betriebskosten pro Jahr und Leuchte auf 44 Euro. Das steckt der zusätzliche Effekt durch LED-Einsatz noch nicht drin.

Die anfängliche Sorge, das milde Gaslicht könne durch grelle Elektrostrahler verdrängt werden, ist abgeebbt. Von Forschern der Freien Universität entwickelte Leuchtdioden gleichen nicht nur den birnenförmigen Glühstrümpfen der traditionellen Gaslaterne, durch Kombination verschiedenfarbiger Leuchtdioden weisen sie auch das gleiche Farbspektrum auf.

Es bleibt die Wehmut, dass ein Zeitalter zu Ende und ein Kulturgut großflächig verloren geht. Fast 200 Jahre funktionierte das System zuverlässig. Dort, wo die 3300 Denkmal-Exemplare stehen, zum Beispiel im Schillerkiez in Neukölln, ist ihr Charme weiterhin zu erleben.

DIE LITFASSSÄULE

Das Allerneueste für alle, ein Medium für Berlin

Seit 150 Jahren gehören Litfaßsäulen zu Berlin wie der Kleber zum Plakat. Wollte ein Maler Berliner Flair an einem pittoresken Ort einfangen, kam er um eine Litfaßsäule nicht herum, denn sie standen einfach an allen interessanten Stellen. An der Annonciersäule gab es das Neueste, das Allerneueste und Alleraller-neueste zu lesen. Und zwar kostenlos. Um die Säule herum war öffentlicher Raum, ideal, um die Neuigkeiten umgehend zu diskutieren. Ein Kommunikationsmittel für alle Leute, wie geschaffen für eine umtriebige Stadt voller Menschen auf der Suche nach Orientierung und Vergnügen.

Ernst Theodor Amandus Litfaß, am 11. Februar 1816 in der Adlerstraße 6, nahe der Jungfernbrücke und dem Werderschen Markt, geboren, gehört zu einer nicht seltenen Sorte Berliner: mit wilden Jugendjahren, energisch-meinungsfreudiger Revoluzzerzeit und anschließender Wende zum Bürger und umtriebigen Geschäftsmann – Verleger, Drucker, Erfinder, Patriot und Wohltäter. Die Litfaßsäule allerdings, die dem Manne bis heute Präsenz verschafft, hat er gar nicht erfunden.

Ernst Litfaß' eigene Aufzeichnungen sprechen dafür, dass ihm die Idee mit den Anschlagsäulen während einer Parisreise zum Jahreswechsel 1853/54 gekommen war. Diese Stadt hatte ihn überwältigt. Er schwärmte vom Reiz der allgegenwärtigen Reklame, vom Zusammenspiel prächtiger Läden, der Beleuchtung, den Plakaten: „Die Schaufenster in Paris verhalten sich zu den hiesigen, wie die Leipziger Messe zu dem Jahrmarkt in Friesack", schrieb er. Straßenecken, Pfeiler, Brunnen und Bäume waren auch in Berlin vollgekleistert mit Anschlagzetteln, aber in Paris sah er „auch die Dächer und Schornsteine mit Firmen bemalt und beschrieben". Dort standen obendrein gemauerte Annonciersäulen. In London kannte man seit 20 Jahren die „Harrissäule", eine achteckige Konstruktion auf Rädern. Den Gedanken, eine Riesenstadt brauche so etwas, nahm Litfaß mit nach Hause und meldete das Patent für seine Plakatsäule an.

Es war, als hätte Berlin auf die Idee gewartet. Zahllose Menschen strömten zu jener Zeit vom Lande herbei, suchten Arbeit, Wohnung, Unterhaltung, boten ihre Dienste an. An Bäumen, Mauern, Hausecken, Eingängen, Brunnen klebten Zettel aller Größen und Sorten. Berlin leide an einer Hautkrankheit, nörgelte die Presse. Die Revolutionäre von 1848 brachten ihre Botschaften auf diesem Weg unter die Leute, Theater ihr Programm und Zuzügler ihre Arbeitskraft.

In diesem Durcheinander trachtete Polizeipräsident Karl von Hinckeldey nach einem Ende der kommunikativen Anarchie; die „Regelung des Affichenwesens" sei „ein dringendes polizeiliches Bedürfnis", notierte er. Als Litfaß ihm seinen Plan vortrug, Anschlagsäulen aufzustellen und das wilde Zettelkleben zu untersagen, erkannte Hinckeldey die Vorzüge sofort. So zäh das preußische Genehmigungswesens sonst auch war – in diesem Fall ging es schnell. Am 5. Dezember 1854 hielt Litfaß die 15 Jahre gültige Konzession „zur Errichtung einer Anzahl von Anschlagsäulen auf fiskalischem Straßenterrain zwecks unentgeltlicher Aufnahme der Plakate öffentlicher Behörden und gewerbsmäßiger Veröffentlichung von Privatanzeigen" in den Händen.

Die Vereinbarung setzte klare Regeln: „Die Zahl dieser Säulen ist zunächst auf 150 bestimmt, und die Punkte zu ihrer Aufstellung sind so zweckmäßig gewählt, dass sie, ohne den Verkehr zu beengen, von allen Seiten leicht zugänglich stehen." Errichtet wurden zunächst 100 neue Säulen, jede sollte mit „architectonisch passendem Fuß und Gesims verziert" sein.

Die erste wurde am 15. April 1855 an der Ziegenbockswache – so genannt im Andenken an eine Bürgerwehr von 1848 – in der Münzstraße aufgestellt und wies drei Meter Höhe und 1,08 Meter Durchmesser auf. Zur feierlichen Übergabe der Säulen am 1. Juli ließ Litfaß ein Musikkorps die speziell für diesen Anlass komponierte schmissige Annoncir-Polka spielen.

Die Polizei legte die Formate und Preise für die privaten Anschläge fest. Das Ankleben von 100 Plakaten im Quartformat kostete fünf Silbergroschen. Die *Neue Preußische Zeitung* errechnete für Litfaß einen jährlichen Bruttoertrag von 2500 bis 3500 Taler. Die mittleren monatlichen Lebenshaltungskosten eines bescheiden lebenden Menschen betrugen damals inklusive Miete acht Taler. Litfaß besaß das Monopol für diese lukrative Einkommensquelle. Fortan kamen sämtliche wichtigen amtlichen Bekanntmachungen den Leuten an den Säulen zur Kenntnis.

Die Vorteile für die Stadt wurden bald augenfällig. In der Nacht zum 1. Juli 1855 befreiten 400 Beamte der Straßenreinigung Häuserecken, Brunnen und Zäune von zentimeterdicken Papier- und Klebstoffschichten. Seit jenem Jahr darf in Berlin nur noch an den Anschlagsäulen annonciert werden. Der Anschlag-Spediteur erschien als neue Berliner Figur mit grau-roter Bluse, schwarzem Hut und einem Messingschild mit Nummer um den Hals.

Litfaß wurde mit den Säulen reich, und Hinckeldey erlangte die Kontrolle über einen wichtigen Teil der öffentlichen Meinung. Anfangs hagelte es noch Kritik. Die Zeitschrift *Feuerspritze* verteidigte das Recht jedes Bürgers auf Meinungsäußerung durch wildes Plakatieren und meinte, mit der Neuordnung werde „uraltes, historisches Recht mit Füßen getreten". Andere erkannten Gefahren für den öffentlichen Verkehr. Neider ätzten gegen den neureichen Aufsteiger.

Ein paar Jahre zuvor war Litfaß der Erfolg noch alles andere als sicher gewesen. Zwar entstammte er einer Familie von Buchdruckern, und seine Buchdruckerausbildung war gesichert. Doch er wollte Schauspieler werden, riss von zu Hause aus, tingelte als „Herr Flodoardo aus Berlin" durch Bühnen in Hamburg, Bremen, Lübeck. Der Erfolg blieb mäßig, so kehrte er zurück, heiratete mit 24, wurde Vater, übernahm nach dem Tod des Stiefvaters die Familiendruckerei.

So situiert erlebte er die Märzrevolution 1848, begeisterte sich für liberale Reformen. Flugblätter, Zeitungen und Plakatzettel erlebten eine nie gekannte Konjunktur. Und wo wurden die „Waffen der Demokratie“ gedruckt? Bei Litfaß! Die von ihm herausgegebene satirische Zeitschrift *Berliner Krakehler* erreichte eine Auflage von 20 000. Die Litfaßschen Autoren, darunter sicherlich er selbst, wollten eine gesetzestreue konstitutionelle Monarchie, Reformen, aber keine Eskalierung der revolutionären Verhältnisse. Andere Blätter wie der *Kladderadatsch* und die *Ewige Lampe* mischten mit. 1848 ließ der Polizeipräsident die frechen Schriften, auch den *Krakehler*, verbieten, Buchhändler verhaften und Druckereien schließen. Ernst Litfaß sah die Gefahr der allgemeinen Anarchie wie des privaten Ruins, arrangierte sich und revolutionierte stattdessen die Werbewirtschaft.

Zunächst versetzte er das Publikum der Berliner Gewerbeausstellung in Staunen: „Der kolossalste Anschlagzettel, welcher aus der Oficin von Litfaß hervorging, war derjenige, welcher im Jahr 1849 die Ausstellung bei Kroll schmückte und nicht weniger als 20 Fuß lang und 30 Fuß breit war, also ein Plakat, wie es Berlin noch niemals gesehen hatte“, schwärmte ein Beobachter. Sechs mal neun Meter! In seiner Druckerei führte Litfaß dampfgetriebene Schnellpressen ein, den Buntdruck und einen elektrischen Telegrafen zum Kommunizieren mit der Kundschaft. Er entwarf neue Anschlagzettel, die bald Litfaßzettel hießen, gab Zeitungen heraus. 1851 erschien erstmals der *Tagestelegraph* – Ratgeber für Konzerte, Theater, Einkäufe, Vergnügen, Restaurants. Die erste Publikation, deren wesentlicher Teil aus Reklame bestand. Als er begann, Formulare und Vordrucke en masse zu produzieren, beglückte er mit dieser Neuerung die Berliner Gewerbetreibenden.

Bei alledem gab sich der einstige Revoluzzer als königstreuer Patriot. Wilhelm I., ab 1871 Kaiser, übertrug ihm das alleinige Recht, Kriegsdepeschen und Siegesmeldungen aus den Kriegen 1866 und 1870/71 zu veröffentlichen. Litfaß wiederum unterstützte verwundete Soldaten und Hinterbliebene. 1874 starb er 58-jährig, seine Ruhestätte auf dem Dorotheenstädtischen Friedhof führt die Stadt als Ehrengrab. Die Restaurierung 2011 bezahlte die Firma Wall, die die Stätte in Patenschaft betreut. Der 2019 verstorbene Unternehmer Hans Wall stellte sich mit seiner Firma für Außenwerbung bewusst in die Nachfolge und Tradition des Ernst Litfaß – als effizienter Geschäftsmann wie als Mäzen.

Den Litfaßschen Nachlass hütet die Stiftung Stadtmuseum. Sein Herzstück bildet ein etwa 600 Seiten umfassendes Konvolut, mit großer Sicherheit von Litfaß selbst 1853 bis 1871 zusammengestellt. Blatt um Blatt beklebte er mit Zeitungsausschnitten, Gedichten, Speisekarten, Handzetteln und Fotos, die in irgendeinem Zusammenhang mit ihm standen. Litfaß stellte der Sammlung einen Lebensbericht voran und ließ sie in braunes Leder binden, versehen mit seinem Namen in Goldprägung. Doch der Buchrücken fehlte, am Papier hatte der Zahn der Zeit genagt. Daher wurde das Konvolut entbunden, nun lagert der Schatz in Kisten und zartem Seidenpapier. Die Dokumente, verfilmt und kopiert, bieten Historikern wertvolle Informationen über Personen und das Berliner Leben in der Zeit des industriellen Aufbruchs und des bürgerlichen Erstarkens.

DIE EWIGE LAMPE AUS DER NEUEN SYNAGOGE

Zwei Wunder retteten das Licht der Hoffnung

Warum soll man in einem Gotteshaus nicht an Zeichen und Wunder glauben? Wie sonst könnte man sich die Geschichte der Ewigen Lampe der Neuen Synagoge in der Oranienburger Straße erklären? Schon ihre Herkunft hat etwas Wunderbares. Eine Inschrift in dem etwa 50 Zentimeter hohen kelchförmigen, nach unten spitz auslaufenden Gefäß aus Neusilber, das mit seinen zwei Henkeln an eine Amphore erinnert, erzählt von den Menschen, die ihrer Synagoge dieses wichtige Kultobjekt spendeten: „Julius und Lydia Jacoby 1866 – Adolph und Cäcilie Jacoby 5626".

Nicht nur zwei Ehepaare, sondern auch zwei Geschwisterpaare: die Schwestern Cäcilie (1834–1887) und Lydia (1831–1899), beide geborene Schönlank, sowie die Brüder Adolph Jacoby (1825–1901) und Julius Jacoby (1824–1915). Die beiden gebürtigen Berliner betrieben viele Jahre in der Spandauer Straße 7 eine Fabrik zur Baumwollwarenherstellung. Julius Jacoby wirkte zudem in der Sachverständigenkommission der Textilbranche und der Korporation Berliner Kaufleute. 1878 wurde er in den Vorstand der Jüdischen Gemeinde gewählt und war von 1901 an dessen Vorsitzender.

Zum Zeitpunkt der Spende im Jahr 1866 waren die beiden Frauen 32 beziehungsweise 35 Jahre alt, die Männer 41 und 42. Ob sie zu den Ersten gehört hatten, die unter dem Baldachin der Neuen Synagoge ihre Doppelhochzeit feierten, ist nicht bekannt. Jedenfalls hatten sie die Mittel, um Dank und Verbundenheit auszudrücken.

Es war eine gute Zeit für die Berliner Juden. Das Preußische Judenedikt hatte sie 1812 von „Schutzjuden" zu Staatsbürgern gemacht, ihnen weitgehende Niederlassungs-, Handels- und Gewerbefreiheit gewährt. Erstmals konnten sich Juden fast im gesamten Preußen frei bewegen, beinahe jedes Gewerbe wählen und ohne obrigkeitliche Kontrolle Grundbesitz erwerben. Fast alle Sonderabgaben waren weggefallen. Beschränkt blieb die Zulassung zu Staatsämtern und zum Offizierskorps.

Gesetz um Gesetz festigte sich in den kommenden Jahren ihr Bürgerstatus, wuchsen die Freiheiten. 1869 hob schließlich das Emanzipationsgesetz „alle noch bestehenden Beschränkungen der bürgerlichen und staatsbürgerlichen Rechte" auf, die aus der Verschiedenheit der religiösen Bekenntnisse hergeleitet wurden. Die preußischen Juden ergriffen die Chancen. Ihr wirtschaftlicher und gesellschaftlicher Aufstieg verlief rasant.

Neu gewonnenes Selbstbewusstsein und schwindende Angst vor Willkür sprachen am 26. März 1846 aus dem Schreiben der „Ältesten und Vorsteher der Judenschaft an die verehrlichen Mitglieder unserer Gemeinde". Es war ein Spendenaufruf. Vier Wochen zuvor hatte man bei der Staatsbehörde um Erlaubnis zum Neubau einer Synagoge nachgesucht. Die Gemeinde war Jahr für Jahr gewachsen, um 1860 lebten dann 28 000 Juden in Berlin, knapp vier Prozent der Gesamtbevölkerung. Die Gemeinde erwarb schließlich am 26. Juni 1856 ein Grundstück in der Oranienburger Straße 30, wo es jüdische Einrichtungen gab und viele jüdische Familien lebten. Sie brachte dafür aus eigenen Mitteln 60 000 Taler auf. Wenig später kaufte man drei Nachbargrundstücke hinzu. Im Dezember lag die Baugenehmigung vor. Am 20. Mai 1859 begann der Bau.

Spektakulär für das noch recht provinzielle Berlin machte sich die Architektur aus: Von orientalischen Vorbildern ausgehend nahm sie Bezug auf die auch im deutschen Judentum als Goldene Zeit erinnerten Jahrhunderte im islamisch regierten Al-Andalus auf der Iberischen Halbinsel. Groß, prächtig und weithin sichtbar erhob sich die maurische Kuppel.

Man war neugierig in Berlin, und so kam es, dass am 28. Dezember 1865 Preußens Königspaar, Wilhelm I. und Augusta, höchstpersönlich die Baustelle besuchte, um Wohlwollen zu bekunden. Zur Eröffnungszeremonie am 5. September 1866 – dem 25. Elul 5626 nach jüdischem Kalender – erschien die gute Gesellschaft: Polizeipräsident Otto von Bernuth, Oberbürgermeister Karl Theodor Seydel, Magistratsmitglieder, Stadtverordnete und allen voran der preußische Ministerpräsident und spätere Reichskanzler Otto von Bismarck.

1866, nach jüdischer Zeitrechnung 5626 – eben dieses Jahr steht eingraviert auf der von den Ehepaaren Jacoby gestifteten Lampe. Von Anfang an hing sie in dem neuen Gotteshaus, nahe dem Allerheiligsten, dem Toraschrein. In ihr brannte als ölgenährte Flamme ohne Unterlass das Ewige Licht, hebräisch Ner Tamid, das die Anwesenheit Gottes bezeugt, so wie es im Alten Testament heißt: „Denn der Herr ist dein ewiges Licht, zu Ende sind deine Tage der Trauer."

Selbst das Pogrom vom 9. November 1938 überstand die Ewige Flamme leuchtend: Zwar hatten SA-Leute versucht, das Gebäude wie fast alle Synagogen in Deutschland in jener Nacht in Brand zu stecken, doch Wilhelm Krützfeld, Vorsteher des Polizeireviers 16 am Hackeschen Markt, rief die Feuerwehr. Die ließ sich nicht einschüchtern und löschte tatsächlich den Brand im jüdischen Gotteshaus. Andernorts sahen Polizei und Feuerwehren dem Treiben des „Volkszorns" zu und griffen höchstens ein, um das Übergreifen der Brände auf nicht jüdische Häuser zu verhindern.

Als Zünder für den Volkszorn diente der NSDAP-Führung ein Attentat auf einen deutschen Diplomaten, verübt am Nachmittag des 9. November 1938 von einem 17 Jahre alten Juden in Paris. Propagandaminister Joseph Goebbels forderte daraufhin Vergeltung. Er zitierte Hitler, der gesagt habe, judenfeindliche Aktionen seien „von der Partei weder voranzutreiben noch zu organisieren", man solle ihnen aber auch nicht entgegentreten. Die NS-Spitze verstand Goebbels Rede als Aufruf zum Pogrom, deren Urheber aber im Hintergrund bleiben solle. Alles sollte so erscheinen, als würde sich Judenhass „spontan" entladen.

Der Gemeindevorsitzende Heinrich Stahl und Rabbiner Max Nussbaum besichtigten kurz nach der Pogromnacht die Schäden. Über diesen Moment berichtete 1970 der nun in den USA wirkende Rabbiner: „Ich hatte Herzklopfen: Nicht nur betrat ich ein entweihtes Gotteshaus inmitten einer modernen europäischen Großstadt, sondern ich betrat die Szene von 2000 Jahren Pogromen und Brandstiftungen, und ein Sturm der Gefühle von völliger Verzweiflung bis zu wütendem Trotz überwältigte mich fast. Wir fanden ein totes Heiligtum. So dachten wir, bis unsere Augen sich zum Heiligen Schrein erhoben. Über dem Schrein gewahrten wir unser eigenes Wunder, das des zwanzigsten Jahrhunderts: Das Ewige Licht brannte, es hatte während des 9. und 10. November gebrannt. Es war ein unvergesslicher Anblick – Symbol und Botschaft zugleich."

Die Synagoge konnte an Pessach 1939 wieder ihren Betrieb aufnehmen, am 14. Januar 1943 fand im kleinen Gebetsraum der letzte Gottesdienst statt. Dann übernahmen die Nationalsozialisten das Gebäude. Über das Schicksal der Lampe in den folgenden Monaten ist nichts überliefert. Schon vor 1943 hatten die Nazis in die Synagoge eine Trümmerschutzdecke einziehen lassen, um sie als Luftschutzbunker zu missbrauchen. In der Nacht zum 23. November 1943 beschädigte eine Bombe den Baukörper schwer.

1988 wurde in Zusammenhang mit dem 50. Jahrestag der Pogromnacht die Stiftung Neue Synagoge Berlin – Centrum Judaicum gegründet. Das Ziel: die Neue Synagoge wieder aufzubauen und ein Zentrum für die Pflege und Bewahrung der jüdischen Kultur zu schaffen. Am 10. November 1988 fand die symbolische Grundsteinlegung statt. Am 7. Mai 1995 eröffnete das Centrum Judaicum.

Doch zuvor, am 19. Oktober 1989, wurde das zweite Wunder offenbar: Als Bauarbeiter die Betondecke entfernten, fand man in den Trümmern die verschollene Ewige Lampe im Eingangsbereich des ehemaligen Männervestibüls der Vorsynagoge, etwa 80 Meter von ihrem ursprünglichen Platz entfernt. Mithilfe einer Aufnahme des Fotografen Abraham Pisarek aus dem Jahr 1938 konnte die Lampe eindeutig der Neuen Synagoge zugeordnet werden.

War die Lampe beim Einziehen der Decke in den Beton gefallen? Hatte sie jemand hineingeworfen? Wir wissen es nicht. Aber: Sie überlebte im Beton. Als die Restauratorin Eva Fischer das Stück übernahm, war es zwar innen und außen von Beton bedeckt, doch waren Korpus und Schriftzüge klar zu erkennen. Millimeter für Millimeter hat sie mit Skalpell und Lupe die Ewige Lampe befreit, schließlich die stumpfe, fleckige Oberfläche mit Tupfern und Reagenzien gesäubert und dem Silber wieder milden Glanz verliehen. Deutlich zu erkennen ist ein Einschuss im unteren Teil. Rund um das Loch biegt sich das Metall nach innen – offenbar hat jemand auf die hängende Lampe geschossen. Wer das war und wann er es tat, bleibt Spekulation. Eva Fischer hat nicht den Originalzustand von 1866 wiederhergestellt: „Das wollte und konnte ich nicht", sagt sie. Das Einschussloch, die Beulen, die abgebrochenen Schmuckbänder an einer der drei Öffnungen, alles blieb erhalten. Die Lampe hängt heute an ihren drei, hauptsächlich aus Davidsternen gebildeten Ketten in einer Vitrine in der Dauerausstellung im Centrum Judaicum – eine Sachzeugin mit all den Wunden, die ihr die Geschichte schlug.

DIE BEUTH VON BORSIG

Mit Volldampf in die Industrialisierung

Eine Lokomotive wie ein Kinderbuchtraum: Auf drei Achsen mit sechs Rädern sitzt ein blitzender, domkuppelartig gewölbter Stehkessel mit Ventil zum Dampfablassen, dazu ein holzummantelter Rohrbehälter, vorn eine aufragende Auspuffanlage, die dem Ganzen eine Nashornsilhouette verleiht. Am stärksten beindrucken – wie an jeder Dampflok – die beweglichen Stangen, die die beiden großen Räder an der mittig platzierten Antriebsachse bewegen, angetrieben vom Dampfdruck in zwei rechts und links außen angebrachten, grün lackierten Zylindern. Über dem hinteren Radpaar thront der offene Führerstand. Von dort aus ist die Vorrichtung für die Pfeifsignale erreichbar.

Das herrliche Exemplar im Technikmuseum Berlin zeigt die erste vollständig in Deutschland entwickelte und hergestellte Lokomotive, gebaut 1842 in der 1837 gegründeten Borsigschen Eisengießerei und Maschinenbauanstalt Chausseestraße1/Ecke Torstraße vor dem Oranienburger Tor. In der Nähe rauchten schon die Schlote der Königlichen Eisengießerei, die zum Beispiel Kanonen herstellte. Mit Borsigs Fabrik wandelte sich die Gegend vor dem Oranienburger Tor auf Jahrzehnte zum „Feuerland", dem Zentrum der Berliner Eisenindustrie.

In dem Roman *Leberecht Hühnchen* hinterließ der schriftstellernde Ingenieur Heinrich Seidel eine eindrucksvolle Beschreibung der Gegend: „Von dem Oranienburger Tor aus reihte sich an ihrer rechten Seite eine große Maschinenfabrik an die andere in fast ununterbrochener Reihenfolge. Den Reigen eröffnete die weltberühmte Lokomotivenfabrik von Borsig mit den von Strack erbauten schönen Säulengängen, dann folgten Egells, Pflug, Schwartzkopff, Wöhlert und viele andere von geringerem Umfang. In den Straßenlärm hinein tönte überall schallendes Geräusch, und das dumpfe Pochen mächtiger Dampfhämmer erschütterte weithin den Boden, dass in den Wohnhäusern gegenüber die Fußböden zitterten, die Gläser klirrten und die Lampenkuppeln klapperten. Zu gewissen Stunden war die Straße ein Flussbett mächtiger Ströme von schwärzlichen Arbeitern, die aus all den Fabriktoren einmündeten …"

Die erste vom Maschinenbauer August Borsig 1841 fertiggestellte Lok nannte der Konstrukteur selbstbewusst „Borsig“. Sie bestand noch aus importierten amerikanischen und englischen Teilen. Dem verbesserten Modell verlieh er den Namen seines Lehrers und Gönners Christian Peter Beuth, des großen Wirtschaftsorganisators und begeisterten Kommunikators in Staatsdiensten mit Weitblick, Innovationsfreude und praktischem Sinn. Er war der Mann der Stunde für Preußens Wirtschaft, die im 18. Jahrhundert in agrarisch-feudalen Strukturen eines Militär- und Beamtenstaats festgesteckt hatte.

Noch 1825 hatte Beuth als Begründer und bewegende Kraft des Berliner Gewerbeinstituts, wo er Zivilingenieure für den privaten Maschinenbau ausbilden ließ, den damals 19-jährigen Studenten Borsig als „unfähig, in seinem Fach etwas zu leisten“, beschrieben. Borsig wechselte in die Eisengießerei Egells, lernte, mach-

te Karriere und gründete schließlich 1837 mit allem zusammenkratzbaren Geld seine eigene Fabrik. Beuth änderte seine Meinung. Fortan herrschte zwischen den beiden gegenseitige Bewunderung. In den Anfangsjahren der Borsig-Fabrik unterstützte Beuth den Gründer nach Kräften, bis dessen Unternehmen zur bedeutendsten preußischen Maschinenbauanstalt der Zeit gewachsen war.

Borsigs zweites Spitzenprodukt, die Beuth, maß einschließlich der Puffer 11,53 Meter, wog 14,4 Tonnen und erreichte die seinerzeit fantastische Geschwindigkeit von 42 Kilometern pro Stunde. Gottesfürchtige Pietisten warnten: Die Fortbewegung in der Weise, wie dies auf der Eisenbahn geschehe, spotte der natürlichen Fortbewegung, wie sie Gottes Wille sei. Andere fürchteten, die Geschwindigkeit verwirre die Sinne.

Die Beuth änderte die Verhältnisse in der Rivalität zwischen Deutschland und England. Ein Bericht der in Berlin erscheinenden *Spenerschen Zeitung* vom 20. Juni 1816 gibt einen Eindruck, wie Preußen seinen Rückstand aufzuholen trachtete: „Der Dampfwagen, den wir seit mehreren Tagen in der hiesigen Königlichen Eisengießerei sehen, ist eine Frucht der Reise, welche unser verdienter Hütteninspektor Krigar vor kurzem nach England gemacht hat." Man betrieb hemmungslos Industriespionage.

Beuth selbst bereiste Großbritannien, Frankreich und die Niederlande, sammelte Zeichnungen, Modelle und Teile von Anlagen sowie Maschinen. Daheim prüfte er die Beute auf Verwertbarkeit. Für Beamte und Unternehmer organisierte Beuth „technologische Reisen". Als manche englische Fabriken die neugierigen Preußen nicht mehr einließen, versuchte man es mit Bestechung.

Die von Beuth organisierten Gewerbeausstellungen gehörten ins Programm zur Förderung des Gewerbefleißes. Zum großen Erfolg geriet die Ausstellung von 1844 im Zeughaus. 3040 Handwerker und Fabrikanten stellten aus und dokumentierten den Fortschritt auf dem Weg von teurer Einzel- zu Serienfertigung. Zu den 685 ausstellenden Berliner Firmen gehörte Borsig, seine Lokomotive Beuth war die Attraktion für die 260 000 Besucher. Der Amtliche Bericht über die Schau lobt die blanken Teile des Dampfwagens, namentlich deren „Sauberkeit der Ausführung". Nach der Ausstellung fuhr die Beuth im Dienst der Berlin-Anhaltischen Eisenbahn. 71 Exemplare ihrer Art kamen aus der Lokschmiede.

Am 29. Oktober 1838 verließ der erste Eisenbahnzug Berlin Richtung Potsdam von jenem Platz aus, der bis heute nach dem Zielort heißt. Vor den Augen des staunenden Publikums brach ein neues Zeitalter an. Produkte und Menschen sollten künftig über das rasant wachsende Eisenbahnnetz aus allen Richtungen in die Stadt kommen und aus ihr heraus in alle Richtungen gelangen.

Noch aber war man im Rückstand: Um 1840 führten 540 Kilometer Eisenbahnlinie über deutsches Terrain, in England lagen 2300, in den USA 4400 Kilometer Gleise. Aber der Nachzügler machte Dampf. Die Unternehmenschronik vermerkt den Durchbruch für 1843, als eine Borsig-Lok die „Choriner Wettfahrt" gegen eine britische mit zehn Minuten Vorsprung gewann. Der Mythos von der Unübertrefflichkeit des ausländischen Produkts war gebrochen, das Selbstvertrauen der heimischen Produzenten, auch in anderen Zweigen der preußischen Industrie, stieg. Borsig war mit dem richtigen Produkt zur richtigen Zeit am richtigen Ort. Die Berliner Fabrik wuchs zum größten Lokbauer des Deutschen Bunds. Längst war man von der Einzel- zur Serienfertigung übergegangen, hatte die Produktionsanlagen entsprechend umgestaltet, das Werksgelände erweitert. Die hundertste Lok verließ am 20. September 1846 die Fabrik. Bereits gegen Ende der 1840er-Jahre arbeiteten dort über 1000 Menschen.

Borsig wurde für Jahrzehnte Stammlieferant der Loks für die von Berlin abgehenden Strecken wie der Anhaltischen oder der Stettiner Bahn. Er exportierte seine Spitzenprodukte unter anderem nach Dänemark und an die Warschau-Wiener-Bahn. Kurz nachdem die 500. Lokomotive das Werk in der Chausseestraße verlassen hatte, verstarb August Borsig 1854 wenige Tage nach seinem 50. Geburtstag an den Folgen eines Schlaganfalls. Sein Sohn Albert übernahm das Unternehmen und machte es zum zweitgrößten Lokomotivenbauer weltweit. Als in den 1860er-Jahren die erste Borsig-Lok nach England geliefert wurde, war die dortige Öffentlichkeit konsterniert. Unerhört: Eine Lok vom Kontinent sollte im Land der Eisenbahn rollen.

Borsig im Feuerland bildete das Zentrum der preußischen Industrialisierung. Einmal in Schwung nahm man mit jedem Schritt gleich mehrere Stufen: Die Berliner Großindustrie entfaltete sich. Borsig eröffnete weitere Produktionsstätten, so in Moabit, und erweiterte die Produktpalette zum Beispiel um Dampfmaschinen (vor allem für Schiffe). Und er blieb nicht der Einzige. Julius Pintsch baute Gasmesser und Gasapparate, Carl Beermann Erntemaschinen, Heintze & Blackert Stahlfedern, Gustav Herrmann Bretsch Maschinen zur Textilveredelung, Louis Schwartzkopff weitere Dampfloks. Diese Industriepioniere und die Expansion der Metallindustrie beendeten das Zeitalter der beschaulichen preußischen Residenzstadt. Und sie zog Arbeitskräfte an. Das Ende der Leibeigenschaft auf dem Lande hatte Hunderttausende in eine neue Zeit gestoßen. Von 1825 bis 1850 verdoppelte sich Berlins Einwohnerzahl von 220 000 auf 440 000. Und das war erst der Anfang.

Mitte des 19. Jahrhunderts gingen die Loks vom Typ „Beuth" außer Dienst und in den Schrott. Doch als die industrielle Großmacht Borsig 1912 ihr 75-jähriges Bestehen feierte, erinnerte man sich des frühen Stars und veranlasste einen originalgetreuen Nachbau. Als am 8. April 1920 die 11 000ste Borsig-Lok ausgeliefert wurde, zeigte man neben dieser die Beuth. 1928 kam das geschichtsvolle Objekt ins Deutsche Museum nach München. Nach der Eröffnung des Technikmuseums in Berlin übergab man die Beuth der „jüngeren Schwester" am Anhalter Güterbahnhof. Sie kehrte an ihren alten Arbeitsplatz zurück – und empfängt Bewunderer.

DER ROTE RATHENOWER

900 Jahre Backstein in Berlin und Brandenburg – Geniales aus gebrannter Erde

Wie sähe Berlin ohne brandenburgischen Backstein aus? Gar nicht vorstellbar. Ob Mietskasernen, Markthallen, Schulen, Kirchen, Fabriken, Brauereien, das Rote Rathaus – alles, was in den Jahren der Großstadtwerdung Berlins gebaut wurde, kam nicht ohne das regional reichlich und preisgünstig verfügbare Material Ton oder Lehm aus. Den Maßstab setzte 1832 bis 1836 Karl Friedrich Schinkel mit der Berliner Bauakademie am Werderschen Markt, dem innovativsten Gebäude der Zeit, gleich neben der Friedrichswerderschen Kirche.

Auch die moderne Architektur greift gern auf Backstein zurück, wenn historische Saiten klingen sollen – ob als Element der in Großplattenbauweise errichteten Rathauspassagen oder für das Museum des 20. Jahrhunderts, das das Schweizer Architekturbüro Herzog & de Meuron in gelbem Backstein errichtet.

Ein Reiz liegt in der gestalterischen Formenvielfalt, ein anderer in den Farbvarianten, die lebhafte Fassaden möglich machen. Ein hoher Eisenoxidanteil im Ton beziehungsweise Lehm ergibt die rote Farbe, ein hoher Kalkanteil die gelbe. Bestimmte Regionen verfügen über charakteristische Farben; die Steine leuchten in der Farbe der jeweiligen Region, verleihen ein jeweils besonderes Gesicht. Berühmt sind die „Roten Rathenower“ beziehungsweise die „Gelben Birkenwerderschen“. Womit auch schon zwei wichtige Orte genannt sind, die das Baumaterial lieferten. Bis heute erkennt man die Förderstätten leicht: Viele Seen haben sich dort gebildet.

Ab 1830 markierten viele der nach Hunderten zählenden Ziegeleien in der Mark Brandenburg ihre Produkte mit Siegeln, die für Qualität standen. Die Roten Rathenower waren hinsichtlich Festigkeit, Maßhaltigkeit und Farbe gepriesen und teuer. Die Ziegelmaße variierten zunächst je nach Hersteller. Ziegeleien im Norden brannten größere Steine als die im Süden. Größere Ziegeleien machten tendenziell kleinere Steine. Mit den Großprojekten wuchs der Druck zur Standardisierung. 1872 wurde das Reichsformat definiert: 25 × 12 × 6,5 Zentimeter. Seit 1952 gilt laut DIN: 24 × 11,5 × 7,1 Zentimeter. Das ergibt vier Ziegel plus Fugen auf einen Meter.

Bis sich Beton und Stahl durchsetzten, hatten ohne die Bausteine aus Ton und Lehm nur Feldsteine sowie Holz und Lehm für Fachwerk als bezahlbare Baumaterialien der Berliner Region zur Verfügung gestanden. Es gibt eben hierzulande kein Gestein wie Granit. Da erklärt sich schon, warum das Museum für Vor- und Frühgeschichte auf der Museumsinsel in die strenge Auswahl seiner Exponate einen mittelalterlichen Ziegel aufgenommen hat. Das mit dem Abdruck einer Hand versehene Exemplar aus dem 13./14. Jahrhundert stammt von der südlichen Spreeinsel aus dem alten Cölln. Es steht im Museum stellvertretend für die Milliarden Ziegel, die seit dem Mittelalter in Berlin verbaut worden sind. Weil sie lange von Hand geformt wurden, kommen Handabdrücke auf den Backsteinen häufig vor; sie entstanden, als die Ziegel zum Trocknen ausgelegt waren. Auf unserem speziellen Exemplar aber verewigte sich offensichtlich ein Ziegler mit Bedacht.

Das Bauen mit Ziegeln hat etwas Urtümlich-Mystisches. Das, was eben noch Boden war, auf dem Wälder standen, Menschen gingen oder Feldfrüchte wuchsen, wird zu Kirchen, Burgen, Palästen, Brücken, Wohnhäusern. Welcher Baustoff wäre ortsverbundener als dieser?

Gebrannte Erde hieß denn auch die Ausstellung, die das Archäologische Museum Brandenburg 2017 im Kloster St. Pauli zeigte, selber ein herausragendes Beispiel märkischer Backsteinarchitektur, 1286 in Brandenburg an der Havel erbaut, nach 2002 vollständig und wunderbar wiederhergestellt unter Verwendung eigens in der Region angefertigter Ziegelsteine im Klosterformat.

Seit mehr als 900 Jahren blüht diese Kultur hierzulande. Doch eine lokale Erfindung ist die Ziegeltechnologie mitnichten. In der Antike, in Ägypten, im Zweistromland und natürlich in Rom und seinen Provinzen seit Jahrtausenden bekannt, fand sie im 12. Jahrhundert ihren Weg über die Alpen und begann ihren Siegeszug durch die Regionen südlich der Ostsee. Zu verdanken ist das dem alten Barbarossa: Als Friedrich I., römisch-deutscher König, 1154/55 nach Italien zog, um sich zum Kaiser krönen zu lassen, hatte er deutsche Fürsten im Gefolge, denen angesichts der prächtigen Backsteinbauten oberitalienischer Städte wie Ravenna die Augen übergingen. Die Vermutung der Historiker klingt plausibel, dass die Fürsten umgehend versuchten, Ziegler samt Fachwissen für ihre Region anzuwerben und mitzunehmen. Wie wäre es sonst erklärbar, dass die ab 1184 entstandene Zisterzienserkirche in Dobrilugk, einer der ersten märkischen Backsteinbauten, den Kirchen von Cremona so ähnelt?

Endlich hatten die auf Repräsentation und Machtfestigung bedachten Fürsten, was sie für die gewünschten Großbauten brauchten: massenhaft künstliche Steine. In der zweiten Hälfte des 12. Jahrhunderts wuchsen überall – in Brandenburg, Niedersachsen, Holstein, Dänemark und so fort – Bauten in die Höhe. Man nehme nur den Dom in Brandenburg (ab 1165), den Dänenturm bei Stolpe (um 1200), das Zisterzienserkloster Lehnin (ab 1180), erste Grablege der askanischen Landesherren, und knapp hundert Jahre später das Kloster Chorin mit seiner verfeinerten, hochgotischen Architektur. Dort entstand eine der am reichsten gestalteten und am ausgewogensten proportionierten backsteingotischen Kirchenfassaden.

Die Vorzüge des Backsteins erwiesen sich als enorm: Die Ziegel konnten in unmittelbarer Nähe der Baustelle hergestellt werden, in großen Mengen, in Normgröße oder als Spezialform. Die Steine ermöglichten schnelles und sorgfältiges Bauen, Umplanen während des Mauerns nicht ausgeschlossen. Profile und Schmuckformen ließen sich mit wenig Aufwand in beliebiger Art und Menge, zum Beispiel durch Hohlformen und Schablonen, erzeugen.

Im Norden errichteten in den reichen Hansestädten bald auch Bürger repräsentative und Schutzbauten in Backstein, erst gotisch, später im Stil der Renaissance: Man sehe nur Lübecker Rathaus und Holstentor, das Stralsunder Rathaus. In Lüneburg erstaunen die prächtigen und raffinierten Privathäuser. Die Städte sind stolz darauf. Ähnliches gab es auch in Berlin. Landesarchäologe Matthias Wemhoff weist gern darauf hin, dass sich die frühen Berliner Patrizier vornehme Wohnsitze in Backstein gönnten. Nicht zu vergessen die beiden Berliner Klöster der Franziskaner (ab 1250) und der Dominikaner (etwa ab 1297). Letzteres sah St. Pauli in Brandenburg ähnlich. Häufig entwickelten sich Ziegeleien im Besitz von Städten oder Klöstern; auch Bauern brannten Ziegel für den Bau des eigenen Hofs oder als Zuverdienst.

Reformation und Dreißigjähriger Krieg führten zum Niedergang des Backsteinbaus. In den Niederlanden allerdings bewahrten die Ziegler- und Baumeister die Kunst. Von dort aus konnte das Wissen im 17. Jahrhundert wieder nach Deutschland einwandern. In Potsdam zeugt das Holländische Viertel von der Rückkehr. Friedrich der Große musste beim Bau des Neuen Palais in Backstein erfahren, was Wissensverlust für die Qualität bedeutet: Die verwendeten heimischen Ziegel waren so schlecht, dass die Fassade rot gestrichen werden musste; die Fugen zeichnete man weiß nach.

Solch einer Peinlichkeit beugte Karl Friedrich Schinkel vor. Als er nach 1822 mit der Planung der Friedrichswerderschen Kirche begann – Kronprinz Friedrich Wilhelm hatte ihn nach einer Italienreise zu einem Backsteinbau im Mittelalterstil gedrängt –, nahm er umgehend Verbindung zu der seit 1817 existierenden Königlichen Ziegelei in Joachimsthal und deren Leiter Joachim Menzel auf. Der Zieglermeister lieferte hochwertige Steine und beriet Schinkel hinsichtlich der Gestaltungsmöglichkeiten. Die Bauakademie mit ihrem reichen Fassadenzierrat verlangte perfekte Zieglerkunst.

Und dann brach das Zeitalter des industriellen Bauens an. Ab der Mitte des 19. Jahrhunderts kannte die Expansion Berlins kein Halten mehr – für Zehntausende Mietskasernen waren Abermilliarden Ziegel herzustellen. Strangpresse und Hoffmannscher Ringofen ermöglichten Massenproduktion. Fortschreitende Normierung vereinfachte Planung und Bau. Durchgesetzt hatte sich der sogenannte Einhandziegel: Der Maurer konnte ihn mit einer Hand greifen und aufsetzen. Die Kelle lag in der anderen. Der Transport erfolgte meist per Schiff. Laut Adressbuch von 1901 arbeiteten in der Region 885 Ziegeleien. Dazu kamen etwa 200 im Besitz des Berliner Ziegelbesitzervereins. Es war ein Riesengeschäft.

Die Bedingungen für die Arbeiter, viele davon Kinder, waren hart. Krankheiten plagten sie. Ein besonders grausames Kapitel der märkischen Ziegelgeschichte begann im Spätsommer 1938. Häftlinge des KZ Sachsenhausen mussten unweit der Lehnitzschleuse bei Oranienburg das weltweit größte Ziegelwerk errichten, um die Materialien für die gigantischen Bauten der Welthauptstadt Germania zu liefern.

Doch dafür kann der Backstein nichts. Nach der Ära von Beton und Glas hat die gebrannte brandenburgische Erde als nachhaltiger Berliner Baustoff schlechthin gute Chancen auf eine neuerliche Renaissance. Architekten und Bauforscher sehen eine „neue Steinzeit“ voraus. Vielleicht auch am Molkenmarkt?

DER KAFFENKAHN

Allesbringer für die große Stadt

So einen wie den gibt es sonst nirgendwo: den einzigen original erhaltenen und geborgenen Vertreter einer Art, die vor hundert Jahren ausstarb, zuvor aber allgegenwärtig war auf den Flüssen Berlins und Brandenburgs. Die Rede ist vom Kaffenkahn, der seinen Namen von der bis zu zwei Meter über das Wasser nach oben gezogenen Bugspitze hat, der Kaffe. Unvergänglicher Ruhm steht ihm zu wegen seiner Verdienste um die große Stadt. Genau diesen Schiffstyp meint nämlich der Spruch: Berlin ist aus dem Kahn gebaut.

Das klingt gut, verkündet aber nichts Besonderes. Städte konnten in der Vergangenheit nur an schiffbaren Gewässern entstehen. Nur Schiffe konnten all das transportieren, was viele, an einem Ort geballt lebende Menschen brauchten. Kein Pferde- oder Ochsenwagen konnte vergleichbare Mengen von erheblichem Gewicht über lange Strecken bewegen. Und keiner konnte es besser als dieser verblüffend schlichte, billig vom Schiffsbetreiber sogar selbst zu bauende, einfach und besser als ein Floß zu navigierende Lastensegler, der mit seinem flachen Boden auch bei schwerer Beladung Gewässer mit geringer Wassertiefe erreichte.

Bis zu 50 Tonnen Ladung konnten große Kaffenkähne aufnehmen. Nicht selten kam es vor, dass der hölzerne Kasten am Ende seiner Lebenszeit quasi als Verpackung beim Empfänger der Ware zurückgelassen wurde. Häfen oder auch nur Kais brauchten die Schiffer zum Be- und Entladen nicht. Jeder Kahn führte lose Planken mit, um einen Steg ans Ufer legen zu können.

Über diese Planken hinweg schleppten Männer und Frauen im Lauf der Jahrzehnte Millionen Ziegel und Dachschindeln, Bau- und Brennholz, Kies, Kartoffeln, Rüben, Getreide, Obst und Gemüse für die Menschen sowie Heu für die vielen Tausend Pferde in der noch autofreien Stadt.

Als die Dampfmaschinen Einzug hielten, fraßen diese tonnenweise Kohle; auch die kam von außerhalb. Als sich die Berliner Einwohnerzahl innerhalb von 50 Jahren von ca. 160 000 im Jahr 1810 auf eine halbe Million Menschen verdreifachte, waren Unmengen solcher Güter heranzuschaffen: In dieser Zeit tat unser Kahn seinen Dienst. Gebaut zwischen 1840 und 1845 wird er ungefähr zehn Jahre auf Havel und Spree unterwegs gewesen sein, bis er zwischen 1852 und 1855 in der Nähe der Insel Eiswerder bei Spandau in Sichtweite der Zitadelle auf den Grund der Havel sank. Ob eine Windböe in das mächtige Segel fuhr und das Schiff zum Kentern brachte? War es überladen? Man hat es nicht erkunden können.

Inzwischen hat der Kaffenkahn einen ehrenvollen Platz gefunden: 36 Meter lang, 4,60 Meter breit, 1,10 Meter hoch liegt er in seiner rekonstruierten Form als größtes Stück des gesamten Berliner Technikmuseums im Schifffahrtsbereich. Sein eichener Segelmast ragt 20 Meter hoch über vier Etagen. Wie es gelang, den mächtigen Fichtenholzkasten in die eigens gebaute Halle zu bugsieren, ist er-

staunlich genug. Noch erstaunlicher aber ist die Geschichte seiner Bergung und wie viel Berliner Geschichte er transportiert.

Etwa 150 Jahre lang hatte er samt seiner Ladung – mehr als 30 000 Dachschindeln mit der Prägung der bekannten Ziegelei C.B & W.G. Rathenow aus der gleichnamigen, 75 Kilometer westlich von Spandau gelegenen Stadt – in der Havel gelegen, bis ihn 1986 Taucher vom Deutschen Unterwasser-Club Berlin unter einer Schlickschicht in 4,50 Meter Tiefe entdeckten. Ein Fischer hatte ihnen berichtet, dass die Netze in einem Flussabschnitt am Eiswerder hängen blieben.

Erste Tauchgänge ließen erahnen, was dort unten lag. In einer kühnen Großaktion im August 1987 wurden 150 Gitterboxen voller Dachsteine mit 70 Tonnen Nassgewicht geborgen – und dann stieg der entladene Riesenkahn von alleine auf. Ein Taucher erinnert sich, er habe im Schiffsboden mit dem Saugrohr letzte Fundstücke eingesammelt, als es immer heller wurde: „Plötzlich saß ich wie in einer Badewanne und konnte mit dem Kopf aus dem Wasser sehen." Der Rumpf war – zur Verblüffung und Begeisterung des Bergungsteams – in voller Größe an der Oberfläche erschienen. Um den Sensationsfund bis zur Übernahme durch das Technikmuseum zu sichern, luden die Taucher einige ziegelgefüllte Gitterboxen wieder auf; der Kaffenkahn sank auf den Grund zurück. Nach der endgültigen Bergung im selben Jahr wurde das wertvolle Wrack in eine Werfthalle in Britz geschleppt, gesichert und konserviert: Mehrere Jahre lang besprühte ein Restaurator das Holz aus einer Gärtnerspritze mit Polyethylenglycol, dem ein Fungizid beigemischt war. Im Juni 1997 konnte der Kahn über den Landwehrkanal ins Museum geschleppt und per Kran in der neuen Halle platziert werden. Dort kann die genial-schlichte Konstruktion aus der Nähe betrachtet werden. Sie ähnelt tatsächlich einer Kiste. Bodenbretter und Seitenplanken sind an querlaufende Spanten genagelt, für die die Schiffbauer auf natürliche Weise in die geeignete Form gewachsene Hölzer auswählten – Baumstämme mit einer im passenden Winkel gebogenen Astgabel. Zum Abdichten der Ritzen diente Moos; trotzdem eindringendes Wasser wurde abgepumpt. Die verlorene Kaffe haben die Museumsgestalter mithilfe einer Metallkonstruktion nachgebildet.

Das Urmodell des Kaffenkahns war schon vor tausend Jahren bekannt, seine große Zeit aber erlebte der Schiffstyp vom 17. bis 19. Jahrhundert. Die aufgebogene Spitze überragte die hoch gepackte Ladung und die im Hinterteil des Schiffes platzierte Behausung der Besatzung, die sogenannte Bude. Stand der Schiffer hinten am Ruder, blickte er entlang von Bude, Mast und Kaffe wie über Kimme und Korn und verfügte so über ein praktisches Hilfsmittel zum Navigieren.

Die aus dem Schlick geborgenen Stücke – Schuhsohlen, Hausrat, Werkzeuge, Pfeifen, ein eiserner Kochherd – erzählen vom Leben des Schiffers. Meist hatte er zwei Schiffsjungen dabei, auf längere Fahrten kam die Familie mit. Die Menschen lebten in der Bude; gekocht wurde vor der Türe. Stand der Wind günstig und bewegte sich der Kahn außerhalb der Stadt, konnte gesegelt werden. Flussabwärts ließ man ihn treiben. Alle anderen Umstände erforderten Muskelkraft. Die Schiffsjungen oder die Schifferfamilie, Frau und größere Kinder, stakten den Kahn mit Stangen, oder sie zogen ihn vom Ufer aus. Angesichts der Größe und der schweren Ladung eine unfassbare Leistung. Wollte man trotz der Brücken in die Stadt fahren, musste der Mast mit Kraft und Mühe gelegt werden. In der Regel wirtschafteten die Familien selbstständig. Der Mann betrieb in der eisfreien Zeit das Transportgeschäft, sein Lohn betrug ca. ein Drittel des Wertes der Ladung. Die Frau baute im Heimatdorf Lebensmittel für den Eigenbedarf an. Eine Statistik aus dem Jahr 1874 besagt, dass in Brandenburg 3348 Kaffenkähne ihre Heimatstation hatten.

Dass die Binnenschifffahrt hierzulande eine derart große Rolle spielte, verdankt sich dem Interesse der Preußenkönige. Sie wollten, dass Siedler das Land bewirtschaften, und wünschten günstige Bedingungen für ihr Militär. Friedrich Wilhelm I., der Soldatenkönig, förderte die Flussschifffahrt vor allem für die sichere Versorgung der Garnisonen. Sein Nachfolger Friedrich II. ließ Kanalsysteme ausbauen, Schleusen vergrößern oder neu errichten. Der Finowkanal verband Oder und Havel, der Plauer Kanal eröffnete seit 1746 eine Verbindung zwischen Havel und Elbe. Durch den Bromberger Kanal gelangten die Schiffe ab 1774 von der Oder in die Weichsel. Die mit den Preußischen Reformen nach 1807/08 einziehende Gewerbefreiheit verlieh auch der Binnenschifffahrt Schwung. Zudem setzte das Ende der Leibeigenschaft Arbeitskräfte frei. Manche der Freigelassenen wagten sich an das Geschäft als freie Schiffer. Der Zunftzwang fiel, die neuen Gewerbe mussten sich anmelden, ab 1812 waren Segelschiffe bei der Polizeibehörde zu registrieren. Der Besitzer des Kaffenkahns Nummer 5910 konnte trotz intensiver Nachforschung nicht ermittelt werden. Auf dem Wrack hatte sich ein Blechschild mit dieser Nummer gefunden. Auch der im Rahmen einer ebenfalls geborgenen Schiefertafel eingeritzte Name „Grothe“ führte nicht weiter.

Nach dem Fall der Zölle 1818 expandierte der Handel, und die Kähne wurden größer. Neue Schleusen mussten her. Zugleich begrenzte der Staat die Dimension der Kähne. So wurde 1845, nach Erneuerung der Finowkanalschleusen, das Finowmaß festgelegt, das erste standardisierte Maß für Binnenschiffe. Ein Finowmaßkahn durfte etwa 40 Meter lang und fünf Meter breit sein. Unser Exemplar passte durch die neuen Schleusen.

Zugleich machte die aufkommende Eisenbahn den Binnenschiffern Konkurrenz, aber anders als in England oder den USA hielten sie stand: Dort lagen die Wasserstraßen in privater Hand, Eisenbahnunternehmer konnten leicht neuralgische Anlagen wie Schleusen aufkaufen und die Durchfahrt blockieren. In Preußen schützte der Staat die Binnenschifffahrt. 1872 waren im Reichsgebiet 21 000 Kaffenkähne unterschiedlicher Größen unterwegs.

Als nach 1880 die Stahlschiffe aufkamen und diese stabilen Transportbehälter in Schleppverbänden mit Dampfmaschinenantrieb zusammengefasst wurden, ging die große Zeit des guten alten Kaffenkahns zu Ende, 1920 war sie vorbei.

DIE BARTTASSE

Als männliches Gesichtshaar Staatsräson war und dessen Pflege patriotisch

Zartes weißes Porzellan, feines Muster in Blau und Gold, zierliches Blütendekor am Lippenrand, verspielte wellenartige Rippen und klassischer Ohrenhenkel – diese Tasse ist nicht auf den ersten Blick als Accessoire für den durch und durch männlichen Mann zu erkennen. Erst ein Detail zeigt: Das Stück nutzte kein Milchbubi mit glatter Haut, kein vollrasiertes Weichei. Der quer am inneren Tassenrand angebrachte, leicht gebogene Steg verrät, dass über der Oberlippe des Nutzers ein Bart stand, dessen Haare Gefahr liefen, beim Trinken in die Flüssigkeit zu tauchen – wenn da nicht der rettende Steg wäre. Die praktische Erfindung hielt die Oberlippenzier einerseits sauber und trocken und verhinderte andererseits, dass die wenig schmackhafte Bartpomade in den guten Kaffee gelangte.

Barttassen wie diese um 1900 produzierte gehörten seinerzeit zur Massenware, denn Mann trug Bart. Leider ist der ursprüngliche Besitzer dieses Exemplars nicht bekannt, nur dass es 1995 vom Stadtmuseum aus der Sammlung des in der DDR privat aufgebauten Friseurmuseums in der Husemannstraße übernommen wurde. So wissen wir auch nicht, wer aus welchem Anlass dem Herrn gratulierte, wie es durch die goldene Aufschrift geschieht. Es liegt nahe, dass es sich um ein Geschenk handelte. Es trägt keinen Markenvermerk, kam wohl aus einer Allerwelts-Porzellanfabrik.

Die Sprüchlein, die sich auf anderen Tassen der Sammlung finden, preisen den Bart: „Zu schonen Deines Bartes Zier / Weih Freundschaft diese Tasse hier" oder „Ein schöner Bart, der ist was wert, / er wird von mancher Frau begehrt." Zu guter Letzt: „Schöne Bärte / Sind jetzt rahr / Drum nimm / Diese Tasse wahr."

Der Kaiserzeit-Berliner kam ohne Bart nicht aus. Ihren Höhepunkt erreichte die Bartmode, die geradezu eine Bartpflicht war, in der Regierungszeit von Kaiser Wilhelm II., die 1888 begann und mit dem Sturz der Monarchie 1919 endete. Bei Amtsantritt gab sich der 29-Jährige dynamisch und technikaffin, hielt aber an Traditionen fest, liebte Protz und Paraden. Die Leute begeisterten sich an diesem zwiespältigen Monarchen; in seiner Herrscherzeit wurde das Reich stark. Wirtschaft, Wissenschaft, Technik, Medizin, Bildung, Verkehr gelangten zu nie gekannter Blüte. In Berlin machten geniale Tüftler und Unternehmer Erfindungen, die die Welt veränderten. Die Reichshauptstadt wandelte sich zur Metropole. Zugleich erstarkte der deutsche Militarismus. Die Leute bejubelten die koloniale Expansion; der Kaiser richtete einen Platz an der Sonne für das deutsche Volk ein.

Jedenfalls war „Willem zwo" populär genug, um den Megatrend der Männermode zu setzen: den Kaiser-Wilhelm-Bart mit nach außen gekämmten, seitlich längeren Barthaaren und hochgezwirbelten Enden.

Wie der Prototyp des Kaiserhörigen, Diederich Heßling, zu genau solch einem Barte kam, beschreibt Heinrich Mann in seinem Roman *Der Untertan*: Heßling will dazugehören, „Bahnbrecher sein für den Geist der Zeit: Um diesen Vorsatz auch an seiner Person kenntlich zu machen, begab er sich am Morgen darauf in die Mittelstraße zum Hoffriseur Haby und nahm eine Veränderung mit sich vor, die er an Offizieren und Herren von Rang jetzt immer häufiger beobachtete. Sie war ihm bislang nur zu vornehm erschienen, um nachgeahmt zu werden. Er ließ vermittels einer Bartbinde seinen Schnurrbart in zwei rechten Winkeln hinaufführen. Als es geschehen war, kannte er sich im Spiegel kaum wieder. Der von Haaren entblößte Mund hatte, besonders wenn man die Lippen herabzog, etwas katerhaft Drohendes, und die Spitzen des Bartes starrten bis in die Augen, die Diederich selbst Furcht erregten, als blitzten sie aus dem Gesicht der Macht." Diederich Heßling fühlt einen Aufstieg zum Teilhaber der Macht, abfälliges Reden über das sichtbare Zeichen dafür empfindet er als Herrscherbeleidigung: „Der Schnurrbart wird von Seiner Majestät getragen! Es ist die deutsche Barttracht."

Den erwähnten Hoffriseur gab es wirklich: François Haby, Haarkünstler aus hugenottischer Familie, betrieb seit 1880 in der dorotheenstädtischen Mittelstraße einen Salon. Jeden Morgen um sieben Uhr trat er im Schloss an, stylte Majestät zu großer Zufriedenheit. 1890 erhielt er den Rang des Hoffriseurs und begleitete den Kaiser auf Staatsbesuchen.

Der US-amerikanische Historiker Robert K. Massie erwähnt die Figur in einer Beschreibung Wilhelms II. zum Zeitpunkt des Regierungsantritts: „Wer den neuen deutschen Kaiser betrachtete, sah einen knapp mittelgroßen Mann mit rastlosen, strahlend blauen Augen und lockigem hellbraunem Haar. Sein auffallendstes Merkmal war ein buschiger Schnurrbart mit aufgebogenen Spitzen, die Kreation eines geschickten Barbiers, der jeden Morgen mit einer Dose Wachs im Schloss erschien."

Habys Ruhm und Vermögen mehrten seine Kosmetika, allen voran die Bartpomade mit dem grandiosen Namen „Donnerwetter – tadellos!". Die Dose, die er allmorgendlich für Majestät dabeihatte, enthielt dieses Zeitgeistprodukt. Seine Rasierseife hieß aufmunternd „Wach auf". Die Bartbinde namens „Es ist erreicht" ergänzte das Pflegeset. Und nicht nur der Kaiser legte die Binde über Nacht an, um die hochgezwirbelten Spitzen, auch Kaiser-Wilhelm-Aufsteiger genannt, in Position zu halten, sondern buchstäblich jedermann. Bartwichse und Binde, die Schönheits- und Statusprodukte für den Mann, gehörten zu den ersten Massenerzeugnissen. Friseur Haby ließ 1901 seinen Salon luxuriös umgestalten – spektakulär mit grünem Marmorwaschbecken, dunkelrotem Mahagonifurnier und einem violetten Wandfries. Einen Teil des Ensembles hütet heute das Märkische Museum als Prachtstück.

Der Bart ist politisch! Das galt schon für die zauseligen Revoluzzergewächse der 1848er-Revolution, die mit Marx, Engels und Genossen ins Exil gegangen waren, als 1871 mit der Gründung des Deutschen Reiches das wohlkomponierte Gesichtshaar Wilhelms I. begeisterte Nachahmer fand: wollig gelockt die würdevoll-grauen Backenbarthälften, dazwischen glattes Kinn, als Krönung über der Lippe der energisch hochgezwirbelte Schnäuzer. Die Untertanen verstanden den gravitätischen Patriarchenlook als Symbol der Kaisertreue und der Konformität und nutzten die Möglichkeit der klassenübergreifenden Identifikation mithilfe eigener Körpergestaltung. Mit dieser Barttracht durfte sich der Schustergeselle wie ein Kaiser fühlen. Nicht jedem gestattete die Natur, sich dem Vorbild vollkommen anzugleichen, denn: Jeder Bart ist anders.

Mit mächtiger Vollbartvariante trat 1888 Kaiser Friedrich III. nach dem Tode seines Vaters als Herrscher auf. 27 Jahre hatte er als Kronprinz gewartet, sich militärisch sowie in Finanz- und Handelsfragen gebildet, sich gerne in architektonische und stadtgestalterische Fragen Berlins eingemischt und – bei aller Loyalität – auch gegen Vaters Politik opponiert. Liberale Hoffnungen begleiteten seine Thronbesteigung. Doch nach nur 99 Tagen starb Friedrich III. an Kehlkopfkrebs. Als Modevorbild setzte sich der Vollbart seinerzeit nicht durch.

Mit dem nächsten Monarchen im sogenannten Drei-Kaiser-Jahr 1888 nahm der Reichsadler Platz auf der nobelsten Oberlippe der Nation. Mit unmissverständlichem Machtanspruch reckten sich die Bartflügel von Wilhelm II. dynamisch in die Höhe. Die Mode endete mit dem Ersten Weltkrieg aus pragmatischen Gründen: Wer im Schützengraben eine Gasmaske überzustreifen hatte, schabte sich um des Überlebens willen alle Stoppeln aus dem Gesicht. Im Falle des Gefreiten Adolf Hitler blieb letztlich ein Bürstchen zwischen Oberlippe und Nase übrig, ab 1923 war der Zweifingerbart das Markenzeichen des Führers. Der nächste deutsche Kultbart.

In der DDR setzten sich oppositionelle Männer gern im Marx-Look in Szene, während die Staatsmacht, vom „Spitzbart“ Walter Ulbricht abgesehen, sich weitgehend glattrasierte.

Was hat der männliche Mensch nicht alles angestellt mit seinem Gesichtshaar, ihm jeweils zeitgemäße Ästhetik zu verleihen oder es mit Symbolkraft aufzuladen – durch Schneiden, Formen, Drehen, Locken, Ölen, Parfümieren. Alte Kulturen veredelten Bärte mit Goldstaub oder Goldfäden. Neuerdings gibt es Extensions. Es geht nicht mehr um die im ewig wachsenden Bart hausende göttliche Macht oder die Überzeugung, mit sprießendem Bart wüchsen dem Jungmann Führerqualitäten zu. Kulturhistoriker beschreiben den neuen Bart als kulturkreisabhängigen virilen Individualausdruck für die Kommunikation. Der Mann will demnach signalisieren, welchen Lebensentwürfen er folgt, welche selbstgewählten oder gesellschaftlich erwarteten Rollenbilder ihn leiten. Die Signale helfen bei der Einordnung des Gegenübers: Rebell oder Konformist? Auch das Gegenteil ist möglich: Tarnung. Im Gegensatz dazu steht die Beschwichtigungsbotschaft rasierter Bärte: Der kindlichere Ausdruck des vollständig einsehbaren Gesichts, vor allem dessen Mimik, erscheint weniger bedrohlich.

Der Dichter Emanuel Geibel hinterließ in diesem Sinne eine Mahnung. In einem Gedicht streiten drei junge Männer im Wirtshaus darüber, ob der Bart Kaiser Friedrich Barbarossas braun, schwarz oder weiß gewesen sei, und hauen schließlich mit Säbeln aufeinander ein. Sein Appell: „Zankt, wenn ihr sitzt beim Weine, nicht um des Kaisers Bart!“ Gut gesprochen.

DAS BIOSKOP

Max Skladanowsky lehrte die Bilder das Laufen – mit einem genialen Gerät

„Das sensationelle Schauspiel der Wiedergabe des Lebens in voller Natürlichkeit" – nichts weniger als das versprachen die Berliner Brüder Max und Emil Skladanowsky am 31. Dezember 1895 der „staunenden Welt". Zu bieten hatten sie bewegte Bilder, präsentiert durch „eigens zu diesem Zweck erfundene Maschinerien und komplizierte Apparate", die „durch blitzschnelle Projektion zahlreicher Moment-Photographien" entstanden waren, und zwar „vermittels Eletricität". „Sensationelle Neuheit! Amüsanteste und interessanteste Erfindung des 19. Jahrhunderts!", verkündete ein Plakat dem anspruchsvollen Pariser Publikum.

Acht Wochen zuvor hatten schon die Berliner das Vergnügen gehabt: Am 1. November 1895 sahen sie im Varieté Wintergarten die von den Skladanowskys selbst aufgenommenen Filme – die erste öffentliche Filmvorführung in Deutschland.

Tatsächlich hatte Max Skladanowsky (1863–1939), in Pankow geborener Fotograf, Glasmaler, beharrlicher Tüftler und begeisterter Bildvorführer, als Einzelner ohne finanzielle Unterstützung und technischen Beistand zwei Apparate konstruiert, die Bilder zum Laufen brachten. Zuerst entwickelte er den sogenannten Kurbelkasten, eine Vorform der Filmkamera. Statt mit Glasplatten arbeitete er mit einem soeben auf den Markt gekommenen Kodak-Rollfilm, den er per Kurbel über ein Schneckenradgetriebe bewegte. Ruckweise, also Bild für Bild, wurde der Film durch die Kamera transportiert, sodass möglichst viele Einzelfotografien einer laufenden Bewegung belichtet werden konnten. Auf einem etwa 1,5 Meter langen Rollfilm nahm er bis zu 48 Einzelbilder auf. So brachte er es auf acht Bilder pro Sekunde, 16 müssen es sein, um fließende Bewegungen zu erzeugen.

Er machte sich also daran, einen Filmprojektor zu entwickeln, der flimmerfrei Bilder auf eine große Leinwand bringen konnte – ein kompliziertes und teures Projekt. Der Versuch, bei der Deutschen Bank einen Kredit zu bekommen, Risikokapital für ein Start-up, scheiterte; Bankvorstand Paul Mankiewitz meinte, für solche Hirngespinste habe er kein Geld.

In seiner Wohnung in der Berliner Straße 2 konstruierte der besessene Tüftler zwei Prototypen. Das Hauptproblem Flimmern löste er nach einem Gedankenblitz: Er stellte zwei gleichartige Projektoren nebeneinander auf und koppelte diese mechanisch miteinander. Die entwickelten Negative seiner Filme zerschnitt er in Einzelbilder und ordnete sie in zwei Filmstreifen neu an: in einer Reihe die Bilder 1, 3, 5 und so weiter, in einer zweiten die Bilder 2 ,4, 6 und so fort.

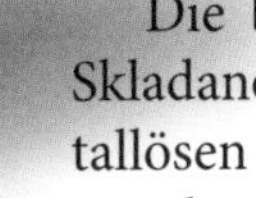

Die beiden Reihen kopierte er auf Filmfolien. Diese Positiv-Folien schnitt Skladanowsky nun wiederum in 54 Millimeter breite Streifen, heftete sie mit Metallösen zu Bändern zusammen. Dann verband er jeweils den Streifen mit den geraden und den ungeraden Nummern zu einer Endlosschleife. In jedem der beiden Projektoren lief dann ein Streifen, beide zusammen warfen nun 16 Bilder pro Sekunde auf die Leinwand und erzeugten endlich die erwünschte, einigermaßen fließende Bewegung. Heutige Kinofilme laufen mit 24 bis 25 Bildern pro Sekunde.

Um die beiden Ringfilme genau abgestimmt laufen zu lassen, brauchte das Innere des Projektors höchste Präzision. Vor allem auf den Schneckenradmechanismus kam es an; er musste die Streifen zuverlässig transportieren. Diese Erfindung wurde am 1. November 1895 mit der Nr. 88599 des Deutschen Reichspatentamtes als Patent eingetragen. Den Apparat nannte Skladanowsky Bioskop, zusammengesetzt aus zwei griechischen Wörtern: bios heißt Leben, skopeo heißt sehen, schauen. Nun konnte man sich vors große Publikum wagen. Zur historischen Premiere im Varieté Wintergarten liefen Filmchen wie *Das boxende Känguru, Der Ringkampf* oder *Komisches Reck* im Programm und das Publikum staunte. Die historischen Aufnahmen sind auf YouTube zu sehen.

Über seine allerersten Probeaufnahmen berichtete Max Skladanowsky bei jeder Gelegenheit gerne: Am 20. August 1892 sei er mit seinem Bruder Emil und dem Kurbelkasten auf das Dach des Fotoateliers Wilhelm Fenz in der Schönhauser Allee 146, Ecke Kastanienallee gestiegen. Max kurbelte, Emil trat im Anzug von der Seite kommend auf, nahm seinen Hut ab, grüßte in die Kamera und vollführte Turnübungen, indem er seine Beine in die Höhe streckte. Sollte die Datierung stimmen, wären an jenem Spätsommertag in Berlin die ersten seriellen Aufnahmen in Deutschland entstanden, mit denen eine Bewegung kontinuierlich auf einem Filmstreifen festgehalten wurde.

Allerdings gibt es auch Hinweise, die an dem frühen Zeitpunkt zweifeln lassen. Das ist nicht unerheblich, denn es lief ein technisches Wettrennen: Zu jener Zeit arbeiteten verschiedene Männer in verschiedenen Ländern an Filmtechniken. 1893 konnten die Leute schon in vielen europäischen Städten in Thomas Alva Edisons Kinetoskope schauen und bewegte Bilder bewundern. Aber durch das Guckloch dieses Apparates konnte jeweils nur eine Person blicken, es gab keine Projektion auf eine Fläche. Nicht ausgeschlossen, dass Max Skladanowsky sich einen zeitlichen Vorsprung zuschreiben wollte und die ersten Probeaufnahmen tatsächlich erst 1893 oder 1894 entstanden.

Fest steht, dass die ersten Filmaufnahmen für die Aufführung mit dem Bioskop-Doppelprojektor von Anfang Mai bis in den Sommer 1895 im Biergarten des Lokals Feldschlösschen beim Gastwirt Sello in Pankow, Berliner Straße 27, stattfanden – an der Stelle, wo bald darauf Berlins erstes Kino entstehen sollte, das inzwischen abgerissene Tivoli. Wie Max' Sohn Erich berichtet, waren Darsteller und Gastwirt begeistert bei der Sache; der alte Sello verzichtete auf Miete. Man filmte auf Kodak, zur Kontraststeigerung vor einem weißen Vorhang und nur bei grellem Sonnenlicht. Es entstanden acht kurze Filme. Damit war Max Skladanowsky zweifellos der Erste in Deutschland, der Bewegungsbilder auf einen Filmstreifen bannte und diese auch wiedergeben konnte.

Im Saal des Feldschlösschens startete im Juli 1895 die erste geheime Probevorführung im kleinen Kreis. Dort saßen auch die Direktoren des Varietés Wintergarten – immer auf der Suche nach neuen Attraktionen für ihr zahlreiches Publikum. Am 20. September unterschrieb man einen Vertrag: 2500 Mark sollten die Skladanowskys für die Bioskop-Vorführungen erhalten. Richtig viel Geld für jene Zeit. Bruder Emil hatte erfolgreich Marketing betrieben.

Die Wirkung der bewegten Bilder auf großer Leinwand darf man sich als spektakulär vorstellen. Jedenfalls war das Publikum begeistert, als die Filmshow am 1. November 1895 erstmals im Wintergarten lief: Das Datum wurde zum Premierentag der deutschen Filmgeschichte. Und das an der ersten Adresse der Unterhaltung für die besseren Kreise – für Skladanowsky ein Ritterschlag. Den ganzen November hindurch lief das 15-Minuten-Programm exklusiv im Wintergarten. *Das boxende Känguru* avancierte zum Liebling der Berliner.

Zur gleichen Zeit traten in Frankreich die Brüder Lumière mit ihrem technisch anders funktionierenden Cinématographen in die Öffentlichkeit. Am 28. Dezember 1895 führten sie im Grand Café am Boulevard des Capucines in Paris erstmals öffentlich vor zahlendem Publikum zehn Filme auf – acht Wochen nach dem Triumph des Bioskops in Berlin. Also war Max Skladanowsky doch der Sieger des Rennens um die Erfindung des Kinos? In den 1920er- und 1930er-Jahren versuchte der Berliner, auch mithilfe der nationalsozialistischen Propaganda, den Erfindertitel für Deutschland zu erlangen. 1934 schrieb er aus Bayreuth: „Was Wagner für die Musik war, bin ich für den Film."

Auf dem Plakat für ihre Pariser Auftritte bezichtigten die Skladanowskys in einem „Notabene" die Lumières, ihre Erfindung nachgeahmt zu haben. So war es aber nicht. Die Lumières konnten beweisen, dass es bereits am 25. März und am 10. Juni 1895 Vorführungen gegeben hatte, wenn auch in geschlossener Gesellschaft. Zu der Zeit hatten die Berliner Brüder noch an ihren Filmen gearbeitet.

Technisch erwies sich die Lumière-Erfindung als überlegen. Sie bedeutete die Zukunft des Kinos. Max Skladanowskys Bioskop blieb ein „toter Zweig" der Kinoevolution. Der Filmhistoriker Joachim Castan weist dem gewitzten Bastler den angemessenen Platz zu: „Mit Max Skladanowsky beginnt die deutsche Filmgeschichte. Er ist unbestritten der erste deutsche Filmpionier. Seine Leistungen sind subjektiv bewundernswert, objektiv besaß er jedoch weder national noch international einen Einfluss auf die Entwicklung des Kinos, da seine Technik unausgereift war. Filmhistoriografisch bleiben sein Leben und Werk von größtem Interesse."

Das Filmmuseum Potsdam bewahrt stolz ein Original des Bioskops auf. Als zentrales Ausstellungsobjekt des Landes Brandenburg auf der EXPO 2000 kam es zu gebührender Ehre. Wo einst das Kino Tivoli stand, erinnert heute ein Mosaikstreifen mit der Inschrift „1885 Bioskop 1995" im Boden daran, dass hier im Jahr 1885 Max Skladanowsky zum ersten Mal die Bilder laufen ließ. Ein Stern am Boulevard der Stars am Potsdamer Platz trägt seinen Namen.

DER
BERLINER DINO

Wie der Titan aus Tansania zum
deutschen Kulturgut kolonisiert wurde

Oskar heißt der große Dinosaurier im Berliner Naturkundemuseum – der größte als Skelett aufgebaute Saurier der Erde, 13,27 Meter hoch, 23 Meter lang. Völker der Welt, schaut auf diesen Berliner. Denn ein solcher ist er ja wohl, dieser Brachiosaurus, auch Armechse genannt. Seit 2009 unterscheiden die Forscher zwischen afrikanischem und nordamerikanischem Brachiosaurus. Das Berliner Exemplar heißt nun Giraffatitan brancai. 1911 freute sich der begeisterte Naturforscherfreund David von Hansemann, man habe mit den Saurier-Fossilien „zum ersten Mal auf deutschen Boden solche Funde gemacht".

Aber ach – so ist es nicht. Weder im Märkischen Sand noch in einer Lausitzer Kohleschicht lagen die versteinerten Knochen dieses „Sauriers von Berlin", und der vielen anderen grandiosen Exemplare, die nicht nur Millionen Besucher anziehen, sondern das Museum zu einem Forschungszentrum für Wissenschaftler aus aller Welt machen. Das Urtier, das im Lichthof des Museums die Blicke der Eintretenden wie in einer gotischen Kathedrale nach oben zwingt – vom massigen Leib die elegant geschwungene Wirbelsäule entlang bis zum vergleichsweise winzigen Schädel –, ist in die Debatte um koloniale Beutestücke geraten.

Giraffatitan ist, wie fast alle Dinos im Naturkundemuseum, ein Tansanier. Der Fundort lag im Süden des ostafrikanischen Landes, an einem Berg mit der klangvollen Bezeichnung Tendaguru. Dort gruben zwischen 1909 und 1913 Expeditionen unter Leitung deutscher Paläontologen die 150 Millionen Jahre alten Fossilien aus. Tendaguru gehörte zur Kolonie Deutsch-Ostafrika. 1905/06 hatte die Kolonialmacht dort mithilfe einheimischer Kollaborateure eine Rebellion, den Maji-Maji-Aufstand, niedergeschlagen. Die Zahl der Toten wird auf bis zu 300 000 geschätzt. Die ebenfalls betroffene Tendaguru-Region fanden die Paläontologen fast menschenleer vor.

Während der Grabungen benannte Expeditionsleiter Werner Janensch viele Saurier nach den Afrikanern, die sie freigelegt und präpariert hatten: Selimosaurus nach Seliman Kawinga, Abdallahsaurus nach Sefu Abdallah ... Oberaufseher und Chefpräparator Boheti bin Amrani legte 1909 am Kitukituki-Bach das Exemplar frei, das später große Teile des mächtigen Brachiosauriers liefern sollte. Als es aber um die fachliche Einordnung ging, verschwanden die afrikanischen Namen aus der wissenschaftlichen Systematik. Geehrt auf Dauer steht dort der Name Wilhelm von Branca, 1899 bis 1917 Direktor des Naturkundemuseums zu Berlin.

Noch 2007, als ein kleiner Wettbewerb den lustig gemeinten Spitznamen Oskar erbrachte, dachte niemand an Boheti, den Ausgräber. Das Schaustück im Sauriersaal hatte sich von seinem Ursprung, dem kolonialen Fundort, gelöst und in deutsches Erbe verwandelt. Die Berliner Senatskulturverwaltung regte den letzten Akt der Loslösung an: 2011 ließ sie das Skelett des Giraffatitan brancai gemeinsam mit weiteren im Sauriersaal ausgestellten Fossilien vom Tendaguru in das Verzeichnis des national wertvollen Kulturgutes eintragen. Für dieses gilt Ausfuhrverbot. Die Dinos waren „für Deutschland gesichert".

Der erste Deutsche, der die Fossilien vor mehr als hundert Jahren sah, hieß Bernhard Sattler, war Bergwerksingenieur und suchte im Namen der in Koblenz ansässigen Lindi-Schürfgesellschaft Bodenschätze in der Kolonie. Davon fand er wenig. Lange Zeit erzählte man, Sattler habe quasi beim Umherstreifen am Hügel Tendaguru riesige Knochen entdeckt und deren Bedeutung als versteinerte Gliedmaßen urgewaltiger Tiere richtig eingeschätzt. In Wahrheit kannten Einheimische diese Stätte, hatten sie längst „entdeckt".

Dr. Wilhelm Arning, Kolonialarzt und Geschäftsführer der Schürfgesellschaft, zitierte später aus Sattlers mittlerweile verschollenem Brief, der ihn am 22. März 1907 in Hannover erreicht und die Erstinformation überbracht hatte. Demnach hat sich Folgendes zugetragen: Um den erfolglosen deutschen Schatzsucher zu trösten, hatte ihn einer der afrikanischen Arbeiter zu einer Stelle geführt, „wo, vom Regen freigewaschen, die Umrisse riesiger Knochen sich auf dem Boden abhoben". Aus später verfassten kolonialen Quellen geht hervor, dass die Einheimischen den Tendaguru mieden, weil sie die Gegend für „teufelsbesessen" hielten.

Arning informierte die Kolonialabteilung des Auswärtigen Amtes und andere Institutionen über den „außerordentlich bedeutsamen" Fund. Im August 1907 reiste der Paläontologe Eberhard Fraas in die Kolonie, marschierte vom Hafen Lindi gen Tendaguru und bestätigte den Sensationsfund.

Ein Tendaguru-Komitee begann in Berlin, Spenden für eine Grabung einzuwerben. In der Hoffnung, ein Ausstellungsgut von Weltrang, einen zweiten Pergamonaltar, bergen zu können, erklärten die Kolonialbehörden das vermeintlich „herrenlose Land" am Tendaguru in einem bürokratischen Akt zum „Kronland", also zum Staatsbesitz.

Am 13. März 1908 versammelten sich sieben Männer zwischen 50 unbewohnten Hütten des Dorfes Nanunde zehn Kilometer westlich vom Tendaguru zum Ortstermin. Neben dem Kolonialbeamten Walther Wendt erschienen sechs afrikanische Würdenträger. Das Protokoll vermerkt, von der eigentlichen lokalen Bevölkerung sei niemand erschienen. Man habe das „fragliche Land" von 3500 Hektar „in Augenschein genommen" und keine Eingeborenen-Ansiedlungen gefunden. Keiner der Anwesenden habe ein Eigentumsrecht geltend gemacht. Einen der Würdenträger fand bald darauf ein Afrika-Reisender in dessen Dorf vor und beschrieb ihn als blinden Greis. Wie die Inaugenscheinnahme am Tendaguru wohl stattgefunden hat? Ob es das ganze Treffen überhaupt gab, kann bezweifelt werden. Aber hinsichtlich des Besitzes waren Fakten geschaffen.

Am 12. April 1909 brach die Kolonne der ersten Tendaguru-Expedition von Lindi zum Grabungsort auf. Sie bestand aus den Expeditionsleitern Werner Janensch und Edwin Hennig, beide Paläontologen, dem Dino-„Entdecker" Sattler sowie 160 Trägern, beladen mit jeweils 25 bis 30 Kilogramm Werkzeugen, Instrumenten, Büchern, Zelten, Proviant. Tragetiere wie Pferde oder Esel kamen in Afrika nicht zum Einsatz – die Tse-Tse-Fliege brachte sie um.

Die Ausgrabungsarbeiten leisteten weit überwiegend Afrikaner. Zeitweise taten 500 Ortskräfte am Tendaguru Dienst. Sie und ihre Familien lebten in einem Dorf mit Hütten aus Bambus und Gras, Expeditionsleiter Hennig berichtete nach Berlin, das Leben dort sei „ungemein gemütlich und behaglich".

Die Funde übertrafen die kühnsten Erwartungen: Fossilien von verschiedensten Sauriern, die über einen langen Zeitraum auf dem Gelände verendet waren, das vor 150 Millionen Jahren eine Übergangslandschaft zwischen Wasser und Festland gewesen war.

Jeden Montag marschierte eine mit 50 bis 60 Lastenpaketen beladene Kolonne los: vier Tage bis zum Hafen. Am Ende sollten 225 Tonnen Fossilien abtransportiert sein. Behälter zur sicheren Aufbewahrung baute man an Ort und Stelle, größtenteils aus Bambus. Die Tendaguru-Aktion wurde zur erfolgreichsten ihrer Art in der Welt. Gerade noch rechtzeitig vor Ausbruch des Ersten Weltkrieges, der 1918 in das Ende der Monarchie und des Kolonialreiches mündete, hatte sich Deutschland einen Schatz verschafft. Dass es nicht nur um wissenschaftliches Interesse, sondern auch um nationales Prestige ging, zeigt ein Satz, mit dem Museumsdirektor Wilhelm von Branca Sponsoren für die erste Expedition motivieren wollte: Es sei „eine Ehrenpflicht, jene im afrikanischen Boden ruhenden wertvollen wissenschaftlichen Schätze für Deutschland baldigst zu retten". Für das eigene Museum sah er große Zeiten kommen, wenn sich das Berliner Haus die Funde „einverleibt" hätte: Dann erhielte es „mit einem mal einen Weltruf und stellt sich ebenbürtig an die Seite der großen amerikanischen Museen".

Die ersten gezeigten Exponate, zwei Oberarmknochen von mehr als zwei Metern Länge, feierten die Berliner als Sensation. Die Arbeit der Präparatoren zog sich Jahre hin. 1937 stand Brachiosaurus, heute Giraffatitan, aus verschiedenen Saurierindividuen und künstlich erzeugten Ersatzstücken zusammengebaut zwischen Hakenkreuzfahnen im Lichthof. Jetzt blieb die Resonanz gedämpft, das Interesse war weg von alten Knochen hin zu moderner Genetik und Rassenlehre gewandert. Den Krieg überdauerte der Dino teilmontiert im Keller; 1953 stand er wieder im notdürftig hergerichteten Museum und avancierte endlich zum Publikumsliebling, zu einer Attraktion Ost-Berlins. 2007 stellten ihn die Wissenschaftler nach einer Generalüberholung gemäß neuesten Erkenntnissen wieder auf – mit durchgestreckten Beinen und schwebendem Schwanz.

Im Jahr 2018 hatten die Außenminister Tansanias und Deutschlands in Daressalam gesagt, die Tendaguru-Fossilien gehörten keinem der beiden Länder, sie seien vielmehr Weltkulturerbe, und Deutschland pflege das vorbildlich. Tansania werde keine Rückgabe fordern, allerdings Unterstützung in Wissenschaft und Ausbildung.

Die Kooperation entwickelt sich verheißungsvoll. 2021 entdeckte ein gemeinsames tansanisch-deutsches Team an der alten Fundstätte Tendaguru neue Dino-Fossilien und berichtete von „überwältigenden" Funden. Man darf gespannt sein.

DER SCHATZ DES PRIAMOS

Heinrich Schliemanns heiß umstrittener Sensationsfund aus Troja

Aller Welt gingen die Augen über beim Anblick der Schätze, die Heinrich Schliemann 1873 aus den Ruinen des antiken Troja gehoben hatte. Etwa 8000 Objekte konnte er bergen, darunter Goldgefäße, Silbervasen und Keramik. Vor allem aber faszinierte der überaus prächtige Goldschmuck – Diadem, Halsgeschmeide, Ohranhänger –, den der Ausgräber dem sagenhaften König Priamos aus Homers *Ilias* zuordnete. Er schmückte seine Frau Sophia mit dem „Schatz des Priamos", das Foto avancierte zur Ikone: die aparte Griechin verwandelt zur „Schönen Helena", deren Entführung aus Sparta der Legende nach die Trojanischen Kriege auslöste.

Wo würde Schliemann die spektakulären Funde der Öffentlichkeit präsentieren? Wem würde er sie anvertrauen? „An Deutschland gebe ich sie nicht", schrieb er 1875 an seinen Schulfreund Wilhelm Rust aus Neustrelitzer Kindheitstagen. Sein Groll auf Deutschland hatte handfeste Gründe: Anders als in England, Frankreich und Amerika, wo Publikum wie Fachwelt seine Entdeckungen in Troja „in vollsten Maße" anerkannten und „als die größte Entdeckung aller Jahrhunderte" ansahen, kam aus seiner alten Heimat viel Boshaftigkeit. In dem Brief klagte er: In Deutschland „werde ich von den neidischen Professoren fortwährend auf eine grauenhafte Weise beschimpft, und besonders in Berlin". Und doch entschied er sich anders. 1881 schenkte Schliemann die trojanischen Schätze dem „deutschen Volk".

Trotzdem liegen die wichtigsten Stücke heute in Moskau und nicht im Berliner Museum für Vor- und Frühgeschichte, wohin sie rechtmäßig gehören. Es ist eine verwickelte Geschichte.

Seit 1870 hatte Schliemann gewissermaßen mit Homers *Ilias* in der Hand nach der darin beschriebenen Stadt Troja und den Spuren der besungenen Helden – Achilleus, Hektor, Menelaos, Priamos – gesucht. Als er 1873 der deutschen und internationalen Presse schließlich den spektakulären Fund meldete, wurde die Nachricht Tagesgespräch, „überall, im Hause und auch auf der Straße, im Postwagen und auf der Eisenbahn wurde von Troja geredet. Man war voll des Staunens und Fragens", wie der Schriftsteller C.W. Ceram in seinem populären Werk *Götter, Gräber und Gelehrte* einen Museumsdirektor zitierte.

Heinrich Schliemann schmückte den glücklichen Moment des Fundes und seiner Bergung in seinem Bericht überreich aus: „Um den Schatz der Habsucht meiner Arbeiter zu entziehen und ihn für die Wissenschaft zu retten, war die allergrößte Eile nöthig, und, obgleich es noch nicht Frühstückszeit war, so ließ ich doch sogleich ‚païdos', Ruhezeit, ausrufen und während meine Arbeiter aßen und ausruhten, schnitt ich den Schatz mit einem großen Messer heraus, was nicht ohne die allergrößte Kraftanstrengung und die furchtbarste Lebensgefahr möglich war, denn die große Festungsmauer, welche ich zu untergraben hatte, drohte jeden Augenblick auf mich einzustürzen. Aber der Anblick so vieler Gegenstände, von denen jeder einzelne einen unermesslichen Werth für die Wissenschaft hat, machte mich tollkühn und ich dachte an keine Gefahr. Die Fortschaffung des Schatzes wäre mir aber unmöglich geworden ohne die Hülfe meiner lieben Frau, die immer bereitstand, die von mir herausgeschnittenen Gegenstände in ihren Shawl zu packen und fortzutragen."

Dummerweise kam heraus, dass seine Frau gar nicht in Troja, sondern im fernen Athen weilte – Grund genug, den ganzen Fund für eine Fälschung zu halten. Er habe die Herstellung der ganzen Goldsachen selbst in Auftrag gegeben, mutmaßten seine Gegner. Das in Berlin erscheinende Satiremagazin *Kladderadatsch* fiel genussvoll über Heinrich Schliemann her, verspottete seine Angebereien und schlug 1876 vor, sich nunmehr durch Auffinden des Rheingoldschatzes am Deutschen Kaiserreich verdient zu machen. Eine Karikatur zeigt Schliemann und Gattin in die Nibelungen-Sage vertieft und zugleich forsch ausschreitend mit dem Text: „Nachdem Herr Schliemann infolge homerischer Studien den homerischen Schatz gefunden, liest er zufällig die Nibelungensage und begibt sich sofort nebst Frau und Umschlagtuch auf die Rheingoldsuche." Tja, das Märchen von Sophias Schal als Bergungshilfe kam gar nicht gut an. Und wenn sie die einzige Zeugin war – wie konnte man das Unglaubliche glauben?

Heinrich Schliemann, der vom mecklenburgischen Dorfjungen aus schwierigen Familienverhältnissen zum reichen Kaufmann wurde, hatte seinen Kindheitstraum, das wahre Troja zu finden, erfüllt. Ein Kinderbuch, das der Vater dem Sechsjährigen zu Weihnachten geschenkt hatte, vor allem ein Bild vom brennenden Troja, beflügelte dessen Fantasie so nachhaltig, dass er im Alter von 44 Jahren beschloss, sein Leben umzukrempeln. Er liquidierte seine Geschäfte, ging auf Weltreise, studierte an der Sorbonne in Paris, promovierte in Rostock, organisierte seine Grabungen – und finanzierte alles selbst.

Dieser weltgewandte Selfmademan ohne den akademischen Stallgeruch einer deutschen Universität, der keiner saufenden und schlagenden Burschenschaft angehört hatte und stattdessen autodidaktisch nach eigener Methode Dutzende Sprachen gelernt hatte, als russischer Staatsbürger jahrelang in St. Petersburg gelebt, schließlich die amerikanische Staatsbürgerschaft angenommen hatte und in Zeiten aufgeblasenen Nationalismus' zum Weltbürger gereift war, mag ein Fabulierer gewesen sein, der sein Leben lang nach Anerkennung gierte – aber ein Scharlatan und Betrüger war er nicht. Heutige Archäologen erkennen sein Wirken unter damaligen Umständen an, als die Archäologie noch keine etablierte Wissenschaft war, sondern ein Gemisch aus romantischer Altertumsverehrung und kolonial beflügelter Antiquitätensammelei. Schliemann hatte als Ausgräber keine wissenschaftlichen Vorbilder. Er lernte während seiner Grabungen, korrigierte Methoden und nahm schließlich fachlichen Beistand an. Er war lernfähig.

Professor Matthias Wemhoff, Direktor des Museums für Vor- und Frühgeschichte in Berlin, nennt als Schliemanns größte wissenschaftliche Leistung, „in Troja die bis dahin im ägäischen Raum unbekannte Epoche der frühen Bronzezeit materiell ans Tageslicht" gebracht zu haben. Unbestritten ist mittlerweile, dass

Schliemanns Forschungen in Troja, Mykene, Tiryns etc. die Grundlage für alle späteren Forschungen zum bronzezeitlichen Griechenland schufen. Etliche vom Eifer seiner homerisch geleiteten Zuschreibungen erwiesen sich als Irrtümer: Die famose „Maske des Agamemnon" aus Mykene entstand nach heutigen Erkenntnissen in der Mitte des 16. Jahrhunderts vor unserer Zeit, also etwa 300 Jahre vor der Zeit dieses mykenischen Fürsten. Der „Schatz des Priamos" ist sogar um etwa 1000 Jahre älter als von Schliemann gedacht. Über die Schmiede, die den Schmuck aufwändig fertigten, über Nutzung und Besitzer jener alten Kultur weiß man bis heute wenig.

Bekannt ist hingegen das Schicksal der Troja-Sammlung: Schliemann schmuggelte sie nach Athen. Das Osmanische Reich verklagte Schliemann, ein Gericht in Athen verfügte die hälftige Rückgabe. Schliemann weigerte sich. 1875 gab das mittlerweile im Staatsbankrott versunkene Osmanische Reich auf und zog die Klage gegen die Zahlung von 10 000 Franc zurück. Weil Schliemann einem Grabungsverbot in Troja entgehen wollte, zahlte er das Fünffache. Die osmanische Regierung baute mit dem Geld ein neues Reichsmuseum in Konstantinopel. Damit waren die Besitzrechte geregelt.

Lange Zeit durfte Schliemanns Frau Sophia hoffen, Besitzerin des Troja-Schatzes zu werden, doch Schliemann erlag schließlich dem langjährigen Werben seines Berliner Freundes Rudolf Virchow. Dem Arzt, Politiker und versessenen Sammler gelang die Versöhnung Schliemanns mit seinem Vaterland. Der schenkte seine Kollektion nach Berlin, und Kaiser Wilhelm I. nahm huldvoll an. Zum Dank durfte Schliemann Ehren und Orden erwarten – vor allem aber eine repräsentative Unterbringung seiner Funde. Die wichtigsten Stücke waren ab 1881 zunächst im Kunstgewerbemuseum, heute Martin-Gropius-Bau, zu sehen. Nach Fertigstellung des neuen Völkerkundemuseums direkt gegenüber zog die Ausstellung dorthin um. Das Diadem und die anderen Teile des Goldschmuckes erhielten als Prunkstücke des Hauses Ehrenplätze.

Als der Zweite Weltkrieg wieder an den Ort seines Ursprungs, nach Berlin, zurückkehrte, lagerte das Museum die Trojanische Sammlung sicherheitshalber aus. Im Zoobunker entdeckten sie schließlich Offiziere der Roten Armee, beschlagnahmten sie und nahmen alles mit. Der Schatz galt als verschollen, bis er Mitte der 1990er in Moskau wieder auftauchte. Seither präsentiert ihn das Moskauer Puschkin-Museum. Auf der Berliner Museumsinsel zeigt das Museum für Vor- und Frühgeschichte ersatzweise feine Repliken.

Jahrelange Bemühungen um eine Rückgabe blieben ergebnislos. Eine Ausleihe wäre mit der Klausel zur Verpflichtung auf Rückgabe verbunden – unannehmbar, wie Museumsdirektor Matthias Wemhoff sagt, denn das hieße, russische Besitzansprüche anzuerkennen. Als im Februar 2022 Russland die Ukraine überfiel, kappte auch das Berliner Museum seine offiziellen Beziehungen nach Moskau. Bis auf Weiteres steht es schlecht um eine Heimkehr des Priamos-Schatzes.

DIE BÜCHSE VON DER ROHRPOSTANLAGE

„Schickst du mir ein Bömbchen?“

„Komme heute Abend vorbei", schrieb Fräulein Schneider aus Köpenick auf einer Postkarte morgens um zehn Uhr an den lieben Hans in Spandau. Im Jahr 1900 konnte die Dame sicher sein, dass die Kurznachricht rechtzeitig vor ihrem Eintreffen an den Adressaten kam. Wie war das möglich? Ohne Mail, SMS, WhatsApp? Fräulein Schneider ging zum nächsten Postamt, in dem eine Rohrpoststation arbeitete, steckte ihre Rohrpostkarte in einen speziellen Schlitz oder lieferte ihn am Schalter ein. Ein Brief aus dünnem zartrosa Papier kostete 30 Pfennig, die Postkarte (mit aufgedruckter Marke) 25 Pfennig, das entsprach um 1900 einem Liter Bier oder einem Kilogramm Roggenbrot.

Postbeamte sammelten, sortierten, stempelten und packten die jeweiligen Sendungen – Telegramme, Briefe, Schecks – in eine Metallbüchse, dem eigentlichen Transportvehikel. Damit alles hineinpasste galten Normen: Größe 14 mal 9 Zentimeter, Gewicht maximal 20 Gramm.

In der Sammlung des Museums für Kommunikation in Berlin findet sich auch eine Büchse aus der Generation, die Fräulein Schneiders Eilpost transportierte. Genaueres steht in der „Beschreibung der Rohrpost, Stand am 1. Januar 1900": „Die Büchse besteht aus einer Aluminium- und einer Lederhülse. Erstere nimmt die gerollten Sendungen auf und wird in die Lederhülse hineingeschoben. Die Aluminiumhülse ist mit zwei länglichen Löchern versehen, um das Herausnehmen zu erleichtern." Ein Loch im Boden der Lederkappe erlaubt den Ausgleich der wechselnden Luftdruckverhältnisse im Rohr, sodass eine Absprengung des Lederteils von der Alukapsel vermieden wird.

Die Leute fühlten sich der Form und der Geschwindigkeit wegen an Granaten erinnert und scherzten: „Schickst du mir ein Bömbchen?", wenn sie schnell Nachricht haben wollten. Und sie dichteten: „Weilt die Liebste in der Ferne, und du möchtest doch so gerne, dass sie in der Nähe sei, schreib ihr eine Rohrpostkarte, dass sie komme, dass sie warte, Stephan pustet sie herbei." Heinrich von Stephan hieß seit 1870 der Generalpostdirektor.

Zum Absenden öffnete der Postbeamte eine Luke im sogenannten Kammerapparat mit je einer Röhre für die eingehende und einer anderen für die abgehende Post und legte die Büchse ein, den ledernen Teil voran. Üblicherweise gingen mehrere zu einem Rohrpostzug vereinigte Büchsen auf die Reise. Mit Druck- beziehungsweise Saugluft schossen sie dann voran. Um die Büchsen störungsarm anzusaugen oder vorwärts zu stoßen, musste die rußgetrübte Berliner Luft vor dem Einleiten mit Filtern gereinigt, getrocknet und verdichtet werden. Etwa alle zwölf Kilometer wurden die Zylinder durch Luftverdichter beschleunigt oder durch Pumpen angezogen.

Von 7 bis 21 Uhr ging alle 15 Minuten die Post ab. Weil es jeweils nur ein Rohr für Hin- und Rückweg gab, regelte ein komplizierter Fahrplan die Absendezeiten. Postämter mit Rohrpoststation trugen stolz entsprechende Schriftzüge und rote Laternen am Gebäude. Im Jahr der Rohrposteröffnung zischten 1 324 899 Sendungen mit bis zu 50 Kilometern pro Stunde durch die unterirdischen Röhren; bis zum Jahr 1883 hatte sich die Menge verdoppelt. Berlin verfügte über die zweitgrößte Rohrpost der Welt.

Das in seiner technischen Einfachheit geniale System wirkte mit seinem unerhörten Tempo als Turbobeschleuniger der Kommunikation: Am 18. November 1865 war die erste „Pneumatische Depeschen Beförderung" in Betrieb gegangen, eingerichtet von der Firma Siemens & Halske im Auftrag der Königlich Preußischen Telegraphendirektion. Die Anlage verband das Berliner Haupttelegrafenamt Jägerstraße/Französische Straße und die Berliner Börse – 2,1 Kilometer Entfernung – und leitete zunächst ausschließlich Telegramme weiter. Eineinhalb Minuten dauerte die Reise, obwohl die Büchsen anfangs noch auf Rollen durch die Röhre liefen. Die Bankiers waren begeistert, bekamen sie so doch umgehend die zum Beispiel aus London eintreffenden neuesten Depeschen.

1868 lagen in Berlin 18 Kilometer Rohrnetz, und das wurde fortwährend verbessert. Die Büchsen glitten nun reibungsärmer auf den Ledermanschetten hindurch. Am 1. September 1876 begann der öffentliche Rohrpostbetrieb – in einem nunmehr auf 25,9 Kilometer ausgebauten Röhrensystem zwischen Haupttelegrafenamt und 14 Postämtern. Jetzt war es möglich geworden, Postsendungen in Stundenfrist zu befördern. Damit war ein leidiges Problem, das nicht nur die Bankiers geärgert hatte, gelöst: der Transport der Nachricht auf dem letzten Abschnitt ihres Weges zum Endempfänger, der sogenannten letzten Meile.

Der von Werner Siemens 1846 erfundene Zeigertelegraf übermittelte rasant schnell kurze Meldungen über lange Strecken, sogar über Kontinente hinweg. Und Eisenbahnen brachten Briefe in wenigen Stunden von Stadt zu Stadt. Aber diese Strecken und Kabel endeten am Haupttelegrafenamt oder am Bahnhof. Die Bewältigung der Kurzstrecke durch die von Kutschen, Fuhrwerken, Pferdeomnibussen und Baustellen der überall neu entstehenden Gas-, Wasser- und Abwassersysteme verstopften Berliner Straßen dauerte länger als der Überseetransfer.

Während die Rohrpostkapseln mit zehn Metern pro Sekunde auf unterirdischen Bahnen dahinflitzten, erhielt man oberirdisch auf die Frage „Wo geht's denn hier zur Post?" die Antwort: „Da jehn Se am besten immer den Pferdeäppeln nach." 1859, das war kurz vor dem Start der Rohrpost, rumpelten über die notorisch schlechten Straßen Berlins 137 Postfuhrwagen vom Hof-Postamt zu den Stadtpost-Expeditionen und Bahnhöfen. Die Rohrpost wurde auf Jahrzehnte zum unschlagbaren Transportmittel: zuverlässig, hochgeschätzt, viel benutzt, preiswert.

Die Zustellung in die Wohnung des Adressaten übernahm eine bedeutende Amtsperson: der Briefträger, in schmucker Uniform deutlich im Straßenbild sichtbar. Er trug Ledertaschen um den Leib geschnallt, Eilbriefe steckten in roten Lackledertaschen. Rohrpost galt vom ersten Tage an als Eilsendung. Im Jahr 1900, als Fräulein Schneider ihr Billet absandte, verbanden bereits 121 Kilometer Rohrnetz 48 Postämter; etwa sieben Millionen Sendungen gingen pro Jahr ab; 1919 waren es dann 167 Kilometer und 26 Millionen Sendungen. 1944 verbanden etwa 250 Kilometer Rohrleitungen 99 Stationen.

Elfmal pro Werktag schickte jedes Postamt die Briefträger mit exakt gestempelten Sendungen zwischen 7.15 Uhr und 20 Uhr „auf Tour", an Sonntagen fünfmal. Auf der ersten Runde des Tages schwärmten im Jahr 1884 jeweils 900 Briefträger in die 800 Straßen und 18 310 Häuser des damaligen Berlin mit seinen 1,2 Millionen Einwohnern aus. Auf diesem Frühgang stellten sie ein Drittel des täglichen Postaufkommens zu. Für die nächsten zehn Touren genügten 500 bis 600 Austräger. Kam die Pferdebahn vorbei, sprangen die Briefträger auf, um schneller voranzukommen, schließlich war die Berliner Post bestrebt, alle Sendungen innerhalb von zwei Stunden zuzustellen. So erreichte selbst der vergessene Geburtstagsglückwunsch den empfindlichen Onkel Albert noch am selben Tage und verhinderte familiären Ärger.

Die Deutsche Volkszeitung stieß gewiss auf Zustimmung ihrer Leserschaft, als sie am 11. Januar 1884 lobte: „Die Berliner Postboten haben es verstanden, sich die Sympathie des Publikums in hohem Maße zu erwerben. Der Berliner Briefträger ist eine populäre Persönlichkeit und ein allgemein beliebter Mann!"

Der Siegeszug der schnellen, kurzen Mitteilung per Postkarte erklärt sich nicht allein durch die Vorzüge der Rohrpost. Auch die normale Postkarte befreite das Schreiben von allem unnötigen Ballast, sie beanspruchte keinerlei prunkvolle Titulatur oder umständliche Ehrenbezeugungen. Knappe, sachliche Fassung mit dem Zweck, Abmachungen zu treffen, sich zu verabreden, Vergessenes kurz nachzureichen – das alles erledigte man per Postkarte. Sie diente dem augenblicklichen Zweck, für freundschaftliche, familiäre oder gesellige Mitteilungen – alles offen, für die Allgemeinheit von wenig Interesse, ohne Geheimniskrämerei. Allgemein akzeptierte Regeln untersagten Kränkungen, beleidigende Anreden, Verdächtigungen, Vorwürfe, Mahnungen, Zurechtweisungen.

Die Postkarte war eines der ersten echten Massenkommunikationsmittel; heute nutzen wir die elektronischen Mittel wie die Leute einst die Postkarte. Ansichtskarten gehen heute per WhatsApp-Bildchen sekundenschnell um die Welt.

Die besten Zeiten der Rohrpost gingen in den 1920er-Jahren zu Ende, verdrängt unter anderem durch die Allgegenwart des Direktwähltelefons. Nach 1945 blieben nur Einzelstrecken in Betrieb – wie bis kurz nach der Wende die zwischen der Redaktion der *Berliner Zeitung* am Alexanderplatz und ihrer Setzerei sowie Druckerei. Der öffentliche Betrieb endete in West-Berlin im Jahr 1963, in Ost-Berlin 1976. Bis zum Schluss arbeitete im Keller des 1916 eröffneten Haupttelegrafenamtes in der Oranienburger Straße in Mitte die einstige Zentrale des imposanten Systems. Sie steht unter Denkmalschutz.

In großen Kliniken wie der Charité gehen heute noch Präparate und Papiere per Luftdruck durch die Gebäude. Da spielt das System alle seine Stärken aus: Digitale Sendungen transportieren keine Gegenstände. Nicht mal ein Reiskorn.

Luna-Park. Terrassen am Halensee.

GRÖSSENRAUSCH UND AUFBRUCH-STIMMUNG

War das geeinte Reich auch groß genug? Hatten nicht alle Rivalen schon „Plätze an der Sonne", Räume, um die Überschussbevölkerung in Kolonien zu exportieren, Einflusssphären und Rohstoffe zu sichern? Um Alt-Berlin hatten sich riesige Mietskasernenquartiere über ehemalige Äcker geschoben. Abenteurer aller Art zogen durch Afrika und die Südsee, die Berliner Kongo-Konferenz hatte Afrika 1884/85 aufgeteilt. Nun bestaunte das Volk Kolonialwaren und neue Museen: Was es alles gibt auf der Welt! Reichskanzler Bismarck hegte die Arbeiterbewegung mit Sozialgesetzen ein. Die Infrastruktur war modernisiert mit Kanalisation, Markthallen und Schlachthöfen. Und eines wollten alle: Vergnügen – mit Kneipen, Lunapark und Völkerschauen, Tanz und Varieté. Die Konsumgesellschaft fand in Berlin ihr ideales Publikum. Die Stadt wurde zum Zentrum der Welt für Erfinder, Forscher, Künstler. Dem kleinen und dem großen Glück folgten die Schrecken des Krieges, die Nachkriegswirren, Neuordnung, Inflation …

DER SAUERBRUCH-ARM

Kriege machten Berlin zur Innovationszentrale der Medizintechnik

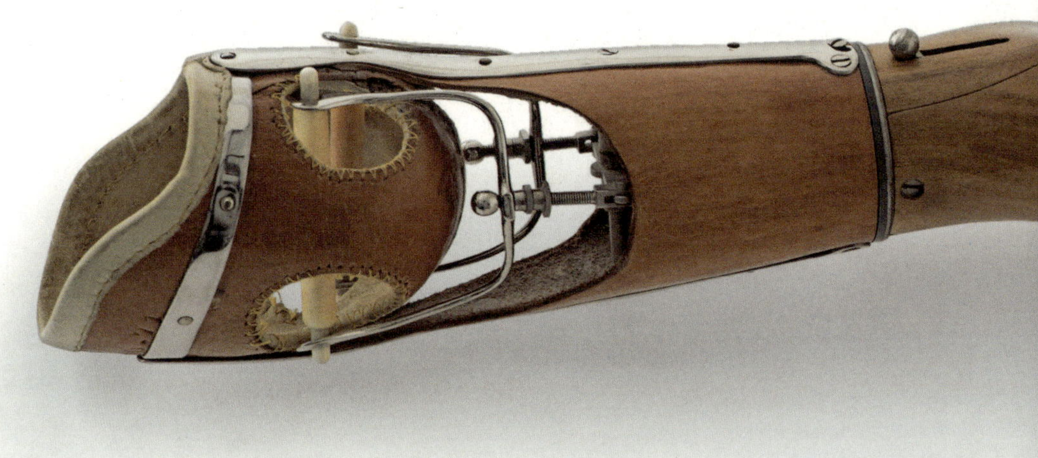

Überall Männer mit Holzbein und leer herabbaumelnden Jackenärmeln – Berlin war nach dem Ersten Weltkrieg voll von Versehrten, denen Gliedmaßen fehlten. Eine halbe Million solcher Krüppel – so sagte man ganz wertneutral – hatte das Deutsche Reich nach diesem Krieg, der „Urkatastrophe des 20. Jahrhunderts", zu versorgen. Insgesamt kehrten zwei Millionen deutsche Soldaten dauerhaft versehrt nach Hause zurück, mit weggeschossenem Kiefer, leeren Augenhöhlen, splitterdurchsetzten Leibern. Ihr Elend war himmelschreiend, ihre soziale Lage katastrophal.

Vieles war neu gewesen auf den Schlachtfeldern der modernen Zeiten: Millionenstarke Wehrpflichtarmeen standen einander gegenüber. Die Artillerie verwendete neuartige Explosivgeschosse, die schwere Verletzungen verursachten. Andererseits überlebten im Vergleich zu historischen Feldzügen mehr Verwundete, weil erstmals Antiseptika wie Karbol zum Einsatz kamen. Amputationen von Gliedmaßen verliefen seltener tödlich, heilten besser aus. Zudem hatte der Charité-Arzt Emil von Behring 1890 in Berlin den ersten Tetanusimpfstoff entwickelt, der die Soldaten im Ersten Weltkrieg gegen Wundstarrkrampf schützte. Zuvor hatte bei einer Verwundung zunächst die Frage gestanden, ob man die mit Messern und Sägen ohne Betäubung durchgeführte Abnahme von Arm oder Bein überleben würde. Und dann war kaum mehr als Krücke und Holzbein zu erhoffen. Nun leistete der medizinische Fortschritt seinen Beitrag zum Jahrhundert der Kriegsversehrten, und Berlin wuchs vollends zum Zentrum der Versehrtenfürsorge.

Schon Ende 1914 fielen die heimgekehrten Verstümmelten in der Reichshauptstadt auf. Noch im ersten Kriegsjahr wurde erstmals eine öffentliche Kriegsfürsorge eingerichtet, um die Krüppel wieder alltags- und möglichst arbeitstauglich zu machen. Entscheidende Voraussetzung: gute Prothesen, möglichst kostengünstig. Da Arbeitskräfte fehlten, richteten Unternehmer spezielle Arbeitsplätze ein, wo Kriegsversehrte mithilfe von Prothesen gleichförmige Handgriffe ausführten.

Vor allem zwei Männer reagierten zügig und mit praktischem Sinn: Prof. Dr.-Ing. Georg Schlesinger, Inhaber des Lehrstuhls für Werkzeugmaschinen an der Königlich Technischen Hochschule zu Berlin (heute TU), sowie der Chirurg Prof. Dr. Ferdinand Sauerbruch. Dieser führte in Zürich eine Privatklinik, arbeitete aber bei Kriegsausbruch für Deutschland als freiwilliger Oberstabsarzt in den Vogesen und in Ypern. Er wusste also, wie es um die Verwundeten stand.

Zurück im Zivilleben begann er 1915, eine Armprothese zur Amputiertenversorgung zu entwickeln und stellte sie in Berlin dem Chef des Feldsanitätswesens, Otto von Schjerning, vor. Vom bayerischen Uhrmacher Jakob Hüfner hatte Sauerbruch die sogenannte Hüfnersche Zweizughand übernommen. Deren Mechanismus übertrug Muskelbewegungen auf Daumen und Zeigefinger. Sauerbruch, der ab 1927 an der Berliner Charité arbeitete, sollte über die Jahrzehnte die unter dem Namen Sauerbruch-Arm zu Berühmtheit gelangte Prothese laufend perfektionieren.

Das Medizinhistorische Museum Berlin bewahrt eine „Unterarmprothese nach Sauerbruch“ aus dem Jahr 1944 auf. So ähnlich wie diese wird auch das Exemplar ausgesehen haben, mit dem der wohl bekannteste Träger eines Sauerbruch-Arms ausgestattet war: der Hitler-Attentäter Claus Schenk Graf von Stauffenberg. Selbst der Laie erkennt, dass es sich um ein kompliziertes Konstrukt aus Holz, Leder und Metall handelte, dessen Anfertigung handwerkliches Geschick verlangte. Hinzu kam die knifflige chirurgische Vorbereitung. Um die mechanische Hand mithilfe des Oberarmmuskels zu bewegen, musste durch den Oberarmmuskel ein Hauttunnel gelegt werden, durch den ein Elfenbeinstift führte. Durch Muskelanspannung wurde der Stift angehoben, und die Finger schlossen sich. So vollzog sich der Übergang von der passiven zur aktiven Prothetik.

Sauerbruchs Arm war kompliziert und teuer. Als im Herbst 1915 auf Initiative des Vereins Deutscher Ingenieure unter maßgeblicher Beteiligung Schlesingers und Sauerbruchs in Berlin die „Prüfstelle für Ersatzglieder“ gegründet wurde, konzentrierte sie sich zunächst aufs Praktische. Sie sichtete sämtliche auf dem Markt befindliche Prothesen und stellte ihre Eignung für verschiedene Schäden fest. An ihrem ersten Sitz in Berlin Charlottenburg, Fraunhoferstraße 11/12, testeten Dutzende Amputierte in eigenen Werkstätten Ersatzglieder, führten unterschiedliche Handgriffe aus oder versuchten, mit Ersatzbeinen auf schiefen Ebenen zu gehen und Leitern zu erklimmen. So entwickelte man für 14 Berufsarten den jeweiligen Maschinen in der Fabrik angepasste Prothesen. Schön waren diese Funktions- oder Arbeitsarme nicht.

Sauerbruch wollte anderes. Er fand, die Prothese solle die natürlichen Bewegungen der Hand unter Ausnutzung des Armstumpfes möglichst genau nachahmen: „Die Funktion der willkürlich bewegbaren Hand muss Bezug nehmen auf die Leistungen der lebenden“, schrieb er. Statt eine Arbeitshand nach der Tätigkeit auszurichten, stimmte Sauerbruch seine Prothese auf den Körper ab. Ästhetik und Psyche zu respektieren, war ein moderner Gedanke.

Verfolgt man ihn zurück in die Berliner Geschichte, dorthin, wo die Humanisierung des Umgangs mit Kriegsversehrten begann, so stößt man auf König Friedrich II., genannt der Große. Der Mann, der Feldzüge unternahm wie kein Hohenzoller vor ihm, ließ nach den Schlesischen Kriegen 1748 ein Invalidenhaus für seine dienstuntauglichen Soldaten und Offiziere errichten. Die Invaliden (lateinisch invalidus, ohne Wert, schwach, hinfällig) fanden dort kostenloses Unterkommen, Verpflegung, Kleidung, ärztliche Betreuung. Das Haus gab der Invalidenstraße ihren Namen. Es bot Platz für 631 Personen.

Prothesen waren über Jahrhunderte Wohlhabenden vorbehalten geblieben. Der fränkische Ritter Götz von Berlichingen, der 1504 seine Rechte durch einen Kanonenschuss verloren hatte, konnte mit eiserner Hand ein Schwert (oder zivile Werkzeuge wie Löffel) arretieren. Doch der Mann brauchte stets eine zweite, gesunde Hand, um die beweglichen Finger der eisernen Faust zu ballen oder zu lösen. 300 Jahre später tüftelte der Berliner Zahnarzt Peter Baliff an einer durch Körperkraft angetriebenen Handprothese. Im Invalidenhaus fand er sicherlich jede Menge Probanden. 1812 stellte er seine Arbeit vor: Mithilfe zweier Seilzüge konnten Finger durch Bewegungen des Ellenbogens beziehungsweise der Schulter gestreckt und gekrümmt werden. Ein Zug bewegte Zeige- bis Kleinfinger, der zweite den Daumen. Beide Züge verliefen von einem Brustgurt nahe der Achselhöhle ausgehend zur Hand. Große Kraft erzeugte die Konstruktion nicht, die ergriffenen Gegenstände fielen leicht zu Boden.

Was Baliffs Konstrukt an Praxistauglichkeit fehlte, gelang wenige Jahre später ebenfalls in Berlin – und zwar einer Frau: Caroline Eichler. Die Bandagistin und Feinmechanikerin entwickelte die erste wirklich brauchbare künstliche Hand und erhielt am 24. November 1839 dafür ein preußisches Patent. Es war nicht ihre erste Meisterleistung: Schon 1832 hatte sie eine Beinprothese mit beweglichem Kniegelenk vorgestellt und dafür am 23. November 1833 als erste Frau in Preußen ein Patent erhalten. Johann Friedrich Dieffenbach, Leiter der Chirurgie an der Berliner Charité, setzte die Eichlersche Fußprothese bei einem seiner Patienten ein und lobte die Konstruktion ausdrücklich.

1890 wagte sich der Berliner Chirurg Themistocles Gluck erstmals an ein Implantat: Er setzte Knieprothesen aus Elfenbein ein und befestigte sie mit Zement an tuberkulös veränderten Knochen. Der Versuch scheiterte, weil Gluck die mit solchen Eingriffen verbundene enorme Infektionsgefahr noch nicht beherrschen konnte.

Die Berliner Prothetik führte 1919 der Unternehmer Otto Bock fort, als er in Kreuzberg, Köpenicker Straße 147, die Orthopädische Industrie GmbH gründete. Der Mann hatte verstanden, dass der von der Nachkriegsnot getriebene Bedarf nach größeren Serien verlangte. Er folgte dem Innovationsschub im Prothesenbau und führte die bahnbrechende Prothesenpassteil-Fertigung im Sinne von Konfektionsgrößen ein, also die Serienproduktion der einzelnen Teile, die dann individuell angepasst werden konnten.

Nach dem Zweiten Weltkrieg setzte man nach Beinbrüchen Metallplatten ein und entwickelte Hüft- und Knieprothesen aus Titan oder Schienen für eine durch Krebs geschädigte Wirbelsäule. 1958 wurde in Stockholm der erste, noch faustgroße Herzschrittmacher implantiert. Elektroden, die vom Muskel erzeugte elektrische Impulse auf Elektromotoren übertragen, kamen auf.

Die Firma Ottobock gehört heute zur Weltspitze und bietet eine Vielzahl erstaunlicher Arm- und Beinprothesen an, die ein selbstbestimmtes Leben erlauben. Ihren Berliner Sitz hat sie in der von Stararchitekt Chipperfield umgebauten Bötzow-Brauerei in der Nähe des Alexanderplatzes. Auch die famose Prüfstelle für Ersatzglieder setzt ihre Arbeit in Berlin fort – als Prüf- und Zertifizierungsstelle für Medizinprodukte Berlin CERT. Was bringt den nächsten Entwicklungssprung? Womöglich die Stammzellenforschung – prothetische Gentherapie, gewachsene Gliedmaßen ...

DAS KREUZ MIT DEM EHREN-GRAB

Oberbürgermeister
Adolf Wermuth
brachte 1920
Groß-Berlin zuwege

Ein schlichtes Kreuz aus poliertem schwarzem Stein auf dem Friedhof an der Schlosskirche Buch trägt in goldenen Lettern den Namen des Berliner Oberbürgermeisters, der dem Siedlungsgestrüpp von Dutzenden Städten und Gemeinden rund um das alte Kern-Berlin 1920 eine zukunftsfähige Ordnung gab: Adolf Wermuth. Ohne ihn wäre das Gesetz zur Bildung der Einheitsgemeinde Groß-Berlin so nicht zustande gekommen. Er regierte die Stadt vom 1. November 1912 bis zum 25. November 1920 und vollbrachte als Parteiloser ausgerechnet in den politisch verrückten Zeiten nach dem Ersten Weltkrieg, mitten im totalen Umbruch nach dem Sturz der wilhelminischen Monarchie, der Novemberrevolution und dem Unheil der Spanischen Grippe in Berlin das Werk, an dem Politikergenerationen vor ihm gescheitert waren.

Das Grabkreuz verrät durch seine Inschriften einiges von dem, was dem Mann wichtig war: Neben dem Geburtsdatum 23.3.1855 und dem Sterbetag 12.10.1927 stehen seine wichtigsten Ämter vermerkt: „Staatssekretär u. Oberbürgermeister a.D.". Für den Querbalken des Kreuzes wählte die Familie den Bibelvers (Römer 12.12) „Seid fröhlich in Hoffnung". Dessen Fortsetzung lautet „und geduldig in Trübsal" – ein auch bei Taufen und Eheschließungen gern angeführtes Paulus-Zitat, das Zuversicht und Standhaftigkeit vermitteln soll.

Im schwarzen Sockelteil gibt ein weiteres Zitat des Apostels Paulus (1. Korinther 12.9) zu denken: „Meine Kraft ist in den Schwachen mächtig", Worte Jesu, die noch dem Kleinsten Stärke verleihen und Mut machen sollen.

Nicht zuletzt erinnert das Grabmal an Wermuths Frau, Marie Wermuth, geb. Renken (1855–1923). Das Paar bewohnte über viele Jahre die Sommerresidenz der Berliner Oberbürgermeister im Schloss Buch. Das Barockgebäude aus dem Jahr 1607, seit 1898 im Besitz der Stadt Berlin, wurde 1964 abgerissen.

Noch im Frühjahr 2020 wies nichts darauf hin, dass hier ein Mann ruht, der sich um Berlin in höchstem Maße verdient gemacht hat. Keine Informationstafel, nichts. Tannenzweige bedeckten die Grabstelle über den Winter, ein Sträußchen trockener Lampionblumen zeugte davon, dass der offiziellen Missachtung zum Trotz Bürger ihres Oberbürgermeisters gedachten. Die Evangelische Kirchgemeinde Buch pflegte das Grab ehrenamtlich über die Jahre. Selbst als in den Nullerjahren durch Vandalismus das obere Kreuzteil abbrach, kümmerte sich die Gemeinde um Instandsetzung. Drei Anträge hatte sie beim Berliner Senat eingereicht, um eine Anerkennung als Ehrengrab zu erlangen.

Erst als sich im Jahr 2020 das Zustandekommen des Groß-Berlin-Gesetzes zum hundertsten Mal jährte, zeigte sich der Senat willig, Adolf Wermuth aus dem Vergessen zu holen und schrieb: Wermuths „Positionierung gerade als parteiloser Spitzenpolitiker trug mit dazu bei, vor allem durch Sachargumente und Diplomatie die nahezu unüberschaubare Zahl divergierender Interessen zusammenzuführen und mit allen Beteiligten diese neue große Struktur gemeinsamen durchzusetzen. Diese Leistung war bahnbrechend."

In den Jahren 1918/19 führte Wermuth die Verhandlungen zur Bildung Groß-Berlins. Das Gesetz über die Bildung einer neuen Stadtgemeinde Berlin wurde am 27. April 1920 vom Preußischen Landtag mit der schwachen Mehrheit von 165 zu 148 Stimmen (Ja-Stimmen von SPD, USPD und Teilen der linksliberalen DDP) beschlossen und trat am 1. Oktober 1920 in Kraft. Damit wurde der Grundstein für das Berlin des 20. Jahrhunderts gelegt; die Stadt erhielt ihre Form, die im Großen und Ganzen bis heute Bestand hat. Blockaden für die Entwicklung der Infrastruktur, vor allem Verkehr und Energieversorgung, wurden weitgehend überwunden.

Ab dem 1. Oktober 1920 kamen zu Kern-Berlin hinzu: Lichtenberg, Schöneberg, Wilmersdorf, Charlottenburg, Neukölln und Spandau sowie aus den umliegenden Kreisen noch Niederbarnim, Osthavelland, Teltow, Köpenick plus 59 Landgemeinden und 27 Gutsbezirke. Bis dahin hatten im Berliner Kerngebiet 1,9 Millionen Menschen gelebt. Nun kamen weitere 1,9 Millionen dazu. Knapp 1,2 Millionen von ihnen lebten in den sieben umliegenden Städten. Das Stadtgebiet vergrößerte sich von 66 auf 878 Quadratkilometer. Damit war Berlin – nach Los Angeles – die flächenmäßig zweitgrößte und an der Einwohnerzahl gemessen – nach London (7,3 Millionen) und New York (5,6 Millionen) – die drittgrößte Stadt der Welt.

Zwar hatte man schon seit dem 1. April 1912 im sogenannten Zweckverband versucht, die rasante Entwicklung der Region zu koordinieren. Doch schon der Name des Gremiums signalisierte Distanz: Kooperation sollte höchstens punktuell geschehen und wo es nicht anders ging. Der Zweckverband vereinbarte, den regionalen Schienenverkehr gemeinsam zu regeln, Bebauungspläne und Baupolizeiverordnungen aufeinander abzustimmen. Trotzdem legte jede Umlandgemeinde weiter eigene Systeme an. Es gab im Großraum 40 Gas-, 60 Kanalisations- und 17 Wasserbetriebe, dazu 15 Elektrizitätsversorger. Kommunale Anarchie verhinderte von der Vernunft gebotene Maßnahmen. Am schlimmsten litten Verkehr, Wohnungs- und Bauwesen. Ein Rohr durch das Gebiet einer anderen Gemeinde zu leiten oder ein neues Verkehrsmittel anzubieten, das Menschen durch „fremdes Terrain" transportieren sollte, bereitete unendliche Probleme.

Immerhin gelang dem Zweckverband der Kauf von 10 000 Hektar Wald rund um Berlins Siedlungsflächen. Der „Dauerwald" wurde so der Spekulation und Bebauung entzogen – im Wesentlichen bis heute. Zudem schwärmten Beauftragte des Zweckverbandes aus, um weitere Landgüter zu erwerben; man suchte Flächen für Rieselfelder zur Aufnahme der städtischen Abwässer.

Adolf Wermuth formulierte bündig, was im Zweckverband nicht oder zum Nachteil Berlins funktionierte: „Der Versuch, Städte, Landgemeinden und Gutsbezirke lose aneinanderzukitten anstatt ein einheitliches Ganzes aus der Gesamtheit der Bevölkerung wachsen zu lassen, führte notwendig auch dazu, Alt-Berlin im Stimmrechte zurückzusetzen, damit es doch nicht allein den Ausschlag zu geben imstande war. Nun befand es sich in einer fast hilflosen Minderheit, sobald die

Vororte und Kreise sich zusammentaten." Alle Versuche, das zu ändern, scheiterten an den Kosten und am Widerstand unwilliger, reicher Gemeinden wie Schöneberg und Charlottenburg, die ihre Eigeninteressen zu wahren trachteten.

Den Rest verhinderte die preußische Regierung, getrieben von der ewigen Angst vor dem „roten Berlin" mit seiner sozialdemokratischen Mehrheit. Man stelle sich vor, das färbe auf das Umland ab! Berlin war voller Proleten, Sozialdemokraten, Kommunisten und Anarchisten. Berlin war widerspenstig, voller kaum kontrollierbarer Massen. Die Barrikaden der Revolution von 1848 standen der Obrigkeit vor Augen. In Berlin wurde 1918 die Monarchie gestürzt und die Republik Wirklichkeit. Berlin war verdächtig, mit Sympathie für die Bolschewisten nach Russland zu schielen oder zumindest die Republik in Richtung Sozialismus zu drehen. Der Zweckverband bot genügend Möglichkeiten zur Obstruktion.

Und Berlin stand vor massiven praktischen Problemen. „Jetzt geht's ums Ganze", schrieb Oberbürgermeister Wermuth über das Jahr 1918. Er hatte zwischen Abdankung des Kaisers, Hunger, Seuche, glühenden Arbeiter- und Soldatenräten sowie kaisertreuen Militäreinheiten Ordnung und Sicherheit zu wahren und die Leute zu versorgen.

Nach den Wahlen von 1919 verfügten die Sozialdemokraten beider Richtungen – SPD und USPD – in der Stadtverordnetenversammlung über eine Zweidrittelmehrheit. Jetzt bestand die historische Chance, Groß-Berlin Realität werden zu lassen. Unter Wermuths Führung und dem Druck der Verhältnisse wurde das Gesetz über die Bildung einer neuen Stadtgemeinde Berlin ausgehandelt und durchgesetzt.

Um die Städte und Gemeinden zu besänftigen, ersannen die Väter Groß-Berlins eine duale Struktur: Neben die zentralen Instanzen Magistrat und Stadtverordnetenversammlung traten 20 Verwaltungsbezirke: „Dann mochte innerhalb der doch auch geschichtlich gewachsenen kleineren Bezirke ein fröhliches Eigenleben weiterblühen", kommentierte Adolf Wermuth. Die Kompetenzen zwischen den beiden Ebenen verteilte das Gesetz vage.

So geht das bis heute. Die Doppelstruktur verlockt zum Verschieben von Zuständigkeiten und Verantwortung zwischen Senat und Bezirken. Generationen drückten sich vor Reformen. Eine schwarz-rote Koalition nimmt sich 2023 eine Verwaltungsreform vor. Groß-Berlin befreite die Stadt von alten Fesseln: Vor allem die Zusammenfassung von Gas-, Wasser-, Elektrizitätsversorgung sowie die Gründung eines gemeinsamen Verkehrsbetriebes in städtischer Hand schuf vernünftige Verhältnisse. 3,8 Millionen Einwohner hatte die Stadt 1920. Ende 2022 war der Stand erneut erreicht. Und wieder schmerzt das Wachstum. Der Versuch, Berlin und Brandenburg zu einem Bundesland zu fusionieren, scheiterte 1996 bei einer Volksabstimmung am Widerstand der Brandenburger. Sie fürchteten die Macht der Stadt in ihrer schieren Größe und die extravaganten Ansichten und Lebensstile zahlreicher Berliner. Es bleibt eine ewige Suche nach der Balance.

DER FROMMSER

Ein jüdischer Unternehmer und sein Weltspitzenprodukt

Im Juni 1906 reiste ein junges Paar überstürzt von Berlin nach London: Julius Fromm, 23, Zigarettenmacher, und seine Braut Selma Lieders, Hutmacherin. Für eine Spritztour waren die beiden zu arm; sie hatten einen ernsthaften Grund für die Reise. Selma Lieders war schwanger. Die beiden heirateten am 27. Dezember in London, kehrten als „anständiges" Ehepaar nach Berlin zurück, wo vier Monate später Sohn Max zur Welt kam. Sieben Geschwister wie sein Vater würde Max nicht haben. Bis zur Geburt des nächsten Kindes vergingen fünf Jahre, dann sieben bis zum dritten Sohn. Empfängnisverhütung gehörte in jener Zeit zu den heiß interessierenden Fragen. Julius Fromm ging sie praktisch an. 1916 brachte der Berliner Selfmade-Fabrikant das erste Markenkondom der Welt auf den Markt – nahtlos, transparent, reißfest, gefühlsecht. Ein Gleitmittel bedeckte die zarte Gummihülle, um eine „sammetartige Oberfläche" zu erzeugen. Das Produkt nannte Julius Fromm selbstbewusst Fromms Act und vollbrachte damit nicht weniger als eine sexuelle Revolution.

Kondome, meist Präservativs genannt, hatte es schon zuvor gegeben, aber was für welche! Über Jahrhunderte zogen die Herren Schafsdärme oder Fischblasen über, wenn sie sich das leisten konnten und sich wegen der grassierenden Syphilis sorgten. Die moderneren Teile aus Naturkautschuk verglichen deren Nutzer mit Fahrradschläuchen.

Wie das Sexualleben der Berliner aussah, als Julius Fromm sein massen- und alltagstaugliches Kondom entwickelte, lässt sich am Zulauf ermessen, den die Vorträge des Arztes und frühen Berliner Sexualkundlers Dr. Magnus Hirschfeld erlebten. „Das geschlechtliche Elend unserer Zeit – Großer öffentlicher Vortrag für Damen und Herren": So lud der Anschlagzettel für den 6. Oktober 1910 ein. Weiter hieß es: „Die Unkenntnis auf diesem so überaus wichtigen Gebiet des Lebens trägt Schuld an vielen körperlichen und seelischen Leiden innerhalb und außerhalb der Ehe. Hier kann nur vernünftige Aufklärung, nicht falsche Scham, Wandel schaffen." Vortragsthemen sollten sein: „Folgen der Unkenntnis in geschlechtlichen Fragen; die heutige KulturEhe, die Lehren des Pfarrers Malthus über die Verhütung der Empfängnis, Ursachen und Wesen der männl. und weibl. Unfruchtbarkeit". Hernach: „Freie Aussprache, Fragebeantwortung". Dr. Hirschfeld sprach vor überfüllten Sälen, vor allem in den Arbeiterbezirken. Die Menschen litten jede Art sexueller Not in allen sexuellen Varianten.

Im Jahr 1905 hatte die Bevölkerungszahl von Kern-Berlin die Zweimillionengrenze überschritten. Dicht an dicht lebte eine überwiegend junge Bevölkerung in den Mietskasernen. Auf den Straßen rollten die ersten Autos, fuhren elektrische Bahnen, in Fabriken wie Siemens und AEG ließ sich Geld verdienen. In mehr als 800 Tanzsälen und zahllosen anderen Etablissements wehte die freie Stadtluft. Spaß am Leben, das stellten sich die Leute vor. Eine große Kinderschar passte dazu nicht, lieber nur ein Kind oder zwei und diese gesund und mit Bildung aufziehen. Dank kluger Stadtpolitiker wie Rudolf Virchow, James Hobrecht und Max von Forckenbeck gab es nun Kanalisation, Markthallen und den zentralen Vieh- und Schlachthof. Typhus und Cholera waren gewichen, aber Syphilis und Tripper plagten Männer wie Frauen. Der Erste Weltkrieg, die umherziehenden, an der Front mit Militärbordellen bedachten Soldaten machten alles noch schlimmer. Im enormen Drang auf Milderung wuchs jene Figur, die Rettung brachte: Julius Fromm, die unwahrscheinlichste Erlösergestalt. Der Frommser war das Produkt der Stunde.

Israel Fromm, so der ursprüngliche Name des am 4. März 1883 in der damals zu Russland gehörenden polnischen Kleinstadt Konin geborenen Knaben, war das zweite Kind der jüdischen Eheleute Baruch und Rifka Fromm. Der Eheeintrag im Synagogenbuch nennt Baruch als Händler. 1893 wanderte die Familie nach Berlin aus und kam im heruntergekommenen, billigen Scheunenviertel unter. Mit dem Verkauf selbstgedrehter Zigaretten verdienten sie das kleine Geld für den Anfang. Julius Fromm stürzte sich in ein Abendstudium der Chemie, vor allem interessierte ihn Gummi. In einer Hinterhofwerkstatt in Prenzlauer Berg, Lippehner Straße 23 (heute Käthe-Niederkirchner-Straße), gründete er ohne Kapital und mit angelesenem kaufmännischem Anfängerwissen seine Einmannfirma Israel Fromm, Fabrikations- und Verkaufsgeschäft für Parfümerien und Gummiwaren, experimentierte, kam auf die Idee, einen Glaskolben in eine Rohgummilösung zu tauchen. Es entstand der Frommser. Einfach. Genial.

Seine Firma nannte er nun Fromms Act Gummiwerke GmbH: Da stand ein Mann für sein Produkt. Der Verkauf lief diskret über den Drogeriehandel. Und wie er lief! Der Krieg steigerte die Nachfrage. Julius Fromm stellte Leute ein, zog in größere Fabrikationsräume, perfektionierte die Verfahren, machte die Gummihäutchen noch elastischer, zugleich fester und lagerungsfähig. Die Leute ulkten anerkennend: „Fromms zieht der Edelmann beim Mädel an."

Er verdiente, kaufte 1919 eine Villa im feinen Nikolassee, stieg zum Marktführer auf, eröffnete weitere Fabriken, wagte neue Vermarktungsstrategien. Für die Verpackung wählte er grün-lila gestreifte Pappschächtelchen, darin je drei Kondome zum Preis von 72 Pfennigen. Keine Billigware, Qualität. Fromm ließ jedes einzelne Kondom prüfen, zum Beispiel durch Aufblasen. Je mehr Ausschuss die Mitarbeiter herausfischten, desto besser wurden sie bezahlt.

Magnus Hirschfeld sah in diesem Verfahren den Hauptgrund für Fromms Reputation. Bei einer Betriebsbesichtigung beindruckten ihn die Einzeltests enorm. Sein Urteil: „Das unter der Bezeichnung Fromms Act verbreitete Präservativ erfüllt in vollkommenster Weise alle Vorbedingungen eines zweckentsprechenden Schutz- und Vorbeugungsmittels." 1926 produzierte Fromms Act 24 Millionen Präservative und verkaufte sie bis nach Neuseeland, 1931 lieferte Fromm 50 Millionen Kondome aus.

Die Geschichte steht exemplarisch für den sozialen und gesellschaftlichen Aufstieg der Juden in Berlin wie überall in Deutschland. Mit nichts ausgestattet als

Lernbegier, Erfindergeist und Unerschrockenheit eroberten sie unfassbar fleißig zu Tausenden akademische und künstlerische Höhen, setzten gute Geschäftsideen wagemutig um. Sie erkannten die Chancen der Globalisierungswelle nach der Jahrhundertwende, griffen Forschungsergebnisse auf. Mode, Theater, Unterhaltung und Industrie – überall nutzten jüdische Aufsteiger das Fortschrittlichste. Berlin bot mit seiner Konzentration von Kreativen beste Voraussetzungen. Man schaue sich nur Fotos vom Fabrikgebäude an, das Julius Fromm in den Zwanzigerjahren in Köpenick, Friedrichshagener Straße, errichten ließ: Bauhaus vom Feinsten, ein funktionales Gebäude aus Stahl, Beton und viel Glas mit erstklassiger Innentechnik. Wäre es nicht unter Bomben eingestürzt, Architekturfans fänden dort ein Pilgerziel. Für die Arbeiter gab es eine Kantine und Sozialeinrichtungen, die ihresgleichen suchten. Julius Fromm führte seine Firma streng, verlangte von den Mitarbeitern Qualität und hatte deren Wohlergehen im Blick.

Zwar musste ihm klar sein, dass die Machtübernahme durch die Nationalsozialisten nichts Gutes bedeutete, doch machte er unverdrossen weiter. Schikanen begannen schon 1933, die Rechtmäßigkeit seiner deutschen Staatsbürgerschaft wurde in Zweifel gezogen. 1935, vor den Olympischen Spielen 1936 in Berlin, bewarb er Frommser als „Die siegreiche Qualitätsmarke". Der Stürmer hetzte kampagnenhaft gegen die „Judenfirma Fromms".

Aber der wirtschaftliche Erfolg blieb ungebrochen. So zögerte er die Auswanderung hinaus. Erst Ende 1937 versuchte er, die Firma zu verkaufen. 1938 brauchte dann jeder Verkauf von Judeneigentum eine Genehmigung des Reichswirtschaftsministeriums. In jenem Jahr erwischte ihn die Arisierung. Ausgehandelte Begünstigungen wurden vom Tisch gewischt. Immerhin: 200 000 Schweizer Franken aus dem Zwangsverkauf durfte Fromm in die Schweiz überweisen. Julius Fromm ging mit seiner Familie ins Exil nach London. Auf sein Berliner Lebenswerk stürzten sich die Geier, Reichsmarschall Hermann Göring schanzte die Goldgrube seiner Patentante zu.

Auch die Fortsetzung des Dramas nach 1945 ziert Berlin nicht: Nach den Regeln der Sieger hätte das Eigentum des beraubten und vertriebenen Juden Julius Fromm umstandslos zurückgegeben werden müssen. Doch die Grundstücke, vor allem das intakte Friedrichshagener Werk, lagen in der sowjetischen Besatzungszone. Dort hintertrieben deutsche Arbeiter, Kommunisten die Rückgabe an den „jüdischen Inhaber, kapitalistischer Ausbeutertyp, unsoziale, pronazistische Einstellung", wie Ost-Berliner Funktionäre 1948 Fromm diffamierten.

Nach der Wende kämpften die Erben abermals um ihr Recht. 1994 erfolgte eine erste Restitution, 2016 die zweite. Die Marke Fromms wanderte nach dem Krieg nach Zeven in Niedersachsen. Julius Fromm starb am 12. Mai 1945, vier Tage nach Kriegsende, 62-jährig in London an Herzversagen. Es heißt, er habe sich zu sehr gefreut. Er hatte heimkehren wollen. Berlin hat in dieser Geschichte alles verloren: die Familie Fromm, die Fabrik, die Ehre.

DIE GELDDRUCK-PLATTEN FÜR DIE 10 000ER-BANKNOTE

Was die Hyperinflation 1923 anrichtete

Magisch kupferbraunes Schimmern dringt durch die Plastikfolie. Seit Jahrzehnten hatte den Inhalt niemand in der Hand. Das Paket lagerte sicher im Unternehmensarchiv der Bundesdruckerei in Berlin-Kreuzberg, Schrank 66a Nr. 409. So heißt es auf einem Aufkleber. Ein beigelegter Schwarz-Weiß-Druck zeigt Schnörkelschrift und Zahl: „Reichsbanknote Zehntausend Mark zahlt die Reichsbankhauptkasse in Berlin gegen diese Banknote dem Einlieferer. Berlin, den 19. Januar 1922." Es folgen Unterschriften. Es handelt sich um Original-Gelddruckplatten, die kaum ein Mensch außerhalb des Sicherheitsbereiches der Bundesdruckerei je zu Gesicht bekommt. Man hütet seine Geheimnisse.

Die Ausnahme ist der historischen Forschung zu danken. Vor hundert Jahren suchte die Hyperinflation Deutschland heim; das waren auch für die damalige Reichsdruckerei besondere Zeiten. Jetzt liegt der Packen mit den Platten, etwa DIN-A-4-groß, auf einem Rollwagen, doch – erste Überraschung für den Laien – er ist kaum anzuheben. Zehn Kilogramm schwer, mindestens.

Die Historikerin Linda Stieffenhofer, die Schere in der Hand, nähert sich höchst respektvoll. Ein solches Studienobjekt bekommt auch sie nicht alle Tage vor Augen. Vorsichtig ausgepackt kommt – zweite Überraschung – nicht nur je eine Druckplatte für Vorder- und Rückseite des Geldscheines, wie sich der Laie das vielleicht vorstellt, zum Vorschein. Nein, es sind fünf schwere Kupferplatten für die Vorder- und fünf für die Rückseite, jeweils unterschiedlich ausgestattet mit feinst ziselierten Ziffern, Ornamentbändern und -kartuschen, dem Kopfbildnis eines jungen Mannes mit Kopfbedeckung, dem Reichsadler mit ausgebreiteten Flügeln. Jede Banknote wurde also vorn wie von hinten mit je fünf verschiedenen Druckplatten in fünf verschiedenen Schichten nacheinander mit jeweils unterschiedlichen Darstellungen und Farbtönen bedruckt.

Als diese 10 000er-Note im Januar 1922 in Druck ging, hatte sich die Inflation über Jahre, beginnend schon während des Ersten Weltkriegs, verfestigt. Ein Jahr später setzte die Hyperinflation an: Im Januar 1923 erreichte sie 7400 Prozent, im September unfassbare 21 328 Prozent, und die Reichsdruckerei hatte im Auftrag der Reichsregierung immer neue und immer mehr Banknoten in immer kürzeren Rhythmen physisch herzustellen – eine bis dahin ungekannte Herausforderung in einer Institution mit höchsten Qualitätsansprüchen. Fälscher sollten selbst in der Inflation keine Chance bekommen, so die Aufgabe.

Immer hatte man die besten Graveure und Kupferstecher beschäftigt, die unübertrefflich die kompliziertesten ornamentalen Muster, Guillochen genannt, in die Platten stachen. Jede Spezialität, jedes Extra erschwerte Fälschern das Handwerk. Aber jedes Extra bereitete auch mehr Arbeit: feinere Zeichnungen des Originals und aller weiteren Materialien, Sicherheitsmerkmale wie der Guillochen, verschiedene Druckverfahren etc.

In der Not machte 1922 dann selbst die Reichsbank Abstriche an den Sicherheitsstandard. So sah man sich 1922 gezwungen, Banknoten von endloser Papierbahn auf Rotationsmaschinen zu drucken. Und man vergab Aufträge an etwa 60 privatwirtschaftliche Fremddruckereien. Doch eines blieb unverändert: Niemals verfügte eine einzige Person über das gesamte Wissen rund um einen Wertpapierdruck, immer wurden zum Beispiel Druckplatten, Entwürfe und so weiter an unterschiedlichen Orten gelagert.

Die Inflation begann schleichend und verlief genau so, wie es der legendäre, 1999 verstorbene amerikanische Börsenkenner André Kostolany in einem genialvolkstümlichen Satz beschrieb: „Zunächst ist sie wie ein laues Bad, dann wird das Wasser immer heißer, und am Schluss explodiert die Wanne."

Zuerst hatte das Kaiserreich den Ersten Weltkrieg mit Staatsverschuldung finanziert. Viele Deutsche steckten ihr Erspartes im nationalen Hochgefühl kommender Siege in Kriegsanleihen. Das sollte im Totalverlust und dem Niedergang der Mittelklasse enden. Zur Niederlage 1918, dem Ende von 800 Jahren Monarchie und der Novemberrevolution kam 1919 der Friedensvertrag von Versailles, der Deutschland gewaltige Reparationszahlungen in Goldmark, Devisen und Sachwerten auferlegte. Zu Jahresbeginn 1920 hatte eine Mark gegenüber dem Dollar noch ein Zehntel des Wertes von 1914. Im Oktober 1921 war es noch ein Hundertstel, ein Jahr später ein Tausendstel. Und dann ging es erst richtig los.

Die Reichsregierung sah sich außerstande, die Reparationen zu zahlen. Deshalb besetzten Anfang 1923 französische und belgische Truppen das Ruhrgebiet, Zentrum der deutschen Kohle- und Stahlindustrie. Der deutsche Widerstand war heftig, die Arbeiter traten in den Streik, die Reichsregierung aber zahlte weiter Löhne – mit Geld aus der Notenpresse.

Im Sommer und Herbst 1923 setzte eine Massenherstellung drucktechnisch einfachster Scheine in einem kaum übersehbaren Ausmaß ein. Von 1922 bis zur Stabilisierung der Mark Ende 1923 erschienen insgesamt 57 Haupttypen von Reichsbanknoten. Allein zwischen dem 25. Juli 1923 und dem 26. Oktober 1923 kamen 28 verschiedene Arten heraus. Die werthöchste je in der Reichdruckerei (und damit überhaupt) hergestellte und in Umlauf gebrachte Banknote trug den Aufdruck: 100 Billionen Mark. Von April 1923 bis Inflationsende lieferte die Reichsdruckerei an die Reichsbank über 3,3 Milliarden Geldscheine. Der Wechselkurs der neuen Rentenmark wurde mit einer Billion Papiermark festgelegt.

Die großen Verlierer dieser historischen Geldentwertung waren die Mittelschichtler, namentlich die Beamten, vor allem die hohen Beamten in den Ministerien. Während der Lohn der Arbeiter nach einer Vereinbarung zwischen Unternehmern und Gewerkschaften im Tempo der Inflation stieg, schrumpfte das Realeinkommen dieser staatlich bezahlten Gehaltsempfänger.

Noch schlimmer traf es die sogenannten Rentiers, also die Leute, die von ihrem Vermögen lebten. Die hatten auch in Kriegsanleihen angelegt oder in Unternehmensanleihen. Viele Kriegswitwen, die vom hinterlassenen Vermögen lebten, standen verarmt da. Der große Gewinner war der Staat – und mit ihm die Allgemeinheit. Die gewaltige Schuldenlast war auf praktisch null gesunken. Im Vorteil waren auch andere Schuldner sowie die Besitzer von Sachwerten, also viele Landwirte, Gutsherren und Aktionäre.

Finanztechnisch konnte die Weimarer Republik ohne Last einen Neustart unternehmen, auch die Arbeitslosigkeit war niedrig – sie war 1922 unter zwei Prozent gefallen, während sie im Ausland durchweg im zweistelligen Bereich lag. Allerdings drückte den jungen Staat in seinem Demokratieversuch nun der Vertrauensverlust ausgerechnet seiner Träger: der Beamtenschaft. Hier liegt die Wurzel der deutschen Urangst vor einem Totalverlust alles Ersparten durch eine Hyperinflation.

Das Ende des Wahnsinns kam in Sicht, als die Reichsregierung im Oktober 1923 die Rentenbank gründete und die Rentenmark herausgab, die die Währung stabilisierte. Das neue Zahlungsmittel druckten die Reichsdruckerei in Berlin, die Leipziger Wertdruckerei Giesecke+Devrient sowie die Berliner Privatdruckereien W. Büxenstein und Dr. Selle & Co. Die ersten 150 000 Scheine im Wert von je einer Rentenmark, datiert auf den 1. November, wurden im Dezember 1923 ausgeliefert. Da die Sache eilte, stellte man die Scheine im Hochdruckverfahren her; die Qualität war in Ordnung.

Ende 1924 war der Spuk auch für die Reichsdruckerei vorbei: Hatte der Papierverbrauch der Gelddrucker im vierten Quartal 1922 bei 3,5 Millionen Kilogramm gelegen und im vierten Quartal 1923 den Höchststand von 5,5 Millionen Kilogramm erreicht, so sank nun alles, auch das Auftragsvolumen, auf Normalmaß. Die Banknoten für die Währungsumstellung waren gedruckt. Nun wurden Werkstätten zusammengelegt, abgenutzte Maschinen verschrottet. Von den 12 000 Mitarbeitern im November 1922 waren zwei Jahre später noch 3900 dabei.

Was damals wirkte, besorgt auch heute: ein Krieg, eine Pandemie (damals die Spanische Grippe), massive Staatsverschuldung, Verlust an politischer Stabilität in einer Epoche des Umbruchs. Doch der Wirtschaftshistoriker Prof. Dr. Carl-Ludwig Holtfrerich vom J.-F-Kennedy-Institut der Freien Universität, der die Inflationsphänomene des 20. Jahrhunderts erforscht hat, ist sicher: 1923 wird sich nicht wiederholen. Warum? „Vor 100 Jahren gebot die Regierung direkt über die Reichsbank. Heute ist die Europäische Zentralbank im Prinzip unabhängig." Und: „Die Inflationen infolge der Weltkriege waren Nachfrageinflationen, der Staat pumpte auf Teufel komm raus das von der Zentralbank geliehene Geld in den Kreislauf, um Rüstungsgüter zu kaufen, um den Sold von Millionen Soldaten zu bezahlen usw." Die jüngste Geldentwertung sei hingegen eine Angebotsinflation gewesen, ausgelöst von stockenden Lieferketten, vor allem in China, und der ausgebremsten Globalisierung.

Allerdings stapeln die Staaten in ihrer Not neue Schulden, die in Deutschland nun „Sondervermögen" heißen. Apokalypse 2023 abgesagt? Wie heißt es doch so schön: „Prognosen sind schwierig, insbesondere wenn sie die Zukunft betreffen."

DIE HAUPTSTADT DES VERBRECHENS

Fünfzehn Jahre voller Gewalt, Not und Umbrüche hatte Deutschland seit dem Ende der Monarchie und der Novemberrevolution erlebt – aber auch den ersten Demokratieversuch. Der Wandel hatte zwischen nationaler Schmach, Hyperinflation und Massenarbeitslosigkeit Freiräume eröffnet, die sich mit Kreativität und Lebensgier füllten. Die Weimarer Republik hatte vom ersten bis zum letzten Tag um ihre Existenz gekämpft. In den Berliner Saal- und Straßenschlachten fielen Rote und Braune übereinander her. Die Braunen trugen den Sieg davon; das Rote Berlin, die Stadt der Proletarier, hängte nun die andere rote Fahne raus: die mit dem Hakenkreuz. Durch Berlin zog 1937 die Folkloreparade zum 700. Stadtjubiläum; von Berlin aus bereitete die nationalsozialistische Regierung den Krieg vor und plante den Mord an den europäischen Juden. Rüstungsfabriken, Konzentrations- und Zwangsarbeiterlager wucherten. Nicht einfach Hauptstadt sollte Berlin sein, sondern Welthauptstadt Germania! Den großen Brüchen von 1919 und 1933 folgte der größere von 1945: die Rote Armee in Berlin.

DAS BRAUNHEMD

Ein Kleidungsstück aus den Kolonien macht völkische Karriere

Als im Jahr 2009 ein Haus in Wittenau verkauft wurde, machte der neue Besitzer auf seinem Dachboden einen merkwürdigen Fund: In einem Reisekoffer lagen sechs nagelneue Braunhemden – Uniformteile der Sturmabteilung SA, einer Massenorganisation, mit der die NSDAP ihre Macht aufgebaut und gesichert hatte.

Der Finder übereignete seinen Fund dem Berliner Stadtmuseum, das eines der Hemden 2017 in der Ausstellung *1937 – im Schatten von morgen* präsentierte. Dieses taillenkurze Exemplar im Blousonschnitt verfügt über praktische Details: Die langen Ärmel lassen sich unten umschlagen und mit Manschettenknöpfen verschließen, die beiden Hemdtaschen sind zuknöpfbar, dem Rückenteil geben zwei Taillenabnäher und eine Passe Form, Metallösen am Bündchen erleichtern das Einhaken in das Koppel der Hose. Das Hemd weist keine Rangabzeichen auf. Es kostete 6,70 Reichsmark. Mitglieder der paramilitärischen Truppe hatten für ihre Ausstattung selbst zu sorgen, also auch die Uniformteile zu beschaffen. Der Führer einer Rotte, der mit vier bis acht Mann zählenden kleinsten SA-Einheit, hatte das Hemd mit einer dunkelbraunen Reithose, schwarzen Stiefeln, Koppel und Schulterriemen zu komplettieren. Dazu kamen die Armbinde mit Hakenkreuz und der Kragenspiegel mit Rangabzeichen.

Etiketten an dem Museumsexemplar lieferten weitere Informationen: Demnach wurde es von der Berliner Firma Julius Scholz & Compagnie genäht, die zunächst in der Alexanderstraße 40, später in der Panoramastraße 1 und ab 1934 in der Klosterstraße ansässig war und seit 1926 Baumwollwaren herstellte. Ein Etikett verweist auf ein Gesetz vom Dezember 1934, das die Kennzeichnung von Uniformteilen mit dem Schutzzeichen der Reichszeugmeisterei vorschrieb. Das Hemd muss nach 1935 genäht worden sein. Auf den Wittenauer Dachboden gelangte es, weil das Haus dem Großhändler Max Loth gehört hatte, der mit dem Vertrieb von Braunhemden ebenso gut verdiente wie die vielen lizensierten Hersteller, die mehr als 400 000 SA-Männer ausstatteten.

Von 1925 an tauchte das Braun überall auf den Straßen auf, ein Neuling im Spektrum der politischen Farben. Die SA-Trupps, die in Straßenschlachten gegen „die Roten" antraten, in Saalschlachten kommunistische Parteiversammlungen überfielen oder NSDAP-Zusammenkünfte gegen Attacken des KP-Rotfrontkämpferbundes schützten, die in der Pogromnacht vom 9. zum 10. November 1938 Synagogen anzündeten, Scheiben von jüdischen Geschäften einwarfen, Juden schikanierten und überall im Hochgefühl von Machtfülle auftraten – sie alle trugen die braunen Hemden.

Die Antwort auf die Frage, wie die SA und später die gesamte NS-Bewegung zu ihrer braunen Signalfarbe kamen, führt nach Deutsch-Ostafrika. Die beschönigend „Schutzgebiet" genannte Kolonie war mit der Niederlage im Ersten Weltkrieg und dem am 28. Juni 1919 unterzeichneten Versailler Vertrag verloren, aber die Kolonialfreunde gaben nicht auf. Sie suchten und fanden in Deutschland neue Betätigungsfelder.

So auch der als Schutztruppenkommandeur zu Heldenstatus gelangte kaiserliche Offizier Paul von Lettow-Vorbeck. In einem zähen Buschkrieg hatte er bis 1918 in Ostafrika britische Truppen in strapaziöse Kämpfe verwickelt, „die Bastion" gehalten und feindliche Kräfte gebunden. Seine nur wenige Hundert zählenden deutschen Offiziere, die viele Tausend einheimische Hilfstruppler (Askaris) befehligten, trugen erdfarbene Uniformen, das Lettow-Hemd. Ein strapazierfähiges Hellbraun, Briten nannten die Farbe khaki, Hindi-Englisch für staub- oder erdfarben. Zurück in Deutschland trug Lettow-Vorbeck das Hemd gerne als antirepublikanisches Bekenntnis zur Schau. Beim rechtsradikalen Kapp-Putsch im März 1920 mischte er kräftig mit. Viele seiner Kolonialoffiziere zogen nun Seit an Seit mit ehemaligen Frontsoldaten in den sogenannten Freikorps gegen die junge Weimarer Demokratie. Diese bewaffneten Verbände marodierten wie Landsknechte in vielen Teilen Deutschlands – anfangs noch im kaiserlichen Feldgrau.

Die Freikorps bildeten die Keimzellen der neuen Schlägertruppe der jungen NSDAP, der Sturmabteilung, SA. Die militärisch straff auftretenden und sportlich gestählten Haufen zogen nun auch andere Mitglieder an: Arbeiter und Arbeitslose, Studenten und Mittelschichtangehörige. Auffällig starke Unterstützung fand die SA durch protestantische Pastoren. Sie begeisterten sich an der gleichmacherischen Idee. Jungs aus kleinen Verhältnissen konnten hier etwas darstellen, sogar in Kommandoposten aufrücken.

Um 1925 avancierte das Lettow-Hemd zum zentralen Uniformteil der SA. An dieser Karriere war der Namensgeber allerdings selbst gar nicht beteiligt. Die Wandlung hat mit einer anderen frühen Nazi-Größe zu tun: dem Freikorps- und SA-Führer Gerhard Roßbach, der im Kapp-Putsch an Lettow-Vorbecks Seite gekämpft hatte und nach der Niederschlagung seine „alten Roßbacher" in „Arbeitsgemeinschaften" und harmlos erscheinenden Vereinen wie Wanderclubs, Sparzirkeln oder Wach- und Schließgesellschaften von seiner Zentrale in Berlin aus beieinander hielt. Im Januar 1920 hatte Roßbach in einem ehemaligen Spielclub in der Hohenzollernstraße 18 (heute Hiroshimastraße) den Tiergarten-Club gegründet. Von dort aus lenkte er seine Truppen, dort versteckte er Waffen. 1924 zählte seine weitläufige Organisation etwa 8000 Mitglieder.

In seinen Memoiren schreibt Roßbach: „Im Jahr 1921 hatte ich mit einigen Leuten der Arbeitsgemeinschaft Roßbach eine Radfahrt nach Ostpreußen unternommen. Um für diese Fahrt einheitlich ausgerüstet zu sein, wurde ein Restposten ostafrikanischer Lettow-Hemden, wie sie zuletzt Offiziere der Schutztruppe getragen hatten, käuflich erworben und an die Radfahrer verteilt." Die Kolonialtruppen gab es ja nicht mehr, die Lagerbestände an Khaki-Hemden waren günstig zu haben. Später, so Roßbach, „habe ich diese Hemden als Gemeinschaftskleidung in meiner Organisation und 1924 auch in der Salzburger Schill-Jugend eingeführt". Diese Hemden seien allerdings heller gewesen als die späteren Hitler-Hemden und mit weißen Perlmuttknöpfen besetzt. In diesen 1950 erschienenen Erinnerungen mit dem Titel *Mein Weg durch die Zeit* schreibt er, einer seiner Freikorps-Aktivisten, Edmund Heines, habe die Hemden für die SA eingeführt und auch den Vertrieb übernommen. Roßbach stellt richtig: „So bin ich zwar der Liquidator des Lettow-Hemdes, nicht aber der Erfinder des Original-Braunhemdes gewesen, wie später behauptet wurde." Dass ursprünglich die Roßbach-Abteilungen der SA das Braunhemd trugen, ist im Ehrenbuch der SA von 1934 geschildert. Dort ist deren erstmaliger Einsatz am 5. April 1925 vermerkt. Ob Roßbach durch Tiefstapelei in seinen Memoiren seine Rolle in der SA im Nachhinein schmälern wollte? Gut möglich, denn in einem Interview mit dem Historiker Georg Franz-Willing (einem Geschichtsrevisionisten und Holocaustleugner) reklamierte Roßbach nämlich, durchaus Einfluss auf das Aussehen des Braunhemds genommen zu haben.

In einem 1962 erschienenen Buch schildert Franz-Willing, wie der Entschluss zustande gekommen sein soll. Demnach haben 1924 Hermann Göring, Ernst Röhm und Roßbach in Salzburg über die SA-Uniformierung gesprochen. Roßbach habe das Lettow-Hemd vorgeschlagen, mit dem er selbst bekleidet war. SA-Führer Röhm sagte demnach: „Das sieht gut aus." Und Göring nickte beifällig. Adolf Hitler, gebürtiger Braunauer, Lieblingsfarbe braun, stimmte später zu.

Für ihre Selbstausstattung konnten viele der SA-Männer aus kleinen Verhältnissen keinen großen Aufwand treiben. Sie ließen zum Beispiel privat aus billigen braunen Stoffen nähen. Auf frühen Fotos erscheinen die Männer oft unvollständig und in allen möglichen Braunschattierungen ausgerüstet. 1925 erließ Hitler „Richtlinien zur Neuaufstellung von NSDAP und SA" und schrieb das einheitliche Braunhemd als verbindlich vor, um bei den Straßenkämpfen und Saalschlachten die eigenen Leute gut erkennen zu können. 1927 kamen braune Mützen und farbige Uniformabzeichen hinzu. Die NSDAP-Zeugmeisterei wachte ab 1928 über die Einhaltung der Normen. Das Braunhemd wurde standardisierte Massenware. Alle NS-Organisationen trugen nach Farbtafel abgestufte Brauntöne – außer die SS, der kam das Schwarz zu.

1932 erhielt die Firma Hugo Boss von der NSDAP-Parteileitung einen Großauftrag für die Herstellung von Uniformen für NS-Organisationen. Schon 1930 hatte die Firma damit geworben, „Parteiausrüster bereits seit 1924" gewesen zu sein. Auch viele Kleinproduzenten wie die Berliner Julius Scholz & Compagnie verdankten der absatzstarken SA-Marke eine gesicherte Existenz.

Braune Gesinnung, braune Ideologie, braune Bewegung – die politische Farbe Braun steht für Antisemitismus, Gewalt und völkische Haltung. Braun ließ sich propagandistisch gut vermitteln als erdverbunden, als Farbe der Heimat, dem Boden des nach 1918 gedemütigten Vaterlandes entstammend. Jetzt, nach den bunten, konsumversessenen Jahrzehnten der Globalisierung, erlebt das Naturbraun in der jüngsten Ökowelle eine Renaissance: Es soll das vermeintlich Authentische, Regionale suggerieren – naturbelassen, ohne Fremdstoffe; Farbe der Heimat – das kommt an.

DER JUDENSTERN

Ein Produkt aus Berlin-Mitte

Ein Stück Baumwollstoff steht als Sinnbild für ein Extrem der Berliner Schaffenskraft: der Judenstern. Er wurde in Berlin erdacht, entworfen und hergestellt – ein banaler Fetzen, der von Staats wegen Menschen markierte, um sie auszugrenzen. Das Verfahren war schlau ausgetüftelt, unaufwendig und preiswert durchführbar, effizient organisiert und permanent kontrollierbar. So erfüllte es aus Sicht der nationalsozialistischen Erfinder bestens den beabsichtigten Zweck: das Herauslösen der angeblich Rassefremden aus dem deutschen Volkskörper. Als am 19. September 1941 per Polizeiverordnung Juden zum Tragen des gelben Aufnähers an ihrer Kleidung – links, in Herznähe – gezwungen wurden, bedeutete dies einen entscheidenden Schritt auf dem Weg zum Holocaust. Wie später die konkrete Organisation der „Endlösung" folgte auch die Einführung des Judensterns praktischen Erwägungen und funktionierte, weil die Beteiligten frei von Empathie oder Moral die „Maßnahme" zielgerichtet und kreativ umsetzten.

Unmittelbar nach den Pogromen im November 1938 ergriff Reinhard Heydrich, Chef der Sicherheitspolizei, die Initiative zur weiteren Entrechtung der deutschen Juden. Zu jener Zeit dachte man noch nicht an Vernichtung, sondern an umfassendes Berauben und schnellstmögliches Vertreiben. Auf einer Konferenz am 12. November 1938 im Reichsluftfahrtministerium, Hermann Görings Amtssitz an der Berliner Wilhelmstraße, bei der mehr als hundert Minister, Staatssekretäre und leitende Beamte vertreten waren, wurde eine generelle Verschärfung der Maßnahmen „zur Ausschaltung der Juden aus der Wirtschaft" und zur konsequenten Arisierung beschlossen.

Für die Isolierung machte Heydrich „rein polizeiliche" Vorschläge, „die auch wegen ihres psychologischen Einflusses auf die öffentliche Meinung von Wert sind", wie das Protokoll vermerkt. Er führte aus, was ihm vorschwebte: „Zum Beispiel die persönliche Kennzeichnung des Juden, indem man sagt: Jeder Jude im Sinne der Nürnberger Gesetze muss ein bestimmtes Abzeichen tragen. Das ist eine Möglichkeit, die viele andere Dinge erleichtert."

Enthusiasmiert schlug Göring, der am liebsten umgehend Gettos in deutschen Städten eingerichtet hätte, eine Judenuniform vor. Heydrich beharrte auf der einfacheren Variante: „ein Abzeichen". Er hielt Gettos für nicht überwachbar, aber die auffällige Markierung würde Juden überall identifizierbar machen.

Zwei Tage später erteilte Heydrich den Auftrag, „Judenkennzeichen" zu entwerfen; am selben Tag legten seine eifrigen Beamten fünf Entwürfe in Reinzeichnung vor: Vier sahen eine runde blaue Metallplakette mit Davidstern oder einem „J" vor, einer ähnelte dem späteren Judenstern. Er zeigte einen blauen, schwarz geränderten Davidstern, darin das Wort „Jude" in gelber Farbe, abgesetzt mit schwarzem Rand. Adolf Hitler aber zögerte; er fürchtete internationale Sanktionen. Dieser Grund entfiel mit dem Fortschreiten des Krieges.

Am 31. Juli 1941 beauftragte Göring den inzwischen zum Chef des Reichssicherheitsamtes aufgestiegenen Heydrich, die „Endlösung der Judenfrage" zu organisieren, nunmehr mit der klaren Orientierung auf die Vernichtung der Menschen. Wieder stand die Kennzeichnung auf der Tagesordnung. Auf Drängen von Propagandaminister Joseph Goebbels erklärte sich Hitler damit einverstanden, alle Juden im Deutschen Reich ab dem 19. September 1941 zu kennzeichnen. Ausnahmen galten nur für Kinder unter sechs Jahren, für sogenannte „Mischlinge" und jüdische Partner in „privilegierten Mischehen". Als „Mischlinge" galten Deutsche, die von einem oder zwei „volljüdischen" Großelternteilen abstammten, als „privilegierte Mischehen" galten solche mit einem „deutschblütigen" Ehepartner und gemeinsamen Kindern. Tatsächlich vereinfachte die Markierung durch den Stern die im Oktober 1941 beginnenden Deportationen in die Vernichtungslager. Zugleich wurde ein Ausreiseverbot verhängt. Die noch im Deutschen Reich lebenden etwa 163 000 Juden und Jüdinnen, zumeist ältere und ärmere Menschen, steckten fest.

Zum allgemeinen Einsatz kam schließlich der an mittelalterliche Judenstigmatisierungen anknüpfende gelbe sechszackige Stern: zwei versetzt übereinandergelegte Dreiecke, schwarz umrandet, darin schwarz das Wort „Jude", geschrieben in Buchstaben, die die hebräische Schrift karikierten. Mit seinen Maßen von zehn Zentimetern Höhe und acht Zentimetern Breite war er unübersehbar.

Den Auftrag für die Herstellung der Judensterne erhielt die Stoffdruckfirma Geitel & Co. Fahnenfabrik, die seit Ende 1938 eine Produktionsstätte in der Wallstraße 16 unterhielt, in unmittelbarer Nähe zum berühmten Textilviertel rund um den Hausvogteiplatz. Vor allem jüdische Fabrikanten hatten hier ein kreatives, international florierendes Geschäft aufgebaut. Die Arisierungen bereiteten dieser Erfolgsgeschichte nach 1933 ein Ende.

Das Gebäude an der Wallstraße 16 hatte seit 1920 den jüdischen Geschäftsleuten Jakob Berglas und Jakob Intrator gehört. Sie waren nicht anwesend, als am 27. Juni 1938 auf Betreiben der Deutschen Hypothekenbank Meiningen ihr Eigentum durch Zwangsversteigerung an den Möbelhersteller Heim & Gerken fiel. Der vermietete die Räume, 4000 Quadratmeter, an die Fahnenfabrik Geitel. Ursprünglich in Stendal ansässig hatte der Unternehmer Gustav Geitel seit den 1920er-Jahren in der Wallstraße 15/15a eine Filiale und produzierte vor allem für die SPD Fahnen. Ab 1930 stellte er sein Geschäft um auf Wahlkampfflaggen für die fahnenverrückte NSDAP. Ab 1933 war die Partei einziger Kunde.

Sie bestellte Reichsfahnen, Reichsdienstflaggen, Wimpel, Hakenkreuzrundplatten und Schmuckteppiche mit Hakenkreuz-Quadraten. Der im September 1941 eingehende Auftrag, Judensterne herzustellen, war vom Umfang her nicht besonders bedeutend: Innerhalb von drei Wochen waren fast eine Million Sterne auf gelbe Stoffbahnen gedruckt, genug, um an die Tragepflichtigen zunächst je drei Exemplare pro Person auszugeben. Später konnte (auf Kleidermarke!) ein weiteres Exemplar erworben werden. 30 000 Reichsmark verbuchte die Firmenkasse als Zahlung. Der üblichen Geschäftspraxis folgend gab es zwei Prozent Rabatt, wenn die Rechnung innerhalb von fünf Tagen beglichen war. Ausgeliefert wurden dicke Ballen. Nachbestellungen blieben aus, es gab bald keine Sternträger mehr.

Die Verteilung oblag perfiderweise der Reichsvereinigung der Juden in Deutschland. Diese erhielt den Stern zum Selbstkostenpreis von drei Pfennigen und hatte ihn – zuzüglich Verwaltungskosten – für zehn Pfennig gegen Quittung zu verkaufen. Die Sterne waren aus dem Stoff entlang aufgedruckter schwarzer Strichellinien auszuschneiden, der überstehende Rand war beim Annähen an die Kleidung umzuschlagen. Die Mahnung lautete: „Die Kennzeichen sind stets sorgsam und pfleglich zu behandeln und in sauberem Zustand zu tragen." Den lappigen Stoff unterfütterten viele, um dem Stern etwas Festigkeit zu verleihen und das Abtrennen und Wiederannähen an die Kleidung zu vereinfachen. Der Tragezwang machte eine permanente Befassung mit dem verhassten Objekt unumgänglich.

Das Gebäude in der Wallstraße fiel im Krieg in Trümmer. Die Fahnenfabrik Geitel zog nach Gesundbrunnen. Der traditionsreiche Fachbetrieb nahm die Arbeit 1948 wieder auf und produziert heute unter dem Namen „BEST Berliner Stoffdruckerei GmbH Fahnenmanufaktur" das, was er kann. Die Firma stellte unter anderem die „Fahne der Einheit" her, die am 3. Oktober 1990 um null Uhr vor dem Reichstag zum Zeichen der Wiedervereinigung gehisst wurde.

Für den 20. Januar 1942 lud Reinhard Heydrich wichtige Ministerien in die Villa Am Großen Wannsee 56 zu einer „Besprechung mit anschließendem Frühstück". Vertreter der Reichs- und Besatzungsbehörden, der SS und der Polizei, planten und koordinierten dort die beschleunigte und möglichst vollständige Vernichtung der europäischen Juden. Adolf Eichmann führte das Protokoll.

Laut dem überlieferten Protokoll solle „nach vorheriger Genehmigung durch den Führer die Evakuierung der Juden nach Osten" jetzt vorangehen. Weiter: „Im Zuge dieser Endlösung der europäischen Judenfrage kommen elf Millionen Juden in Betracht." Die Arbeitsfähigen sollten „in großen Arbeitskolonnen, unter Trennung der Geschlechter straßenbauend durch die Gebiete geführt" werden, wobei „zweifellos ein Großteil durch natürliche Verminderung ausfallen wird". Der „allfällige Restbestand" müsse so „behandelt" werden, dass sich keine Keimzelle jüdischen Neuaufbaus bilden könne.

Große Protestaktionen der Berliner Bevölkerung gegen die Stigmatisierung und Deportation ihrer Nachbarn blieben aus. Betroffene berichten allenfalls von individuellen Sympathiebezeugungen. Die Holocaustüberlebende Inge Deutschkron erinnerte sich an Kindheitserlebnisse in der U-Bahn oder auf der Straße, wie „Unbekannte, meist im dichten Gewühl der Großstadt, ganz nahe an mich herantraten und mir etwas in die Manteltasche steckten, während sie in eine andere Richtung schauten. Manchmal war es ein Apfel, ein anderes Mal Fleischmarken, Dinge, die Juden offiziell nicht erhielten." Normal war das nicht.

DIE Z1 Der erste Computer der Welt war ein Berliner

Das soll ein Computer sein? Unter der dicken Glasscheibe liegt wie im Schneewittchensarg ein etwa 2,50 Meter langer und zwei Meter breiter Block, bestehend aus mehreren Einheiten übereinander angeordneter Metallplatten, die auf rätselhafte Weise miteinander verbunden sind und interagieren können. Man sieht

Stangen, Schrauben, Hebel, Räder, Kurbeln … Aus ein paar Metern Distanz wirkt der Apparat wie ein mit mehretagigen Miniatur-Parkhäusern und Fabrikhallen dicht bestücktes Modell eines Industrieareals. Aber wie das Gebilde funktioniert, ist weder durch Betrachten zu verstehen noch mit einfachen Worten zu erklären.

Aber Ehrfurcht steht dem Gerät zu: der erste frei programmierbare und programmgesteuerte Computer der Welt, die nach ihrem Schöpfer Konrad Zuse benannte Z1. Das Deutsche Technikmuseum in Berlin, wo der wundersame Apparat steht, gibt einige Hinweise auf Konstruktions- und Funktionsweise. Es ist nicht das Ur-Original, das ging im Bombenkrieg unter. Aber den Nachbau betrieb Konrad Zuse (1910–1995) selbst.

Die mechanisch arbeitende Maschine rechnet vollautomatisch im binären Zahlensystem und mit Gleitkommazahlen. Sie kann mit sehr großen wie sehr kleinen Zahlen arbeiten und komplexe Rechnungen ausführen. In wesentlichen Elementen gleicht die Z1 heutigen Computern: Sie verfügt über ein Rechenwerk, einen Speicher, eine Eingabe- sowie eine Ausgabeeinheit. „Das Rechenprogramm war in einen Lochstreifen gestanzt und steuerte die Maschine", liest man in einem Erläuterungstext.

Das Stück Lochstreifen sieht aus wie von einer Filmrolle – und so ist es auch. Mit knappstem Budget begann Konrad Zuse 1936 im Wohnzimmer seiner Eltern in Berlin-Kreuzberg als 26-jähriger, soeben an der Technischen Hochschule Berlin diplomierter Bauingenieur mit der Umsetzung seiner Konstruktionsidee. Etwa 30 000 Metallplatten sägten er und einige Freunde mit elektrischen Laubsägen aus Weißblechplatten. Ein Onkel, der in den Babelsberger Filmstudios arbeitete, besorgte ihm alte Filmstreifen.

Zuse hatte zuvor etwa ein Jahr lang als Statiker bei den Henschel Flugzeug-Werken in Berlin-Schönefeld gearbeitet. Das neue, hochmoderne Werk baute Sturzkampfbomber und Gleitbomben für den bevorstehenden Krieg. Zuse hatte zum Beispiel für die Konstruktion von Tragwerken Kraft- und Spannungsberechnungen anzustellen – komplex, umfangreich, langwierig. Er selbst sagte später, er sei zu faul für die mühsame Rechnerei gewesen. Beim Bau seiner Z1 leitete ihn seine Überzeugung, dass sich alle Rechenoperationen in elementare Rechenschritte auflösen ließen. Das neuartige mechanische Gehirn sollte alle Denkaufgaben lösen können, sobald sie von einem Mechanismus erfasst wären. Die Idee, alle Operationen in Bedingungsketten (wenn-dann) zu zerlegen, setzte er im Leitwerk der Rechenmaschine um.

Zwei Jahre später war das Gerät fertig – und rechnete korrekt, was ihm aufgetragen wurde. Allerdings lief es nicht zuverlässig, die Mechanik verhakte sich immer wieder. 1936 meldete Zuse ein Patent für die in der Z1 verwendeten mechanischen Schaltglieder an, 1937 eines für mechanische Schaltglieder mit Speicherwerk. Letzteres wurde 1955 anerkannt.

Mit der Z1, die in der Bauphase noch unter dem Namen V1 (V wie Versuch) lief, wusste sich Zuse auf dem richtigen Weg. Unter den Namen Z2 und Z3 baute er verbesserte Versionen. Die Z3 funktionierte richtig. Am 12. Mai 1941 führte Zuse sie einem kleinen Kreis von Wissenschaftlern vor. Etliche Rechnungen liefen erfolgreich durch. Doch zur Patentierung kam es kriegsbedingt nicht. Bevor die Z3 einen Praxiseinsatz erlebte, zerstörten Bomben 1944 auch dieses Original.

Heute gilt die Z3 als erster voll funktionsfähiger Computer der Welt. Und Berlin kann sich mit allem Recht der Welt als der Ort verstehen, an dem ein Berliner das Zeitalter der Computertechnik einleitete.

Auf die Hintergründe des Technologieschubs kann Berlin allerdings nicht stolz sein. Zuse, nicht der NSDAP zugehörig, arbeitete in einer Zeit, in der alle Zeichen auf Diktatur und Krieg standen. Der junge Mann arrangierte sich. Aus diversen Rüstungskassen erhielt er insgesamt etwa 250 000 bis 300 000 Reichsmark Zuschüsse für seine Rechnerentwicklung. Das entspricht sechs Millionen Euro.

Ab 1934 wuchs im Berliner Umland eine regelrechte Rüstungslandschaft. In Oranienburg, Ludwigsfelde, Rangsdorf, Genshagen und weiteren Orten ließ die nationalsozialistische Regierung Werke aus dem Boden stampfen, die alle dem heißesten Rüstungstrend folgten: dem Flugzeugbau. Auf Kartoffeläckern und Viehweiden entstand um Berlin in kürzester Zeit eines der größten Ballungsgebiete der Luftwaffenrüstung weltweit.

Die Massenproduktion der Luftwaffe – Sturzkampfbomber, gelenkte Gleitbomben und angebliche Wunderwaffen – diente der Vorbereitung von Angriffskriegen. Erstmals in der Militärgeschichte würden Fluggeräte eine entscheidende Rolle spielen, man träumte von deutscher Luftüberlegenheit. Aus gutem Grund hatte der Versailler Vertrag Deutschland den Aufbau von Luftstreitkräften untersagt. Trotzdem stieg das Reichsluftfahrtministerium unter Hermann Göring zu einem der wichtigsten Ressorts auf, nur scheinbar als zivile Angelegenheit.

Als die Luftwaffe offiziell am 1. März 1935 gegründet wurde, stand die Flugzeugproduktion in Schönefeld kurz vor dem Start. In damaligem Deutschland-Tempo, nach nur halbjähriger Bauzeit, startete im „modernsten, nach neuen Gesichtspunkten aufgebauten Flugzeugwerk“, so die NS-Propaganda, am 5. Mai 1935 die Produktion. Am 1. September 1939, dem Tag, als Deutschland Polen überfiel, feierte das Werk mit angegliedertem Flugplatz seine vollständige Fertigstellung. Zeitweise entwickelten und bauten dort 13 000 Arbeitskräfte fliegende Waffen. Von 1940 an gehörten Barackenlager für Zwangsarbeiter zum Standort.

In Berlin montierte Stukas vom Typ Hs 123 griffen im Spanischen Bürgerkrieg Barcelona und Madrid an, sie waren dabei, als 1937 Guernica in Schutt und Asche fiel. Die Propaganda erhob die Stukas und deren Piloten in Kultstatus. Henschel-Flugzeuge aus Schönefeld bombardierten in den frühen Morgenstunden des 1. September 1939, noch vor dem eigentlichen Kriegsbeginn, das polnische Städtchen Wieluń. Später zerstörten Flieger aus Schönefeld Rotterdam, Coventry, Belgrad, Stalingrad und so fort. Bevor der Luftkrieg mit 310 alliierten Angriffen nach Berlin zurückkehrte und 45 517 Tonnen Bomben im Stadtgebiet hinterließ, waren von hier aus Tod und Zerstörung in viele Teile Europas getragen worden.

Etwa 30 Kilometer südlich von Schönefeld, im Wald von Kummersdorf, betrieben seit Dezember 1932 allergeheimst Wissenschaftler um Wernher von Braun Grundlagenforschung mit Flüssigtreibstoffraketen. Der Ingenieur, mit 20 Jahren noch jünger als Konrad Zuse, führte Versuche und Messungen für seine Dissertation über Raketenantriebe durch und setzte die Erkenntnisse sofort, an Ort und Stelle, in reale Geräte um. Mehr als 150 Bauformen für Brennkammern wurden mit Rechenschiebern, Kurvenlinealen und Küchenwaagen entworfen. Die Reste der Versuchsanlagen liegen noch heute verborgen im Wald – auch die Systeme für das Bewegen aufgerichteter Raketen. Nach dem Kummersdorfer Verfahren transportierte die Nasa später ihre Weltraumraketen zum Startplatz in Cape Canaveral.

Ab 1936 zog die Raketenforschung nach Peenemünde um, in dünn besiedeltes Gebiet an der Ostsee. In Kummersdorf ließen sich keine größeren Raketen abschießen, am Usedomer Strand schon. Dort arbeiteten von Braun und seine Leute an der V2 – hier als Abkürzung für Vergeltungswaffe. Das NSDAP- und SS-Mitglied hielt massive Zwangsarbeit in Peenemünde für notwendig und wusste um die Umstände der V2-Montage im KZ-Außenlager Mittelbau-Dora. Von Braun war in jedem Moment klar, dass die Raketen statt auf dem Mond zu landen in London einschlagen würden.

Konrad Zuse stieg 1940 wieder bei den Henschel-Werken ein. Als Leiter der Gruppe Statik arbeitete er an der Perfektionierung der ferngelenkten Gleitbomben Hs 293 und Hs 294 und entwickelte auf eigene Initiative die Spezialrechner S1 und S2 zur optimierten Flügelvermessung. Kurz vor Kriegsende, die Rote Armee rückte gen Berlin vor, verließ Zuse die Stadt und rettete sein neuestes Baby, die Z4, ins Allgäu. Dort traf er im April 1945 Wernher von Braun. Dessen Avancen, sich in die Dienste der West-Alliierten zu stellen, lehnte das Rechner-Genie ab. Zuse gründete 1949 im osthessischen Neukirchen mit der Zuse KG eine neue Computerfirma – und musste sie 1962 abgeben, weil er gegen die neuen US-amerikanischen Großrechner nicht bestehen konnte.

Das Dritte Reich bot jungen Leuten wie Zuse und von Braun ungeahnte Chancen. Zuse sprach im Rückblick auf die NS-Jahre über den Erfinder als „faustischen Idealisten", der die Welt verbessert, aber an den harten Realitäten scheitert. „Will er seine Ideen durchsetzen, muss er sich mit Mächten einlassen, deren Realitätssinn schärfer und ausgeprägter ist." Und: „Nach meiner Erfahrung sind die Chancen des Einzelnen, sich gegen solches Paktieren zu wehren, gering." Eine ewige Frage für die Wissenschaft.

DIE HAKEN VON PLÖTZENSEE

Der Führer ordnet Erhängen an

Auf persönlichen Wunsch Adolf Hitlers sollten die Angehörigen des Widerstandsnetzwerkes Rote Kapelle einen besonders ehrlosen Tod sterben: nicht durch das Fallbeil, sondern am Strick. In überlieferten Dokumenten lässt sich nachlesen, wie die deutsche Verwaltung die Aufgabe, Menschen zu töten, reibungslos und effizient löste. Am 12. Dezember 1942 erging eine Anweisung des Reichsjustizministeriums zur Errichtung eines Galgens im Berliner Strafgefängnis Plötzensee. Unter Punkt c heißt es: „Das Luftfahrtministerium hat heute fernmündlich angekündigt, dass im Laufe der nächsten Woche mehrere Todesurteile des Reichskriegsgerichts wegen Landesverrats zu erwarten seien. Der Führer werde voraussichtlich Erhängen anordnen, um deren sofortige Durchführung die Justizbehörden ersucht werden sollen." Es gebe wenig Erfahrungen mit dieser Tötungsart, man praktiziere sie bisher nur im Warthegau, hieß es von deren Seite. Der Nachbau der dort genutzten Galgen mit Falltür

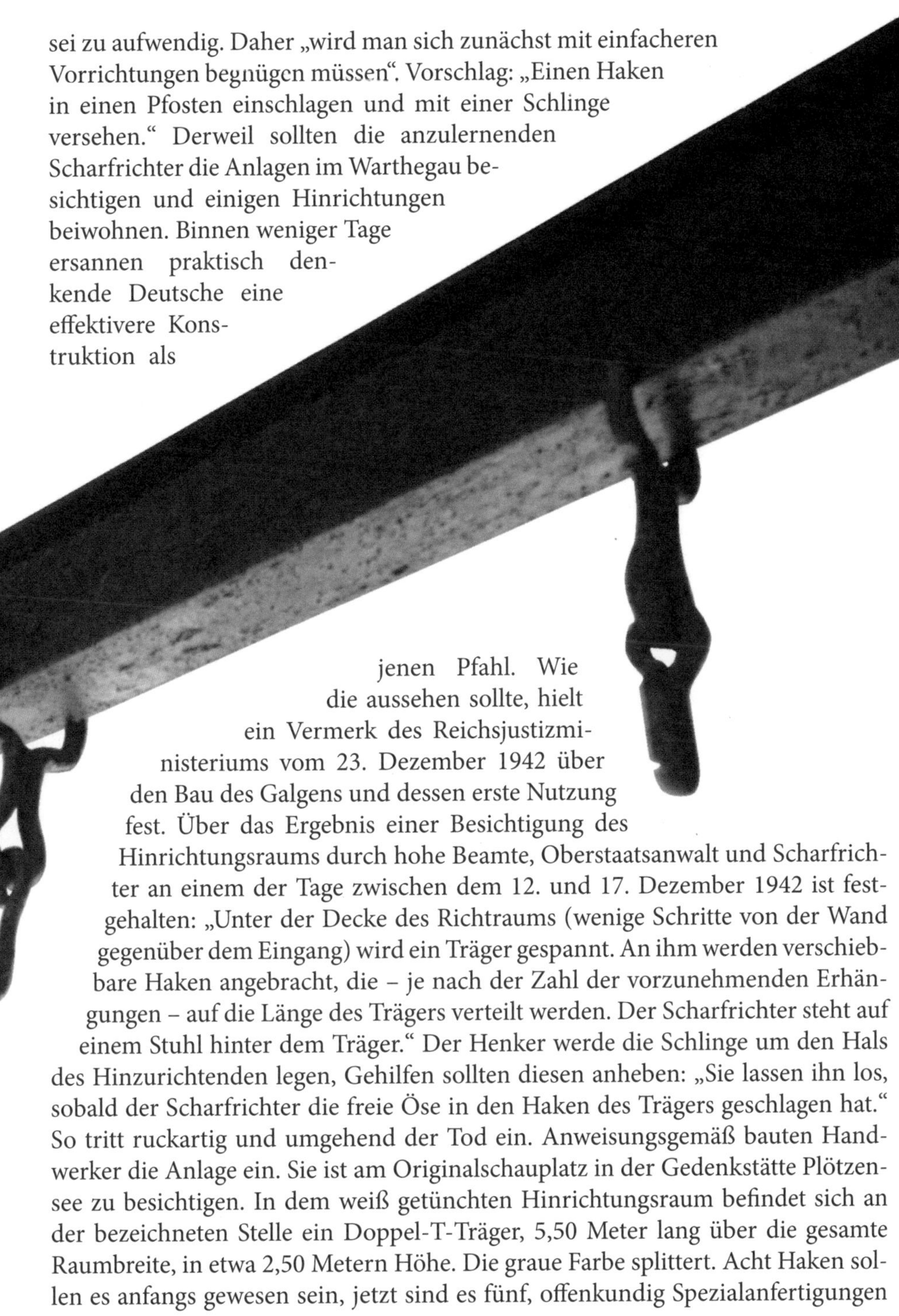

sei zu aufwendig. Daher „wird man sich zunächst mit einfacheren Vorrichtungen begnügen müssen". Vorschlag: „Einen Haken in einen Pfosten einschlagen und mit einer Schlinge versehen." Derweil sollten die anzulernenden Scharfrichter die Anlagen im Warthegau besichtigen und einigen Hinrichtungen beiwohnen. Binnen weniger Tage ersannen praktisch denkende Deutsche eine effektivere Konstruktion als jenen Pfahl. Wie die aussehen sollte, hielt ein Vermerk des Reichsjustizministeriums vom 23. Dezember 1942 über den Bau des Galgens und dessen erste Nutzung fest. Über das Ergebnis einer Besichtigung des Hinrichtungsraums durch hohe Beamte, Oberstaatsanwalt und Scharfrichter an einem der Tage zwischen dem 12. und 17. Dezember 1942 ist festgehalten: „Unter der Decke des Richtraums (wenige Schritte von der Wand gegenüber dem Eingang) wird ein Träger gespannt. An ihm werden verschiebbare Haken angebracht, die – je nach der Zahl der vorzunehmenden Erhängungen – auf die Länge des Trägers verteilt werden. Der Scharfrichter steht auf einem Stuhl hinter dem Träger." Der Henker werde die Schlinge um den Hals des Hinzurichtenden legen, Gehilfen sollten diesen anheben: „Sie lassen ihn los, sobald der Scharfrichter die freie Öse in den Haken des Trägers geschlagen hat." So tritt ruckartig und umgehend der Tod ein. Anweisungsgemäß bauten Handwerker die Anlage ein. Sie ist am Originalschauplatz in der Gedenkstätte Plötzensee zu besichtigen. In dem weiß getünchten Hinrichtungsraum befindet sich an der bezeichneten Stelle ein Doppel-T-Träger, 5,50 Meter lang über die gesamte Raumbreite, in etwa 2,50 Metern Höhe. Die graue Farbe splittert. Acht Haken sollen es anfangs gewesen sein, jetzt sind es fünf, offenkundig Spezialanfertigungen eines Schmiedes, der eiserne Rundstäbe von etwa einem Zentimeter Durchmesser zu je zwei Elementen formte: Für das obere sind zwei Haltestäbe so nach innen gebogen, dass sie in die untere Schiene des Trägers eingeschoben werden und hin- und hergleiten können. Diese Halteklammer läuft unten in einer Schlaufe aus. In diese eingehängt wurde eine runde Öse mit unten anschließendem Haken, der anders als gewerbeübliche Fleischerhaken nicht angespitzt ist. Kein Haken gleicht genau dem anderen. Robuste Einzelanfertigung.

Für den 22. Dezember 1942 hält das Dokument aus dem Justizministerium fest: „Vornahme der ersten Erhängungen, sie verliefen schnell und ohne Zwischenfall." An diesem Tag starben an den Haken von Plötzensee zwischen 19 und 19.20 Uhr im Vierminutentakt Rudolf von Scheliha, Harro Schulze-Boysen, Arvid Harnack, Kurt Schumacher, John Graudenz. Es folgten ab 20.18 Uhr im Dreiminutentakt an der im selben Raum platzierten Guillotine die Enthauptungen von Horst Heilmann, Hans Coppi, Kurt Schulze, Ilse Stöbe, Libertas Schulze-Boysen, Elisabeth Schumacher. Elf Mitglieder des Berliner Widerstandsnetzwerkes, dem die Gestapo-Fahnder den Namen Rote Kapelle gaben. Etwa 180 Gleichgesinnte, Menschen unterschiedlicher Weltanschauungen und sozialer Herkunft – Studenten, Künstler, Publizisten und Verwaltungsbeamte – gehörten dazu, darunter fast die Hälfte Frauen. Ihr todeswürdiges Verbrechen: Sie hatten sich der nationalsozialistischen Propaganda widersetzt, über Krieg und Gewaltverbrechen informiert, politisch und rassisch Verfolgten geholfen. Seit Mitte der Dreißiger hatten sie sich in Diskussions- und Bildungskreisen getroffen. Daraus erwuchs eine hartnäckige Opposition in einer informellen Form, die das Regime bis dahin nicht kannte, völlig anders als die streng und hierarchisch organisierten kommunistischen Gruppen.

Johannes Tuchel, Leiter der Gedenkstätte Deutscher Widerstand, hat eine Erklärung für den besonderen Hass Hitlers auf diese Gruppen: „Das waren Intellektuelle, junge Frauen und Männer, die der Nationalsozialismus eigentlich vereinnahmt zu haben glaubte. Teile der Elite, die auch hohe Positionen in Verwaltung und Wehrmacht innehatten." Fotos zeigen lebensfrohe, gesellige Menschen.

Mit ihrem Konzept von zivilem Widerstand stehen sie uns Heutigen viel näher als beispielsweise die verschworene Männergruppe, die das Attentat gegen Adolf Hitler am 20. Juli 1944 vorbereitete – Adelige, Wehrmachtsoffiziere, viele Antisemiten. Und doch gehört ihnen bis heute alljährlich das große offizielle Gedenkzeremoniell und nicht den Männern und Frauen der Roten Kapelle. Warum?

Die Erklärung liegt – in Ost wie West – in den Abgründen deutscher Erinnerungs- und Gedenkkultur. Johannes Tuchel weiß aus jahrzehntelanger Forschung und Erfahrung um „die Macht langlaufender Vorurteile im politischen und wissenschaftlichen Raum" und spricht von einer „Vielzahl der Verzeichnungen". Beide deutsche Staaten logen die Geschichte um. Die DDR machte die Rote Kapelle zur straff organisierten, kommunistisch gelenkten, von der Sowjetunion gesteuerten Spionageorganisation, die eifrig Geheiminformationen nach Moskau funkte. Mittlerweile weiß man aus Akten, wie das Ministerium für Staatssicherheit und Minister Erich Mielke persönlich Sorge trugen, dass diese Legende traditionsbildend für den DDR-Geheimdienst wirken konnte – das Vorbild für die „Kundschafter des Friedens" im Kalten Krieg.

In der Bundesrepublik lief weit Perfideres: Hier sorgten ehemalige Angehörige des Reichskriegsgerichts und in BRD-Geheimdiensten weiterhin aktive ehemalige Gestapo-Leute dafür, dass sich nichts am Bild von der „bolschewistischen Hoch- und Landesverratsorganisation im Reich und in Westeuropa" änderte, so wie die Gestapo sie eingestuft und nach Kräften deren Wirkung übertrieben hatte, um die eigene Leistung bei der Enttarnung in helles Licht zu stellen. Bis in die 1990er hielt sich laut Tuchel die Mär von den im Bund mit den Bolschewisten agierenden Landesverrätern hartnäckig selbst in der BND-Spitze. An eine Ehrung der Widerständler war lange nicht zu denken. Inzwischen beweisen viele Dokumente, dass es weder eine straffe Organisation gab noch Funksprüche, außer einer Probesendung mit dem Inhalt „1000 Grüße allen Freunden". Die Funkgeräte waren untauglich, konnten nicht bedient werden. Nichts blieb übrig von dem plumpen antikommunistischen Bild, das die Gestapo 1942 zeichnete.

70 Männer und Frauen waren bis Ende September 1942 von der Sonderkommission Rote Kapelle festgenommen worden; bis Ende Oktober stieg die Zahl auf weit über hundert. 76 wurden zum Tode verurteilt, 50 zu Zuchthausstrafen. Vier Männer begingen in Haft Suizid, fünf wurden ohne Verfahren ermordet. Etwa 65 Todesurteile wurden vollstreckt. In Plötzensee kamen zwischen 1933 und 1945 insgesamt 2880 Menschen unter das Fallbeil oder an den Strang, allein nach 1942 starben so 2368 Menschen. Von den 16 560 Todesurteilen, die zivile Strafgerichte in Nazi-Deutschland verhängten, wurden mindestens 15 000 vollstreckt. Gegen die Männer des 20. Juli wurden 104 Todesurteile verhängt, 89 in Plötzensee vollstreckt. Über viele Jahre profitierte die Berliner Anatomie von der Vielzahl und Vielfalt der Leichname aus Plötzensee für „Lehr- und Forschungszwecke". Deren Leiter Hermann Stieve forschte intensiv an den Opfern – zum Beispiel zu „Schreckblutungen", die auftraten, wenn Frauen von ihrer unmittelbar bevorstehenden Hinrichtung erfuhren. Von den 18 enthaupteten Frauen der Widerstandsgruppe Rote Kapelle sezierte Stieve die 13 jüngeren.

Als Plötzensee Anfang September 1943 bei alliierten Luftangriffen getroffen und auch der Hinrichtungsraum samt Fallbeil beschädigt wurde, beschloss das Justizministerium, die Zahl der wartenden Todeskandidaten schnell zu reduzieren. Hitler hatte bereits zuvor auf raschen Vollzug gedrängt. Am Abend des 7. Dezember 1943 begann Scharfrichter Wilhelm Röttger mit Massenstrangulierungen an den Haken im Hinrichtungsraum. In dieser Nacht wurden 186 Menschen in Gruppen zu je acht erhängt, darunter sechs Personen „aus Versehen". In den Folgenächten starben weitere 60. Im Hof stapelten sich die Toten. Anwohner beschwerten sich über Geruchsbelästigung.

AUFERSTEHEN AUS RUINEN

Am 8. Mai 1945 waren 28,5 Quadratkilometer der bebauten Stadtfläche total zerstört und von 75 Millionen Kubikmetern Trümmer bedeckt. Von den 4,3 Millionen Einwohnern hielten sich noch 2,8 Millionen in Berlin auf. Nicht in Zahlen zu fassen sind die seelischen Verheerungen. Die Mehrheit empfand den Einmarsch der Roten Armee als schreckliche Niederlage. Bis sich die Einsicht durchsetzte, dass die Deutschen von ihren NS-Führern und auch von sich selbst befreit worden waren, verging noch viel Zeit. Zunächst ging es ums Überleben. Zugleich begann mit dem Einrücken der West-Alliierten in ihre Besatzungssektoren faktisch die Spaltung in Ost- und West-Berlin. Spätestens 1948 – mit den Währungsreformen West und Ost sowie der Berlin-Blockade – waren die unterschiedlichen Wege vorgezeichnet: Ost-Berlin, fest in der Hand der Sowjetunion-Treuen, baute die Gesellschaft sozialistisch um, die Westmächte stellten die Weichen Richtung Privatwirtschaft und Demokratie. Mit dem Bau der Berliner Mauer 1961 wurde der Kalte Krieg förmlich zementiert.

DAS SCHILD DER BERSARINSTRASSE 95–99

Zeugnis des Frevels an dem Befreier Berlins, Nikolai Bersarin

Im April 1945 gelangte Generaloberst Nikolai Erastowitsch Bersarin als Oberkommandierender der 5. Stoßarmee nach Berlin und trug zur Befreiung der Stadt vom Nationalsozialismus bei. Am 24. April 1945 ernannte ihn der Generalstabschef der Roten Armee, Georgi Konstantinowitsch Schukow, zum ersten Stadtkommandanten Berlins nach dem Krieg. In erstaunlich kurzer Zeit bis zu seinem frühen Tod gelang es ihm, die Zuneigung der Bevölkerung zu gewinnen. 1946 benannte der Berliner Magistrat einen Platz und eine Straße im Arbeiterbezirk Friedrichshain nach dem verdienten sowjetischen Militär, und Ost-Berlin verlieh ihm 1975 die Ehrenbürgerschaft. Dass Bersarin bis heute als Figur im Gedächtnis der Stadt präsent ist, liegt aber nicht nur an Verdiensten und Titeln. Er war ein interessanter, von humanistischen Werten geprägter Mensch mit überraschenden Seiten. Genau das erkannten die Leute in den Befehlen seines kurzen, doch intensiven Wirkens.

Mit der Anerkennung der Verdienste Bersarins machte der Senat bald nach der deutschen Wiedervereinigung Schluss. Voller Verachtung „vergaß“ man bei der Zusammenführung der beiden Stadthälften, ihn aus der Ost-Berliner Ehrenbürgerliste zu übernehmen. Wenigstens dieser Frevel konnte im Jahr 2003 rückgängig gemacht werden.

Im Januar 1992 ließen die vor allem zur West-CDU gehörenden Wortführer der Berliner Politik zudem die Beseitigung der Bersarinstraße exekutieren. Folglich musste auch das mit Metallbändern am Betonschaft einer Laterne befestigte Straßenschild „Bersarinstraße 95–99“, bestehend aus gusseisernem Rahmen und Plastikplatte, verschwinden. Und fast wäre es auf dem Schrottplatz der Geschichte gelandet. Seine Rettung ist dem inzwischen verstorbenen West-Berliner Anarchisten- und Verleger-Ehepaar Karin und Bernd Kramer zu verdanken. So berichtet es der Historiker Götz Aly, dem die beiden das Bersarin-Schild per Post zukommen ließen – als Honorar für einen unerlaubt nachgedruckten Artikel in der *taz*, mit dem sich der Holocaustforscher Aly 1991 für den Erhalt der Bersarinstraße eingesetzt hatte. Nun hängte er das Schild in seinem Flur auf, bis es 2019 einen mehrwöchigen Auftritt in der Ausstellung *Ost-Berlin. Die halbe Hauptstadt* im Ephraim-Palais bekam.

Allerdings verschwand Bersarin mit der ideologisch aufgepusteten Straßenumbenennungsposse von 1991 nicht ganz aus dem Stadtbild. Den Bersarinplatz gibt es noch. Der etwa 200 Meter lange Straßenabschnitt von dort bis zum Frankfurter Tor trägt jetzt wieder seinen alten Namen Petersburger Straße, was nicht ohne historischen Witz ist: Bersarin wurde nämlich1904 in Sankt Petersburg geboren.

Der Umgang mit Bersarin erinnert an den zögerlichen Wandel des Verständnisses für die Befreiung durch die Rote Armee: Zuerst redeten die Deutschen von Zusammenbruch und Kapitulation, schließlich von der Stunde null und dem Neuanfang. Die DDR-Bürger feierten pflichtgemäß, viele aber auch aus ganzem Herzen die Befreiung vom Hitler-Faschismus, wie man damals sagte. Vor allem aber dienten die alljährlichen Zeremonien am 8. Mai dazu, den ersten Arbeiter- und Bauernstaat auf deutschem Boden zu rühmen. Die politische Macht in der DDR war von den „Freunden“, dem „großen Bruder“, verliehen.

Anders in West-Berlin: Im Sommer 1945 rückten die West-Alliierten in ihre drei Sektoren ein. Die Sowjettruppen zogen sich in den östlichen Sektor zurück. Die westliche Halb-Stadt mutierte zum Bollwerk gegen den Kommunismus.

Eine differenzierte Betrachtung des durchaus ambivalenten Gesamtbildes, die die sowjetische Großtat der Befreiung würdigt und das Herrschaftssystem im Osten im Zusammenhang betrachtet, hatte gerade erst begonnen, als der Überfall Russlands auf die Ukraine diesen Prozess bis auf Weiteres unterbrach. Er wird nicht bruchlos fortgesetzt werden können, aber an der Grundtatsache ändert sich nichts: Die Rote Armee hat Berlin von den Organisatoren der größten Verbrechen befreit, die die Welt je sah, und ebenso Hunderttausende Berliner von ihrem Glauben an eine mörderische Ideologie.

Bundespräsident Richard von Weizsäcker hatte das verstanden, als er in seiner historischen Rede am 8. Mai 1985 im Deutschen Bundestag sagte, es habe sich nicht um einen Tag der Niederlage gehandelt, sondern um einen „Tag der Befreiung vom menschenverachtenden System der nationalsozialistischen Gewaltherrschaft". Damals reagierten Teile der bundesdeutschen Öffentlichkeit empört. Die seit dem 24. Februar 2022 aufwallende pauschale Russenskepsis legt nahe: Der Dank an die Bürger der Staaten der ehemaligen Sowjetunion, zu denen neben Ukrainern, Belarussen, Balten, Mittelasiaten und so fort eben auch sehr viele Russen gehören, ist im heutigen Deutschland keine Herzensangelegenheit.

Doch zurück zu Nikolai Bersarin, dem Befreier und Ehrenbürger Berlins. Schukow widmet ihm und seinen Soldaten in seinen Memoiren einen gesonderten Abschnitt:

„Diese Armee hatte einen besonderen Kampfauftrag. Sie sollte das Regierungsviertel in der Innenstadt nehmen, darunter die Reichskanzlei mit dem Hauptquartier Hitlers. Besonders kompliziert war der Auftrag in der ersten Etappe, der darin bestand, den stark befestigten Schlesischen Bahnhof (heute: Ostbahnhof) zu stürmen und die Spree mit ihren hohen Kais zu forcieren."

Bersarin kommandierte kein Sandkasten-Unternehmen, jeder seiner Befehle betraf konkrete Berliner Orte. Schukow schreibt: „Am 24. April drang die 5. Stoßarmee in erbitterten Kämpfen weiter zur Innenstadt, zum Alexanderplatz, zum Schloss, zum Rathaus und zur Reichskanzlei vor." Die 5. Stoßarmee hatte am zügigsten angegriffen, und Schukow pries ihren Befehlshaber Bersarin als „treuen Sohn der Kommunistischen Partei, großen Patrioten, erfahrenen, willensstarken und disziplinierten Kommandeur".

Schukow folgte einem alten russischen Brauch, wonach der Erste, der eine zu erobernde Stadt betritt, deren neuer Regent sein soll. Folglich ernannte er Bersarin zum ersten Berliner Stadtkommandanten und Chef der sowjetischen Garnison in Berlin.

Der verheiratete Mann, Vater zweier Töchter, hatte eine straffe Militärlaufbahn hinter sich, die nur einmal bedroht war, als er 1938 beschuldigt wurde, seine Karriere „Volksfeinden" zu verdanken. Während des Großen Vaterländischen Krieges gegen die deutschen Okkupanten seiner Heimat erwies er sich, so Schukow, an verschiedenen Fronten immer wieder als „begabter Heerführer".

Warum ihn seine Vorgesetzten priesen, ist also hinlänglich plausibel. Den Respekt der Berliner erwarb er, indem er zügig das Naheliegende, Drängende, Lebensrettende anordnete: Sowjetische Soldaten organisierten das Löschen der Brände, das Bergen der Leichen, sie entminten die Straßen, organisierten die Lebensmittelversorgung, setzten die Verwaltung wieder in Gang, organisierten die Rückkehr zu normaler Arbeit. Die Verordnung Nr. 080 vom 31. Mai regelte die Versorgung der Berliner Kinder mit Milch.

Am 14. Mai eröffnete Bersarin den U-Bahn-Verkehr wieder. 21 Wasserwerke und sieben Gaswerke gingen bald wieder in Betrieb. Am 25. Mai nahmen auf Bersarins Befehl Polizei, Stadtgericht und Staatsanwaltschaft die Arbeit auf. Am 14. Mai sprach Bersarin mit führenden Theaterleuten über die Wiedereröffnung der Bühnen. Mitte Mai öffneten die meisten Schulen wieder. Der Berliner Rundfunk ging am 31. Mai auf Sendung. Befehl Nummer zwei mit Bersarins Unterschrift gestattete die Tätigkeit (antifaschistischer) Parteien und Gewerkschaften. Das Plündern und Vergewaltigen hatte die sowjetische Militärführung unter Androhung schwerer Strafen verboten. Dennoch kam es hunderttausendfach zu Übergriffen, bevor die Ordnung wieder hergestellt war.

Am 21. Mai erschien die erste Ausgabe der *Berliner Zeitung*. Kaum vier Wochen später machte sie mit der Schlagzeile auf: „Bersarin tödlich verunglückt". Ein Motorradunfall. Am 16. Juni, morgens früh um fünf Uhr, war er mit dem Motorrad in Berlin-Friedrichsfelde, Schlossstraße, Ecke Wilhelmstraße (heute Am Tierpark, Ecke Alfred-Kowalke-Straße), in einen Lkw-Konvoi gerast. Die Umstände wurden offiziell zunächst mit Legenden umkränzt: Er sei in Ausübung seines Dienstes unterwegs zu einem Lazarett gewesen, der Konvoi habe Milch und Mehl für die Berliner transportiert.

Warum aber trug der 51-Jährige einen Monteursanzug statt Uniform? Zudem hatte sich herumgesprochen, dass der Stadtkommandant allmorgendlich vor Dienstantritt inkognito Motorrad-Spritztouren unternahm. An jenem Morgen saß er auf einer von der Wehrmacht erbeuteten Maschine Zündapp KS 750 mit Beiwagen, äußerst geländegängig und mit heulendem Motorgeräusch. Wahrscheinlich lenkte er sie zum ersten Mal. Offenbar fuhr er ungebremst auf und starb sofort.

Seine Umgebung kannte ihn schon lange als Motorradfan. Als Truppenkommandeur fuhr er gewöhnlich auf einer kräftigen Harley Davidson durch die Gegend. Suchte er im Risiko der rasanten Fahrt ein Stück Freiheit von den Riesenlasten seines Daseins als in ewiger Disziplin gefangener Militär? Die kurze Flucht in den Adrenalinkick? Wir wissen es nicht.

Nikolai Erastowitsch Bersarin liegt auf dem Moskauer Nowodewitschi-Friedhof begraben. Und das Schild Bersarinstraße 95–99 gehört ins Stadtmuseum.

GAIL HALVORSENS FALLSCHIRMCHEN

Wie die Blockade West-Berlins die Westbindung festigte

Am Anfang benutzte der amerikanische Pilot Gail Halvorsen Taschentücher, um die kleinen Fallschirme zu basteln, die ihn zum Liebling der Berliner und zum Star der Berliner Luftbrücke machten: An alle vier Zipfel je ein Stück Strippe geknüpft, die vier Fäden unten zusammengeführt – so ließ sich daran eine Süßigkeit befestigen und über den Neuköllner Trümmerhaufen westlich des Tempelhofer Feldes auf die dort wartenden Kinder niedersegeln lassen. Eine kleine, aus Menschenfreundlichkeit geborene Idee mit fortwährend großer Wirkung.

Sie funktionierte besser als jede professionell ausgedachte Sympathiewerbung für eine Besatzungsmacht. Fallschirmchen, behängt mit Kaugummis und Schokotäfelchen, eroberten Herzen und Hirne in der durch die sowjetische Blockade darbenden Teil-Stadt. Genial. Die Presse berichtete, die West-Berliner schmolzen dahin.

Damit die Kinder wussten, welche der im 90-Sekundentakt anfliegenden Maschinen lecker Fallschirme entlassen würde, wackelte Flieger Halvorsen mit den Tragflächen und wurde so zu „Onkel Wackelflügel". 25 Besatzungen aus der alliierten Luftbrückenflotte machten schließlich mit. Ihre Maschinen, die eigentlich vor allem Kohle herbeibrachten, hießen fortan Candy- und Rosinenbomber. Als die Luftbrücke nach 14 Blockademonaten endete, waren 23 Tonnen Süßigkeiten vom Berliner Himmel gefallen.

Drei Fallschirmchen hängen heute im Berlin-Story-Bunker am Anhalter Bahnhof. Gail Halvorsen, der Berlin bis ins hohe Alter herzlich verbunden blieb, hat sie speziell für die dortige Berlin-Ausstellung gebastelt und mit Widmung sowie Unterschrift versehen: jedes Exemplar in unterschiedlicher Größe, aus verschiedenen weißen Stoffen, was man eben so findet – beladen mit Hershey's Milk Chocolate, jedes Täfelchen à 43 Gramm. 75 Jahre nach den ersten Schirmchen erzählen diese Halvorsen-Originale: Nichts festigte die Westbindung mehr als die Blockadeerfahrung.

Was war passiert? Drei Jahre nach Kriegsende stoppte die Sowjetunion am 24. Juni 1948 sämtliche Lieferungen für die zwei Millionen Bewohner der britisch, französisch und amerikanisch kontrollierten Sektoren: Kein Schiff, kein Zug, kein Auto konnte mehr aus Westdeutschland Güter oder Personen nach West-Berlin transportieren. Auch die Stromlieferungen aus dem Osten wurden gekappt.

Die Reaktion kam schnell. Schon nach einem Tag landeten die ersten Flugzeuge der Luftbrücke. Am Ende sollten sie 2,5 Millionen Tonnen Fracht in Berlin entladen haben: 1,6 Millionen Tonnen Kohle für Stromerzeugung und Heizung, 700 000 Tonnen Lebensmittel, vor allem Trockennahrung wie Dörrgemüse, Ei- und Milchpulver. Rund 200 000 Tonnen Stahl, Zement und andere Baustoffe kamen durch die Luft. Das Kraftwerk Reuter in Spandau entstand aus Luftbrückengütern. Die abfliegenden Maschinen nahmen 74 000 Tonnen in Berlin produzierte Waren mit. 227 655 Passagiere wurden befördert.

Währenddessen standen die Grenzen zum sowjetischen Sektor und ins Umland weitgehend offen. 110 000 West-Berliner arbeiteten im Osten, 106 000 Ost-Berliner im Westen. Kontrollposten hielten die Berlinerinnen und Berliner nicht ab, auf Hamsterfahrt „organisieren" zu gehen. Die Leute im Osten beklagten den Ausverkauf. Am 8. Oktober 1948 berichtete die *Berliner Zeitung*, Lastwagen des West-Berliner *Telegraf*-Verlags seien beim „Besorgen" größerer Mengen Frischkartoffeln für Mitarbeiter erwischt worden.

Trotz solcher „Selbstversorger" blieb die Sorge. Der Sozialdemokrat Ernst Reuter verstand es, sie in seinen Reden am klarsten auszudrücken. Die Stadtverordnetenversammlung hatte ihn im Juni 1947 zum Oberbürgermeister für ganz Berlin gewählt. Das Veto der Sowjetadministration verhinderte den Amtsantritt. Kein Wunder, dass am 9. September 1948, nach 77 Blockade- und 76 Luftbrückentagen, 300 000 Menschen in die Trümmerkulisse am Reichstag zu der Kundgebung strömten, auf der Ernst Reuter an die „Völker der Welt" appellierte, „diese Stadt, dieses Volk" nicht preiszugeben.

Die Leute kamen aus Ost und West, die Stimmung war antikommunistisch und antisowjetisch. Drei Jahre nach dem Ende der NS-Herrschaft hatte sich die einst nach Millionen zählende nationalsozialistische Gefolgschaft auf wundersame Weise verflüchtigt. Man war nun Opfer – Opfer der Sowjets. Das Vorgehen der Besatzungsmacht gegen alle, die sich ihrer Politik nicht beugten, und schließlich die Blockade konnten als erstklassige Beweise für das Opferdasein gelten. Umso überzeugter ließ sich nach Freiheit und Demokratie verlangen. Als der Berliner SPD-Vorsitzende Franz Neumann zu einer Schweigeminute für die „Opfer von 1933 bis 1948" aufrief, NS-Herrschaft und Sowjetmacht also in eine Linie setzte, erhob sich kein Protest. Ernst Reuters Botschaft lautete: Haltet durch! Und so geschah es. Hatte die Stalinsche Führung gehofft, in West-Berlin würden Hungerrevolten frierender, vom Westen Enttäuschter ausbrechen, gefolgt von innerem Zerfall und Kapitulation – so trat das Gegenteil ein: Die Zuneigung zu den Rettern wuchs.

Im Osten hätte man es wissen können: Die 1946 in ganz Berlin durchgeführten freien Wahlen hatten keinen Zweifel gelassen, von wem man sich das bessere Leben erhoffte. Die von den Sowjets gestützte Sozialistische Einheitspartei Deutschlands (SED), ein Zusammenschluss sowjetfreundlicher Kommunisten und Sozialdemokraten, erreichte lediglich 19,8 Prozent der Stimmen, die SPD siegte haushoch mit 48,7 Prozent.

Parallel zu den kommunalen Machtkämpfen zerfiel im Lauf des Jahres 1948 die Viermächteverwaltung ganz Berlins; die Spaltung nahm ihren Lauf. Im Juni verließ der sowjetische Vertreter die Alliierte Kommandantur, die gemeinsame Oberaufsicht für die ganze Stadt. Am 20. Juni wurde die bereits in Westdeutschland ausgegebene Deutsche Mark auch in West-Berlin eingeführt. Die Sowjetunion interpretierte das als Bruch der Abkommen von Jalta, wo Stalin, Churchill und Roosevelt im Februar 1945 die gemeinsame Verwaltung Deutschlands und Österreichs einschließlich der Hauptstädte Berlin und Wien verabredet hatten.

Die Währungsreform im Westen wurde zum offiziellen Auslöser der Blockade. Nach westlicher Interpretation hatte allerdings die Sowjetunion die Abkommen bereits zuvor gebrochen, indem sie Polen, der Tschechoslowakei und Rumänien sowjettreue Marionettenregierungen verpasst und in Ostdeutschland die SED als führende Kraft eingesetzt hatte.

Die USA reagierten ab 1947 mit ihrer Containment-Politik – der Eindämmung des Sowjetimperialismus. Die Etablierung Westdeutschlands als Separatstaat gehörte genauso zur Strategie wie die Rolle West-Berlins als Stachel im Fleische des Ostens. Die Sechsmächtekonferenz, die vom 23. Februar bis 2. Juni 1948 in London – ohne Sowjetunion – tagte, hatte die Strategie festgelegt. Neben den drei westlichen Besatzungsmächten nahmen die drei Benelux-Staaten teil. Als der Alliierte Kontrollrat in Berlin der Sowjetischen Militäradministration die Auskunft über die Konferenz verweigerte, kündigten die Sowjets ihre Mitarbeit.

Am 1. April standen die ersten Kontrollpunkte in und um Berlin. Am 3. April unterzeichnete US-Präsident Truman das Marshallplan-Gesetz. Es folgte die Währungsreform. Die Sowjetadministration verhängte die Blockade. Die scheiterte an der entschlossenen Luftbrückenpolitik und am Durchhaltewillen der West-Berliner, den Stalin so nicht erwartet hatte.

Die Blockade endete am 12. Mai 1949. Ab Mitternacht floss wieder Strom in die Westsektoren, kamen die Schiffe, Züge und Lastwagen wieder durch. Die Flugzeuge unterstützen noch bis zum 30. September den Aufbau von Lagerbeständen, die zwei Monate Durchhalten sichern sollten – der Grundstock für die sogenannte Senatsreserve für den Fall einer zweiten Blockade wurde gelegt. Der Bunker, in dem heute Gail Halvorsens Fallschirmchen hängen, wurde zum Großlager, gefüllt mit portugiesischen Sardinenbüchsen, SIL-Waschpulver, Fleischkonserven und anderen Grundgütern.

Am 7. Oktober 1949 wurde die DDR gegründet, am 13. August 1961 begann der Bau der Mauer. West-Berlin harrte dahinter aus. Und viele fanden es gar nicht so scheußlich, wie der Berliner Autor Harald Jähner aus eigener Erfahrung aus den 1980ern berichtet: Die Mauer habe die Aufmerksamkeit der Weltpolitik, Steuersubventionen und Wirtschaftshilfen nach West-Berlin gelenkt und als willkommene Mietpreisbremse sowie Investorenschreck gewirkt. Statt der von Außenstehenden vermuteten klaustrophobischen Beklemmungen herrschte ihm zufolge Wohlgefühl: „Westberlin war ein Hort der Freiheit nicht nur im engeren politischen Sinn, sondern auch in einem mentalen. Es war eine Insel der Sorglosigkeit." Eine Insel ohne Wehrpflicht und Sperrstunde mit endlosen, vor dem „rauen Wind der kapitalistischen Wirklichkeit" geschützten Freiräumen.

Am 12. Juni 1987 verlangte US-Präsident Ronald Reagan am Brandenburger Tor von Michail Gorbatschow: „Tear down this wall!" Das erledigten die Ostdeutschen auf viel bewunderte Weise im Herbst 1989 selbst. Weder die sowjetische Besatzungsmacht noch die DDR-Führung setzten dem Gewalt entgegen. Doch war die Geschichte nicht am Ende. Heute steht nicht Berlin, sondern die Ukraine im Zentrum geopolitischer Machtkämpfe. Die Parallelen sind unverkennbar.

DIE SCHUHE DER TRÜMMERFRAU

Zehntausende Bauhilfsarbeiterinnen räumten Berlin auf

Grobes Schuhwerk für eine Frau. Kaum vorstellbar, dass nach einer harten Sechstagewoche die Füße der Trägerin ohne schlimme Blasen blieben. Eine Berlinerin namens Nora von Zawadsky hat die ungefütterten Arbeitsschuhe aus braunem Rindsleder getragen, wenn sie wie Zehntausende andere Berlinerinnen nach 1945 daran ging, den „riesigsten Schutthaufen der Welt“, ehemals Hauptstadt des Deutschen Reiches, wieder bewohnbar zu machen.

Seinen Zweck dürfte das Schuhwerk gut erfüllt haben: Es bedeckte die Knöchel, war über fünf metallene Ösenpaare fest zu verschnüren, verfügte über eine Verstärkung im Zehen- wie im Fersenteil. Dazu kam die feste Sohle aus Kiefernholz, einen Zentimeter dick, mit einem drei Zentimeter hohen Absatz. Wer den lieben langen Tag zwischen Ziegelsteinen und Schutt umherkletterte, in der Eimerkette zwischen Schutthaufen und Transportlore stand oder mit dem Hammer Mörtel von Steinen abklopfte und diese stapelte, der wird den Schutz geschätzt haben. Jederzeit bestand die Gefahr, dass einem etwas auf die Füße fiel.

Nora von Zawadsky, die Besitzerin dieser Schuhe, arbeitete von 1945 bis 1948 als Trümmerfrau. Das Außenmaß von 28 Zentimetern lässt auf Schuhgröße 40 schließen. Die Schuhe gelangten 1998, wahrscheinlich als der Nachlass der Frau aufgelöst wurde, zusammen mit einigen Schmuckstücken von geringem Wert und ihrem Arbeitsausweis ins Berliner Stadtmuseum. Näheres weiß man dort nicht über die Frau. Doch der Ausweis und die mit Kalkresten verschmutzte Sohle ihrer Schuhe beweisen: Sie war eine Berliner Trümmerfrau.

Betrachtet man Fotos aus der Nachkriegszeit genau, entdeckt man, dass die Arbeitsschuhe aus einer Massenproduktion stammen müssen. Viele Arbeiterinnen und Arbeiter waren damit ausgestattet. Immerhin. Denn es reichte nicht. Zum Beispiel Elise S., zuvor Packerin bei Osram, klagte 1947 einem Reporter der *Berliner Zeitung*, der sie an ihrem Arbeitsplatz im Trümmerfeld besuchte, sie habe keine festen Schuhe. Das sei ihr täglicher Kummer: „Schuhe fehlen. Schuhe."

Das Massenmodell orientierte sich an Bekanntem: Im Deutschen Historischen Museum lagert ein ähnliches Paar Schuhe mit ebensolcher ausgesägter Holzsohle, das Oberteil ebenso an der Sohle festgenagelt: Dieses trug ein Zwangsarbeiter in der Zeit zwischen 1939 und 1945. Einen Unterschied gibt es: die billigere Machart. Hier ist nur die Zehenkappe aus festerem Leder, der Rest aus Textil und Gummi.

Bis zu 60 000 Frauen befreiten in den Nachkriegsjahren Berlin von den Trümmern. Das entsprach etwa fünf Prozent der arbeitsfähigen weiblichen Bevölkerung. Die Zahl ihrer männlichen Kollegen lag weit höher. Ähnlich wie in Berlin verhielt es sich in anderen Städten der späteren DDR, zum Beispiel in Dresden. Ganz anders sah es in den Westzonen aus. Dort mochten die Besatzungsmächte keine Frauen bei der harten Arbeit sehen und setzen früh auf Maschinen und Männer. In der britischen Zone kamen gerade mal 0,3 Prozent der Frauen in diesem Bereich zum Einsatz. Frauen gehörten nach Hause zu den Kindern. Das Gesellschaftsbild verfestigte sich dann in den Jahrzehnten der Bundesrepublik. „Zur Stabilisierung der Gesellschaft nach dem Krieg erfand die Bundesrepublik die Hausfrauenehe neu", sagt die Historikerin Hedwig Richter. Folglich spielte die Trümmerfrau in der Nachkriegszeit keine Rolle. Sie tauchte erst viel später auf, nun allerdings als zwiefacher Mythos: einerseits in der Rentendebatte der Kohl-Ära, in der die Leistung der Generation Nachkrieg nunmehr ihre Überhöhung fand, andererseits in der neuen Frauengeschichtsschreibung, die Orientierungsfiguren suchte und produzierte.

Bräuchte die Trümmerfrau eine Geburtsurkunde, so könnte man die Ersterwähnung des Begriffes in der *Berliner Zeitung* dafür nehmen: Am 16. August 1946 tauchte die Wortneuschöpfung dort zum ersten Mal auf, von Gänsefüßchen flankiert und in praktischem Zusammenhang: Der Berliner Magistrat hatte soeben Sicherheitsrichtlinien für Abbruch und Enttrümmerung erlassen – zum Schutze der „Trümmerfrauen" und der Berliner überhaupt, die auf ihren Alltagswegen ständig an Schutthaufen und wackeligen Ruinen vorbeikamen.

Der Zeitungstext trug den Titel „Gefahren in den Trümmerbergen" und vermerkte, dass zu jenem Zeitpunkt „rund 30.000 Frauen Berlins ihren Broterwerb in der Trümmerbeseitigung" fanden. Er führte die wichtigsten Schutzmaßnahmen auf: Das Einreißen von Gebäuden und Gebäudeteilen sei von besonders ausgebildeten Spezialtrupps durchzuführen. Vor Beginn jeglicher Räumarbeiten sollten Gefahrenpunkte beseitigt und erst dann der Platz freigegeben werden. Noch begehbare Räume, Keller und so weiter seien laufend auf Rissbildung zu kontrollieren. Beim Entfernen des Schutts sowie beim Stapeln der Steine sei immer genügend Raum für Fluchtwege freizuhalten. Abgeputzte Steine sollen möglichst abgefahren und so gestapelt werden, dass sie die Arbeiten nicht behindern.

Das nächste Mal tauchten die Trümmerfrauen, wieder betüttelt, am 24. November 1946 in der Zeitung auf. In einem Bericht über ein „Paradies der Schieber" in Dahlem hieß es zum Thema Zigarettenpreise: „Sieben Mark das Stück. Ein Betrag, den die schwer arbeitenden ‚Trümmerfrauen' nicht einmal in achtstündiger Arbeit verdienen." Von jetzt an kam das Wort selten allein, sondern meist in Begleitung von „tapfer", „fleißig" oder „tüchtig". Gern schrieben die Journalisten vereinnahmend „unsere Trümmerfrauen".

Als ein Reporter am 4. September 1947 fünf Frauen, zu denen auch die schon erwähnte Elise S. gehörte, an einem Sonnabendnachmittag an ihrem Arbeitsplatz in der Schönhauser Allee besuchte, schrieb er von „Berliner Bauarbeiterinnen". Die eigentliche, korrekte Bezeichnung lautete Bauhilfsarbeiterin. Dies kann man zum Beispiel einem Bericht vom 9. Oktober 1945 entnehmen: „Eva Bießberger, zur Bauhilfsarbeiterin umgeschulte Vortragskünstlerin", beschwerte sich in einer

Gewerkschaftsveranstaltung über den Mangel an Schuhzeug und warmer Kleidung. Die Reportage aus der Schönhauser beschrieb die Arbeitsbedingungen: „Aus einer grauen Wolke von Schutt und Staub kommen fünf ‚Trümmerfrauen'. Sie sehen aus wie all die anderen vom Bau: sonnenverbrannte Gesichter, durchfurcht und wetterhart. Sie tragen dürftige Kleider und Kittel, verwaschen, geflickt und gestopft wie die bunten Tücher, die ihr Haar schützen. Hart klappern ihre schweren Holzschuhe über den Asphalt, wie Takte aus einem Lied von der Not unserer Zeit, an die sich unser Ohr längst gewöhnt hat." Frieda E. aus Alt-Moabit, 52 Jahre alt, alleinstehend und auf ihrer Hände Arbeit angewiesen, seit 1945 beim Bau, erzählt: „Leicht ist es nicht. Und ob ich meine Knochen spüre? Reden wir lieber nicht davon!" Ihren bei der Arbeit verunglückten Finger nennt sie „Lehrgeld" und sagt: „Wir sind nun mal in unseren Trümmern nicht auf Rosen gebettet." Kein Foto ergänzt die Reportage. Noch 1950 brachte die Zeitung mangels technischer Möglichkeiten generell kaum Fotos. Mit der Zeit tauchten gestellte Bilder auf, die gut gekleidete, gut gelaunte, sogar geschminkte angebliche Trümmerfrauen zeigten. Trümmermodels sozusagen, geeignet zur Romantisierung der harten Realität.

In Ost und West galt das Trümmerräumen anfangs als unehrenhaft – das hatten doch bisher die „Arbeitsvölker", also Zwangsarbeiter, erledigt. Nun aber sahen sich viele Frauen aus einem sehr plausiblen Grund gezwungen, die harte, schlecht bezahlte Arbeit anzunehmen: Als Nichtarbeitenden hätte ihnen nur die Lebensmittelkarte der Kategorie V zugestanden, auch „Friedhofskarte" genannt. Als Bauhilfsarbeiterinnen stiegen sie in Kategorie II auf. Den schwer Arbeitenden standen monatlich 450 Gramm Fett zu statt der üblichen 100 Gramm.

Recht schnell stieg in der Berliner Gesellschaft das Ansehen der Frauen, die an vielen Stellen die traditionellen Männerberufe ausübten. Sie füllten die Lücken, die gefallene oder in Kriegsgefangenschaft geratene Männer hinterlassen hatten. Zugleich gewannen die Frauen an Selbstvertrauen, weil sie „das konnten". Der Historiker Heinrich August Winkler fasste den schwindenden Unterschied zwischen Männer- und Frauenarbeit 2005 in einem Satz: „Die Trümmerfrauen wurden zur Verkörperung eines radikalen Tausches der Geschlechterrollen."

Die DDR formte das neue Frauenbild weiter – weil sie die weibliche Arbeitskraft brauchte, aber auch weil auf den politischen Entscheidungsebenen Männer und Frauen tätig waren, die ihre Prägungen in den Zwanzigerjahren erfahren hatten und mit neuen Vorstellungen von der Rolle der Frau in Familie und Beruf, vom Verhältnis der Geschlechter, von Sexualität antraten.

Am 16. April 1950 tauchte schließlich ein „Vorschlag aus der Bevölkerung" auf, ein Denkmal zu errichten, um „unseren fleißigen Trümmerfrauen, unseren Bauhandwerkern und Bautechnikern zu danken". So Leser Wilhelm G. aus der Thulestraße in Pankow. Vier Jahre später stand es: Frau mit Schippe, Mann mit Spitzhacke, Aufbauhelferin und Aufbauhelfer von Fritz Cremer mit dem ursprünglichen Titel „Fort mit den Trümmern und was Neues hingebaut".

DAS SED-PARTEI-ABZEICHEN

Ein Bonbon
am Revers

Der Montagabend gehörte in der DDR der Partei, genauer der Sozialistischen Einheitspartei Deutschlands. Mal war Parteigruppenversammlung, mal Parteilehrjahr, mal traf sich die Abteilungsparteiorganisation. Irgendwas war immer, schließlich war die SED, Partei der Arbeiterklasse, gesetzt als „führende Kraft" im real existierenden Sozialismus der DDR. Auf ihren vielen Grundorganisationen baute die zentralistische Führung auf, und nichts fürchteten die führenden Genossen mehr als Murren und Meckern an der Parteibasis. Als diese 1989 nicht mehr zu beherrschen war, nahte das Ende unausweichlich.

Nach Arbeitsschluss, in der Regel um 17 Uhr, kamen einmal im Monat die Mitglieder und Kandidaten der Parteigruppe zusammen, und zwar an ihren jeweiligen Arbeitsstätten. Wichtige Betriebsangelegenheiten wie der Stand der Planerfüllung spielten – neben der politischen Lage und den neuesten Direktiven der Parteiführung – die größte Rolle. 1987 zählte die SED 2,3 Millionen Mitglieder. Jeder sechste DDR-Bürger über 18 Jahren gehörte ihr an. Knapp ein Viertel waren Frauen.

Zur Parteiversammlung erschien der Genosse mit dem Parteiabzeichen am Revers, die Genossin suchte für das Zugehörigkeitssymbol einen Platz am Blusenkragen oder Pullover. Nicht alle trugen es offensiv, manche „vergaßen" es regelmäßig. Viele aber fanden es ganz in Ordnung.

Mein Vater hinterließ eine ganze Schachtel voller Parteiabzeichen in verschiedenen Ausführungen: schlicht in Metall mit Anstecknadel oder Schraubverschluss, auch die Variante mit erhabener Plastikdeckung lag zur Auswahl bereit in seiner „Bonbon-Schachtel". Bonbon – so nannte man das Abzeichen der hochovalen Form wegen. Dieser Genosse entsorgte seine Aktivistenauszeichnungen und Medaillen nach der Wende nicht in den Müll. Der sprichwörtliche „kleine Mann" blieb sein Leben lang von der Grundidee des Sozialismus überzeugt und trug sein Bonbon, auch wenn man nicht unbedingt musste.

Es zeigte das Parteiemblem, in festem Druck vereinte Hände, dahinter auf weißem Grund die wehende rote Fahne der Arbeiterklasse und die auf blauem Rand umlaufende Inschrift in Versalien „Sozialistische Einheitspartei Deutschlands". Schwarz-Rot-Gold, die „deutschen" Farben, doch das dunkle Blau wich ab.

Die verschlungenen Hände stehen für den Handschlag, mit dem Wilhelm Pieck für die Kommunistische Partei Deutschlands (KPD) und Otto Grotewohl für die Sozialdemokraten am 22. April 1946 im Admiralspalast in der Berliner Friedrichstraße im sowjetischen Teil der Stadt die Vereinigung beider Parteien zur SED vollzogen. Kaum ein Jahr war vergangen, seit die Rote Armee Berlin vom Nationalsozialismus befreit hatte. Als eine der Hauptursachen für den Aufstieg der Nazis galt die Spaltung der Arbeiterklasse – Kommunisten und Sozialdemokraten hatten nicht die Kraft gefunden, sich gemeinsam gegen die Braunen zu stemmen.

Daraus, so sahen es viele wie auch Otto Grotewohl, musste eine Lehre gezogen werden. Das Protokoll des Vereinigungsparteitages vermittelt Aufbruchstimmung:

„Der imposante, repräsentative Saal des Admiralspalastes war ebenso festlich wie würdig geschmückt. Mehr als tausend Delegierte und Ehrengäste, dazu noch eine größere Zahl von Gästen und Zuhörern, füllten den mächtigen Raum bis auf den letzten Platz. Lebhaft und herzlich war durchweg die persönliche Begrüßung alter Kampfgenossen aus den bisher getrennten Parteilagern nach jahrzehntelanger Spaltung." Otto Grotewohl sagte: „30 Jahre Bruderkampf finden in diesem Augenblick ihr Ende. Ein alter Traum ist Wirklichkeit geworden: die Einheit der deutschen Arbeiterklasse." Wilhelm Pieck sprach danach: „Es ist eine große Aufgabe, ein neues, antifaschistisches demokratisches Deutschland zu schaffen. Das sei der Sinn unseres Händedruckes, das sei unser heiliges Gelöbnis, das sei unsere Tat!" Er erinnerte daran, dass Kommunisten wie Sozialdemokraten in den Folterkellern der Gestapo gelitten hatten und in Konzentrationslagern ermordet worden waren.

Den Anwesenden stand ein anderer historischer Handschlag vor Augen: Fast auf den Tag genau im Jahr zuvor, am 25. April 1945, hatten sich auf der zerstörten Elbebrücke in Torgau drei amerikanische und drei sowjetische Soldaten begrüßt – lachend und fast wie alte Freunde. Der Moment der Verbrüderung markierte das Zusammentreffen beider Kriegsfronten und stand für das Ende der Wehrmacht.

Die historischen Argumente sprachen für das Zusammengehen von Sozialdemokraten und Kommunisten. Doch von Anfang an lehnte eine große Zahl von SPDlern die Vereinigung unter den Bedingungen in der sowjetischen Besatzungszone ab. Sie sahen die Vereinnahmung durch die Kommunisten voraus und durften sich in starker Position fühlen: Nicht die KPD verzeichnete 1945 starken Mitgliederzuwachs, sondern die Sozialdemokraten. Das Stalinsche System ging bei der „Überzeugungsarbeit" nicht zimperlich gegen Fusionsgegner vor. Tausende erlebten Einschüchterung, Hunderte gingen in den Westen. Am 31. März 1946 sagten 80 Prozent der Sozialdemokraten in den Westsektoren bei einer Urabstimmung Nein zur Vereinigung.

Im Osten verhinderte die sowjetische Besatzungsmacht ein solches Votum; die Kommunisten setzten sich durch. Otto Grotewohl war zwar formal gleichberechtigt, besetzte das Amt des DDR-Ministerpräsidenten, doch sein Einfluss schwand.

Betrachtet man das legendäre Foto vom Vereinigungsparteitag genauer, sieht man, dass Pieck und Grotewohl zwar den klassischen Händedruck zustande bringen, aber sie schauen einander nicht an, in ihren Gesichtern steht weder Freude noch Erleichterung über das Gelingen eines historischen Prozesses. Ein anderes Foto von derselben Szene zeigt, wie Grotewohl beide Hände um Piecks Rechte legt, sie geradezu beschwörend umschließt, als wollte er sagen: Bitte, lass uns halten, was wir einander versprochen haben. Womöglich war ihm bekannt, was Ulbricht schon 1945 unter seinen Genossen als Parole ausgegeben hatte: „Es muss demokratisch aussehen, aber wir müssen alles in der Hand haben."

Die Verfassung der am 7. Oktober 1949 gegründeten DDR ähnelte in 80 von 144 Artikeln jener der Weimarer Republik, manche Teile finden sich ähnlich in der Paulskirchenverfassung von 1849. Die DDR sollte demnach ein föderaler Rechtsstaat mit parlamentarischer Demokratie sein – unter einer Prämisse: Die reale Macht übte die SED aus, sie bestimmte die gesellschaftliche Richtung. Ihre Mitglieder besetzten die entscheidenden Positionen in Verwaltung, Regierung und Wirtschaft.

Der Handschlag als Parteisymbol war geschickt gewählt, denn seit alters steht er als Zeichen des Friedens. Die freie Hand trägt keine Waffe. Werden Hände geschüttelt, muss eine im Gewand verborgene Waffe aus dem Ärmel fallen. Ein Händedruck kann einen Vertrag besiegeln, eine Freundschaft bestätigen. Als Arbeiterverbrüderungssymbol findet man es schon 1848 im „Correspondenzblatt" aller deutschen Arbeiter *Die Verbrüderung*.

Die SED-Gründer hatten das Accessoire Parteiabzeichen nicht erfunden. Auch die NSDAP nutzte eins: kreisrund, deutlich größer als das Bonbon und mit Hakenkreuz. Bei allen Unterschieden hatten beide eines gemein: den Hersteller. Seit 1871, dem Jahr der Reichsgründung, produzierte eine Fabrik im Vogtland für den Kaiser, die Weimarer Republik, das Dritte Reich und schließlich für die DDR Orden, Ehrenzeichen, Medaillen und Abzeichen aller Art en masse – in 400 verschiedenen Blechvarianten. Zu DDR-Zeiten hieß der nunmehr volkseigene Betrieb VEB Prägewerk Markneukirchen (Präwema). Die NSDAP hatte in großen Mengen bestellt, aber auch die DDR verteilte gerne Blech. Größter Kunde war die Nationale Volksarmee, die auch den speziellsten, hochgeheimen Auftrag erteilte: die Prägung des sogenannten Blücherordens – für den Kriegsfall. In Anlehnung an Schinkels Eisernes Kreuz, das die Bundeswehr bis heute verwendet, hatte auch dieser Orden eine Kreuzform. „Für Tapferkeit" stand auf der Rückseite.

Aus insgesamt mehr als fünf Tonnen Metall stanzten die Präwema-Mitarbeiter im Drei-Schicht-System jedes Jahr jeweils Hunderttausende Abzeichen Marke „Kollektiv der sozialistischen Arbeit" oder „Aktivist der sozialistischen Arbeit". Das SED-Parteiabzeichen muss zwischen 1949 und 1989 viele Millionen Male hergestellt worden sein.

Heute liefert die Präwema GmbH Pins, Orden, Abzeichen, Anstecker sowie alle möglichen Klemmteile für die Textil- und Lederwarenindustrie, auch die Bundeswehr ordert. 2002 ließ die Sächsische Landesregierung den „Sächsischen Fluthelferorden" prägen.

Aus der politischen Realität verabschiedete sich der Händedruck 1989 mit der Gründung der Sozialdemokratischen Partei in der DDR, der SDP: Mitbegründer Markus Meckel sagte dazu, man habe „gewissermaßen die Hand aus dem Händedruck des SED-Parteiabzeichens" gezogen. Mitgliedern der gewesenen Staatspartei und ihren Nachfolgeorganisationen PDS und Linke wurde der Übertritt in die gesamtdeutsche SPD verwehrt. Die Spaltung der Linken besteht fort. SED-Parteiabzeichen gibt es auf Ebay („original, gut erhalten, 12mm breit, 16mm hoch, Länge mit Nadel 43 mm") für drei Euro.

DER MARMOR
VON DER MOHRENSTRASSE
Stammen die roten Platten wirklich
aus Hitlers Neuer Reichskanzlei?

Der Stein trägt keine Schuld. Er kann nichts dafür, dass Adolf Hitler Gefallen am Saalburger Marmor fand und diesen in großen Mengen in seinem gewaltig erweiterten Amts- und Wohnsitz, der Neuen Reichskanzlei an der Voßstraße, verbauen ließ. Über 421 Straßenmeter erstreckte sich das ab 1938 errichtete Symbol der nationalsozialistischen Regierungsmacht. Es entstand nach Plänen von Albert Speer als Ergänzung der Alten Reichskanzlei und des von 1928 bis 1930 errichteten Erweiterungsbaus in der Wilhelmstraße. Hitler prophezeite, „als Wort aus Stein" werde die Reichskanzlei „viele Jahrhunderte überdauern".

Architektur und Ausstattung dienten der Darstellung von Macht und Herrlichkeit von Führer und Reich. Die „Diplomaten-Route" wurde als prachtvolle 300 Meter lange Raumflucht errichtet: vom monumentalen „Ehrenhof" über eine Vorhalle in den „Mosaiksaal", den „Runden Saal", die „Marmorgalerie", endend im „Empfangssaal" oder im „Arbeitszimmer des Führers". Zahlreiche Künstler arbeiteten daran; die Technik war erstklassig.

Für die Ausstattung des Speisesaals beispielsweise wählte der Führer für zwölf wuchtige, sechs Meter hohe Marmorsäulen und 20 Wandelemente höchstpersönlich die Farbe Buntrosa-ruhig. In anderen repräsentativen Räumen wie dem auf 400 Quadratmeter ausgelegten Arbeitszimmer kam die Varietät Königsrot zum Einsatz. Diesen Farbton wählten auch die Hohenzollern für ihren Berliner Dom, bestellte kurz vor dem Ersten Weltkrieg der Kaiser von China für den Palast in Peking, verbauten die Bürger Magdeburgs in ihrem Rathaus.

Der Stein kann nichts dafür, dass Adolf Hitler inmitten von Saalburger Marmor, in der „Führerwohnung", vermutlich im Speisesaal, am 12. Dezember 1941 einer Versammlung von 60 NSDAP-Reichs- und Gauleitern seine Grundsatzentscheidung mitteilte, die europäischen Juden zu vernichten.

Dennoch erzeugt die Vorstellung, vor „Hitler-Marmor" zu stehen, beim Publikum zuverlässig Gänsehaut. Über Jahre hinweg buchten bis zu 100 Touristengruppen pro Tag, viele englischsprachig, die Nazi-Gruseltour: Sie beginnt meist dort, wo unterirdisch die Reste des Führerbunkers verborgen sind, führt zur einstigen Gestapo-Zentrale, zu den erhaltenen Goebbels- und Göring-Ministerien und zu Hitlers verschwundener Neuer Reichskanzlei an der Voßstraße, Ecke Wilhelmstraße.

Tourenführer wählten gern als Schlusspointe den U-Bahnhof Mohrenstraße. Die in unmittelbarer Nachbarschaft der einstigen Neuen Reichskanzlei befindliche Station ist nämlich komplett mit rotem Marmor ausgekleidet: Wände, Pfeiler, Sitzbänke. Da werden doch wohl Steine aus dem kriegszerstörten NS-Bau verwendet worden sein. Naheliegend eben. Die Leute durften sich vorstellen, sie stünden vor den Platten des Fußbodens, über den der Führer vorbei an seinem Globus zum Schreibtisch schritt.

Tatsächlich hatte sich die DDR-Führung 1950 daran gemacht, den U-Bahnhof Thälmannplatz, bis zum Kriegsende Kaiserhof geheißen, neu zu gestalten. Nun ehrte die sozialistische Macht den ehemaligen Vorsitzenden der Kommunistischen Partei und wollte in der gerade enttrümmerten Ödnis ein Regierungsviertel für die DDR errichten. Man wünschte für den Bahnhof Marmor. Farbe Königsrot.

Zweifel an der Story vom Hitler-Marmor hatten immer bestanden. Schließlich fand sich 2016 im Archiv der Berliner Verkehrsbetriebe ein Dokument, das die wahre Geschichte erzählt. Die führt unter anderem nach Stalingrad und hat es auch in sich.

Der Reihe nach: Am 12. Mai 1950 berichtete die *Berliner Zeitung*, der „demokratische Magistrat von Groß-Berlin" habe Pläne gebilligt, nach denen „der U-Bahnhof Thälmannplatz entsprechend seiner Bedeutung eine besondere Note bekommen" werde: ohne Reklameflächen in schlichter, gediegener Form unter Verwendung von rotem thüringischem Marmor. Der Termin zur Fertigstellung war ein Kampfauftrag: Mitte August 1950, zum sechsten Jahrestag der Ermordung Ernst Thälmanns im KZ Buchenwald.

Eine ganz eigene Geschichte zum Geschehen hatte das im Westen erscheinende Nachrichtenmagazin *Der Spiegel* am 26. Februar 1949 in die Welt gesetzt: Sie handelte von der Demontage der Marmorplatten in den Trümmern der Neuen Reichskanzlei. Der Autor wollte erfahren haben, der Abbau tue „dem Nationalgefühl einiger unentwegter Großdeutscher Abbruch", und schrieb: „Die im russischen Auftrag arbeitende Berliner Abbruchfirma erhält täglich Drohbriefe und Telefonanrufe, in denen sie davor gewarnt wird, an dem Kanzleigebäude auch nur einen Stein anzurühren." Ein anonymer Briefschreiber drohte demnach den Trümmerspezialisten Rache an, „wenn es einmal wieder anders herum geht".

Am 10. August 1950 wusste das Magazin über den U-Bahnhof Thälmannplatz zu berichten, man baue ihn nach Moskauer Metro-Muster: „Er wird mit dem auch in der russischen Metropole obligaten Marmor verkleidet. Das kostbare Material stammt aus den Beständen der Neuen Reichskanzlei in der Voßstraße. Als der nur wenig zerstörte Bau aus Prestigegründen der Spitzhacke anheimfiel, war die Nachfrage nach Hitler-Marmor stark. Ein Teil der Platten fand beim Treptower Ehrenmal der Roten Armee Verwendung, ein anderer im Theatersaal des Sowjetkulturhauses." Auf Quellenangaben verzichtete der *Spiegel*. Anderseits steht damit außer Zweifel, wo die Quelle für die Legende vom Führer-Marmor liegt.

Der Jubelbericht der *Berliner Zeitung* zur Eröffnung der Station nach nur 108 Tagen Bauzeit am 18. August pries die dunkelrot glänzenden Wände und fand: „Der zweckmäßig und künstlerisch ausgestaltete U-Bahnhof ist der schönste der deutschen Hauptstadt." Beachtenswert ist, was Wilhelm Knapp, leitender Direktor der BVG, in der Feierstunde neben Salbungsvollem preisgab: Bis zur letzten Minute seien die Arbeiter am Werk gewesen und die letzten Marmorplatten erst in der vergangenen Nacht aus Thüringen eingetroffen.

Ein Hinweis. Doch den eindeutigen Beweis, dass auch diese *Spiegel*-Story reine Erfindung war, lieferte der Hobbyhistoriker Axel Mauruszat in den *Verkehrsge-*

schichtlichen Blättern. Dort erschien in der ersten Ausgabe 2016 die „Direktionsakte U-Bahnhof-Thälmannplatz", aufgefunden im Archiv der BVG. Sie enthält folgenden Aktenvermerk vom 14. Juli 1950: „Nachdem der Kollege Schmidt von der Hauptabteilung Bau beim VEB Marmorwerk Saalburg an Ort und Stelle festgestellt hatte, dass dort lediglich Marmor für das Planetarium in Stalingrad eingeschnitten wird, bestand die große Gefahr, dass der U-Bhf. Thälmannplatz nicht termingemäß fertiggestellt würde. Unter Einschaltung des Herrn Stadtrat Hintze (Werner Hintze, zuständig für Verkehr, d. Red.) haben wir heute mit dem Industrieministerium verhandelt, und Minister Selbmann hat soeben veranlasst, dass ein entsprechendes Telegramm nach Saalburg geschickt wird mit der Aufforderung, sofort den Einschnitt des Marmors für Stalingrad zu unterbrechen zu Gunsten einer 14-tägigen Einschaltung des Einschnittes für die BVG."

In einem weiteren Dokument vom 9. August 1950 wird die Qualität des Marmors bemängelt. Einige Platten waren unbrauchbar, neue mussten beschafft werden. Resümee: „So kommt es, dass 3 Endfelder der Bahnhofswände erst einen Tag vor der Eröffnung ausgeliefert werden können." Ein Drama: BVG gegen Stalingrader Planetarium – dieser Konflikt war in jener Zeit gewiss nicht ohne die Hilfe höchster Stellen auszutragen.

Nicht alles war fertig am 18. August, eine Sitzbank erbaute man eilig ersatzweise in buntrosa Marmor, weil nicht genug königsroter da war. Ein paar Säulen mussten mangels Stein mit Sperrholz verschalt und mit Tannenzweigen begrünt werden. Doch liefen die Feierlichkeiten wunschgemäß; Grußtelegramme gingen an die Metro-Arbeitsbrigaden in Moskau, Warschau und Paris: „Wir haben heute einen von den faschistischen Machthabern zerstörten U-Bahnhof dem Verkehr übergeben. Im Dienste des Friedens, zum Wohle der Völker."

Diese Tatsachen sollten ausreichen, um den Teufel aus den roten Platten des U-Bahnhofs auszutreiben, doch das Faszinosum lebt, wie auch die Legenden wieder und wieder kolportiert werden, in sowjetischen Ehrenmalen sei Hitler-Marmor verbaut worden. Dabei hat der Kunsthistoriker Hans-Ernst Mittig schon 2004 festgestellt, dass weder am Tiergarten-Denkmal noch an dem in der Schönholzer Heide solcher Marmor zu finden sei. Einzig in Treptow gebe es eine Laibung aus fleckigen rötlichen Platten, die der Reichskanzlei entnommen sein könnten.

Am Standort der Neuen wie der Alten Reichskanzlei erinnert heute nicht mehr als eine Tafel an die historische Situation. Seit 2011 ehrt eine 17 Meter hohe filigrane Stahlskulptur als Denkzeichen im einstigen NS-Machtzentrum den Hitler-Attentäter Georg Elser, den Mann, der 1939 Hitler beinahe getötet hätte. Dazu eine Tafel zur Kongo-Konferenz. Das war's. Mit dem Wissen um den NS-Bau Neue Reichskanzlei ist auch jenes um den Amtssitz Bismarcks, des ersten deutschen Reichskanzlers, und seiner Nachfolger verschwunden. Auch die Präsidenten der Weimarer Republik hatten dort Amtssitz und Dienstwohnung. Als ließe sich dort nichts weiter lernen.

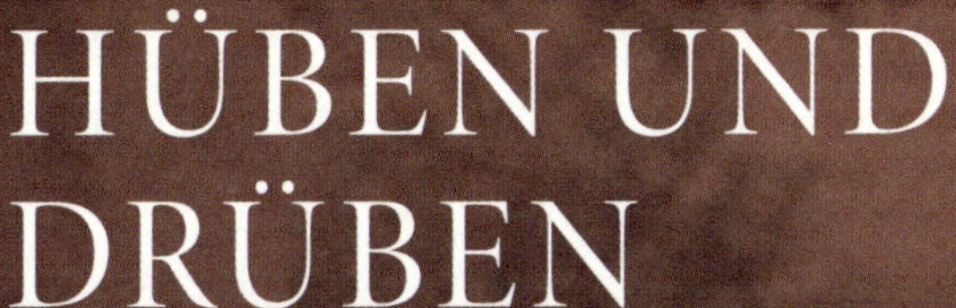

HÜBEN UND DRÜBEN

Ungläubig schauten Menschen am 13. August 1961 zu, wie NVA-Soldaten und Kampfgruppler quer durch die Stadt Stacheldraht ausrollten und Hohlblocksteine zu Mauern schichteten. Die einen sprachen vom antifaschistischen Schutzwall, hinter dem der sozialistische Aufbau voranschreiten werde; die anderen vom Eisernen Vorhang, hinter dem die DDR-Bürger gefangen saßen. Berlin wurde Frontstadt, an der Mauer starben Menschen. Der Kalte Krieg fror den Ost-West-Konflikt ein, damit er nicht zum heißen umschlug – einem zwischen Atommächten. Über Jahrzehnte gelang es, Stück für Stück die von der Weltpolitik bestimmten Konflikte aufzuweichen – bis die Zeit reif war und 1989 die Mauer fiel. In den Jahrzehnten davor hatten sich Ost und West in der Teilung eingerichtet, im Privaten wie im Politischen – hüben die sozialistische Hauptstadt der DDR, drüben das Schaufenster des Westens. Im Rückblick fallen Parallelen auf: die Bauten der Moderne, die Trassen der autogerechten Stadt. Da blieb zusammen, was zusammenpasste.

DIE MAUSER VON DER MAUER

Ein Fluchthelfer, ein Toter, eine Tragödie

„Schluss mit dem Zank und Gezauder. / Still da, ihr Redner! / Du hast das Wort, / rede, Genosse Mauser!“ Schießen statt schwatzen sollten die Matrosen, vor denen der sowjetische Dichter Wladimir Majakowski in Petrograd in Russland im siebzehner Jahr sein Gedicht *Linker Marsch* deklamierte. Es sollte zu einem seiner berühmtesten werden. Die Mission des „Genossen Mauser“ lautete: Tod den Feinden der Revolution.

Die Mauser, ein Spitzen- und zugleich Massenprodukt aus traditionsreicher deutscher Waffenschmiede, war beliebt unter den Rotarmisten, aber die Pistole ging aus der Fabrik in Oberndorf am Neckar auch in großen Stückzahlen an die Armeen der Türkei, Mexikos und Chinas. Ab 1920 lieferte die Firma gemäß der Waffenrichtlinien für Deutschland, den Verlierer des Ersten Weltkriegs, ein Modell mit gekürztem Lauf.

Eine solche Mauser-Pistole mit Holzgriff aus dem Jahr 1920, Kaliber Browning 7,65 Millimeter, in der Hosentaschengröße von 16 Zentimetern Länge, 11,5 Zentimetern Höhe, drei Zentimeter Dicke, hielt der West-Berliner Student Christian Zobel in der Nacht vom 4. zum 5. Oktober 1964 in der Faust. Zusammen mit drei Freunden war er durch einen von ihnen selbst in halbjähriger Arbeit gegrabenen Tunnel – 145 Meter lang, elf Meter unter der Erde, von einer stillgelegten Bäckerei in der Bernauer Straße bis zu einem ebenso stillgelegten Toilettenhäuschen im Hof der Strelitzer Straße 55 verlaufend – unter der Mauer hindurch in den Ostteil gekrochen. Die Männer, unter ihnen auch der spätere Astronaut Reinhard Furrer und Wolfgang Fuchs als Kopf der Gruppe, wollten, wie schon viele Male zuvor, DDR-Bürgern in den Westen verhelfen. 57 Männer, Frauen und Kinder nahmen insgesamt diesen Weg, später sollte die Röhre als „Tunnel 57" eine Sehenswürdigkeit werden.

Doch jene Nacht endete in einem Unglück. Gegen 0.15 Uhr peitschten Schüsse durch das Grenzgebiet. Egon Schultz, 21, Unteroffizier der DDR-Grenztruppen, blieb in einer Blutlache zurück. Die Pressestelle des DDR-Verteidigungsministeriums verbreitete am nächsten Morgen die Meldung, Schultz sei „von Westberliner Agenten durch gezielte Schüsse meuchlings ermordet" worden. Der im Tonfall des Kalten Krieges verfasste Text teilte mit:

„Die Mörder drangen durch einen von Westberlin aus vorgetriebenen Agententunnel, der mit Billigung und aktiver Unterstützung der Westberliner Polizei angelegt wurde (…) ein, um im Auftrag Westberliner Spionageorganisationen Personen illegal, unter Verletzung der Staatsgrenze, zu schleusen." Bei der Aufdeckung des Tunnels durch die Grenzsicherungskräfte wurden demnach „von den bewaffneten Banditen mehrere gezielte Schüsse abgegeben, die zum unmittelbaren Tod des Unteroffiziers Schultz führten".

Wenige Monate zuvor, am 17. Dezember 1963, hatten die DDR-Regierung und der West-Berliner Senat unter Willy Brandt (SPD) das erste Passierscheinabkommen nach dem Mauerbau am 13. August 1961 unterzeichnet. Es erlaubte West-Berlinern den Besuch von Verwandten im Osten. Die offizielle Meldung über den Tod von Egon Schultz erwähnt das Abkommen ausdrücklich mit dem Hinweis, dieser Fall beweise, „dass in Westberlin Agenten- und Terrororganisationen nach wie vor ungestraft ihre verbrecherische Tätigkeit bis zum Mord betreiben können".

Die Fluchthelfer entkamen. Im Dezember 1964 schickten sie in der Nähe des Grenzübergangs Checkpoint Charlie an der Friedrichstraße mithilfe treibender Ballons einen offenen Brief an die Mutter des getöteten Ost-Grenzers. Sie legten ihre Sicht dar: „Der ursächliche Mörder ist der Staatssicherheitsdienst", der „eigentliche Mörder" sei das System, welches der „Massenflucht seiner Bürger nicht durch die Beseitigung der Ursachen begegnet, sondern durch die Mauer und einen Schießbefehl von Deutschen auf Deutsche". Sie wussten, dass Christian Zobel mit seiner Mauser zuerst geschossen hatte, konnten sich also nicht vollständig unschuldig fühlen.

Nach der Wende wurde der tatsächliche Ablauf rekonstruiert: Bis Mitternacht hatten 29 DDR-Bürger durch den Tunnel kriechend West-Berlin erreicht. Da tauchten im Hof noch zwei Männer auf, die sich nicht sofort zum Tunneleingang führen lassen wollten, sondern vorgaben, einen dritten Mann holen zu wollen. Die Unbekannten, zwei Stasi-Mitarbeiter, kehrten mit vier Grenzsoldaten zurück. Aus einem NVA-Bericht geht hervor, dass Egon Schultz als Erster den Hof betrat. Schüsse aus einer Pistole fielen, einer davon traf ihn. Ein NVA-Kamerad feuerte neun Schüsse aus seiner Kalaschnikow ab. Egon Schultz starb auf dem Weg ins Volkspolizei-Krankenhaus. Der Gerichtsmediziner Otto Prokop stellte einen Pistoleneinschuss im linken Oberarm fest, dazu fünf Ein- und zwei Streifschüsse durch eine Maschinenpistole. Als unmittelbare Todesursache gab er an: „Verbluten in das Körperinnere".

Die Öffentlichkeit erfuhr davon nichts. Die Trauerrede für den Getöteten hielt Erich Honecker als Mitglied des Politbüros in der Berliner Friedrich-Engels-Kaserne. Bei der Überführung des Sarges in Schultz' Heimatstadt Rostock standen Zehntausende Spalier. Straßen und Schulen wurden nach dem Märtyrer Egon Schultz benannt, auch die Strelitzer Straße trug von 1966 bis 1991 seinen Namen.

Der Mauser-Schütze Zobel gab zu, aus Notwehr geschossen zu haben. Verurteilt wurde er wegen unerlaubten Waffenbesitzes zu einer Geldstrafe. Den Auslieferungsersuchen der DDR wurde nicht stattgegeben.

Egon Schultz gehört zu den tragischsten Opfern der Berliner Mauer. Mindestens 140 Menschen verloren an der Grenzlinie, an der die beiden mit Atomwaffen ausgestatteten Militärblöcke des Kalten Krieges einander direkt gegenüberstanden, ihr Leben. Hundert Menschen starben bei Fluchtversuchen; sie wurden an der Mauer erschossen, verunglückten oder nahmen sich das Leben. 30 Menschen aus Ost und West starben ohne Fluchtabsicht, sie verunglückten, wurden durch tragische Umstände erschossen. Acht DDR-Grenzsoldaten verloren ihr Leben im Dienst durch Fahnenflüchtige, Kameraden, einen Flüchtling, einen Fluchthelfer und einen West-Berliner Polizisten.

Die Mauer umfasste ganz West-Berlin auf 155 Kilometern Länge, davon entfielen 43 Kilometer auf die innerstädtische Mauer und 112 Kilometer auf den Außenring. Insgesamt gab es zuletzt 302 Wachtürme. Die erste Mauer bestand aus einfachen Hohlblocksteinen aus Gasbeton. Im Laufe der 1960er-Jahre ließ die DDR-Führung einen für die NVA-Soldaten gut einsehbaren Grenzstreifen anlegen. Zu diesem Zweck wurden Häuser und Kirchen abgerissen.

Eine weitere Verstärkung geschah in den 1970er-Jahren, als Beton-Stützwandelemente – 3,2 Meter hoch und 1,2 Meter breit – aufgestellt wurden. Zudem wurde der scharf bewachte Grenzstreifen durch eine „Hinterlandmauer" vom DDR-Gebiet abgetrennt. Ergänzt durch Selbstschussanlagen und Minen wurde die Grenze nahezu unüberwindbar. Als Bauwerk war die Berliner Mauer nun sogar aus dem All erkennbar.

Der massive Ausbau der Grenzanlagen rund um West-Berlin machte die DDR-Interpretation als antifaschistischer Schutzwall, der die Massenflucht von Fachkräften von Ost nach West bremsen und der DDR den Aufbau ermöglichen sollte, zunehmend unglaubwürdig. Anfangs hatte der Teil der DDR-Bevölkerung, der unter dem Aderlass litt und in einem sozialistischen Deutschland eine Zukunft sah, die Absperrung begrüßt. Viele andere sahen sie von Anfang an als schweren Schlag. Familien wurden über Jahrzehnte auseinandergerissen, die deutsche Teilung wurde förmlich betoniert. Mit den Jahren empfanden immer mehr DDR-Bürger die Mauer als Symbol für Freiheitsbeschränkung.

Daran änderten auch deutsch-deutsche Abkommen, die sukzessive mehr Besuche von Verwandten möglich machten, nichts. Im Gegenteil: Rückkehrende DDR-Bürger berichteten von den im Westen beobachteten Vorzügen. Allein im ersten Halbjahr 1989 hatten etwa drei Millionen DDR-Bürger Westdeutschland und West-Berlin besucht. Der Wunsch nach Reisefreiheit sollte 1989 zu einem der stärksten Motive für die friedliche Revolution in der DDR werden.

In den Wochen nach der Öffnung der Grenzübergänge am Abend des 9. November 1989 machten sich Mauerspechte mit Hämmern über die Betonwände her, bis nur noch Armierungseisen übrig waren. Einige Mauersegmente stehen heute im Lapidarium der Gedenkstätte Berliner Mauer an der Bernauer Straße, andere wurden in die halbe Welt verkauft oder verschenkt. Die meisten Ost-Berliner wollten sie nicht mehr sehen. Es dauerte, bis das parallel zu Spree und Mühlenstraße zwischen Ostbahnhof und Oberbaumbrücke verlaufende Teilstück als historisches Denkmal akzeptiert wurde. Immer wieder wurden wegen Bauarbeiten Lücken hineingebrochen. Im Frühjahr 1990 hatten 118 Künstler aus 21 Ländern die Ost-Berlin zugewandte Seite auf 1316 Metern bemalt. Die East Side Gallery gehört inzwischen zum Pflichtprogramm von Berlin-Touristen, auch wenn die Mauerstrecke nicht mehr vollständig erhalten ist und anstelle der Originale von 1990 Repliken zu sehen sind, die 2009 erzeugt wurden.

Die Stiftung Berliner Mauer verwahrt eine Sammlung von etwa 11 000 Objekten, die Mauergeschichte erzählen. Dazu gehört die Mauser von Christian Zobel. Bis heute ist die Mauer *das* Symbol des Kalten Krieges – und der weltweit bekannteste Teil der Berliner Geschichte.

STALINS OHR UND BART

Vom Heroendenkmal in die Hosentasche. Geschichte einer Rettung

„Warum hast du so große Ohren?“, fragte ein Demonstrant am 4. November 1989 auf seinem Plakat, das er für die große Demonstration auf dem Alexanderplatz gefertigt hatte. Es zeigte SED-Generalsekretär Egon Krenz als Wolf, der die Großmutter gefressen hat und dann unschuldig aus Omas Nachthaube lächelt. „Keine Naivität!“, warnte das Plakat: Wir kennen die großen Ohren von Horch&-Guck.

Skurrilerweise hat ausgerechnet das rechte Ohr (und die rechte Schnurrbarthälfte) des Großmeisters von Bespitzelung und Gesinnungsterror die nach ihm selbst benannte Stalin-Ära überlebt. Arbeiter, die den größten Stalin, den es in Berlin je gab, in der Nacht vom 13. zum 14. November 1961 kurz und klein schlagen sollten, klauten die ikonografischen Teile. Die Geschichte des Stalindenkmals in der Stalinallee führt schnurstracks in die irren Zustände jener Zeit.

„Dein Name ist im Weltraum eingetragen. / Wie der Gestirne Schein und Widerschein. / Du zogst im Volk für alle Zeiten ein. / Du bist im Volk. Du wirst unsterblich sein.“ So schmeichelte der Dichter und DDR-Kulturminister Johannes R. Becher, ein eigentlich intelligenter Herr, 1953 dem soeben im Alter von 75 Jahren verstorbenen Josef Wissarionowitsch Stalin. Diese Reime stehen am Höhepunkt eines Stalinkultes, den die DDR-Führung seit 1949 in immer neuen Schüben betrieb. Es galt, den umerziehungsbedürftigen DDR-Deutschen Liebe zum Großen Bruder einzutrichtern.

Ab 1949 hieß die Große Frankfurter Straße Stalinallee. Um diesem Umbenennungsakt mehr Wucht zu verleihen, trieb Walter Ulbricht, seit Gründung der DDR am 7. Oktober 1949 Stellvertretender Vorsitzender des Ministerrates und kommender Machthaber, in Moskau den Kauf einer Stalin-Statue voran. Im Juli 1951 wurde sie erworben.

Eine 16 Meter hohe Skulptur hatte Ulbricht eigentlich vorgeschwebt; geliefert wurde von einer Leningrader Gießerei nur eine 4,80 Meter hohe Bronzefigur (Ohrmaß entsprechend 20 Zentimeter, was später noch wichtig sein wird). Und auch diese war nur ein Nachguss. Klone aus der Werkstatt des Bildhauers Nikolai Wassiljewitsch Tomski standen in Taschkent, Simferopol, Rostow am Don und Ulan Bator. Um diese Peinlichkeit zu vertuschen, verschwieg man den Schöpfer. Immerhin erlaubte das Schrumpfmaß einen Transport per Flugzeug. So kam der Generalissimus im August 1951 rechtzeitig vor der Eröffnung der 3. Weltfestspiele der Jugend und Studenten in Berlin an. Die DDR-Regierung bezahlte.

Die Allgegenwart des „besten Freundes des deutschen Volkes“ zu organisieren, gehörte zum Umerziehungsprogramm. Nach den beispiellosen Verheerungen, die Deutsche in der Sowjetunion angerichtet hatten, mit etwa 24 Millionen Todesopfern, gab es für die zwangsbefreiten Deutschen nach dem 8. Mai 1945 durchaus Gründe, ihre Erretter zu fürchten. Vor ihrer Rache hatte man bei Kriegsende gezittert, doch sie war, an den deutschen Verbrechen gemessen, milde ausgefallen, und rasch schoben sich Klagen der unversehens von Tätern in Opfer Verwandelten in den Vordergrund: über Flucht und Vertreibung, Vergewaltigungen durch Rotarmisten, Verhaftungen durch die sowjetische Geheimpolizei. Victor Klemperer berichtet in seinem Tagebuch über „Angst u. Antipathie den Communisten u. Russen gegenüber“.

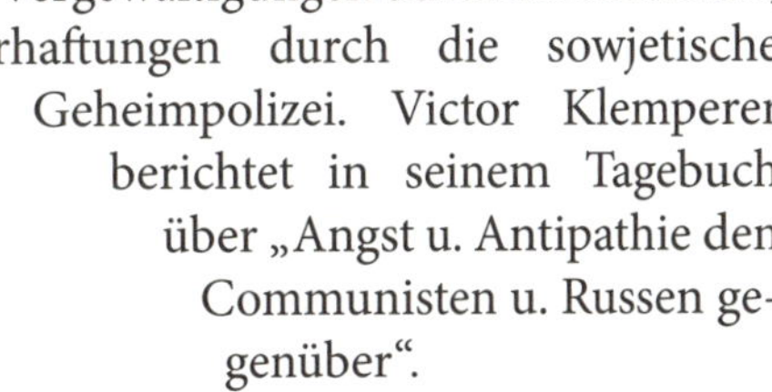

Die Suche nach einem geeigneten Platz geriet zum Politikum höchster Ordnung. Eigentlich wünschte man den repräsentativen Standort Strausberger Platz, doch dort waren noch nicht einmal die Planungen für die Gestaltung abgeschlossen, viel weniger die Umsetzung des grandiosen, von Architekt Henselmann als Auftakt der sozialistischen Magistrale gedachten Komplexes. Zwischen die Baugruben konnte man den Führer der Menschheit nicht platzieren. So beschloss das Zentralkomitee der SED am 17. Juli, den Bronze-Stalin „provisorisch in der Stalinallee gegenüber der neugebauten Sporthalle" aufzustellen und später an den repräsentativeren Standort Strausberger Platz zu rücken.

Die Einweihung des Stalindenkmals am 13. August 1951 fand merkwürdigerweise im engeren Kreise der Staats- und Parteiführung statt. Die Ost-Berliner Presse druckte kein Foto, die Texte benutzten die Schwiemelformulierung „in Anwesenheit Tausender Berliner". Nicht einmal der Friedrichshainer Bezirksbürgermeister Gustav Adolf Werner war eingeladen. Ärgerlich beschwerte der sich bei Oberbürgermeister Friedrich Ebert und erhielt die lapidare Antwort: „Die Enthüllung fand ganz formlos in einem kleinen, beinahe zufälligen Kreis statt." Der bestand aus dem Präsidenten Wilhelm Pieck, dem Ministerpräsidenten Otto Grotewohl, dessen Stellvertreter Walter Ulbricht, als Generalsekretär des Zentralkomitees der SED mächtiger als die beiden anderen, und vielleicht zwei Dutzend weiterer Herren. Die große Kundgebung wollte man sich für den endgültigen, nobleren Platz vorbehalten. Noch im Februar 1952 stritten Magistrat und Bauministerium, wer für den Aufbau des Sockels und die Aufstellung des bronzenen Generalissimus die Verantwortung tragen solle.

Doch als der Strausberger Platz vorzeigbar hergerichtet war, hatten sich die Zeiten geändert, Stalin war gestorben, Chruschtschow hatte seine berühmte Geheimrede gehalten. Rummel um Stalin? Gänzlich unpassend. Die Arbeiterproteste gegen die Normerhöhungen, die gerade von den Baustellen der Stalinallee ausgegangen waren, überstand der Bronze-Stalin ohne große Blessuren. Zwar zogen Demonstrierende vorbei, Augenzeugen berichteten auch von Steinwürfen. Doch zum Denkmalsturz kam es nicht. Nach Stalins Tod am 5. März 1953 waren noch Zehntausende erschütterte Menschen zum Denkmal geströmt.

Da stand er nun, der Marschall der Sowjetunion, stolz auf einem konisch zulaufenden, etwa drei Meter hohen Sockel aus Marmor, Beton oder Sandstein wie auf einem Feldherrenhügel, die rechte Hand hinter die Knopfleiste seiner Jacke geschoben – ganz Bonaparte –, geschmückt einzig mit dem Orden Held der sozialistischen Arbeit. In der Linken hielt er eine Schriftrolle, Attribut des Planers der Großbauten des Kommunismus und des Verfassungsgebers.

Er blickte auf die 1951 von Architekt Richard Paulick für die Weltfestspiele er-richtete Deutsche Sporthalle für 5000 Leute, die mit ihren Sportwettbewerben und Musikveranstaltungen (sogar „Beatkonzerte") zu großer Popularität fand. Acht Jahre mussten nach Stalins Tod 1953 noch vergehen, bevor die SED-Führung schließlich zu einem Akt äußerer Entstalinisierung fand – auch der wieder verdruckst und ohne inhaltliche Auseinandersetzung: Mit dem Abbruch der Statue ließ sie zugleich die Stalinallee-Straßenschilder ab- und die der Karl-Marx-Allee anschrauben. Die Anwohner hatte man nicht informiert. Kurz zuvor hatte der XXII. Parteitag der KPdSU im Oktober 1961 das offizielle Ende des Stalinkults verkündet. Die Mauer stand seit drei Monaten.

Der Berliner Baubrigadier Gerhard Wolf hatte seine eigene Geschichte mit Stalin, die er im Familienkreis gerne zum Besten gab. So etwas hat tatsächlich nicht jeder im Repertoire. Am 12. November 1961 kam er demnach gegen 22 Uhr aus dem Kino und wurde von einer Nachbarin mit der Nachricht empfangen, zwei Männer seien dagewesen, er solle umgehend zum Stalindenkmal eilen. Missmutig schwang er sich auf seinen Motorroller. Gegen 22.30 Uhr ließen Wachposten Wolf in den abgesperrten Bereich, weil er sagte, dass „dort meine Brigade arbeitet". Ein Kollege sagte: „Gerd, wir sollen Stalin umpusten, weeß bloß keener, wie." Der Chef besorgte eine Planierraupe samt Räumschild und nach drei, vier entschlossenen Stößen war der Generalissimus gestürzt.

Gegen Mitternacht packten sie den Zweieinhalb-Tonnen-Koloss auf einen Tieflader und fuhren in eine Halle der Deutschen Bau-Union. Dort lautete der Auftrag an die Brigade Wolf: bis zur Unkenntlichkeit zerkleinern, Mitnahme von Bruchstücken verboten, Klappe halten. Mit Pressluftmeißel zerlegten die Männer Stalin in handliche Stücke für die Metallschmelze.

Und nun kommt die Denkmalschrumpfung von 16 Meter auf 4,80 Meter wieder ins Spiel: Wäre das Ohr einen halben Meter groß gewesen, wäre es als Arbeitersouvenir nicht infrage gekommen, aber 20 Zentimeter? Als Brigadier Gerhard Wolf Ohr und Schnurrbart vom Kopf abgetrennt hatte, passten die Teile in die Blaumanntasche. Inzwischen war es früher Morgen, die Wachposten guckten müde, das Stalinzubehör gelangte im oft praktizierten Verfahren in private Arbeiterhand.

1998 starb Gerhard Wolf. Sein Schwiegersohn meldete sich bei Artur Schneider, Initiator der Ausstellung über die Stalinallee im Café Sybille und seinerzeit Besitzer des Restaurants in der Karl-Marx-Allee 72, und bot ihm zunächst ein Stück vom Barte Stalins an. Nach drei Monaten brachte der Mann nicht nur den Bart, sondern auch das Ohr.

Seither sah die Öffentlichkeit beide Stücke in der Stalinismus-Ausstellung 2018 in der Gedenkstätte in Hohenschönhausen wie auch 2019 in der Ausstellung *Ost-Berlin. Die halbe Hauptstadt* im Ephraim-Palais. Doch zu Hause sind beide Stücke im Café Sybille, in Sichtweite des authentischen Ortes, wo die Skulptur gestanden hatte. Eine Attraktion – obwohl die Geschichte eine weitere Volte geschlagen hat: Kurz nach der Ausstellungseröffnung waren Ohr und Bart verschwunden – ein junger Mann war mit Rucksack durch die Räume gegangen und rasch verschwunden. Es gelang, exakte Repliken herzustellen. Die Originale existieren womöglich noch. Die große Masse der Stalinbronze floss angeblich in die niedlichen Tierkinderplastiken im Tierpark.

DIE GOLDENE HAUSNUMMER

Erfolg und Ende des
Ost-Berliner Mach-mit-Wettbewerbs
zur Stadtverschönerung

„Schöner unser Berlin – Berliner macht mit!“ Guter Aufruf, fanden viele DDR-Hauptstädter, als er am 9. April 1986 in der *Berliner Zeitung* veröffentlicht wurde. Schließlich ging es um ihre eigenen Angelegenheiten, nicht um irgendwelche sozialistischen Propagandaaktionen. Mitmachen sollten sie direkt vor ihrer Wohnungs- und Haustüre – bei der Renovierung von Fluren und Treppenhäusern, der Pflege des Vorgartens und des Innenhofes. In jedem Fall freiwillig, ohne Zwang durch Partei und Regierung. Natürlich konnte jeder auch ohne irgendwelche Aufrufe zu Harke, Besen und Pinsel greifen, ganz individuell.

Aber erstens machte Flure zu malern und Blumenrabatten zu pflegen gemeinsam mehr Spaß, auch weil man hinterher in der Nachbarschaft etwas zu feiern hatte. Zweitens wirkte ein von den Organisatoren eingebautes Wettbewerbselement durchaus mobilisierend: Den Hausgemeinschaften, die die schönsten Ergebnisse erzielten, die den hübschesten Vorgarten, den gemütlichsten Hof, den gepflegtesten Treppenaufgang hinbekamen, verlieh der Magistrat die „Goldene Hausnummer“. Im Mai 1987 erhielt die sozialistische Hausgemeinschaft Fischerinsel 2, eines der Hochhäuser mit vielen Dutzend Mietparteien, das durchaus begehrte Schild, schraubte es am Hauseingang neben die normale Hausnummer und war stolz darauf. Sicherlich war die Verleihung ein willkommener Anlass für eine der vielen rauschenden Nachbarschaftsfeiern.

Damit die Idee, sich um den eigenen Vorgarten zu kümmern, auch wirklich die Massen ergriff, organisierten und mobilisierten neben der Ost-Berliner Stadtregierung auch die Nationale Front (eine Sammlungsbewegung der Parteien und Massenbewegungen) und die *Berliner Zeitung*. Deshalb trägt die zur Goldenen Hausnummer verliehene Urkunde auch die Unterschrift von Chefredakteur Dieter Kerschek.

Ost-Berliner hatten unbezahlte Arbeitseinsätze schon bald nach Kriegsende kennengelernt. Immer wieder hatte man – nicht ganz freiwillig – an sowjetisch inspirierten Subbotniks (von russisch subbota, Sonnabend) teilzunehmen: Aktionen für den Wiederaufbau der Stadt. Später erwiesen sie sich immer häufiger als Symbolaktionen. Oft standen die Leute herum, wussten nicht, was sie tun sollten, oder es gab schlicht kein Werkzeug oder Material. Spätestens Mitte der 1980er-Jahre ließ man es bleiben, die Leute auf diese Weise ohne Sinn zusammenzutreiben.

Ähnlich war es dem Nationalen Aufbauwerk (NAW) ergangen, 1951 als Masseninitiative von der Nationalen Front ins Leben gerufen. Die riesige Hauptaufgabe bestand im Enttrümmern, im Freimachen von Flächen für den Bau neuer Häuser und in der Gewinnung von Baumaterial aus den Trümmern. So begann auch das bekanntestes Großprojekt: der Bau der Stalinallee, heute Karl-Marx-Allee. Das NAW behielt seine Kraft lange Zeit, die Leute sahen die Notwendigkeit und den Mangel an Alternativen. So gelang es auch in den 1960er-Jahren, das Massenenttrümmern in die neue Mach-mit-Bewegung zu überführen. Eine der volksnahen Aktionen kannten die Ost-Berliner unter dem freundlichen Motto

„Wir machen den Höfen den Hof". Aber mit dem Wettbewerb um die Goldene Hausnummer bekam das Ganze eine neue Dimension: Bis zum 7. Oktober 1989, dem 40. Jahrestag der DDR, verdienten sich 5187 Hausgemeinschaften die Plakette. Die Zahl der beteiligten lag um ein Vielfaches höher. Die Mobilisierungskraft war beträchtlich. Gemeinsame Arbeit am Gemeinwohl förderte auch die Lust an der Eigeninitiative.

Natürlich lief das Ganze nicht völlig ideologie- und propagandafrei, die Leistungen sollten letztlich auch höheren Zwecken dienen, was man schon an den beiden offiziellen Anlässen erkennt: dem 1987 großartig gefeierten 750. Gründungsjubiläums Berlins und dem 40. Jahrestag der DDR. Zum 87er-Fest putzte sich die Stadt mit allen Mitteln heraus. Die Welt sollte sehen, wie heiter, lebenslustig, traditionsbewusst und liebenswert die Hauptstadt des ersten sozialistischen Staats auf deutschem Boden war. Im großen Festumzug trugen Vertreter von zwanzig Berliner Hausgemeinschaften ihre Goldenen Hausnummer an der Tribüne der Staats- und Parteiführung vorbei. Über dem Fest schwebte bereits die Ahnung vom nahen Ende des Kalter-Krieg-Produkts DDR.

Mit der Goldenen Hausnummer verbinden viele Mitmacher und Mitmacherinnen bis heute schönste Erinnerungen. Wie die Hausgemeinschaft der Fischerinsel 2 ihr Umfeld preiswürdig herrichtete, ist heute nicht mehr zu erkennen. Vielleicht stammen die schönen Weiden am Spreeufer noch aus jener Zeit. Man sieht sie, wenn man aus der Haustür des grauen, 65 Meter hohen, 1972 erbauten Betonriesen mit seinen 21 Stockwerken tritt. Geht man ein paar Meter weiter, blickt man über das Wasser auf die Mühlendammschleuse und die Mühlendammbrücke. Der Entstehungsort Berlins. Doch nichts deutet auf diese besondere Lage hin, kein Tourist, kein Berlinbewohner kommt auf die Idee, dort Erholung und Besinnung zu suchen.

Zu den Herrschern der potenziell zauberhaften Lage gehören heute Brennnesseln; Unkraut sprießt zwischen den Gehwegplatten. Hier hat schon lange keiner mehr etwas für das Schöne getan. Doch das Büro der Sozialstation Mitte erinnert an die DDR-Tradition der Nachbarschaftshilfe: Hier wirkt die Volkssolidarität. Die Organisation wurde im Herbst 1945 gegründet, um die Folgen der Nachkriegsnot für die Schwächsten, die Alten, die Kranken, zu mildern und wuchs zur Massenorganisation. Ab den 1970ern galt das Motto Tätigsein – Geselligkeit – Fürsorge. In Veteranenclubs trafen sich die Senioren der Umgebung, Rentnerbrigaden erledigten kleine Reparaturen beim Nachbarn, organisierten Kinderbetreuung oder Unterstützung bei Krankheit. Kein Wunder, dass die Volkssolidarität, nun in Vereinen organisiert, vielerorts überlebte.

Die Bindung zwischen Bewohner, Haus und Umfeld wurde allerdings mit der Überführung der Häuser in neue Eigentumsformen nach der Wende gekappt. Für die Grünanlagen und Flure sollten nun Wohnungsbaugesellschaften und Grünflächenämter zuständig sein. Marxistisch gesprochen: Es fand die Entfremdung des

Menschen von der gemeinwohlorientierten Arbeit statt. Das Ergebnis gerät jedem tagtäglich unter die Augen. Die Unzufriedenheit mit der allgemeinen Verwahrlosung des Stadtraums ist groß.

An etlichen Berliner Häusern blieb die Goldene Hausnummer bis heute erhalten. Da fanden die Leute, es könne kein Makel gewesen sein, wenn der Berliner Bär – ohne Hammer, Zirkel und Ährenkranz – an die Liebe der Bürger zu ihrem Viertel erinnert. Das 2019 in der Ausstellung *Ost-Berlin – Halbe Hauptstadt* gezeigte Exemplar der Goldenen Hausnummer von der Fischerinsel 2 gelangte im Jahr 2009 in den Besitz des Stadtmuseums. Wer das Verständnis für den Wert des Objektes aufbrachte, es nach der Entfernung aufbewahrte und schließlich dem Museum übereignete, ist nicht in der Datenbank verzeichnet. Er oder sie wird womöglich in jenem Hochhaus auf der Fischerinsel gewohnt haben und erlebte den Abriss des Ahornblattes, eines architektonischen Meisterwerks der DDR-Moderne nur wenige Meter von der Adresse Fischerinsel 2 entfernt. Das elegante, denkmalgeschützte Gebäude hatte als gesellschaftliches Zentrum für das Wohngebiet Fischerinsel gedient. Im Jahr 2000 begann der Abriss. Die Investorenbauten, die ihm folgten, gelten als „Monster der Banalität".

Bleibt noch von den inneren Werten und der Biografie des Haustür-Objektes Goldene Hausnummer zu berichten. Bärchen, die Symbolfigur der beliebten Stadtglosse in der *Berliner Zeitung*, beantwortete am 16. Mai 1987 die wichtige Frage: „Wie Gold aufs Schild kommt." Handelte es sich um 333er, 585er oder gar 900er? Zuständig war die Produktionsgenossenschaft des Handwerks (PGH) Lackmetall in Weißensee, in der ansonsten Autos, Industrieteile, Taxi-Rufsäulen, Minol-Tanksäulen und so weiter ihre Glanzschicht bekamen. Sie durfte sich „Alleinlackierer der Goldenen Hausnummer" nennen. Die Ziffern aus Aluminium bezog man vom VEB Druckguss und Formenbau, ebenfalls Weißensee.

Meister Manfred Burgheim von der PGH berichtete, zwei Jugendbrigaden hätten den Glanz aufgetragen, also die Ziffern „mittels Spritzpistole mit ganz fein gestoßener goldfarbener Bronze – mit Binde- und Lösungsmittel verarbeitet – überzogen, dann bei 80 Grad im Ofen getrocknet. Und schließlich zwecks Wetterfestigkeit mit einem klaren Polyurethan-Lack versiegelt." VEB Druckguß klebte sie letztendlich auf das dunkelbraune Schild. Womit auch die Frage geklärt wäre, ob es wirklich Gold war, was da glänzte.

Nach dem 40. DDR-Geburtstag taucht der Begriff noch zweimal in der *Berliner Zeitung* auf: Ende Oktober 1989 fordert ein Hellersdorfer in einer der heißen Wendedebatten, man müsse auch für gute Aktionen wie die Goldene Hausnummer „neue Formen" finden, statt sie durch „Einschleichen von Schematismus langweilig" zu machen. Ein Jahr später beschreibt ein Kolumnist eine Szene am Schlesischen Tor: „Ossi erklärt Wessi die Sache mit dem Kult um die Goldene Hausnummer. Da kann sich der Wessi amüsieren." Der Osten als Lachnummer. Der Sound der nächsten Jahre.

DAS AMPHICAR

Vom Krieg zum Spaß – mit dem Auto ins Wasser

Wer denkt sich so etwas aus? Und warum? Kein richtiges Auto, kein richtiges Boot. Ungelenk und hochbeinig steht das Amphicar im Technikmuseum Berlin und fällt auf in der Reihe all der verheißungsvollen Vehikel des Kfz-Zeitalters. Da glänzt der rote, eines Traum-Cabrios würdige Lack, da blitzt das Chrom an Stoßstangen, Türgriffen und Spiegeln, da lädt weißes Leder ein in die Polster von Vordersitzen und Rückbank.

Das Hinterteil schmücken, wie es sich für einen echten 1962er gehört, Heckflossen, die es mit einem Ami-Straßenkreuzer locker aufnehmen können. Und an dieses Gefährt passen die Flossen wie an kein anderes, denn es kann nicht nur an Land rollen, sondern wird mit ein paar wenigen Handgriffen zum wassertüchtigen Boot.

Man stelle sich vor, in einem Auto runter vom Weg, geradewegs über Uferstreifen oder Strand ins Wasser zu rollen, einen Hebel neben der Schaltstange zu betätigen, die unter dem Rücksitz angebrachten beiden Heckschrauben aus Plastik anzuwerfen und über den See zu schippern. Mit dem Auto baden gehen, und am Ufer schauen die Leute staunend zu. Cool. Werbefotos aus den Sechzigern zeigen, wie das idealerweise aussah: Fahrer, Mann, am besten mit Sonnenbrille, und zwei schicke Frauen mit breitkrempigen Sonnenhüten und wehenden weißen Schals. So ist das Amphicar in den West-Berliner Gewässern herumgefahren.

Auch im Wasser steuert das Lenkrad die Fahrt über die Vorderräder. Der Auspuff liegt ordentlich über dem Wasserspiegel, auch ein extra Horn für den Schiffsbetrieb ist angebracht, damit sich der Fahrer auf dem Wasser bemerkbar machen kann. Auf der Heckklappe ragt eine verchromte Stange empor, oben sitzt ein Positionslicht. Auf der Motorklappe blinkt ein weiteres Positionslicht; links leuchtet es rot, also backbord, rechts grün, also steuerbord. Amphicar-Fahrer brauchen einen Bootsführerschein. Im Landbetrieb war laut Betriebsanweisung das Positionslicht auszuschalten. Für die Fahrt im Wasser wird das Auto innen mit einem zweiten Griff zusätzlich verriegelt und damit die Türdichtungen stärker aneinander gepresst, um einen Wassereintritt zu verhindern. Wasser läuft trotzdem ein, weshalb eine Pumpe serienmäßig zur Ausstattung gehört – und ein Paar Paddel. Spätestens nach fünf Stunden Wasserfahrt muss das Gefährt auseinandergenommen und Fett eingespritzt werden. Die Garantie erlischt nach einer Fahrt im Salzwasser umgehend.

An Land bringt es der Zwitter auf etwa 105 Kilometer pro Stunde, im Wasser auf etwa zehn, das alles mit 38-PS-Viertaktmotor bei einem Benzinverbrauch von zehn Litern auf 100 Kilometer. Seine Hochseetüchtigkeit hat das Amphicar bei der spektakulären Überfahrt eines Paares nach Capri bewiesen. Es trotzte einem kräftigen Sturm.

Die Amphicar-Produktion hatte 1960 bei den Deutschen Waggon- und Maschinenbaufabriken (im Besitz der deutschen Industriellenfamilien Quandt) am Eichborndamm 129–139 in Tegel begonnen. Man arbeitete vor allem für den amerikanischen Markt und montierte bis zur Einstellung der Produktion etwa 4000 Exemplare. Für Testfahrten im Wasser nutzte man den nahen Tegeler See. 1965 endete die Produktion; bis 1969 erfolgten die Abverkäufe aus dem Fabriklager. Zum kommerziellen Erfolg geriet das Amphicar also nicht; es blieb bei hohem Kultfaktor eine kostenintensive Liebhaberei. In Deutschland waren bis 1969 insgesamt 400 Amphicars zugelassen – Schaustücke mit Seltenheitswert.

Das rote Schmuckstück kam 1982 ins Berliner Technikmuseum, der Schöneberger Michael John hatte dem Gründungsdirektor Günther Gottmann den Garagenwagen, guter Zustand, 35 000 Kilometer, gefahren in drei Jahren, für 6500 Mark angeboten. Am 1. April 1982 war der Kauf perfekt. In den Museumsunterlagen ist die Vorgeschichte des Exemplars ablesbar. Die Kfz-Erstzulassung ist am 14. Juli 1967 vermerkt, es muss also einige Zeit im Lager auf seinen Käufer gewartet haben. Die Händler waren nach Produktionsende mit dem Preis heruntergegangen, von anfangs 10 000 Mark auf 4500 am Ende. Als Erstbesitzer ist Fritz Quart aus Neukölln, Angestellter, bekannt. Ihm folgte am 28. August 1969 Karl-Heinz Schwarz, Mitarbeiter einer Transformatorenfabrik. Die endgültige Abmeldung erfolgte am 30. September 1970. Dann stand es offenbar bei Michael John.

100 Amphicars befinden sich heute in der Obhut der etwa 100 Mitglieder des 1967 gegründeten Vereins Amphicar Club Berlin, der längst über Berlin hinausgewachsen ist. Vereinsvorsitzender René Pohl schwärmt vom „unvergleichlichen Fahrgefühl – schließlich kann kein anderes Auto schwimmen!" Von Angeberei will der Club nichts wissen, die Vereinstreffen bleiben privat, Öffentlichkeit stört bloß die Gemütlichkeit. Und die Autopflege sei gar nicht so kompliziert, sagt Amphicar-Fan Pohl: „Verglichen mit heutigen Autos ist das Primitivtechnik: keine Hydraulik, keine Elektronik. Schrauben kann das jeder."

Das Cabrio erinnert an die Zeit, als Berlin eine veritable Autobauerstadt war. Schon zu Beginn des 20. Jahrhunderts arbeiteten in und um Berlin eine Vielzahl von Autofabriken, manche gelangten zu Weltruhm, viele waren bald vergessen. BMW montierte sein erstes Serienfahrzeug namens 3/15 PS am 22. März 1929 in Berlin-Johannisthal. Im Westhafen in Moabit produzierte der US-amerikanische Konzern Ford in den 1920ern sein legendäres T-Modell, auch „Tin Lizzy" genannt. Marken wie N.A.G., Protos, Erdmann & Rossi, AGA oder die Firma Rumpler bauten Fahrzeuge. Zehntausende fanden Arbeit in den Berliner Autowerken. Die 1921 eröffnete Avus war die erste ausschließlich Autos vorbehaltene Straße der Welt. Bis 1940 diente sie als gebührenpflichtige Renn- und Teststrecke und nicht dem öffentlichen Verkehr. Die Technikbegeisterung erreichte einen ersten Höhepunkt, alles schien möglich.

Doch noch war Deutschland im Vergleich zu Frankreich oder Großbritannien untermotorisiert, 1930 gab es im ganzen Land etwa 500 000 registrierte Kraftfahrzeuge. Die Begeisterung war groß, als Adolf Hitler 1933 die nationalsozialistische Automobilisierung Deutschlands verhieß: ein Auto für alle. Der Kraft-durch-

Freude-Wagen wurde ab 1938 in der Nähe von Braunschweig in modernster Fließbandarbeit gebaut. Wolfsburg entstand als eigene Stadt für die Arbeiter. Als weltweit meistverkauftes Auto machte der Volkswagen unter seinem niedlichen Namen Käfer erst nach dem Krieg Karriere. Zunächst war Kriegsproduktion angesagt.

Auf dieser Welle schwamm der Tüftler und Bastler Max Trippel, NSDAP-Mitglied seit 1930, der nach dem Krieg das Amphicar entwickelte. Den Vorläufer, genannt Trippel-Wasserkraftwagen SG6, hatte er als Amphibienfahrzeug beizeiten der Wehrmacht angedient. Hitler begutachtete es im Oktober 1936, PG Trippel bekam 10 000 Reichsmark Entwicklungszuschuss.

Am 3. November 1938 berichtete das NSDAP-Hauptorgan *Der Führer* über eine Wettfahrt des Trippel-Amphibienautos mit dem Zollschiff Rheinwacht am Rhein und über den Erfinder: „Sturmführer Trippel ist ein mittelgroßer, sehniger Mann in Lederjacke. Seinem stillen, nachdenklichen Ingenieurgesicht sieht man es an, dass dieser Mann weiß, was er will." An jenem Tag wollte er mit seinem wassergängigen Kübelwagen eine Wette gewinnen. Das gelang und der Reporter staunte: „Dem Trippelwagen scheint nichts unmöglich zu sein. Er fegt, kaum aus dem Wasser geklettert, mit siebzig, achtzig Kilometern auf der Landstraße dahin, liegt breit federnd und sicher auf der Straße." Als das bullige Fahrzeug wieder zu Wasser ging, verfolgte „eine vieltausendköpfige Menschenmenge staunend und beifällig diese technische Zauberei".

Am 15. August 1940, da bereitete Deutschland den Überfall auf die Sowjetunion vor, durfte Trippel seine „aufsehenerregende Sonderkonstruktion aus den Trippel-Werken Homburg-Saar" einer NS-Größe, dem badischen Ministerpräsidenten Walter Köhler, vorführen. Das Blatt *Der Führer* berichtete seitengroß in Wort und Bild über die „erstaunliche Leistungsfähigkeit des wahrhaften Amphibiengefährts". Vollkommen überzeugte es im „willkommenen Übungsgelände – Gräben, Schienen, Hohlweg, Böschungen. Geländegang rein und rüber über die Gräben!" Auch die Wasserfahrt begeisterte – und wie er dann die Böschung hinaufkam! Alles in allem: Der musste sich doch im Ost-Gelände prächtig machen.

1000 Exemplare des Amphibienfahrzeuges lieferte Trippel bis 1945 an die Wehrmacht. 1947 wurde er als Wehrwirtschaftsführer von den Franzosen zu fünf Jahren Haft verurteilt und nach drei Jahren begnadigt. Er machte weiter: 1957 stellte er den Prototyp „Alligator" vor, aus dem das Amphicar wurde.

Obwohl die Zeit des Autos nun erst wirklich anbrach und Berlin autogerecht umgebaut wurde, fand Trippels neues Produkt selbst in Berlin nur wenige Käufer. Dabei musste doch der seit 1961 ummauerte Westteil mangels Umland neue Spaßflächen erschließen – zum Beispiel auf den Gewässern. Aber der Vergnügungseffekt reichte nicht, auch nicht die Versuche, das Amphicar als Einsatzfahrzeug zu benutzen, wie in der Hamburger Flut. Es bleibt eine Anomalie des Fahrzeugbaus. Ein schön schräges Berliner Original.

DÖNER MACHT SCHÖNER

Das steht fest.
Aber warum eigentlich?
Was eine Plastikattrappe
so alles erzählt

Dieser Plastikkegel wirbt für eine Speise, die in Berlin seit Jahren ihren Platz als Klassenbeste im Reiche Imbiss verteidigt. Döner Kebab schlägt die Fast-Food-Konkurrenten amerikanischer Provenienz um Längen. An 1600 Stellen gab es im Jahr 2022 hier Döner zu kaufen, fast eine halbe Million Portionen täglich gehen über die Imbisstheken. N' Döner, so sagt das hungrige Volk, wenn es ein Viertel rundes Fladenbrot, gefüllt mit Kraut (rot/weiß), Tomate, Zwiebel, Knoblauch- oder anderer Sauce und vor allem fein geschnittenen Fleischstreifen möchte. Diese Schnitze geben dem Gericht seinen Namen, denn sie sind abgesäbelt vom Döner Kebab, türkisch für Drehbraten: Döner für Dreh, Kebab für Braten. So einen sehen Sie hier. Bloß in Plastik.

Zugegeben, dieses Ding sieht nicht besonders appetitlich aus – diese karneolrot-blassbraun changierende Fleischfarbe … Immerhin setzen obenauf drapierte fröhlich-grüne Peperonischlangen und eine mittig aufgespießte Tomate ein paar Farbtupfer.

Auch wenn dieser Dönerspieß nicht der schönste ist – das Museum Europäischer Kulturen in Berlin-Dahlem hat ihn zum Ausstellungsstück und damit zum Kulturerbe geadelt. Die wetterfeste, unverderbliche Döneratttrappe, einschließlich Metallgestell fast mannshoch, stand in ihrem ersten Leben als Außenwerbung vor einem Berliner Imbissladen. Das oben angebrachte Schild verweist auf den deutsch-türkischen Döner-Produzenten Remzi Kaplan, einer der größten der erfolgreichen Branche.

Als das Museum für die 2003 eröffnete Ausstellung *MigrationsGeschichte(n) in Berlin* eine „Döner-Sammlung" von Geräten zur Herstellung und zum Verkauf von Döner Kebab im Brot anlegte, machte Remzi Kaplan auf die Werbefigur vor einem seiner Restaurants aufmerksam. Ein Vermerk am Objekt verrät den Ursprung des aufgespießten Plastikfleischberges. Die Spur führte zu einem Hersteller von Werbefiguren in der thüringischen Spielzeugstadt Sonneberg. Dort also entstand der Entwurf mit den feinen horizontalen Linien im Fleischkegel, die viele dünne Lagen Rind-, Kalb-, selten Lammfleisch nachbilden.

Kilo um Kilo Fleischlappen aufschichten, dazwischen Hackfleischmasse packen, bis der 30 bis 50 Kilo schwere Dönerspieß in Konusform geschnitten, glattrasiert, tiefgefroren und ausgeliefert werden kann: Das ist harte körperliche Arbeit, auch wenn die Spieße heutzutage fast ausschließlich in großen Betrieben hygienisch streng kontrolliert gepackt werden. Lohnkosten spielen eine erhebliche Rolle in der Döner-Preis-Kalkulation; der Konkurrenzkampf ist groß. Viele türkische Döner-Produzenten haben ihre Produktion nach Polen verlagert, wo der Mindestlohn bei knapp fünf Euro liegt.

Trotzdem: Döner Kebab ist ein echter Berliner, denn er hat erstens Migrationshintergrund und ist zweitens das Gegenteil von piekfein, also „reell". Berliner Türken der ersten und zweiten Gastarbeitergenerationen haben ihn kreiert. Hunderte trugen etwas bei: „Sie probierten, veränderten, entwickelten etwas weiter, das

Heimweh linderte, und erschufen etwas Neues, etwas Hybrides für den Markt in Deutschland", so schreibt Eberhard Seidel, der langjährige Beobachter der Szene in seinem Buch *Döner. Eine türkisch-deutsche Kulturgeschichte*. Kein Einzelner verdiene die Ehre als Döner-Erfinder.

Es gibt natürlich doch ein paar Namen von Männern, die als Erster, Allererster und Allerallererster fleischgefüllte Pidetaschen angeboten haben und den Ruhm als Döner-Erfinder beanspruchen. Da waren Kör-Bilal und seine Familie, die 1971 in Kreuzberg (Adalbert-, Ecke Oranienstraße) einen Dönerimbiss aufmachten und vor allem türkische Arbeiterinnen und Arbeiter aus den Fabriken West-Berlins versorgten. Manche sagen, der erste Dönerspieß habe sich Ende der 1960er in der Knesebeckstraße gedreht, allerdings nur für Tellergerichte. 1969 soll es in der Potsdamer Straße einen Dönerimbiss gegeben haben. Das Bol Kepce am Bahnhof Görlitzer Straße verkaufte ab 1973 Döner Kebab.

Das amtliche Siegel als Vater des Döners in Deutschland erhielt aber ein anderer: Kadir Nurman habe 1972 am Bahnhof Zoo den ersten Döner Kebab verkauft, befand der Verein der Türkischen Dönerhersteller in Europa (ATDID). Somit wurde im Jahr 2022 das 50-jährige Bestehen der Berliner Dönerkultur begangen.

Die Suche nach Vorläufern in der Türkei führt in die Mitte des 19. Jahrhunderts, als zwei Männer, ohne voneinander zu wissen, in zwei verschiedenen Städten auf die Idee kamen, den traditionellen Bratspieß in die Senkrechte aufzurichten, dünne Fleischscheiben daran übereinander zu einem Kegel zu schichten und diesen vertikal zu grillen. Die Kundschaft, zum Beispiel auf dem Marktplatz von Bursa, genoss das recht teure Geschnetzelte, damals ausschließlich vom Lamm oder Hammel, im Sitzen von Tellern. Der Massenerfolg blieb aus. Der brauchte besondere Bedingungen: Die gab es in West-Berlin, wo nicht nur türkische Kundschaft heimatlichen Geschmack herbeisehnte, sondern auch die deutsche Gesellschaft reif war für Neues.

Ende der 1960er wollten die Leute Fleisch. Vor allem Männer lehnten Salat oder Gemüse mit der Bemerkung ab: „Ich bin doch keine Ziege." Zugleich füllte sich der Westteil der Stadt in jenen Jahren mit hungrigen Studenten, die schnell, praktisch, preiswert und politisch alternativ essen wollten. Zudem setzte der Döner perfekt die traditionell mit Bock-, Brat- und Currywurst vertraute Imbisskultur fort. Schnell 'ne Molle im Stehen und was zu mampfen dazu – diese Kombination hatte schon Aschingers Bierhallen im Berlin der Kaiserzeit Riesenerfolg verschafft, Millionen Schrippen gingen da samt Bierwurst über die Theken. Das Motto: „Beste Qualität bei billigstem Preis".

Berlin ist die Welt-Döner-Hauptstadt, aber das aus Multikulti an der Spree gewachsene Kulturgut mal richtig mit Schmackes zu feiern, kriegt die Welthauptstadt der Blasiertheit nicht hin. Köln hilft. Vor dort kommt der Döner-Song, der die Wahrheit spricht: *Döner macht schöner*. 2008 bohrte sich der singende Friseur Tim Toupet karnevalstauglich in die Ohren: „Ich hab 'ne Zwiebel auf'm Kopf / Ich bin ein Döner / Denn Döner macht schöner / Ich hab 'ne Zwiebel auf'm Kopf / Ich bin ein Döner / Ich hab mich zum Fressen gern."

Wer wollte das bestreiten: Döner macht mit seinen Salat- und Gemüseanteilen gesünder und somit schöner als die Berliner Traditionskulinarik aus dem Bereich Bock, Brat, Curry. Verglichen mit diesen armen Würstchen ist der Döner Kebab ein Gesundheits- und Fitnesspacken, auch wenn er in Berlin nicht aus Lammfleisch, sondern aus viel Rinderhack zwischen Rindfleischscheiben (manchmal auch Geflügel, selten Kalb) besteht. Und wo kann man bei den amerikanischen Klopsketten individuelle Wünsche äußern wie „mit alles" oder „ohne Zwiebel"?

Vieles am Erfolg des Döner Kebab ist mit wirtschaftlicher Logik nicht zu erklären: Das unschlagbar günstige Preis-Leistungsverhältnis resultierte fast 40 Jahre lang auch aus der Bereitschaft Tausender Türken zur Selbstausbeutung in der Selbstständigkeit mit quasi grenzenloser Arbeitszeit. Die sogenannte Gammelfleischkrise Mitte der Nullerjahre erfasste auch die Berliner Dönerbranche, aber ihr Ausgangspunkt war Bayern. Seither achtet man auf Einhaltung der Standards. Der Preis ist immer noch enorm wichtig, aber nicht alles. 3,50 Euro war ohnehin nicht zu halten, inzwischen sind sieben Euro normal, Tendenz steigend.

Nach 1990 gelang eine eindrucksvolle Expansion, zuerst in Ostdeutschland, bald war fast ganz Europa erobert. Die hergestellten Mengen sind enorm: Etwa 550 Tonnen Dönerspieß werden täglich in Deutschland verspeist. Noch einmal so viel wird für den Export produziert. Die Branche macht Milliardenumsätze. Und wenn deutsche Urlauber Antalya fluten, steigt dort der Döner-Konsum.

Diskriminierung, Gewalt und Fremdenfeindlichkeit trüben die Erfolgsgeschichte von 60 Jahren türkischem Leben in Berlin und Deutschland. Man denke nur an den Erlass des Innensenators Heinrich Lummer (CDU) von 1981, der die massenhafte Ausweisung von Türken vorsah, weil sonst Rassenkrawalle und bürgerkriegsähnliche Zustände wegen Überfremdung drohten. Kein Wort davon, dass die Türken Steuern und Sozialabgaben zahlten und den deutschen Massenwohlstand sicherten. Mehr als 100 000 Arbeitsplätze schuf die Döner-Branche in den Achtzigerjahren, ganz aus eigener Kraft, auf eigenes Risiko, ohne Subventionen, staatliche Unterstützung und wirtschaftsfördernde Maßnahmen.

Stattdessen verschwand der bayerische Gammelfleischskandal vielfach hinter dem Begriff „Döner-Mafia". Die Gewalttaten der Neonazi-Gruppe NSU an türkischen Kleinunternehmern liefen jahrelang als „Döner-Morde" durch die Medien.

Der Döner-Appetit schwindet nicht. Aber wie geht es weiter? Kommt der Edel-Döner für bis zu 15 Euro mit Biofleisch und Gemüse aus zertifiziertem Öko-Anbau? Warum sollten die Leute nicht auch schicke Dönerläden mögen statt der schlichten Stände? Dinkel- oder Emmer-Einkorn-Pide müssten machbar sein, Veggie-Döner erst recht. Dann ließe sich auch der nächste Kulturkampf anzetteln: Rettet den wahren Döner Kebab! Die authentische Berliner Döner-Hochkultur braucht ihr Fleisch!

DAS SED-PARTEIBUCH DES KARL-HEINZ KURRAS

Ein Polizist, ein Schuss und die Folgen

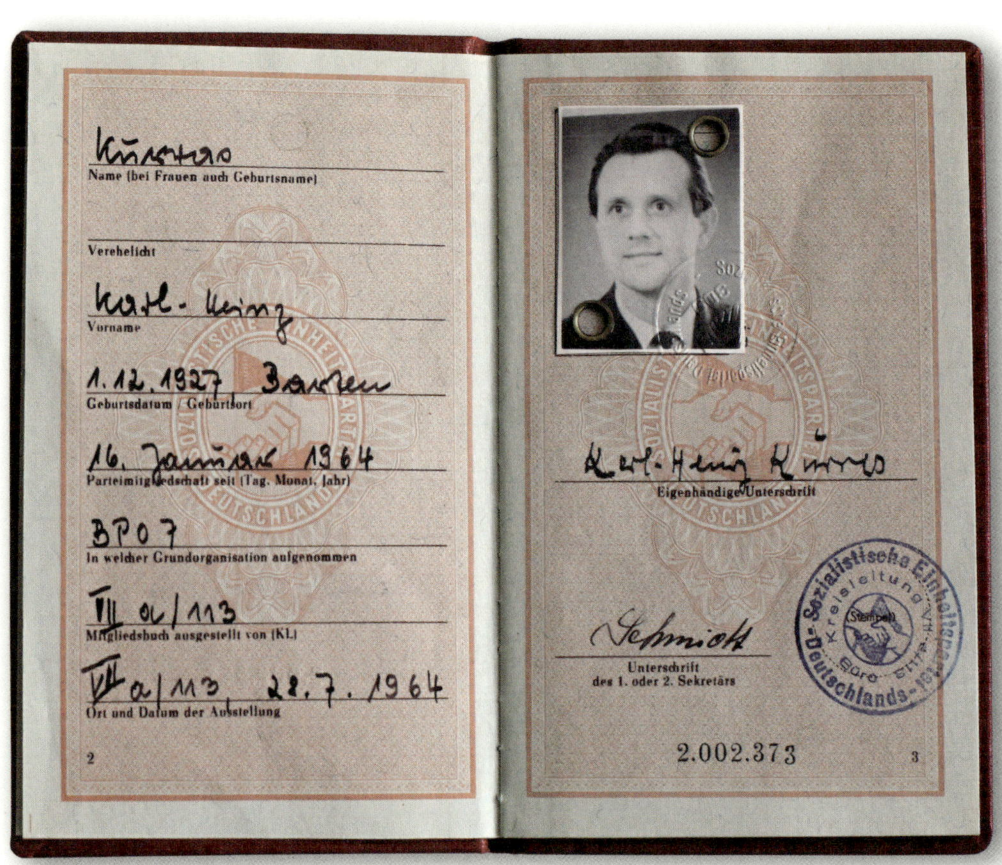
Kurras
Name (bei Frauen auch Geburtsname)

Verehelicht

Karl-Heinz
Vorname

1.12.1927 Barten
Geburtsdatum / Geburtsort

16. Januar 1964
Parteimitgliedschaft seit (Tag, Monat, Jahr)

BPO 7
In welcher Grundorganisation aufgenommen

VII a/113
Mitgliedsbuch ausgestellt von (KL)

VII a/113, 28.7.1964
Ort und Datum der Ausstellung

2

Karl-Heinz Kurras
Eigenhändige Unterschrift

Schmidt
Unterschrift des 1. oder 2. Sekretärs

(Stempel) Sozialistische Einheitspartei Deutschlands – Kreisleitung

2.002.373

3

Das interessanteste SED-Parteibuch der Berliner Geschichte wurde am 28. Juli 1964 auf den Namen Karl-Heinz Kurras ausgestellt, Mitgliedsnummer 2 002 373. Es gehörte jenem West-Berliner Polizisten, der am 2. Juni 1967 den Theologiestudenten Benno Ohnesorg erschossen und damit den Auslöser für die studentische, außerparlamentarische Revolte geliefert hat, die schließlich über den Westteil der Frontstadt hinaus auf die Bundesrepublik wirkte, langfristig zu einer gesellschaftlichen Modernisierung beitrug, aber auch zum Entstehen terroristischer Gruppen führte.

Die linksextremistische Vereinigung 2. Juni hielt West-Berlin in den 1970er-Jahren mit Bombenattentaten, Banküberfällen und Entführungen in Daueralarm. Günter von Drenkmann, Präsident des Berliner Kammergerichts, wurde 1974 bei einem misslungenen Entführungsversuch erschossen. 1975 erpresste die Bewegung 2. Juni die Freilassung mehrerer verurteilter Gesinnungsgenossen, indem sie den CDU-Spitzenkandidaten zur Berliner Abgeordnetenhauswahl, Peter Lorenz, kidnappte. Die Terrorgruppe bezog sich schon in ihrem Namen direkt auf die Tat des Karl-Heinz Kurras.

17 Bände an Akten und Unterlagen hatte das Ministerium für Staatssicherheit der DDR über den Mann gesammelt. Sie belegen, dass Karl-Heinz Kurras als Inoffizieller Mitarbeiter (IM) unter dem Tarnnamen Otto Bohl für die Stasi gearbeitet hat. Als im Jahr 2009 diese Information und obendrein das Dokument seiner Mitgliedschaft in der staatsbeherrschenden Sozialistischen Einheitspartei Deutschlands (SED) zufällig in den Hinterlassenschaften des Geheimdienstes entdeckt wurden, brach ein großes Rätseln los. Was bedeutete das? Hatte Kurras Benno Ohnesorg im Auftrag der Stasi erschossen? War der Einfluss der Stasi auf die West-Berliner Polizei, womöglich auch auf die Politik, größer als gedacht?

Was war geschehen? Seit 1965 führten die USA Krieg in Vietnam. Weltweit hatte sich eine vor allem von Studenten getragene Protestbewegung entwickelt. West-Berlin gehörte zu den Zentren. Es ging gegen den Imperialismus und seinen Hauptträger, die USA. Dieser in der linken Nische aufkeimende Antiamerikanismus kündigte den bis dahin in der West-Berliner Bevölkerung der Nachkriegszeit herrschenden Konsens, dass die Amerikaner Garant für den Bestand der von der sowjetischen Besatzungszone umgebenen freiheitlich-marktwirtschaftlichen Insel waren. Noch 1963 hatte man den US-Präsidenten John F. Kennedy begeistert und dankbar empfangen.

Als im Juni 1967 mit Mohammad Reza Pahlavi, Schah von Persien, ein vermeintlicher Handlanger des US-Imperialismus, Unterdrücker des iranischen Volkes, im Rahmen eines Staatsbesuchs nach West-Berlin kam, bot sich die Chance zur Aktion. Als sich der Schah und seine Gattin am Abend des 2. Juni in die Deutsche Oper begaben, kam es zur Konfrontation: Etwa 2000 Demonstranten zogen protestierend vor die Oper; 150 vom iranischen Geheimdienst SAVAK organisierte iranische Staatsbürger jubelten dem Schah zu und fielen schließlich mit

Holzlatten, Knüppeln und Totschlägern über die Demonstranten her. Die Berliner Polizei schaute dem Treiben der „Prügelperser“ duldend zu.

Karl-Heinz Kurras war an jenem Tag als zivil gekleideter Greifer der Polizei im Einsatz mit dem Auftrag, sich unter die Demonstranten zu mischen, „Rädelsführer“ ausfindig zu machen und zu verhaften. Seine Dienstwaffe, eine Pistole vom Typ Walther PPK, Kaliber 7,65 mm, trug er bei sich. Als die Polizei die angemeldete Demonstration mit Schlagstockgewalt auflöste, verfolgten Polizisten Fliehende in Nebenstraßen und Hauseingänge. Kurras lief zusammen mit etwa zehn Uniformierten hinter Demonstranten her in den Innenhof des Hauses Krumme Straße 66/67. Benno Ohnesorg, der zum ersten Mal an einer solchen Demonstration teilnahm, folgte den Polizisten, neugierig, was den Verfolgten geschehen würde. Als er den Innenhof verlassen wollte, ergriffen ihn drei Beamte und schlugen auf ihn ein. Augenzeugen berichteten, Kurras habe um 20.30 Uhr Ohnesorg aus nur eineinhalb Meter Distanz in den Hinterkopf geschossen. In etwa 1,50 Meter Höhe sei Mündungsfeuer zu sehen gewesen. Der Student fiel zu Boden. Fotografien zeigen Kurras vor und nach dem Schuss unbedrängt im sauberen Anzug. Ohnesorg starb im Krankenwagen. Zuvor hatten Polizisten einen Arzt daran gehindert, Erste Hilfe zu leisten. Kurras stand zwar vor Gericht, kam jedoch aus Mangel an Beweisen frei.

Wer nun schlussfolgern wollte, Karl-Heiz Kurras, zu jenem Zeitpunkt 40 Jahre alt, sei ein militanter Linkenhasser gewesen, der irrt. Dass der gebürtige Ostpreuße, der 1945 als Wehrmachtssoldat in Berlin war, von 1955 an bei der Stasi unter Vertrag stand und seit 1964 der SED angehörte, lag auch an seiner kommunismusfreundlichen Gesinnung. Seit März 1950 arbeitete er bei der West-Berliner Polizei, zuvor hatte ihn die sowjetische Besatzungsmacht wegen illegalen Waffenbesitzes vier Jahre in Sachsenhausen in Haft gehalten. Im April 1955 wollte er zurück in den Osten, Volkspolizist werden, doch erkannten Stasi-Offiziere seinen Wert als Spion und überzeugten ihn, der gemeinsamen Sache im Westen zu dienen. Am 26. April 1955 verpflichtete sich Karl-Heinz Kurras schriftlich zur Zusammenarbeit. Sein Auftrag: bei der West-Berliner Polizei Karriere machen, in die Abteilung I aufsteigen, die sich mit allen Fragen der Staatssicherheit, mit Spionage und Überläufern befasste. Das sollte ihm gelingen: Als Kriminalmeister gehörte er einer Sonderermittlungsgruppe an, die Verräter in den eigenen Reihen zu suchen hatte.

Als Parteimitglied unterwarf er sich Regeln. Den Aufnahmeantrag stellte er am 15. Dezember 1965 „in fester Überzeugung“. Das rote Parteibuch erhielt er nach zwei Kandidatenjahren. Auf der letzten Seite mahnten die Ausweise ihre Träger: „Dein Mitgliedsbuch ist das wichtigste und wertvollste Dokument, das Du besitzt.“ Bei Verlust drohten Parteistrafen. In Kurras’ rotem Büchlein finden sich keine Vermerke über Konflikte mit den Genossen, wohl aber über gezahlte Parteibeiträge bis zum schicksalhaften Schuss. Der SED konnte jeder Deutsche beitreten, der „das Programm und das Statut anerkennt“.

Tatsächlich entwickelte sich Karl-Heinz Kurras zu einer geheimdienstlichen Spitzenquelle. Wie aus den Stasi-Unterlagen hervorgeht, lieferte er akkurat und detailliert Informationen über Mitarbeiter, Ausbildung, Arbeitsweise und Personalveränderungen, Befehle, Dienstpläne und Einsatzpläne, zur Tätigkeit der Alliierten, der Ausstattung und Standorte. Seine Führungsoffiziere waren begeistert, Kurras sei bereit, „jeden Auftrag für das MfS durchzuführen". Auch jemanden „umzubringen" habe er nicht ausgeschlossen. Sein Honorar stieg Jahr für Jahr, 1966 bekam er 4500 DM, echtes Westgeld.

Im Osten war man im Bilde darüber, was er mit dem Extra-Einkommen anstellte: Schießeisen und Munition kaufen. Kurras, Waffennarr und leidenschaftlicher Sportschütze, verbrachte seine Freizeit auf Schießständen, gehörte dem Vorstand des Polizeisportvereins und dem Jagdverein West-Berlins an. Seine Genossen erfüllten ihrem Top-Mitarbeiter durch einen Finanzzuschuss sogar den Traum, eine Waffe Typ P 38 mit Kleinkalibervorsatz zu besitzen.

Dass er zum Töten bereit wäre, hatte Kurras seine Führungsoffiziere schon wissen lassen. Als er es wirklich getan hatte, waren diese entsetzt. Es gab kurz nach dem Schuss noch einen Funkkontakt mit der Anweisung, alles Material zu vernichten und die Arbeit einzustellen. Dann brach die Verbindung ab. In den Unterlagen fanden sich keinerlei Hinweise darauf, dass IM Otto Bohl Benno Ohnesorg im MfS-Auftrag ermordet hatte.

Politisch platzierte sich die DDR klar an der Seite der Ohnesorg-Solidaritätsfront. Als der Leichnam des Studenten am 8. Juni auf der Transitstrecke von Berlin nach Hannover überführt wurde, begleiteten Hunderte Fahrzeuge den Sarg. An den beiden Grenzübergängen und entlang der Autobahn grüßten Betriebsdelegationen, Bürger und FDJler den Trauerkonvoi und das Opfer imperialistischer Staatsgewalt.

Die Erschießung Benno Ohnesorgs und die Erfahrungen mit der Polizeigewalt bedeuteten eine Zäsur in der Geschichte der Bundesrepublik. Von West-Berlin aus griff die Studentenbewegung auf andere Universitätsstädte über und radikalisierte sich. Über die Bewegung 2. Juni hinaus formierte sich die die Rote Armee Fraktion, deren Terroraktionen weit über die der Berliner Gruppe hinausgingen. Zu den Spätwirkungen gehörte die Gründung der Partei die Grünen.

Karl-Heinz Kurras blieb im West-Berliner Polizeidienst. Als er 2014 starb, nahm er das Geheimnis, warum er Benno Ohnesorg erschoss, mit ins Grab. Für die Geschichtsbücher bleibt übrig: Ein Mitarbeiter der DDR-Staatssicherheit und treues SED-Mitglied setzte das Fanal für Proteste, die als 68er-Bewegung die Bundesrepublik aufmischten. Die Ursache dafür war Kurras' Tat nicht. Die Gründe lagen in der Verstocktheit der NS-Generation, in gesellschaftlichem und politischem Reformstau, in der Scheu der Kinder, mit den Eltern über deren Leben in jenem Deutschland zu sprechen, das Raub- und Rassenkrieg sowie Holocaust ausgelöst hatte.

DER BÄR DER RENÉE SINTENIS

So wehrhaft
ist Berlin

Bären, überall Bären. Berlin ist voll von diesen Kraftpaketen. Vier lebensgroße Autobahnbären auf hohen Sockeln begrüßen die in die Stadt Einrollenden; der älteste und bekannteste hat seit 1960 seinen Platz auf dem Mittelstreifen am ehemaligen Grenzübergang Dreilinden. Vor Hotels stehen bunte Buddy-Bären – gern auch mal auf dem Kopf. Es gibt Bären-Skulpturen wie die am Werderschen Markt oder den Riesen im Bärensaal des Neuen Stadthauses. Es gibt Brunnenbären, Brückenbären, Parkbären, Wappenbären, Siegelbären, Bären in Souvenirläden und auf T-Shirts. Aber lebende, echte Braunbären? Zoo und Tierpark zeigen Eis-, Panda- oder Malaienbären. Ausgerechnet das Wappentier fehlte im Sommer 2023.

Auch im 1939 eröffneten Bärenzwinger im Köllnischen Park neben dem Märkischen Museum lebt seit dem Tod von Stadtbärin Schnute im Jahr 2015 kein Petz mehr. Die Lieblingsbärin der Berliner blieb allein, nachdem ihre langjährigen Mit-WGler gestorben waren – Maxi 2013, Thilo 2007. Jeden Tod bedachte die Berliner Presse mit anrührenden Nachrufen. Eine Nachfolge darf es aus Gründen des Tierschutzes nicht geben.

Das Verhältnis der Berliner zu ihrem Wappentier veränderte sich immer wieder. Als der Askanier Albrecht der Bär im 12. Jahrhundert mit seinen christlichen Rittern das slawische Land eroberte und erster Markgraf Brandenburgs wurde, waren die Wälder des Spree-, Havel- und Dahmegebiets noch voller wilder Tiere. 300 Jahre später war der Braunbär schon selten. Der letzte im Spreewald wurde 1650 geschossen.

Für den Spaß im Hetzgarten Friedrichs I., wo der erste Preußenkönig um 1700 Gladiatorenkämpfen ähnliche Hatzen aufführen ließ, wurden „allerhand Arten wilder und grimmiger Thiere, sonderlich aber 3 grosse und starcke Löwen, weisse und schwarze Bären, etliche Tyger, wilde Auer-Ochsen und hauende Schweine" aufeinander losgelassen – so lautet ein Bericht aus dem Jahre 1712. Vermutlich hatten sich dafür noch wilde Bären im eigenen Land finden lassen – den letzten seiner Art in Brandenburg-Preußen ereilte das Schicksal 1741: Ihn traf bei Stettin, das seit 1719 zu Brandenburg gehörte, eine Kugel.

Wachsende Bevölkerung verschärfte die Konkurrenz, Braunbären und Wölfe bedrohten die Viehherden der Bauern und das Jagdwild der Adeligen. Tanzbären, bedauernswerte Kreaturen mit dem sprichwörtlichen Nasenring, gehörten aber noch bis ins 20. Jahrhundert zu den Darbietungen auf Jahrmärkten.

Unsere heutigen Bären stehen still und harmlos in der Stadtlandschaft: Selbst der mit 1,60 Meter lebensgroße Bronzepetz an der A 115 auf seinem Sockel – mag er mit seinen erhobenen Tatzen noch so wild tun, sich auf die Hinterbeine erheben und größer machen, als er eigentlich ist –, er steht bloß da.

Drei der vier Autobahnbären sind gewissermaßen Brüder – Schöpfungen der Bildhauerin Renée Sintenis. Als der erste 1958 aufgestellt wurde, feierte man mit der Einweihung auch den 70. Geburtstag der Künstlerin. Er begrüßte fortan diejenigen, die über die Transitstrecken durch die DDR nach West-Berlin reisten.

Mit Renée Sintenis rückt nun die bedeutendste Designerin der neuzeitlichen Berliner Bärenwelt ins Licht. Sie wurde 1888 als Renate Alice Sintenis in Schlesien geboren, stammte aus jüdisch-hugenottischer Familie (Sintenis ist abgeleitet von Saint Denis) und zählte in den Zwanzigerjahren zweifellos zu den interessantesten Figuren der Gesellschaft. Ihre Zeitgenossen anerkannten sie als eine der Besten der Bildhauersparte. Sie wird als „Erscheinung" beschrieben: groß, schlank, schön, knabenhaft androgyn, todschick, mit rasant geschnittenem Bubikopf, selbstbewusst, begabt – die Neue Frau par excellence. Rainer Maria Rilke und Joachim Ringelnatz zählten zu ihren engsten Freunden. Man genoss das Leben, fuhr in auffälligen Autos durch Berlin. Max Beckmann, Max Liebermann und Karl Schmidt-Rottluff, Kollegen in der Freien Secession, der wichtigsten Berliner Künstlervereinigung, verehrten die Frau und ihr Werk.

Renée Sintenis verzichtete auf Auftragswerke, die Bildhauern gewöhnlich das finanzielle Auskommen sichern, und baute stattdessen eine bald schon einträgliche Nische aus: Sie schuf gut verkäufliche Kleinplastiken, die in eine moderne bürgerliche Stube passten. Ihre Spezialität: Tiere. In der deutschen Presse der Zwanzigerjahre finden sich dutzendweise begeisterte Ausstellungskritiken. Sie preisen die „unendlich feinen und zarten" Tierplastiken als eigenwillig und anmutig. Der sozialdemokratische *Vorwärts* gestand Sintenis am 7. Oktober 1922 zu, sie habe „das Mystische in der Tierseele erschaut und gestaltet". Ob Köln, Düsseldorf oder Karlsruhe – Kunstkritikern gefielen die „köstlichen kleinen Bronzen". Unpolitische Schönheit, voll „natürlicher Liebenswürdigkeit" in politisch heißen Zeiten, dem damals modernen Trend zur Natürlichkeit entsprechend. Auch aus Paris wird 1929 von „restlosem Entzücken" berichtet. Der Kunsthändler Alfred Flechtheim, ein weiterer Prominenter aus dem Freundeskreis, präsentierte und verkaufte ihre Arbeiten dort, in New York und anderswo.

Als Renée Sintenis 1932 ein tapsiges Tierkind, halb in der Hocke mit recht unkoordiniert fuchtelnden Armen erschuf, konnte sie nicht ahnen, dass ihr Werk „Junger Bär" sie zur Mutter einer ganzen Bärenfamilie machen würde, die noch hundert Jahre später die Stadt erfreut. Dem kleinen Petz folgte im selben Jahr eine etwa 18,5 Zentimeter hohe Ausführung: Dieser Bär schreitet hochgereckten Hauptes forsch voran.

Diese Plastik ließ Renée Sintenis 1956 von der Berliner Bronzegießerei Noack in zwei Größen herstellen. Der forsche Kerl wurde so im großen Format zur Vorlage für die Autobahnskulpturen – und im kleinen für die weltberühmten, heißbegehrten Preisbären der Internationalen Filmfestspiele Berlin, kurz Berlinale. Diesen Bronzekörper, vier Kilo schwer mit goldenem oder silbernem Überzug, halten seit 1960 die Berlinale-Preisträger in den Händen. Die ersten preisgekrönten Filmkünstler seit dem Berlinale-Start 1951 hatten noch das Sintenis-Bärenkind erhalten, doch das erschien den Organisatoren bald nicht markant genug. Schließlich sollte die Berlinale „Schaufenster der freien Welt" sein.

Der große Sintenis-Bär von Dreilinden bekam nach dem Mauerfall zwei Zwillingsbrüder: Der eine steht seit 2008 an der A 113 bei Altglienicke, der andere seit November 2022 in Pankow an der A 114. Ein weiterer Bär steht seit 1983 am ehemaligen Grenzübergang Heiligensee/Stolpe an der A 111 in Reinickendorf. Dieser Aluminium-Guss, ein mit bequem angewinkelten Beinen auf dem Sockel sitzendes Tier, entwarf der Bildhauer Günter Anlauf. Der Senat wollte eigentlich auch für diesen Standort eine Sintenis-Kopie, verfügte jedoch seinerzeit nicht über die Rechte.

Große Berliner Sintenis-Bären stehen auch in Zürich (seit 1959), auf der Autobahn A 9 bei München-Fröttmaning (seit 1962) und im Zentrum von Düsseldorf. Letzteren enthüllte Willy Brandt am 23. September 1960. Damals rief der Regierende Bürgermeister von Berlin den Tausenden versammelten Düsseldorfern zu: „Der Berliner Bär wird immer imstande sein, sich seiner Haut zu wehren." Damit hatte er die Bärenbotschaft in einen Satz gepackt: Die Aufstellung der Skulpturen und zahlreicher Meilensteine mit Bärenrelief an vielen Straßen innerhalb und außerhalb Deutschlands war ein symbolisches Bekenntnis zur geteilten Stadt Berlin, besonders natürlich zum westlichen Teil.

Renée Sintenis blieb Berlinerin bis zu ihrem Tod am 22. April 1965. Trotz einiger Bedrängnis in den NS-Jahren, vor allem wegen ihrer jüdischen Großeltern, arbeitete sie weiter. Die Nationalsozialisten schlossen sie aus der Akademie der Künste aus; das 1941 gegen sie verhängte Gussverbot behinderte die bildhauerische Arbeit. Doch sie zeichnete, fertigte grafische Werke, zeigte und verkaufte diese deutschlandweit. So berichtete beispielsweise die Zeitung *Hakenkreuzbanner*, das „nationalsozialistische Kampfblatt Nordwestbadens", am 1. Juni 1941 über die Ausstellung *Zeitgenössische deutsche Grafik* in Mannheim mit Bilddrucken „aus allen deutschen Landschaften": „Der bekannte Schlesier Renée Sintenis umreißt mit bewegungshaft flimmerndem Strich typische Tiergebärden." Im Geschlecht irrte der Autor Dr. Oskar Wessel. Die *Neue Mannheimer Zeitung* lobte: „Die Linienführung dieser Arbeiten, an der Antike geschult, ist von vorbildlicher Knappheit und Klarheit und verfügt über den Zauber einer wundervollen Anmut."

Als gegen Kriegsende Bomben auf Berlin fielen, trafen sie auch das Atelier der Künstlerin. Sie verlor fast ihren gesamten Besitz und große Teile ihres Werkes. 1945 zog sie mit ihrer Lebenspartnerin Magdalena Goldmann in die Innsbrucker Straße in Berlin-Schöneberg. Die Fünfzigerjahre führten sie zurück in die Berliner Kulturszene. 1955 wurde sie in die neugegründete Akademie der Künste (West) berufen und ordentliche Professorin an der Berliner Hochschule für Bildende Künste. Doch das Alter und die Härten der NS-Zeit hatten ihr Kraft geraubt. Schon nach einem Jahr gab sie die Lehrtätigkeit auf.

Aber um ihre wirkmächtigsten Geschöpfe, die forschen, selbstbewussten Berliner Bären, kümmerte sie sich mit Enthusiasmus. Die Stadt hat ihr zu danken.

AUFBRUCH INS OFFENE

„Wahnsinn“ avancierte zum Wort des historischen Moments, als der Schlagbaum auf der Bornholmer Brücke um 23.30 Uhr des 9. November 1989 hochging. „Wahnsinn“ als Ausdruck des positiven wie negativen Erstaunens prägte die Stimmung der folgenden Wochen und Jahre. Berlin, vor allem der Ostteil, erlebte Geschichte im Schleudergang. Neue Gesetze, neues Geld, neue Freiheiten, neue Klüfte und Konflikte – plötzlich war die Rede von „der Mauer in den Köpfen“. Die Brachen des Kalten Krieges erwiesen sich als Idealbiotop für Experimentierfreudige aller Herren Länder. Wilde, anarchische, kreative Zeiten brachen an. Zur Love Parade 2010 kamen anderthalb Millionen! Andererseits kämpften viele um ihren Arbeitsplatz, ihre Berufsanerkennung, ihren Ruf, um Neuorientierung. Euphorie und Depression hausten nahe beieinander. Der Aufbau- und Abrissfuror fegte durch die Stadt – man denke an den Palast der Republik. Bald hieß es (halbherzig) bedauernd: „Das würde man heute nicht mehr so machen.“ Die Einheit steckte voller Spannung. Wahnsinn!

SCHABOWSKIS ZETTEL

Ein Stück Papier, das die Welt veränderte

Das Entscheidende steht ganz unten: „Verlesen Text Reiseregelung". Gewissermaßen unter Sonstiges hatte Günter Schabowski, der medienerfahrene Mann aus dem SED-Politbüro, den Punkt für die internationale Pressekonferenz am 9. November 1989, Beginn 18 Uhr, notiert. Dazu, unter dem rot geschriebenen Stichwort EXTRA: „Noch Fragen." Da ahnt man: Der gerne lässig auftretende Spitzenfunktionär verkannte die Lage. Massenhaft machten in jenen Tagen DDR-Bürger rüber in den Westen, über die ČSSR. So konnte es nicht weitergehen.

Auf dem Zettel im DIN-A-4-Format, liniert, herausgerissen aus einem großen Notizbuch, hatte Schabowski handschriftlich und offenbar in Eile seine Agenda für den Auftritt im Pressezentrum Mohrenstraße 36–37 notiert. 19 Uhr, also pünktlich für die *Aktuelle Kamera* um 19.30 Uhr, die Hauptnachrichtensendung der DDR, wollte er fertig sein, wie er sich rechts oben auf dem Blatt selbst mahnte.

Fast eine Stunde lang spulte er sein Programm ab, das Wichtige, vermeintlich Wichtige, das Minuten später nicht mehr von Belang war: Zwei Tage lang hatte das Zentralkomitee der noch regierenden Sozialistischen Einheitspartei getagt, 40 Jahre lang hatte dieses Gremium über das Wohl und Wehe des Landes beschlossen. Es ging um einen „erneuerten Sozialismus", um Wahlen, Personalien … Noch wenige Monate zuvor wären das atemberaubende Neuigkeiten gewesen. Nun war jene „Reiseregelung" viel interessanter.

Am 6. November hatte die SED-Führung den Entwurf eines neuen Reisegesetzes veröffentlicht. Man dachte sich das so: Die Bürger diskutieren gesittet über die Vorlage, machen Änderungsvorschläge, die Volkskammer verabschiedet das Gesetz sodann „noch vor Weihnachten". Derweil sollte mit der Bundesregierung über die zum Reisen notwendige Devisenausstattung der DDR-Bürger verhandelt werden.

Ha! „Schon am Tag seiner Veröffentlichung war es Makulatur", schreibt Egon Krenz, seit 18. Oktober 1989 Nachfolger Erich Honeckers als SED-Generalsekretär und seit 24. Oktober auch Staatsratsvorsitzender, in seinem 2019 erschienenen Buch *Wir und die Russen*. Dort schildert er auch, was vor der Pressekonferenz geschah: Unter wachsendem Druck hatte der Ministerrat eilends eine „Sofortige Reiseverordnung" erarbeitet, die am Morgen des 10. November in Kraft treten und bis zur gesetzlichen Regelung gelten sollte. Krenz trug das Papier mit dem umständlichen Titel „Beschluss zur Veränderung der Situation der ständigen Ausreise von DDR-Bürgern nach der BRD über die ČSSR" am 9. November gegen 16 Uhr dem Zentralkomitee vor. Um 17.15 Uhr traf er Schabowski und gab ihm auf den Weg vor die Weltpresse mit: „Du musst unbedingt über den Reisebeschluss informieren. Das ist die Weltnachricht!" Da Schabowski vorgab, die authentische Verordnung nicht bei sich zu haben, gab Krenz ihm sein Exemplar.

Dann nahm die Weltgeschichte ihren Lauf: Um 18.53 Uhr, Schabowski hatte in der live übertragenen Pressekonferenz bislang nichts über das Reisen gesagt, fragte der italienische Journalist von der Nachrichtenagentur ANSA, Riccardo Ehrman, in leicht gebrochenem Deutsch, hier im Wortlaut: „Herr Schabowski, Sie haben von Fehler gesprochen. Glauben Sie nicht, dass es war ein großer Fehler, diesen Reisegesetzentwurf, das Sie haben jetzt vorgestellt vor wenige Tagen?" Schabowski reagierte irritiert, glaubte, die neue Verordnung sei schon bekannt gegeben worden, und kramte den Text hervor, offenbar jenen, den ihm Krenz mitgegeben hatte, und las hastig vor: „Privatreisen nach dem Ausland können ohne Vorliegen von Voraussetzungen (Reiseanlässe und Verwandtschaftsverhältnisse) beantragt werden. Die Genehmigungen werden kurzfristig erteilt. ... Ständige Ausreisen können über alle Grenzübergangsstellen der DDR zur BRD beziehungsweise zu West-Berlin erfolgen." Als der *Bild*-Reporter Peter Brinkmann nachfragt: „Wann tritt das in Kraft?", sucht Schabowski auf seinem handschriftlichen Notizzettel nach einem Hinweis – da stand aber nichts. Statt korrekt zu informieren: „Morgen früh", stotterte er die schicksalhaften Worte: „Das tritt nach meiner Erkenntnis ... ist das sofort, unverzüglich."

Der Reporter der *Berliner Zeitung* vermerkte: „Erregte Fragen und Zurufe unter den etwa 200 Journalisten aus dem In- und Ausland." Egon Krenz schrieb: „Schabowski löste durch seine Unkonzentriertheit Verwirrung aus."

Danach war die Welt eine andere. Ob die SED einen Parteitag oder eine Parteikonferenz einberufen würde, um eine Systemerneuerung zu beschließen, war nicht mehr von Belang. Nicht jeder hat es sofort, unverzüglich, gemerkt. Die spätere Kanzlerin Angela Merkel ging in die Sauna und dann schlafen. Schabowski holte noch seine Tasche aus dem nahen ZK-Gebäude, fuhr nach Hause in die Politbürosiedlung Wandlitz und gab später zu Protokoll, er habe „keinen Moment daran gezweifelt, dass alles so laufen würde wie beschlossen, also die Bürokratie funktioniert, die Grenzöffnung wird am 10. November wirksam". Bo Adam, Journalist der *Berliner Zeitung*, der an Ort und Stelle die Pressekonferenz verfolgt hatte, berichtete seiner Frau, der Autorin dieses Textes, was ihm wichtig war: die Chancen für eine neue DDR. Der Fernseher blieb aus. Am nächsten Morgen hörte man im RIAS, was los war, und fand leere Redaktionsräume vor – bis gegen Mittag übernächtigte und überwältigte Kollegen frisch aus dem Westen eintrafen.

Um 19.04 Uhr hatte Reuters als Erste die Nachricht verbreitet; in derselben Minute lief der vollständige Text der offiziellen Pressemitteilung mitsamt korrektem Datum des Inkrafttretens über die offizielle DDR-Agentur ADN. Um 19.05 Uhr sprach AP von „Grenzöffnung", 19.17 Uhr zeigte das ZDF die heißen Schabowski-Passagen. ANSA meldete 19.31 Uhr den Fall der Berliner Mauer. Um 20 Uhr hatten sich etwa hundert Leute an Grenzübergängen in Berlin versammelt. Da meldete die *Tagesschau:* „Reiseverkehr frei. Tore in der Mauer weit offen. Völlig komplikationslos nach West-Berlin". Das war falsch, doch es wirkte: Tausende machten sich auf den Weg.

Egon Krenz erinnert sich an den Fortgang seiner „schwersten Nacht": Erich Mielke, Minister für Staatssicherheit, habe gegen 21 Uhr telefonisch gefragt: „Was sollen wir machen?“ Nach vergeblichen Versuchen, Verteidigungsminister Heinz Keßler zu konsultieren, entschied Krenz: „Wir werden ja wegen der paar Stunden bis zum 10. November nicht noch eine Konfrontation mit der Bevölkerung riskieren“ und ordnete an: „Hoch mit den Schlagbäumen.“ Um 23.29 Uhr war der Weg an der Bornholmer Straße nach Westen frei, kurz nach Mitternacht öffneten auch Übergänge in die Bundesrepublik – und die Leute riefen: „WAAAhnsinn!“

In jener Nacht fiel nicht die Berliner Mauer, aber die Grenze war offen. Ein rauschhaftes Austesten der neuen Möglichkeiten setzte ein. Von der Westseite – und nur von dort – erkletterten beseelte Menschen die Mauer am Brandenburger Tor. Die Bilder gingen um die Welt und erwecken bis heute den Eindruck, auch das deutsche Nationalheiligtum sei sofort, unverzüglich, passierbar gewesen. Das aber dauerte bis zum 22. Dezember. Bundeskanzler Helmut Kohl und der neue DDR-Ministerpräsident Hans Modrow schritten gemeinsam hindurch. Die kurze Amtszeit von Egon Krenz war am 6. Dezember zu Ende gegangen.

Die Geschichte des Sprechzettels wurde 2015, in Schabowskis Todesjahr, noch einmal spannend und ist bis heute ein Streitfall. Da kaufte das Haus der Geschichte in Bonn das historische Dokument für 25 000 Euro von einer geheim gehaltenen Person. Auf der Internetseite des Museums heißt es, die Notizen hätten als verschollen gegolten, bis man 2015 „nach intensiven Recherchen“ das Original-Dokument in seine Sammlung habe übernehmen können. Die Authentizität sei bewiesen, unter anderem durch eine persönlich unterschriebene Bescheinigung Schabowskis. Aber wer war der Verkäufer? Das Haus der Geschichte verweigert die Auskunft. Im Juni 2023 ordnete das Verwaltungsgericht Köln an, das Museum müsse der Presse den Namen nennen. Geklagt hatte ein Journalist der *Bild*-Zeitung. Es läuft ein Beschwerdeverfahren des Museums. Das Haus beharrt, alles sei transparent und rechtmäßig abgelaufen. Man habe dem Verkäufer Anonymität zugesichert.

Bekannt ist, dass es einen sogenannten Erstverkäufer gab, der den Zettel an einen Zweitverkäufer veräußerte. Laut Urteil müsste das Museum beide Namen, nicht jedoch den Wortlaut der Vereinbarung nennen. Hinsichtlich der Namen sei das Informationsinteresse der Presse höher zu bewerten als die Interessen des Zweitverkäufers. Da das Haus der Geschichte mit öffentlichen Mitteln finanziert werde, bestehe ein generelles öffentliches Interesse an der Aufklärung der Erwerbshintergründe. Auf Nachfrage erfuhr die *Berliner Zeitung* im März 2023: Die Sache liege beim Gericht.

Irina Schabowski, die Frau des Zettelurhebers, spricht klar vom „kaltblütigen Verkauf einer gestohlenen Sache“. Die Familie habe Anfang der 1990er-Jahre ein paar Dokumente, darunter den berühmten Zettel, auf Drängen an Bekannte gegeben, die sich das näher ansehen wollten. Sie habe trotz wiederholter Bitten nichts zurückbekommen. Handelt es sich hier um einen Fall für die Aufarbeitung von DDR-Unrecht?

DIE GLÄSERNE BLUME

Das Glanzstück vom Palast der Republik und sein schmachvolles Ende

Einst stand sie im Foyer des Palasts der Republik, die große „Gläserne Blume". Einfach schön und für DDR-Verhältnisse ungewöhnlich unideologisch. Sie feierte weder den Vormarsch des Sozialismus noch verherrlichte sie die führende Partei oder die historische Mission der Arbeiterklasse. Das machte sie wohl so populär.

Vor dem Abriss des ebenso beliebten Universal-Kulturhauses verschwand die Glasskulptur unter üblen Umständen. Eine offenkundig nicht geeignete Firma zerlegte sie, der Metallschaft wurde beschädigt. Das Bundesamt für zentrale

Dienste und offene Vermögensfragen übernahm zehn in Transportrahmen fixierte Glaselemente, die in zwei Hemisphären geteilte und auf Platten gelagerte grüne Kugel und sonstige in Kisten verpackte Einzelteile. Seit der Übergabe an das Deutsche Historische Museum lagert das unhandliche Sammelsurium in einem Depot.

Immerhin: Ein bedeutendes deutsches Museum erachtete das Kulturgut für aufbewahrenswert. Man weiß ja nie, was kommt. Anders als die Freunde der Palastliquidierung womöglich kalkuliert hatten, wuchs das dekorative Kunstobjekt in Abwesenheit zum Symbol nicht nur des versunkenen Palastes, sondern gleich der ganzen abgewickelten DDR. Mehr als 30 Jahre nach Schließung des Gebäudes wegen Asbestbelastung bringt die Erwähnung des Palastschmuckes immer noch die Gemüter in Wallung. In einem Brief an die *Berliner Zeitung* schrieb eine Leserin im Jahr 2020: „Für die Gläserne Blume würde ich auf die Straße gehen."

28 Jahre lang protestierten Bürger hartnäckig gegen den Abriss des Palastes der Republik, zum Beispiel durch „sanfte Belagerungen". Erst als das rekonstruierte Schloss wieder an alter Stelle stand, hörte man die Betreiber von der Stiftung Humboldt Forum sagen: „Heute würde man das nicht mehr machen" – gemeint war der Abriss, und es schwang Bedauern mit über den Verlust vieler Bauten der Ost-Moderne. Mit Schmerzen denkt man an die Vernichtung der Gaststätte Ahornblatt, des grandiosen Schalenbaus auf der Fischerinsel. Dieses schwungvolle Bauwerk stand unter Denkmalschutz – geschützt wurde es nicht. Jetzt sieht es so aus, dass es anderen, mittlerweile unter Denkmalschutz stehenden Bauten wie dem Haus des Lehrers oder dem Rathaus von Marzahn besser ergeht.

Was den DDR-Bürgern Palast und Blume bedeuteten, verraten einige Zahlen. Von der Eröffnung am 26. März 1976 bis zur Schließung am 19. September 1990 hatte das Haus 70 Millionen Gäste – viermal die Bevölkerung der ganzen kleinen DDR. Fünf Millionen im Jahr. Eine unfassbar große Zahl. Die meisten betraten das Haus durch den Haupteingang und standen sofort im Foyer – 86 Meter lang, 42 Meter breit, acht Meter hoch über zwei Etagen – und sahen die Gläserne Blume: mit blankem Edelstahl-Schaft, blitzender grüner Innenkugel und kristallen funkelnden Blättern. Fünf Tonnen schwebten da 5,20 Meter hoch und leicht im Raum, enorm präsent trotz der erstaunlichen Transparenz. Die runde Form entsprach den mehr als tausend Kugelleuchten. Die Idee, das

Foyer zum repräsentativen Empfangssalon fürs Volk zu machen, ging auf. Galt die Weltzeituhr auf dem Alexanderplatz für die umstandslose Verabredung als beste Wahl, so waren das für den gepflegten Nachmittag die gemütlichen Sofas an der Gläsernen Blume.

Die Geschichte ihrer Entstehung erzählt von einem komplexen kreativen Prozess, über den Richard Wilhelm, gemeinsam mit Reginald Richter Schöpfer der Blume, als 87-Jähriger lebhaft berichtete. Der Glaskünstler aus einer Bautzener Glasmacherfamilie mit 300-jähriger Tradition, Jahrgang 1932, erinnerte sich an die Anfänge: Im Frühjahr 1974 habe ihn Palastarchitekt Heinz Graffunder gefragt, wie man wohl die mit poliertem weißem Marmor belegte Fläche des Foyers mit einem Zentrum, einem optischen Höhe- und Haltepunkt versehen könnte.

Graffunder wusste um die Platzangst, die Menschen vor großen, leeren Flächen zurückschrecken lässt. Statt diese zu betreten, weichen sie an die Ränder aus. Doch es sollte ja ein erhebendes Zu-Hause-Gefühl entstehen, ein Gesamtwerk von großer Schönheit. „Denk dir was aus, aber halt die Klappe", so lautete Graffunders Auftrag. Wilhelm dachte sich was aus: zum einen ein Trio der geometrischen Grundformen Kubus, Kugel, Pyramide – zum anderen einen Baum. So sah die Urversion der späteren Blume auch aus; im Geäst hingen rote Früchte.

Der Baum gefiel, Graffunder stellte ihn dem obersten Bauherrn der Republik, Erich Honecker, vor – auch der war angetan. Doch statt der Früchte sollten es ausladende Blätter sein – und wenig Farbe. Die brachten schon die großen Gemälde an den Wänden ins Revier. Zudem waren hochwertige Polstermöbel, feines rotes Leder, für das Staatswohnzimmer vorgesehen.

Bis zum Fertigstellungstermin Anfang 1976 war Eile geboten. Insgesamt fünf Leute legten in der Magdeburger Glaskünstlerwerkstatt, die Wilhelm 1953 gegründet hatte, los. Reginald Richter, einer der Besten im Kollektiv der Glaskünstler, widmete sich vor allem den großen kristallenen Blättern und deren Ornamenten. Wilhelm übernahm die grüne Kugel und die Gesamtleitung.

Von der Palasteröffnung weiß er eine echte DDR-Anekdote zu erzählen. Honecker habe dabei „die Blume" gepriesen, und prompt stand es am Tag darauf genau so in der SED-Parteizeitung *Neues Deutschland*. Wilhelm bestand darauf, das Werk sei ein Baum und bat im Kulturressort des Zentralorgans um Korrektur. Die Antwort: „Wenn der Staatsratsvorsitzende sagt, es ist eine Blume, dann bleibt es eine Blume." Hübsche Geschichte, allerdings wird die Glas-Stahl-Plastik als Teil der Foyer-Konzeption „Wenn Kommunisten träumen" schon im Werkvertrag mit den beiden Künstlern von 1975 als „Palast-Blume" bezeichnet.

Lothar de Maizière, als erster frei gewählter Ministerpräsident der DDR zugleich ihr Abwickler, räumte 2016 ein, dass sich „unheimlich viele positive Alltagserlebnisse mit diesem Palast" verbanden, und vermutete zu Recht, den Abriss mit dem als Brandschutzmittel in Ost und West in den 1970ern verbauten Spritzasbest zu begründen, sei den Leuten wie eine „Scheindiskussion" vorgekommen. Sie hätten das Gefühl gehabt: „Die meinen nicht das Gebäude." Zuerst gab es um 2006 im Deutschen Historischen Museum (DHM) unter dem damaligen Generaldirektor Hans Ottomeyer Überlegungen, die Blume oder Teile davon zu zeigen. Doch schreckte man vor dem kompliziert aufgebauten Kunstobjekt zurück. Als Nächste zeigte die Stadt Magdeburg Interesse an einer Rückholung der Blume an ihren Entstehungsort. Im März 2011 beauftragte der Stadtrat den Oberbürgermeister, mit dem Verwahrer DHM sowie dem Bund als Eigentümer über eine Dauerleihgabe zu verhandeln. Möglicher Standort: das Foyer des MDR-Landesfunkhauses. Auch daraus wurde nichts.

Die Berliner Öffentlichkeit wusste nichts von den Überlegungen, wurde aber hellwach, als zur Grundsteinlegung des Schlosses im Jahr 2013 Bau-Chef Manfred Rettig, Vorsitzender und Sprecher der Stiftung Humboldt Forum im Berliner Schloss, wünschte, „dass die Gläserne Blume zurückkehrt". Rettigs Nachfolger Johannes Wien nährte Hoffnungen, als er während eines Expertengesprächs über das entstehende Humboldt Forum (HUF) am 26. Februar 2016 sagte: „Wir waren aber schon ein bisschen begeistert und sagten: Wäre das nicht eine gute Idee?"

Carola Jüllig, Expertin vom HUF, nannte die Blume „das Objekt, auf das alle warten". Diese sei „wirklich ein Zeichen". Zugleich sprach sie von einem „Objekt, das an sich gar nicht zu bewältigen ist". Ihr Haupteinwand gegen einen Wiederaufbau: Im Foyer des Palastes sei die Blume in ein eigenes Fundament eingemauert gewesen. So etwas bräuchte man nun wieder. Wolf R. Eisentraut, seinerzeit als Architekt für den Mittelteil des Palastes, also auch das Foyer, zuständig, weiß von einer solchen Besonderheit nichts.

Von Lust auf das Original war 2019 bei den HUF-Ausstellungsmachern keine Rede mehr. Abgelöste Glasornamente, Fundament, Sicherheit und ähnliches – alles wurde großgeredet. Zu allem Überfluss hatte das Humboldt Forum Reginald Richter allein beauftragt, eine 1:10-Replik der Blume herzustellen – ohne den Mitschöpfer Wilhelm auch nur zu informieren. Urheberrechte waren verletzt, man bekam eine Klage an den Hals. Das Landgericht Berlin untersagte in seinem Urteil vom 7. Mai 2019 der Stiftung Humboldt Forum, die Nachbildung auszustellen oder ausstellen zu lassen. Begründung: Es handle sich um ein rechtswidrig hergestelltes Vervielfältigungsstück.

Im 2021 eröffneten HUF hat die Gläserne Blume als Teil einer Videowand einen platten, flüchtigen Auftritt. Rudolf Denner, Sprecher der Bürgerinitiative Freunde des Palastes der Republik, gab sich damit nie zufrieden und ließ auch die Ausreden – die Blume sei beschädigt, ein Nachbau zu teuer – nicht gelten. „Es wird so vieles rekonstruiert, sogar ein ganzes Schloss. Da wird man doch ein Glasobjekt nachbauen können", sagte er. Es fehle der Wille.

Fritz Backhaus, Sammlungsleiter im DHM, schloss nicht aus, der Blume in einer neuen Dauerausstellung einen Platz einzuräumen. Das Ende der Geschichte von der Gläsernen Blume ist noch nicht gekommen.

DIE AMTSKETTE DES OBERBÜRGERMEISTERS

Wiedergefundene Tradition
städtischer Hoheitszeichen

Sie war weg. 25 Jahre lang suchten Mitarbeiter im Roten Rathaus unter wechselnden Hausherren nach der mysteriösen Amtskette des Oberbürgermeisters. Keine Spur. Vielleicht war die Suche auch nicht besonders energisch, denn es handelte sich um ein Objekt aus dem Osten, also irgendwie auch degoutant. An der Existenz des Würdezeichens bestand kein Zweifel, auf vielen Fotos prangte die Kette auf der Brust des Ost-Berliner Oberbürgermeisters. Bis 1989. Danach hatte sie niemand mehr gesehen.

Im Wiedervereinigungseifer war sie abhandengekommen. Hatte ein ausscheidender Mensch aus dem Ost-Berliner Magistrat nach der Wiedervereinigung der Stadtverwaltung Ost und West ein Souvenir mitgehen lassen? Oder hatte ein übereifriger Organisator der Übernahme des Roten Rathauses am 1. Oktober 1991 das Stück auf dem Müllhaufen der Geschichte entsorgt wie so manches in jener Zeit?

Alle Mutmaßungen erledigten sich, als Michael Müller, SPD, der Ende Dezember 2014 das Amt des Regierenden Bürgermeisters von seinem Parteikollegen Klaus Wowereit übernommen hatte, gründlich suchen ließ. Im August 2015 erfuhr die Öffentlichkeit: Sie ist wieder da. In einer Abstellkammer unterm Dach zwischen Aktenstapeln und offiziellen Präsenten war ein großer, grauer Stahlschrank aus Ost-Zeiten als möglicher Aufbewahrungsort identifiziert worden. Schon frühere Beamte im Roten Rathaus hatten ihn im Auge gehabt, aber der Schlüssel war weg. Michael Müller, der seine kaufmännische Lehre bei einem Schlüsseldienst absolviert hatte, wusste: Es gibt keinen Tresor, den man nicht öffnen kann. Offiziell beauftragte Spezialisten knackten den Tresor ohne Probleme.

Tatsächlich lag darin wohlverwahrt in einer Schatulle das mittlerweile historische Stück. Als die DDR die 750-Jahr-Feier Berlins vorbereitete, war der Beschluss zu ihrer Anfertigung vom Organisationskomitee ausgegangen. Der damalige Oberbürgermeister Erhard Krack, SED, gehörte dem Komitee an, das die opulenten Feierlichkeiten ausrichtete. Das Herzstück der Amtskette zeigt in einem Medaillon das Wappen der DDR mit Hammer, Zirkel und Ährenkranz. Darüber, auf einer deutlich kleineren Medaille, ist der Berliner Bär als Symbol der Stadt platziert. Die Umschrift lautet „Der Oberbürgermeister von Berlin", darüber die fünftürmige Mauerkrone aus dem amtlichen Berliner Wappen von 1935, das Ost-Berlin weiterführte als sich West-Berlin 1954 mit einem neuen Wappen versah: dem aufrecht gehenden Bären mit Laubkrone und Mauerstreifen im Stirnreif. Seit 1990 gilt dieses Hoheitszeichen in der ganzen Stadt. Rechts und links neben der Bärenmedaille wurden zwei historische platziert: rechts das älteste bekannte Siegel der Stadt Berlin von 1253, das den brandenburgischen Adler in einem Kleeblattbogen und eine dreitürmige Burg zeigt. Auf der anderen Seite prangt das Große Wappen von Berlin aus dem Jahr 1709. Die elf darüber zu sehenden Medaillen der Kette zeigen die Wappen der damaligen Ost-Berliner Stadtbezirke.

Die Kette sei offenbar vergoldet, das Hauptmedaillon mit dem DDR-Emblem liege schwer in der Hand, die Kettenglieder seien dagegen sehr leicht, teilte die Senatsverwaltung auf Anfrage mit. Eine Materialanalyse wurde nicht angestellt. Aber man darf davon ausgehen, dass es sich um vergoldete Silbermünzen handelt. Der Rest ist wohl Talmi. Von 10 000 DDR-Mark Anfertigungskosten war seinerzeit die Rede. Die Kette ähnelt in manchen Elementen jener, die Berliner Bürgermeister im 19. Jahrhundert trugen. Sie ist seit dem Zweiten Weltkrieg verschollen. Die Gestalter des neuzeitlichen Renommierstückes übernahmen vor allem die ovale Form der Kettenglieder.

Die Ost-Berliner sparten damals nicht mit Spott. Zwar kam die Rückbesinnung auf das geschichtliche Erbe im Zusammenhang mit der 750-Jahr-Feier an, doch die protzige Amtskette erschien vielen albern. Als aber der Alte Fritz hoch zu Ross aus seinem Potsdamer Exil wieder an den alten Platz Unter den Linden zurückkehrte, sang Gisela May: „Der Alte Fritz ist wieder da, am alten Platz, hurra, hurra!" Auch das wiederaufgebaute Nikolaiviertel, teils als historisierende Platte, teils mit originalgetreu rekonstruierten Leitbauten, gefiel durchaus.

Historisch geht die Bürgermeisterkette nicht etwa auf das Mittelalter zurück, wie vielfach angenommen wird. Vielmehr sah die von Freiherr von und zum Stein 1808 erarbeitete Städteordnung, die den Kommunen das Selbstverwaltungsrecht übertrug, in Paragraf 208 Amtszeichen vor für Mitglieder des Magistrats, der Stadtverordnetenversammlung, für Bezirksvorsteher und Bürgerbeisitzer. In den großen Städten sollten die Magistratsmitglieder und Stadtverordneten die Medaillen an goldenen Ketten tragen. Stein und sein sparsamer König wollten den Amtsträgern Ehre verschaffen, dafür am Gehalt knapsen.

Berlin bekam 1836 als erste preußische Stadt eine solche Bürgermeisterkette. Die ist wohl für immer weg, doch einige Bezirke besitzen noch ihre Originale von damals, zum Beispiel Neukölln, wo Franziska Giffey als Bürgermeisterin das bis auf den Nabel reichende Stück bei offiziellen Anlässen gerne trug. Das wird der wiedergefundenen Ost-Kette wohl nicht vergönnt sein. 2023 war sie nicht einmal ausgestellt im Roten Rathaus.

Aber Wappen und Siegel haben als Hoheitszeichen in Berlin eine Tradition, die bis in die Gründungszeit der Stadt zurückgeht. Vom ältesten Siegel war schon die Rede. Darin tritt der Adler der askanischen Landesherren noch als einziges Wappentier auf. Um 1280 taucht zum ersten Mal der Bär auf, gleich doppelt steht er als Schildhalter rechts und links neben dem landesherrlichen Adler. 1338 erschien der Bär schon als Hauptfigur, ein winziger Adler schwebt nun in einem Schild im Wappen über dem auf allen Vieren gehenden Bären. Eine zierliche Schnur verbindet beide. Der Historiker Werner Vogel vertritt in seinem Buch *Berlin und seine Wappen* die These, die selbstbewussten Bürger der aufblühenden Stadt Berlin hätten in ihrem Siegel den Stadtnamen symbolhaft ausdrücken wollen und dafür volksetymologisch die erste Silbe gewählt – die klang wie Bär. Ursprünglich leitet sich der Stadtname ab vom wenig glanzvollen slawischen Wort Brlo: trockene Stelle im Sumpf.

Das aktuell gültige Landeswappen zeigt in silbernem Schilde den aufgerichteten schwarzen Bären mit roter Zunge und roten Krallen. Ein kampflustiges, wehrhaftes Tier. Auf dem Schild ruht eine goldene, fünfblätterige Laubkrone, deren Stirnreif aus Mauerwerk mit einem Tor in der Mitte ausgestattet ist. Diese Krone besteht aus einer in der deutschen Wappenlandschaft einzigartigen Kombination: Die Mauer steht für „Stadt", das Laub darüber für „Land" – Berlin ist Stadt und Land zugleich. Das in der Mauer zu sehende Tor unterstreicht den Charakter als Stadtmauer.

So wild und frei wie in der Gegenwart durfte der Bär nicht immer auftreten: Als der Hohenzoller Friedrich II., genannt Eisenzahn, Berlin zu seiner Hauptresidenz erwählte, errichtete er gegen den Willen der herrschenden Patrizier an der Spree das Schloss und nahm den Bürgern wichtige Privilegien. 1448 sieht man dann auch im Siegel, wie sich ein mächtiger, landesherrlicher Adler auf dem Rücken des Berliner Bären niedergelassen hat und sich in sein Fell krallt. Und der Bär trägt ein Halsband! Fortan erschien er auch mal mit Eisenring und Kettengliedern, die ihn an den Adler binden.

Ein Stadtwappen im eigentlichen Sinne, also nicht nur als Siegel, tritt nach der Erhebung Berlins zur Königsresidenz auf. Nach seiner Selbstkrönung zum König in Preußen am 18. Januar 1701 verlieh Friedrich I. seiner Residenz ein Einheitssiegel und das entsprechende Wappen in barocker Gestalt: dreigeteilter goldener Schild, seitwärts eingesteckt grünes Blattwerk mit roten Früchten, oben links ein schwarzer preußischer Adler, rechts der rote brandenburgische, darunter im dritten Feld der aufrecht schreitende Bär, rotbezungt, goldbewehrt, mit goldenem Halsband, immerhin keine Kette.

Auch der nächste Umsturz spiegelte sich im Wappen: Napoleons Siegeszug brachte 1806 den preußischen Staat zum Einsturz, zugleich belebte die Französische Revolution den Wunsch nach bürgerlichen Rechten und Freiheiten. Von 1838 an ragt über den Adlern und dem Bären eine fünftürmige Mauerkrone auf, ein städtisches Symbol, das in der preußischen Heraldik bislang nicht vorgekommen war – eine Übernahme französischer Gepflogenheiten.

Am 1. Oktober 1875, vier Jahre nach der Gründung des Deutschen Reiches und dem Aufstieg Berlins zur Kaiserstadt, wird endlich der Berliner Bär durch Magistratsbeschluss von seinem Halsband, dem „Zeichen der Knechtschaft", befreit. Mit dem Untergang der Monarchie 1918 verlor er auch die begleitenden Adler und avancierte zum einzigen Wappentier.

1935 modernisierten die Nationalsozialisten die Ästhetik, nun stand der Bär frei von Zotteln, über ihm eine hohe Mauerkrone. Ost-Berlin übernahm dieses Stadtwappen, präsentierte aber lieber das DDR-Emblem Hammer-Zirkel-Ährenkranz – so auch in der neuen Amtskette.

West-Berlin entschied sich 1954 für ein eigenes Hoheitszeichen. Es gilt bis heute, seit 1990 für die ganze Stadt.

DIE TÜR VOM „TRESOR"

Berliner Untergrund dreier Epochen

Ins Freie führte diese Tür nie. Was für weite Gefilde sollten schon liegen hinter Stahlplatten, eingepasst in monströs dicke Stahlrahmen, zu verschließen mit mächtigen runden Stahlbolzen, die sich durch das Türblatt in die Rahmen schieben? Und doch lag hinter der einschüchternden Tresortür – rostig, rau, grob, 3,5 Tonnen schwer, 2,30 Meter hoch, etwa einen halben Meter dick – fast 15 Jahre lang ein Raum der Freiheit.

Wer diese Tür zwischen 1991 und 2005 glücklich passiert hatte, stand im weltberühmten Techno-Club Tresor. Dort, unter einer Decke aus Eisenträgern im Untergrund der Leipziger Straße 126a, drängten sich im Dunkel, umwabert von Kunstnebel unter Stroboskopblitzen dicht an dicht Menschen, der narkotisierenden Wirkung harter Techno-Beats verfallen. Solange das Schwitzwasser der Tanzenden von den Wänden rann, zuckte hinter der Stahltür der Nabel der Techno-Welt.

Von dort verbreitete sich die neue Musik als Techno-Bewegung in der ganzen Welt. Und für Berlin begann dort eine der aufregendsten Nachwende-Geschichten – ohne Staatsknete, ohne Kulturförderung oder große Worte, dafür mit Eigeninitiative, Risikobereitschaft, Bürgersinn und Lust an der Zwischennutzung. Ganz klar: Ohne den Club Tresor sähe die Berliner Szene heute anders aus – ach was, Berlin wäre eine andere Stadt.

Das war das letzte Kapitel der Tresortür-Geschichte. Es hat drei Vorläufer. Eines berichtet vom exemplarischen Aufstieg einer modernen, ideenreichen, geschäftstüchtigen jüdischen Familie in der Kaiserzeit und den Zwanzigerjahren, ein zweites von deren Ausgrenzung, Verdrängung und Vernichtung, das dritte von Jahrzehnten des Versunkenseins im unbewohnten Grenzland an der Trennlinie des Kalten Krieges zwischen Ost und West. Schier unglaublich, wie sich in diesem Rostmonster mehr als hundert Jahre Berliner Geschichte bündeln.

Als die Tür noch nicht rostig war, in ihrem ersten Leben, herrschte um sie herum ehrfürchtige Stille. Nur Mitarbeitern der Wertheim Bank und deren vermögender Kundschaft war es erlaubt, sie zu durchschreiten. Sie schützte die in der Stahl- und der Silberkammer sowie in Schließfächern lagernden Wertpapiere und kostbaren Objekte. Jede Nummer an einem der Schließfächergestelle, die direkt im Raum hinter der Tür die Wände bedeckten, stand für einen Kunden, der hier sein Wertvollstes lagerte.

Ab 1926 residierte die Bank in der Leipziger Straße 126a, sie gehörte zum Handelsimperium der Familie Wertheim. Gleich nebenan, im riesigen, sich bis zum Leipziger Platz erstreckenden Wertheim-Kaufhaus breitete sich auf 27 000 Quadratmetern Verkaufsfläche das Konsumparadies der nicht überall so goldenen Zwanzigerjahre aus. Dort lag, was die Industrialisierung zu bieten hatte. Vom gereiften Ziegenkäse bis zur Parsifal-Partitur habe es dort alles gegeben, schrieb ein Besucher aus Wien. Die Berlinerinnen und Berliner strömten hin – viele nur zum Schauen und Träumen.

Der wirtschaftliche Aufstieg der Familie begann in Stralsund. Dort hatte Ida Wertheim den müde laufenden Handel ihres Mannes Abraham mit Borten und

Quasten in Schwung gebracht. Immerhin waren neun Kinder zu versorgen. Ihre Methode: viel Umsatz, kleine Gewinnspanne, Familienkontakte nutzen. Die Söhne Hugo und Georg traten ins Geschäft ein, man expandierte nach Rostock, Berlin und Breslau, und zwar mit dem richtigen Gespür: Die neuen Industrien warfen massenhaft Waren aus. Kaufhäuser für die Massenkundschaft und der Direktbezug von der Industrie ohne Zwischenhändler waren die Lösung. Die Konkurrenz, in Berlin vor allem Tietz und Karstadt, belebte das Geschäft.

Wertheim überstand den Ersten Weltkrieg, blühte in den Zwanzigern und trotzte der Weltwirtschaftskrise. Die antisemitische Politik der Nationalsozialisten traf Wertheim unmittelbar, schon im März 1933 ergingen Aufrufe zum Boykott jüdischer Geschäfte. Um die Firma zu retten, übertrug Georg Wertheim seine gesamten Aktien an seine nichtjüdische Frau Ursula. 1935 verlangten Banken von dieser, ihre Anteile der Verwaltung eines neu gegründeten Konsortiums zu überlassen. Angeblich unterlag sie zu stark dem Einfluss ihres Mannes. Der zog sich am 1. Januar 1937 vollständig zurück. Die schrittweise „Arisierung" wurde mit der Namensänderung vollendet: Wertheim verschwand hinter AWAG (Allgemeine Waren-Handelsgesellschaft). Die Schikane blieb. 1938 erging an Georg Wertheim die Forderung, sich scheiden zu lassen. Er tat es, um seiner Frau die verbliebenen Anteile zu erhalten. Er starb am 31. Dezember 1939 mit 82 Jahren. Von den 38 Mitgliedern der Familie, die 1933 lebten, kamen fünf in Lager, drei von ihnen starben in Auschwitz, zwei überlebten.

Den Wertheim-Komplex an der Leipziger Straße trafen im Januar 1944 Bomben. Nach dem Krieg lagen die Immobilien im Ostteil der Stadt. Die sowjetische Administration überführte sie in Volkseigentum. Mit dem Abriss der Ruine 1955/56 entstand ein frei einsehbarer Grenzstreifen an der Sektorengrenze.

Am 12. November 1989 war es vorbei mit der Stille. Drei Tage nach der Grenzöffnung an der Bornholmer Straße entstand auch in der Leipziger Straße, Höhe Potsdamer Platz, ein Grenzübergang. Nicht nur DDR-Bürger reisten in den Westen. Auch West-Berliner entdeckten die neuen Möglichkeiten im Osten. Unter ihnen der Kulturorganisator Dimitri Hegemann.

Der damals 35-Jährige, der in West-Berlin die Freiheit suchte, hatte gespürt, wie eng es dort in den 1980ern geworden war. Kein Platz für Experimente – bis der Mauerfall unfassbare Freiräume öffnete. Die Suche führte an einem kalten nebligen Tag im Winter 1990/91 auf eine der Brachen an der Leipziger. In einer Baracke entdeckten er und zwei Freunde hinter einem Regal eine Tür. Im Schein ihrer flackernden Feuerzeuge stiegen sie die Treppe hinunter – und standen im Jahrzehnte zuvor verlassenen Tresorraum der Wertheim Bank. „Da waren nicht mal Mäuse, nur sehr alte Luft", beschreibt Dimitri Hegemann das erste Mal. „Wir waren alle sehr still, hatten ja keine Ahnung, wo wir waren. Aber ich habe sofort die Wände reden hören. Das Dunkel steckte voller Energie", sagt er und: „Ich wusste: Hier wird Großartiges passieren."

Am 31. März 1991 öffnete der Club Tresor, und Techno passte „brutal gut zu den Räumen“, wie Clubgründer Hegemann sagt: Diese Musik war neu, wild und roh, frisch aus den rostigen Stahlfabriken von Detroit nach Europa gekommen. Sie brauchte keine Band, nur ein bisschen Elektronik. Da gab es kein „baby-I-love-you“, überhaupt keinen Text, keine Stimmen, nichts, was von dem monotonen Rhythmus ablenkte. Jeder konnte seine eigenen Grenzen beim Eintauchen in den Sound überwinden, eine Entdeckungsreise zu sich selbst antreten. Dimitri Hegemann erinnert sich: „Das mochten die Berliner Kids in Ost und West. Das verstanden auch die Leute, die aus dem ehemaligen Ostblock kamen und kein Englisch konnten. Darauf konnten sich alle einlassen. Und schließlich akzeptierte es die ganze Welt.“ So entstand der Soundtrack der Wiedervereinigung. Die Clubbetreiber hangelten sich von Kurzzeitvertrag zu Kurzzeitvertrag.

Dass am 26. April 2005 die letzte Party im Ur-Tresor stattfand, lag im Grunde an der Wiederherstellung rechtmäßiger Zustände: Die Bundesrepublik gab die Grundstücke an die Wertheim-Erben zurück. Die verkauften an einen Investor, der ein langweiliges Bürohaus baute. Hegemann hat die Erben noch in den Tresor geführt und sie gefragt, ob sie dieses Andenken an „Onkel Georg“ nicht sichern wollten. Sie wollten nicht, aber er durfte „den ganzen Schrott“ mitnehmen in den neuen Club. Als die Bagger auf der Baustelle die Decke aufbrachen, hob ein Kran die Tür und die Schließfächer auf Tieflaster. Die Idee, alles im neuen Tresor im Heizkraftwerk an der Köpenicker Straße einzubauen, scheiterte.

Seit 2021 steht die Tresortür als größtes Objekt in der Ausstellung *Berlin Global* im Humboldt Forum, flankiert rechts und links von rostigen Schließfachregalen. Jeder darf hindurchgehen, das eigenwillige Museumsobjekt anfassen, mit den Fingern über die scharfen Spuren gleiten, die Metallräuber, sogenannte Scraper, mit ihren Trennschleifern hinterlassen haben. Als Graffito ist auf der Tür das Logo des Tresors aufgesprüht: ein Kreis mit einem Punkt in der Mitte, darunter zwei kräftige Linien: die aufgehende Sonne über dem Horizont. Der Ursprung der Symbole liegt in der Tresortür selber. Es waren die runden Öffnungen, durch die sich die Schließbolzen schoben.

Niemand kam je auf die Idee, das Feiern im Tresorraum, aus dem die jüdischen Eigentümer vertrieben wurden, pietätlos zu finden. Der Club war schließlich ein Ort der Völkerverständigung, sagt Hegemann, eine „soziale Plastik“, entstanden aus der Begegnung von Menschen.

Hegemann hat das symbolträchtige Schwergewicht Tresortür Berliner Kulturleuten angeboten. Keiner hat es verstanden – erst ein Amsterdamer begriff sofort, dass diese Tür hundert Jahre Berliner Geschichte erzählt. Paul Spies, seit 2016 Direktor des Stadtmuseums, holte sie als Dauerleihgabe ins Humboldt Forum. Bis auf Weiteres also. Vielleicht verkauft Dimitri Hegemann die Tür irgendwann. Vielleicht nach Detroit, Quelle des Techno, sinniert er. Man traut der Stadt Berlin zu, dass sie dem nicht zuvorkommt.

LENINS KOPF
UND BERLINS ERBE

Ein Schauplatz der Nachwende-Kämpfe

Als der Lenin von Berlin zu Weltruhm kam, war seine Zeit als sowjetischer Anführer einer Weltrevolution längst vorbei. Der international erfolgreiche Film *Good Bye, Lenin!* lieferte im Jahr 2003 jene Bilder, die nun fest im kollektiven Gedächtnis haften: Da schwebte der Torso einer Bronzestatue vorbei an Ost-Berliner Plattenbauriegeln. Lenins rechter Arm wies nach vorne, sicherlich in die helle kommunistische Zukunft, unter dem linken Arm klemmte ein Buch.

Der Lenin vom Leninplatz sah anders aus: Die 19 Meter hohe Skulptur bestand aus rotem ukrainischem Granit. Aus einem massiven Sockel ragte der in einen Mantel gehüllte Körper, darüber der ebenso massive Kopf. Die rechte Hand war zur Faust geballt, die linke festgekrallt am Mantelkragen. Die Rückenfront bildete eine wehende Fahne nach. Allein der Kopf wog sieben Tonnen. Am 13. November 1991 hievte ihn ein Kran auf einen Tieflader.

Die Autorin dieses Textes sah vom Balkon ihrer Wohnung am Leninplatz 7, mit ihrem einjährigen Sohn auf dem Arm, zu und war wütend. So hatte sie sich die pluralistische Gesellschaft als Ersatz der ideologisch starren DDR nicht vorgestellt. Etwa vier Monate lang hatte sie zugesehen, wie eine Abrissfirma Tag für Tag das Monument des Moskauer Bildhauers Nikolai Tomski zerlegte und alle 129 Einzelteile in ihr Grab in eine Sandgrube im Köpenicker Forst abtransportierte. Dort sollte Lenin vergessen werden. Dass er später der Star der 2016 eröffneten Dauerausstellung *Enthüllt. Berlin und seine Denkmäler* in der Spandauer Zitadelle werden sollte, war in der Zeit des Nachwendefurors nicht vorstellbar.

Genau dort, in der Berliner Geschichtsdeponie, ruht seither der mannshohe steinerne Kopf auf dem rechten Ohr, dezent beleuchtet und durch ein Podium leicht erhöht, und sieht aus, als schliefe er mit offenen Augen. Aus dem Schädel ragen Metallösen wie Teufelshörnchen, eingebohrt für den Transport. Entrückt und präsent zugleich bildet er den Abschluss der Reihe von Denkmälern, die Berlin im Lauf der Jahrzehnte als politisch unerwünscht aus dem Stadtbild entfernte: die markgräflichen Stadtgründer, Bürgermeister, hohenzollernsche Kurfürsten, Preußenkönige und, als jüngste Zugänge, die Marmorstatuen der beiden Preußengeneräle Gerhard von Scharnhorst und Friedrich Wilhelm Bülow von Dennewitz, die sich in den antinapoleonischen Befreiungskriegen hervorgetan hatten – Kunstwerke des berühmten preußischen Bildhauers Christian Daniel Rauch. Sie wurden im Herbst 2021 von ihrem Standort Unter den Linden in die Zitadelle gebracht, vorgeblich um sie vor witterungsbedingtem Verfall zu schützen. Zuvor waren sie auf Druck von Pazifistenkreisen schon von ihrem ursprünglichen ehrenvollen Standort vor der Neuen Wache verdrängt worden.

Das ist prominente Nachbarschaft für Wladimir Iljitsch Uljanow (1870–1924), genannt Lenin, Gründer der Kommunistischen Partei Russlands (Bolschewiki) und Anführer der Oktoberrevolution von 1918, die zur Gründung eines auf kommunistische Ziele gerichteten Staates führte. Die Auswirkungen der Oktoberrevolution auf die Ereignisse in Deutschland nach dem Sturz der Monarchie waren enorm, ein Übergreifen schien im Jahr 1919 nicht ausgeschlossen. Die in der 1949 gegründeten DDR maßgebliche Sozialistische Einheitspartei Deutschlands, SED, berief sich auf den Marxismus-Leninismus als staatstragende Ideologie. Seit Lenins Kopf in der Zitadelle liegt, verzeichnet das Museum einen steigenden Anteil ostdeutscher Besucher. Manchmal liegt eine rote Nelke da. So wie früher, als das Lenin-Monument Mittelpunkt eines vom DDR-Architekten Hermann Henselmann ausgeklügelten architektonischen Ensembles voller ideologischer Botschaften war.

Die modernen und komfortablen Plattenbauten des Leninplatzes schlängelten sich links von Lenin zu einem S; rechts lag das U. Von höherer Warte betrachtet las man also SU – die Abkürzung für Sowjetunion. Hinter dem Monument ragte ein dreistufig getrepptes Hochhaus auf, das die nach rechts absteigende Fahnenwelle ins Riesenhafte gesteigert nachahmte. 1995 wurde der Platz unter Denkmalschutz gestellt, doch seit der Entfernung des Lenin-Monuments fehlt dem Ganzen der architektonische Anker.

Bei der Grundsteinlegung im November 1968, anlässlich des 51. Jahrestages der Oktoberrevolution, sagte Partei- und Staatschef Walter Ulbricht vor zehntausend Menschen, der Platz werde „von der Sieghaftigkeit des Marxismus-Leninismus im sozialistischen Staat deutscher Nation künden".

Die Statue hatte Nikolai Tomski in seinem Moskauer Atelier entworfen. Dort formte er sie in Gips, in den Werkstätten der Akademie der Künste nahe Moskau dann in Granit. Den hatte Tomski aus der Nähe von Kiew holen lassen. 110 fertige Blöcke, jeweils vier bis sechs Tonnen schwer, reisten schließlich nach Berlin. Sowjetische Steinmetze und Künstler des VEB Stuck und Naturstein setzten sie zusammen.

Am 19. April 1970, drei Tage vor Lenins 100. Geburtstag, weihte Walter Ulbricht vor 200 000 Zuschauern das Monument ein. In den folgenden Jahren legten sowjetische Rekruten nach ihrer Vereidigung Nelken am Denkmal nieder. Hochzeitspaare machten Fotos und hinterließen nach sowjetischer Tradition ihren Brautstrauß. Ab 1979 stand das Monument auf der Denkmalliste der DDR.

War der rote Riese populär? Nicht in dem Sinne, wie es auf die Heilige Gertraude oder auch die Herren vom Marx-Engels-Forum zutrifft. Diesen beiden verliehen die Ost-Berliner immerhin einen Spitznamen: die Rentner. Mit Lenin trieb man nicht einmal Späße. Aber Lenin gehörte dazu – zu jener Zeit, an jenem Ort.

Und so kam es, dass Anwohner, Künstler, Denkmalschützer protestierten, als sofort nach der Wiedervereinigung die Abrissdebatte begann. Die einen wollten mit dem Schleifen dieses Symbols eines Personenkults die Erinnerung an die sozialistischen Jahrzehnte möglich rasch tilgen; die anderen sahen mit der Vernichtung eines eingetragenen Denkmals ihre Ost-Biografie gleich mit auf den Müllhaufen der Geschichte geworfen. Architekten, auch aus anderen Ländern, erhoben Einspruch gegen die Zerstörung des Architekturensembles. Es gab kreative Vorschläge zum verfremdeten, zur Auseinandersetzung einladenden Erhalt – mit

Efeu zuwuchern lassen, vom Verpackungskünstler Christo verhüllen lassen, durch teilweise Unterspülung der Fundamente in Schräglage bringen …

Es half alles nichts: Was die Bezirksverordneten von Friedrichshain am 18. September 1991 mit 40 zu 33 Stimmen beschlossen hatten, gefiel auch starken Kräften im Westen. Es waren dieselben, die den Abriss des Palastes der Republik betrieben. Stadtentwicklungssenator Volker Hassemer (CDU) nahm Lenin von der Denkmalliste und ebnete den Weg. Am 30. Oktober erteilte der Senat den Auftrag zum Denkmalsturz. Es sollte schwieriger, langwieriger und mit 250 000 DM teurer werden als gedacht. Am Tag, als Lenins Kopf in die Grube fuhr, feierte Eberhard Diepgen, Regierender Bürgermeister von der CDU, seinen 50. Geburtstag; selbstredend reiner Zufall.

Der Stadtraum sollte fortan Platz der Vereinten Nationen heißen; Anwohner ignorierten das lange. Kinder, die dort aufwuchsen, stammelten „Einten-nonen". Alt-Anwohner sagen heute noch, sie gingen zum Einkaufen in die „Leninhalle", die heute den Namen irgendeiner Supermarktkette trägt.

An Lenin in der Grube hackten zunächst die Andenkenjäger herum – bis er einen Grabhügel aus Bauschutt bekam. Dann war Ruhe – bis Andrea Theissen, die Direktorin der Zitadelle in Spandau, genau den Leninkopf für ihre neue Dauerausstellung haben wollte. Es wurde ein jahrelanger Kampf. Der nunmehr sozialdemokratisch geführte Senat unter Klaus Wowereit und seinem Stadtentwicklungssenator Michael Müller reagierte, als wären die Straßenschlachten der Zwanzigerjahre zwischen Kommunisten und Sozialdemokraten nicht vorbei. Andrea Theissen blieb hartnäckig: „Wir haben angenommen, dass man nach 25 Jahren einen gelasseneren Blick auf die Geschichte haben kann – aber das ist nicht unbedingt der Fall", sagt sie.

Seit 2009 stand eigentlich fest, dass das Lenin-Denkmal Teil der neuen Dauerausstellung auf der Zitadelle werden sollte. Der Senat erfand Ausflucht um Ausflucht: Der Kopf sei nicht zu finden, keine Unterlagen, dann war er zu groß, alles zu teuer. Am Ende stand das Nein. Doch die Museumsdirektorin gab nicht auf. Sie ging in die Öffentlichkeit, fand Leute, die genau sagen konnten, wo der Kopf lag. Die internationale Presse fragte beim Senat nach. Als die Peinlichkeit kaum noch zu überbieten war, gab der Senat nach. Als letztes Hindernis tauchten noch schützenswerte Zauneidechsen auf, die sich im Lenin-Biotop angesiedelt hatten. Als sie gerettet waren, ging es los. Als Lenin am 10. September 2015 am Kranhaken wieder aus der Grube fuhr, nahm die Öffentlichkeit mit großem Interesse teil.

Mit dem Platz in Spandau konnten sich letztlich auch viele der Lenin-Freunde arrangieren. Die wissenschaftliche Begleitung in der Ausstellung ist sachlich und fair. Sieht so aus, als hätte Lenin vom Leninplatz seine letzte Ruhe gefunden. Wo wird die allerletzte sein? 1990 hatte man im Westen im Hochgefühl des Sieges geglaubt, das Ende der Geschichte sei gekommen. Im Jahr 2023 war dieser Irrtum offenkundig.

DIE NOFRETETE-BÜSTE

Eine Liebesbeziehung in Berlin

Duseltag nannte der Ägyptologe Ludwig Borchardt den 6. Dezember 1912. Der Leiter der Grabungen in der untergegangenen Stadt Amarna etwa 300 Kilometer südlich von Kairo erwartete interessante Funde an der Stelle, wo mutmaßlich die Werkstatt eines Künstlers lag. Zugleich hatte sich neugieriger Hochadel aus Deutschland angesagt: Prinz Johann Georg von Sachsen samt Damen wünschte die berühmten Reste der um 1350 vor unserer Zeit gegründeten Stadt des legendären Pharaos Echnaton zu besichtigen – und sensationelle „deutsche" Fundstücke.

So war der Chef nicht am Grabungsort, sondern mit der Gesellschaft unterwegs, als er gegen Mittag einen Zettel zugesteckt bekam, darauf die Mitteilung, dass „etwas Gutes herauskommt", wie er in seinem Tagebuch notierte. Mitsamt der prinzlichen Runde eilte er zum Grabungsort. So wurde der Sachsen-Prinz zum ersten Fotografen Nofretetes, kaum dass sie nach mehr als 3000 Jahren Ruhe ans Tageslicht gekommen war. Die Aufnahme zeigt die mit 47 Zentimetern lebensgroße Büste in den Armen des ägyptischen Vorarbeiters Mohammed es-Senussi.

Borchardt schreibt über die Bergung: „etwa in Kniehöhe vor uns zuerst ein fleischfarbener Nacken mit aufgemalten roten Bändern … über dem Nacken kam der untere Teil der Büste, unter ihm die Hinterseite der Königinnenperücke zum Vorschein. Bis das Stück ganz vom Schutte befreit war, dauerte es allerdings noch einige Zeit, da zuerst ein nördlich dicht anliegender Porträtkopf des Königs vorsichtig geborgen werden musste." Dann „hatten wir das lebensvollste ägyptische Kunstwerk in den Händen". Die Aufregung war enorm. Neben einer Skizze des Kopfes notierte Borchardt: „Beschreiben nützt nichts, ansehen."

Die von Ägyptens Altertümerverwaltung genehmigten Grabungen finanzierte allein der Berliner Unternehmer und Mäzen James Simon. Die Fundteilung nach üblichen Regeln sprach Nofretete der deutschen Seite zu – sie ging, wie alle Funde der Amarna-Grabung, vertragsgemäß in Simons Eigentum über. 1920 vermachte er sie dem Berliner Ägyptischen Museum. Die Besitzverhältnisse sind klar. Dass Ägypten 1929 ein hochwertiges Tauschobjekt anbot, stärkt die Berliner Position gegenüber hartnäckigen ägyptischen Rückgabewünschen. Was nicht heißt, dass spätere Generationen anderes beschließen.

Heute kann sich kaum jemand vorstellen, dass damals allen Ernstes in Berliner Kultur- und Museumskreisen der Tausch des Frauenkopfes gegen eine 1,80-Meter-Steinstatue des Hohepriesters Ranofer erwogen wurde. Die Herren vom Fach nannten Nofretete herablassend „mondäne Dame", bunt und mit abgebrochenem Ohr – ganz hübsch, von „raffinierter Delikatesse", aber wo sei der kulturhistorische Wert? Wie anders der würdevolle Herr Ranofer! Auch Prominente wie der Bildhauer Gustav Kolbe und der Architekt Mies van der Rohe plädierten im Mai 1930 per Offenem Brief für den Tausch: Man müsse „für Berlin ein Hauptwerk der großen und strengen ägyptischen Kunst gewinnen". Groß und streng!

Fritz Koch-Gotha (Autor der *Häschenschule*) macht sich am 20. Mai 1930 in der *Deutschen Allgemeinen Zeitung* über Nofretete lustig: „Nichts weiter als eine

Modeangelegenheit", schrieb er. In 30 Jahren, wenn „ein anderer Frauentyp ‚modern' ist — dann fragt niemand mehr nach ihr".

Doch da hatte die Fachwelt die Rechnung ohne die Berliner, vor allem ohne den weiblichen Teil, gemacht. Die Leute waren verliebt in ihre neue Königin. Zwölf Jahre lang hatte sie privatissimo mit James Simon verbracht. 1923 bekam das Publikum sie erstmals in öffentlicher Ausstellung zu Gesicht – und sie traf perfekt den Geist der Zeit: Die weibliche Avantgarde der Metropole kultivierte gerade das Androgyn-Sportliche. Frauen wie Marlene Dietrich verwischten mit Kleidung, Frisur, Lebensstil die Geschlechtergrenzen. Kühle Eleganz plus eine Prise Arroganz spiegelten perfekt die selbstbewusste Neue Frau der Zwanziger, die sich ihre Freiheiten nahm.

Die Feuilletons schwelgten in der Herrlichkeit der im Neuen Museum gezeigten Amarna-Funde. Die *Berliner Börsenzeitung* schrieb am 4. April 1924 über „die entzückende und ganz modern anmutende buntbemalte Porträtbüste der mädchenhaft lieblichen Königin Nofretete, die kein moderner Bildhauer an Schönheit und Liebreiz übertreffen könnte". Das Frauenideal der Amarna-Periode, so ein anderer Text, empfinde man wegen der „etwas dekadenten Eleganz" doppelt nahe, „trotz aller äußeren Versachlichung der Frau".

Auch das Wenige, was aus dem Leben der Großen Königlichen Gemahlin in einer Zeit der Umwälzungen bekannt war, passte genau in die Seelenzustände der 1920er: Echnaton hatte im 14. Jahrhundert vor unserer Zeit den Herrschaftskult revolutioniert – die Priester kaltgestellt, Aton in Gestalt der Sonnenscheibe als obersten Herrscher etabliert und Amarna mit Palästen, Tempeln und Kunstwerkstätten errichtet. Als er nach 17 Jahren Regentschaft starb, drängte die alte Macht zurück; die Ausnahmezeit endete in Wirren. Nofretetes Schicksal verliert sich im Ungewissen, als sie Ende zwanzig war.

Ein ebenfalls im Neuen Museum zu sehendes, als Hausaltar bezeichnetes Halbrelief zeigt Herrscherin und Herrscher auf gleicher Höhe sitzend, beide mit der Festkrone ausgestattet. Das Paar pflegt die liebevolle Gemeinschaft mit dreien der sechs Töchter: Echnaton küsst das Kleine in seinen Armen, Nofretete plaudert mit einem Kind auf ihrem Schoß, eines spielt mit ihrem Ohrgehänge. Über all dem ergießt Aton seine lebenspendenden Strahlen. Konservative Frauen mochten Nofretete mit der hochverehrten preußischen Königin Luise vergleichen: auch sie eine Schönheit, früh und glücklich verheiratet, mit vielen Kindern in Zeiten des Umbruchs lebend, auch sie jung verstorben.

In Leserbriefen hagelte es entsprechend Protest gegen eine Weggabe der Büste. Paul Steineck, Erster Staatsanwalt, schrieb der *Deutschen Allgemeinen Zeitung*, er betrachte den Kopf der Königin „mit naiver Freude an der Schönheit". „Die Nofretete ist eben ein in ihrer Popularität dem Berliner und dem Fremden so ans Herz gewachsenes Kunstwerk, dass sie nicht mit gleichwertigen Kunstwerken einfach auf eine Stufe zu stellen ist." Der Kopf habe „in seiner geheimnisvollen Lebendigkeit etwas so Menschliches und Bezauberndes, dass man das Technische und Archäologische völlig vergisst". Leserin Melitta von Speck himmelte Nofretete an: „Sie gehört unserem Herzen. Sie ist der Triumph der Anmut über die Jahrtausende." Sie wollte sich keinesfalls von „der Bezaubernden" trennen, die „uns so voller Grazie" zeige: „So, auch wir Ägypter waren Menschen!"

Ganz klar: Keine übertrifft Nofretete – nicht die liebliche Venus Boticellis, schon gar keine Sterbliche. Als Star der Stadt und Erste Migrantin steht sie heute auf der Museumsinsel: einzigartig, von unschätzbarem Wert und nicht nachlassender Bedeutung. 3500 Jahre alt und modern. Viele Besucher fassen es erst vor ihrem Angesicht: Das ist das Original. Unglaublich.

„Die Schöne ist gekommen", so heißt Nofretete (englisch Nefertiti) übersetzt. Sie kommt nicht aus der Mode und schlägt Menschen aller Kulturkreise in ihren Bann, spätestens wenn sie den Nordkuppelsaal des Neuen Museums betreten, eigens so gestaltet, dass sich die Aura der Frau in alle Richtungen ausbreiten kann. Perfekt ausgeleuchtet beherrscht sie den Raum, zwei Achsen führen durch Nachbarsäle auf sie zu.

Drei rumalbernde Teenager verstummen, als sie vor die Königin treten. „Nicht schlecht", sagt einer – also maximale Begeisterung. Japanerinnen flüstern sichtlich beeindruckt. Eine Argentinierin umrundet die Büste, tritt nah heran. „Eine weise Frau, die Ruhe und Stärke ausstrahlt, ein perfektes Gesicht – das alles formt das Bild von Schönheit", sagt sie. Eine als Gothic-Fan erkennbare Bayerin sieht „Macht, Stärke, Fraulichkeit – eine mächtige Aura". Und die Augen! Sie blicke wie eine Schlange, aber nicht hinterlistig, sondern klug. Ägyptische Besucher stellen begeistert fest, wie ähnlich Nofretete den heutigen ägyptischen Frauen sei. Eine Afrikanerin als Verkörperung universeller Schönheit.

Woher kommt die Faszination? Schönheitschirurgen auf der Suche nach dem perfekten Gesichtsentwurf sehen Nofretete (und Boticellis Venus) als Modell und stellen fest, die menschliche Intuition bevorzuge Symmetrie, nicht jedoch Starrheit. Ebenmaß, stolze Haltung, langer, schlanker Hals, markante Wangenknochen gehören zu Nofretete.

Und sie bleibt Berlinerin. Nach Untersuchungen im Computertomografen erklärten Experten die Büste wegen innerer Schäden für transportunfähig. Man fand Lufteinschlüsse zwischen dem Kalksteinkern der Büste und der Gipsauflage, mit der der altägyptische Künstler in Amarna die Gesichtszüge modellierte. Der sich aufrichtende Teil der Königsschlange am Frontteil der Krone war bereits beim Fund abgebrochen und dann verschwunden. Auch die natürlichen Farbpigmente wie roter Ocker, Ägyptisch Grün und Ägyptisch Blau sowie die für den natürlichen Teint verwendeten Mischungen sind äußerst fragil. Als hochsensibel beschreiben die Restauratoren die Bergkristalleinlage im aus Bienenwachs geformten linken Auge der Königin.

Die Jahrtausende gehen eben auch an der Schönsten nicht spurlos vorüber.

DAS BERLINER LASTENRAD

Energie- und Verkehrswende spalten die Stadt

Gleich 1990 ging es los: Ein Bioladen in Lichtenberg wollte zwei Lastenräder. Auf dem Markt gab es keine. Ein kleiner Fahrradladen in der Nachbarschaft erfüllte den Sonderwunsch. Diese Bastelarbeit steht am Anfang von Pedalpower, Berlins einzigem Lastenradhersteller, und seinem Modell „Berliner Lastenrad": ein Rad hinten, zwei vorn, jeweils 26 Zoll, über den Vorderrädern ein Kasten aus Siebdruckplatten im Alurahmen. Dazu eine Drehscheibenlenkung, die über ein unter der Transportkiste liegendes Gelenk den gesamten Vorderteil bewegt statt nur die Räder. Das Ganze kann nicht kippen, ist stabil und nicht besonders dynamisch. Alles Vorteile beim Kindertransport. Inklusive Fahrer schleppt es 150 Kilo weg. Der Preis für die Standardvariante beginnt bei 2500 Euro, mit Elektroausstattung wird es teurer.

Viele Hundert Exemplare des Berliner Lastenrads rollen inzwischen durch die Stadt. Vor allem innerhalb des S-Bahnrings. Sie transportieren Kinder, Hunde, Einkäufe, Ausrüstungen von Handwerkern, Schornsteinfegern, Putzleuten oder Musikern. Die Kiste gibt es in 80 oder 100 Zentimetern Größe, mit und ohne Deckel, mit und ohne Türchen. Pedalpower produziert, so wie es die Kundschaft wünscht: mit standardisierten Elementen nach Baukastenprinzip, aber individuell auf die Bedürfnisse abgestimmt.

Eigentlich reicht die Geschichte des Berliner Lastenrades noch weiter zurück, in den Wedding der 1980er-Jahre: Dort bastelte Michael Schönstedt, damals Sozialarbeiter, heute Geschäftsführer von Pedalpower, mit Jugendlichen alle möglichen Sachen, darunter auch ein Lastenrad „mit Aldi-Korb", und ließ sich von den Radpionieren in der Kopenhagener Alternativen-Siedlung Christiania inspirieren. Als er Vater von Zwillingen wurde, gehörten die zu den ersten Berliner Kindern mit Familienkutschen-Erfahrung.

2022 betrieb der Lastenradpionier zusammen mit dem Ingenieur Harald Busack das auf 18 Mitarbeiter und drei Standorte gewachsene Unternehmen. Es bietet das klimafreundliche Transportmittel in vielen Varianten mit einigen Raffinessen und in stetig steigender Zahl für eine umweltbewusste, positiv gestimmte und gut verdienende Kundschaft – eine Berliner Schicht, die nach der Jahrtausendwende einen neuen Ton in der Stadt setzte.

Das Lastenrad steht in proletarisch-kleingewerblicher Tradition. Seine erste Ära begann nur wenige Jahre nach der rasanten Verbreitung des Normalfahrrades ab 1880 – und zwar in aller Härte. Scharen Jugendlicher und arbeitsloser Männer verdingten sich als Transportarbeiter bei Handwerkern und Einzelhändlern. Für wenig Geld verkauften sie ganz unmittelbar ihre Muskelkraft. Bäckerlehrlinge, Postverteiler oder Zeitungsjungen rollten bei jedem Wetter schon im Morgengrauen schwer beladen los.

Schon vor 1900 führten die großen Fahrradproduzenten Lastenräder im regulären Sortiment. Anfangs handelte es sich vor allem um stabile Dreiräder mit kastenartigem Aufbau vor oder hinter dem Fahrer. Die erwiesen sich im Vergleich zu Leiterwagen und Pferdefuhrwerken als schneller und flexibler. Bald tauchten zweirädrige Post- und Bäckervehikel mit kleinem Vorderrad und großem, stabilem Stahlkorb über dem Vorderrad überall auf den Straßen auf. Auch die noch heute als Long John bekannte Variante mit verlängertem Rahmen und Platz für die Ladefläche zwischen den Rädern erwies sich als robust und alltagstauglich.

Als magere Hungergestalten beschrieben Zeitgenossen die Tagelohn-Treter. Gefährlich war die eilige Fahrt zwischen den Pferdefuhrwerken und den ersten Kraftfahrzeugen auf den Berliner Straßen obendrein. In einer 1897 von der Stadtverordnetenversammlung vorgelegten Statistik ist von 30 000 Fahrrädern in Berlin die Rede. Lastenräder sind nicht gesondert aufgeführt. Demnach hatte es von Februar bis Dezember 1896 folgende Unfälle gegeben: 382 Zusammenstöße von Radfahrern mit Fußgängern, 169 mit Fuhrwerken. Allerdings verursachte im selben Zeitraum das öffentliche Fuhrwesen (etwa 10 000 Pferdebahnen, -busse und Droschken) 2671 Unfälle, davon 14 mit Todesfolge. Die überschäumende öffentliche Aufregung über das neue Verkehrsmittel Fahrrad hatte seine Ursache also eher in den Kämpfen um die Verteilung des Straßenraumes als in der tatsächlich von Rädern ausgehenden Gefahr. Klar ist jedenfalls: Ein auf seine Reputation bedachter bürgerlicher Privathaushalt wäre seinerzeit nicht auf den Gedanken gekommen, sich ein Lastenrad zuzulegen.

Bis etwa 1960 währte die erste Lastenrad-Ära; einen jeweils kurzen Aufschwung erlebte es als Notbehelf in Kriegs- und Nachkriegszeiten, wenn die anderen Transportmittel ausfielen. Der Niedergang hatte mit der Massenmotorisierung in den 1950er-Jahren begonnen, als menschliche Muskelkraft (zumindest in Europa) teurer wurde und Rohöl billig. Die ersten motorisierten Kleintransporter waren bereits in den 1930er-Jahren aufgetaucht, legendär der Dreirad-Lieferwagen „Tempo“ aus Hamburg – seinerzeit der meistgekaufte Lastwagen der Welt.

Lastenräder sanken derweil herab zu Sinnbildern von technologischem Rückstand, man sah sie nun mitleidig auf Fotos aus indischen oder chinesischen Städten. Doch just als die asiatischen Länder ihre Fahrradkultur zugunsten der Autos so radikal zurückdrängten, dass die Atemluft knapp wurde, leitete im Westen eine neue Generation die nächste Wende ein.

Welche Rolle wird das Lastenrad in der anstehenden großen Verkehrstranformation spielen? Offenkundig kann die Versorgung einer Millionenstadt nicht auf größere Transporter verzichten, aber in vielen Nischen passt es ideal zu den Bedürfnissen. Überall kurven die Vehikel inzwischen herum – mit Kindern, Hunden, Farbeimern, Weinkisten, Autoreifen. Läden und Werkstätten verkaufen, verleihen, verleasen, reparieren.

Bei Velogut in der Skalitzer Straße in Kreuzberg standen im Jahr 2021 etwa 20 verschiedene Modelle bereit. Corinna Geißler, Inhaberin der Ladenwerkstatt, weiß aus Erfahrung: „Die Leute suchen praktische, einfache Alternativen zum Auto.“ Sie hätten keinen Bock auf die ewige Parkplatzsuche. Mit politischen Autohassern habe man es nicht zu tun, die jungen Leute kauften einfach kein Auto mehr, schon gar nicht aus Prestigegründen. Ansehen bringe eher ein schickes Cargobike, entsprechend liegen die Preisklassen etwa zwischen 3000 und mehr als 8000, zum Beispiel, wenn das Rad einen Elektromotor haben soll. 49 Euro Leihgebühr kostet das einfache Lastenrad pro Tag. Viele Nutzer kommen aus dem gewerblichen Bereich: Hausmeister, Gebäudereiniger, Schornsteinfeger, Fotografen, Tischler. Die kaufen ein Cargobike oder leasen eins – je nachdem, was sie brauchen.

Die Kundschaft des Fahrradladens Dolly in Kreuzberg beschrieb 2021 ein Verkäufer als „hundert Prozent junge Familien". Um die 5000 Euro bezahlten sie im Schnitt für eine zweirädrige Familienkutsche mit großem Behälter über der verlängerten Vorderachse. Kein Arme-Leute-Ding. Trotzdem musste man wegen hoher Nachfrage je nach Modell mit vielen Wochen Lieferzeit rechnen. Große Fahrradfirmen mit billigerer Massenproduktion ignorieren die Marktlücke – noch.

Schaut man ins Archiv, dann finden sich seit 2014 Artikel, die das Lastenrad als neuen Trend ausrufen. 2018 startete der Allgemeine Deutschen Fahrradclub ADFC mit seinem Projekt fLotte den kostenlosen Lastenrad-Verleih in größerem Maßstab. Am 29. März 2023 verfügte die fLotte über 255 buchbare Lastenräder in allen Berliner Bezirken und im Umland. Mehr als 16 700 Personen waren an fast 109 000 Tagen mit einem flotten Lastenrad unterwegs gewesen, hatten etwa 1,2 Millionen Kilometer zurückgelegt, fast 97 Tonnen CO_2-Emmissionen gespart, denn 38 Prozent der Fahrten wären ohne die fLotte mit dem Auto gefahren worden. Etwa die Hälfte der Räder wird im Rahmen des Programms fLotte kommunal vom Berliner Senat und den Bezirksämtern bereitgestellt und finanziert.

Zu diesen Gratis-Rädern kamen die kostenpflichtigen Verleiher wie Velogut oder das Start-up Avocargo hinzu – ein Pionier des stationsfreien Lastenrad-Sharings. Mehrere Tausend Berliner Privatleute und Gewerbetreibende nutzten Anfang der 2020er schätzungsweise ein Lastenrad. Die Briefzusteller mit ihren gelben, grünen oder blauen Lastenrädern gehörten längst zum Stadtbild, größere Varianten tauchten im Paketdienst auf. Die Zahl der Kurierfahrer, die per Lastenrad Waren an Kunden ausliefern, nahm sichtlich zu. Deutschlandweit wurden im Jahr 2022 insgesamt 212 800 Lastenräder verkauft, davon 165 000 E-Bikes.

Und die Einsatzfelder mehren sich. Mit dem Internethandel und dem Corona-Effekt wuchs der Druck auf Logistikunternehmen, das Problem der „letzten Meile", also der Zustellung der Lieferungen direkt zum Verbraucher, neu zu gestalten. Die alten Auto-Systeme sind an ihre Grenzen gelangt.

In den Berliner Innenstadtbezirken – Kreuzberg, Neukölln und Prenzlauer Berg – liegen nach Angaben des Allgemeinen Deutschen Fahrradclubs (ADFC) die Berliner Lastenrad-Epizentren. Rund die Hälfte der Berliner Haushalte besitzt kein Auto. Das Berliner Lastenrad und wie die Cargobikes sonst heißen mögen, haben Zukunft. Die Radwege werden breiter und der Kampf um sichere Abstellplätze ist im Gang.

akg-images: 11, 15 (AP), 42 (Günter Schneider), 54/55, 92/93, 115 (Frank Hensel), 138/139, 154/155, 172/173, 174 (INTERFOTO/HERMANN HISTORICA GmbH), 179 (fine-art-images), 190/191, 212/213 (Archiv Boelte), 264 (Günter Schneider) – **bpk:** 18/19 (Museum für Vor- und Frühgeschichte, SMB/ Claudia Plamp), 22 (Museum für Vor- und Frühgeschichte, SMB, Depositum Stadtmuseum Berlin, Altbestand Märkisches Museum/Claudia Klein) – **Berliner Medizinhistorisches Museum:** 156 /157 (Christoph Weber) – **Ev. Kirchengemeinde St. Marien-Friedrichswerder:** 60/61 (Jens Wiese) – **Herbarium, ZE Botanischer Garten und Botanisches Museum Berlin, Freie Universität Berlin:** 98 – **Krapf, Eva (Förderverein Museumsdorf Düppel):** 26 – **MAPA GmbH Zeven:** 164 – **Melisch, Claudia M.:** 39 – **Museum Europäischer Kulturen:** 230 – **Museumsstiftung Post und Telekommunikation:** 150 – **Palm, Dirk:** 51 – **PEDALPOWER GmbH:** 268 – **picture alliance:** 7 (Thomas Bartilla/Geisler-Fotopres), 8 (Westend61/Anke Scheibe), 12 (ZB/Bernd Settnik), 16/17 (imageBROKER/G&M Therin-Weise), 31 (ZB/Jens Kalaene), 73 (ZB/Wulf-Bert Beil), 85 (Bildarchiv Monheim/Florian Monheim), 95 (dpa/Patrick Pleul), 106/107 (imageBROKER/Karl-Heinz Spremberg), 142 (imageBROKER | Norbert Michalke), 146 (ullstein bild), 160 (Tagesspiegel), 186/187 (Ulrich Baumgarten), 204 (Interfoto), 234 (dpa/Hannibal Hanschke), 238 (Schoening), 242/243 (Helga Lade Fotoagentur GmbH, Ger/G.Schneider), 244 (Ulrich Baumgarten), 248/249 (ZB/Paul Glaser), 257 (dpa/Bernd von Jutrczenka), 260 (Ulrich Baumgarten) – **Senatskanzlei:** 252 – **Stiftung Berliner Mauer:** 214/215 – **Stiftung Neue Synagoge Berlin - Centrum Judaicum/Margit Billeb:** 118 – **Stiftung Preußische Schlösser und Gärten Berlin-Brandenburg:** 80/81 (Staatswagen Friedrich Wilhelms II., XVII 1, seitliche Ansicht, Foto: Wolfgang Pfauder) – **Stiftung Stadtmuseum Berlin:** 35, 56, 64/65, 76/77 und 88 (Reproduktion: Michael Setzpfandt, Berlin), 46/47, 102 und 200/201 (Reproduktion: Oliver Ziebe, Berlin), 69 (Reproduktion: Dorin Alexandru Ionita, Berlin), 134 – **Stiftung Deutsches Technikmuseum Berlin:** 111 (Marijke Leege-Topp), 123, 130 (Maritta Tkalec), 182/183 (F. M. Arndt), 226/227 (Maritta Tkalec) – **Tkalec, Maritta:** 126, 168, 192/193, 197, 219, 222 – **Wikimedia Commons/Roll-Stone:** 208

Titelbilder v. l. n. r.:
Picture alliance/Schoening, akg-images/Günter Schneider, picture alliance/Ulrich Baumgarten, Museum Europäischer Kulturen, picture alliance/Bildarchiv Monheim/Florian Monheim

Bibliografische Information der Deutschen Nationalbibliothek
Die Deutsche Nationalbibliothek verzeichnet diese Publikation in der Deutschen Nationalbibliografie; detaillierte bibliografische Daten sind im Internet über http://dnb.d-nb.de abrufbar.

Alle Rechte vorbehalten.
Dieses Werk, einschließlich aller seiner Teile, ist urheberrechtlich geschützt. Jede Verwertung außerhalb der engen Grenzen des Urheberrechtsgesetzes ist ohne Zustimmung des Verlages unzulässig und strafbar. Das gilt insbesondere für Vervielfältigungen, Übersetzungen, Mikroverfilmungen, Verfilmungen und die Einspeicherung und Verarbeitung auf DVDs, CD-ROMs, CDs, Videos, in weiteren elektronischen Systemen sowie für Internet-Plattformen.

© 2023 BeBra Verlag GmbH
Asternplatz 3, 12203 Berlin
post@bebraverlag.de
Lektorat: Marijke Leege-Topp. Berlin
Umschlag: typegerecht berlin
Layout & Satz: Goscha Nowak, Berlin
Schrift: Minion Pro Display, Source Sans
Druck und Bindung: Finidr, Český Těšín
ISBN 978-3-8148-0282-4

www.bebraverlag.de